Riemann

WILFRIED BOMMERT

Kein Brot für die Welt
Die Zukunft
der Welternährung

Unter Mitarbeit von Sabine Jacobs

Umwelthinweis:
Das für dieses Buch aus 100 % Recyclingfasern hergestellte
und mit dem blauen Engel ausgezeichnete Papier *Top Recycling Pure*
von Lenzing Papier, Austria, liefert Carl Berberich.
Die Einschrumpffolie (zum Schutz vor Verschmutzung)
ist aus umweltfreundlicher und recyclingfähiger PE-Folie.

1. Auflage
Originalausgabe
© 2009 Riemann Verlag, München
in der Verlagsgruppe Random House GmbH
Lektorat: Gerhard Juckoff
Satz: Barbara Rabus
Druck und Bindung: GGP Media GmbH, Pößneck
Printed in Germany
ISBN 978-3-570-50108-5

www.riemann-verlag.de

Danksagung

Den Anstoß und die Ermutigung zu diesem Buch verdanke ich meiner Frau Sabine, ohne sie hätte ich das Projekt nie begonnen.

Die Tür in die Welt der Bücher und Verlage hat mir mein Kollege Joachim Hecker geöffnet, ohne ihn wäre dieses Buch nie erschienen.

Inhalt

Vorwort

Im Frühjahr 2008 gingen weltweit Menschen auf die Straße, um gegen die rasant steigenden Preise für Lebensmittel zu protestieren. Es gab Tote. In Tunesien wurden zwei Menschen von der Polizei getötet, ungezählte verletzt und 200 Demonstranten vor die Strafgerichte gezerrt. Im westafrikanischen Kamerun, so stellt die Menschenrechtsorganisation Amnesty International fest, starben hundert Menschen im Kugelhagel der Polizei.

In beiden Fällen demonstrierten sie, um ihr Recht auf Nahrung öffentlich einzuklagen. In beiden Fällen mussten sie erkennen, dass ihre Regierungen dieses Recht mit Füßen traten, und sie waren damit nicht allein. Von Afrika über Südamerika bis nach Asien ging eine Protestwelle. Auch in den Industriestaaten wurde den Menschen plötzlich klar, dass ihre Lebensmittel nicht mehr sicher sind. Das war neu.

Bis dahin hatte sich die alte Welt im Glauben gewiegt, dass die Äcker und Viehställe unerschöpfliche Mengen an Nahrung zu immer günstigeren Preisen auf den Markt bringen könnten. Seit 2008 wissen wir, dass sich diese Zeiten geändert haben, und wir ahnen, dass dies erst der Anfang einer unerfreulichen Entwicklung sein könnte. Der Anfang einer Krise, die seit der Mitte des 20. Jahrhunderts, als die Folgen des Zweiten Weltkriegs bewältigt waren, als absolut unwahrscheinlich galt.

Die Krise an den Nahrungsmittelmärkten 2008 war keine zufällige Knappheit, weil irgendwo auf der Welt die Ernte schlechter ausgefallen war, sondern eine Art von multiplem Organversagen, das in der Medizin als tödlich gilt. Bei der näheren Untersuchung wird klar, dass die »Organe« der Welternährung

– Klima, Boden, Wasser, Artenvielfalt – angegriffen und teilweise massiv geschädigt sind. Von Versorgungssicherheit kann keine Rede mehr sein. Dies überrascht uns in einer Lage, in der eine wachsende Weltbevölkerung immer mehr Nahrungsmittel benötigt und gleichzeitig der steigende Ölpreis die Äcker als Energiequelle immer interessanter macht. Der Weltenergiemarkt fegt die schon fast leeren Vorratslager der Agrarexportländer noch leerer, und der Ölpreis beginnt den Preis für unser täglich Brot zu diktieren.

Vor dieser Kulisse aus um sich greifendem Mangel und steigendem Bedarf entwickelt sich 2008 eine atemberaubende Preisrallye auf den Lebensmittelmärkten. Der Kampf um die Quellen der Ernährung, um Boden und Wasser entbrennt. Ackerland wird zum Spekulationsobjekt des 21. Jahrhunderts. Die Wohlhabenden der Welt sichern sich den Zugriff auf die Äcker und die Nahrungsreserven. Die Habenichtse, die weder Geld noch Land besitzen, werden »ausgepreist«. Millionen, die mehr als die Hälfte ihres Einkommens für Lebensmittel ausgeben, stürzen von der Armut in den Hunger. Hier steht nicht mehr die Sicherheit der Ernährung, sondern die ganzer Staaten zur Debatte.

Bevor es zum GAU, dem größten anzunehmenden Unfall, auf den Nahrungsmittelmärkten kommt, bringt die hereinbrechende Weltwirtschaftkrise plötzlich Entspannung. Die Räder der Industrien weltweit laufen langsamer. Der Ölpreis sinkt, und im Gefolge sinken die Notierungen für Weizen, Reis und Mais auf dem Weltmarkt. Doch eine Wende ist dies nicht. In den Entwicklungsländern sind die Preise auf den Lebensmittelmärkten hoch geblieben. In den Armenhäusern der Welt leiden immer mehr Menschen Not. Aus 800 Millionen Hungernden werden eine Milliarde. Und alles deutet darauf hin, dass die Weltwirtschaftskrise noch mehr Menschen auf den Weg in die Armut und damit auch in Hunger und Unterernährung schicken wird.

Die Welternährungsorganisation geht davon aus, dass bis zur Mitte des Jahrhunderts doppelt so viel Nahrungsmittel auf den Äckern der Welt geerntet werden müssen wie 2008, wenn die wachsende Erdbevölkerung satt werden soll. Der Weltagrarrat fordert eine Wende, eine neue Welternährungspolitik. Die Lobby der Industrieländer stemmt sich dagegen. Hinter den Kulissen ist der Kampf um den richtigen Weg, um die Zukunft der Welternährung entbrannt.

Auf der Bühne der wirklichen Welt spitzt sich die Lage weiter zu. Und sobald die Konjunktur erneut anspringt, die Rohölpreise wieder steigen und der Klimawandel die Ernten weiter drückt, droht ein Sturm an den Lebensmittelmärkten loszubrechen, der die politische Stabilität ganzer Erdteile zu Fall bringen könnte.

Die Weltpolitik ist hierauf nicht vorbereitet, genauso wenig wie auf die Weltfinanz- und -wirtschaftskrise. Aber im Gegensatz zu ihr wird sich der Hunger der Welt nicht mit ein paar hundert Milliarden Dollar abspeisen lassen und wieder verschwinden. Wenn die Quellen unserer Ernährung erst einmal schrumpfen, werden sie kurzfristig nicht wieder zum Sprudeln gebracht werden können. Die Krise der Welternährung ist eine Frage der Politik. Doch die drückt sich bisher um eine Antwort. Die Krise der Welternährung ist aber auch eine Frage der Zeit, und die läuft gegen uns.

1. Ebbe in der Kornkammer –
eine Krise kündigt sich an

New York in der Suppenküche

Mai 2008. Die Wolkenkratzer glitzern in der Abendsonne. In einer der reichsten Städte der Welt, im Finanzzentrum der Industriestaaten wurden Milliarden bewegt, gekauft und verkauft und Millionen verdient. Unten in den Schluchten Manhattans stehen Menschen in einer Schlange auf der Straße vor einer Tür, dahinter eine von vielen Suppenküchen.

Dort verteilen freiwillige Helfer Obst, Joghurt, Wurst und Brot, alles, was die Supermärkte nicht verkaufen konnten, was sein Verfallsdatum erreicht hat. Und Suppe. Ihre Kundschaft wächst. Woche für Woche stehen mehr New Yorker Schlange, um satt zu werden. Die New Yorker *Food Bank* versorgte im Jahr 2007 bereits 1,3 Millionen Menschen, die zu wenig zum Leben hatten. Im Frühjahr 2009 haben sich die Schlangen deutlich verlängert. Etwa drei Millionen, mehr als ein Drittel der Bevölkerung der Stadt, sind arm. Viele sind auf kostenlose Mahlzeiten in Suppenküchen angewiesen.

Den Sturz aus einem bequemen Apartment am Times Square in die Obdachlosigkeit musste auch Karl McKinnie erleben. Nachdem er seinen Job bei einer Internetfirma verloren hatte, landeten er und seine Freundin plötzlich auf der Straße. Jetzt stehen beide vor einer Kamera des deutschen Fernsehens und schildern, wie sie vom Absturz überrascht wurden. Sie sind sich sicher, dass dieses Schicksal jeden in Amerika treffen kann. Die Mittelklasse stürzt ab, der Höhenflug der Lebensmittelpreise und der Niedergang der Boomindustrien macht sie zu Bedürftigen. Innerhalb von fünf Jahren, so die *Food Bank*, sei die Zahl der Bedürftigen in New York, die sich ihr täglich Brot nicht leisten können, um eine Million gewachsen. Die Weltfinanzkrise wird ihre Zahl weiter nach oben treiben.

Das ist auch in Berlin nicht anders. In Deutschland essen mittlerweile schon 700 000 Menschen Suppe und Brot von der Resterampe der deutschen Supermärkte. Ihre Zahl wächst und gleichzeitig wird das, was sie aus den Abfallcontainern der Wohlstandsgesellschaft fischen können, immer weniger. Auch die Lebensmittelkonzerne schauen auf den Euro, Abfall ist schlecht für den Gewinn. An den Tischen der »Tafeln« sitzen nicht nur Alte oder Abgestürzte. Auch Kinder, ganze Familien kommen, um ihren Brotkorb aufzufüllen, den sie selbst nicht mehr füllen können, weil alles zu teuer geworden ist: das Brot, das Öl, das Gas, der Strom und die Fahrkarten. Wer vor drei Jahren noch so eben über die Runden kam, kommt heute nicht mehr alleine weiter. Er ist auf die »Tafel« und andere Hilfe angewiesen. Die galoppierenden Preise beim Notwendigsten treiben die, die an der Schwelle zur Armut stehen, gänzlich hinein. Es sind vor allem Familien mit Kindern, wie der deutsche Armutsbericht 2008 verrät. Auch die sogenannte Mittelschicht kann sich bei dieser Inflation der Grundlebensmittel nicht halten, sie stürzt ab. Die Angst vor der Armut hat auch die Häuslebauer erreicht.

Was die reichen Länder im Jahr 2008 lieber verstecken würden, können die armen Staaten nicht mehr verbergen.

Haiti – Hunger macht Wut

Haiti, April 2008: In der Hauptstadt Port-au-Prince und anderen Städten der Insel Haiti ziehen Banden mit Knüppeln und Steinen bewaffnet durch die Straßen. Schwarzer Qualm beißt in den Augen, Feuer lodern, Straßenbarrikaden aus abgerissenen Blechdächern und Tonnen, die Schaufenster eingeschla-

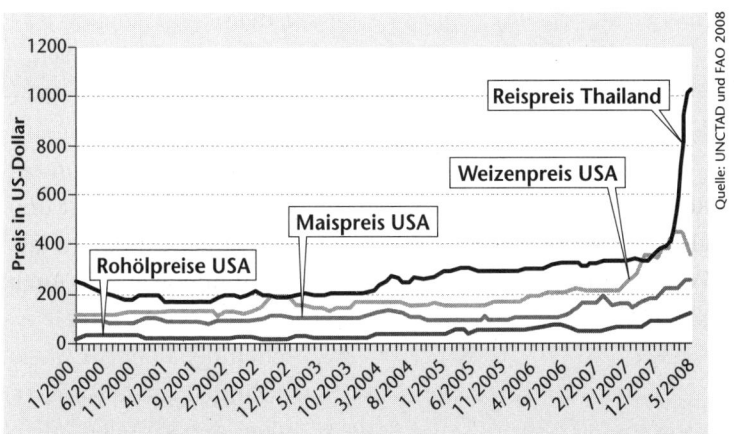

Quelle: UNCTAD und FAO 2008

Grafik 1.1: Entwicklung der internationalen Preise für Weizen, Mais, Reis und Rohöl 2000 bis 2008

gen, Regierungsbüros und die Villen der Reichen werden geplündert.

Es geht um Essen, die Menschen hungern, die steigenden Lebensmittelpreise sind schuld an ihrem Elend und an ihrer Wut. Haiti ist das ärmste Land Mittelamerikas. Korruption, Machtmissbrauch und Gewalt sind an der Tagesordnung. Die Lebensmittelpreise sind innerhalb von vier Wochen um fast 50 Prozent gestiegen. 80 Prozent der haitianischen Bevölkerung müssen mit weniger als 1,30 Euro pro Tag auskommen. Sie leben unter der Armutsgrenze.

»Die Menschen können sich schon lange nicht mehr ausreichend ernähren«, schildert ein Korrespondent die Lage. »Manche essen sogar Sand. Es kursieren Rezepte, wie man aus einer Art Heilerde, Fett, Salz und Wasser Kekse backen kann.«

Ein Appell des Präsidenten hat die Unruhen in Haiti nicht stoppen können. In Port-au-Prince und anderen Städten beherrschen bewaffnete Banden die Straßen. Ausnahmezustand.

Haiti ist kein Einzelfall, in vielen Staaten, die von importierten Lebensmitteln abhängig sind, drohen Aufstände. 54 Länder, die den Hunger bereits spüren, hängen am Tropf der Welt-getreidewirtschaft, sie leben von Importen und müssen die Preisspirale an den Nahrungsmittelmärkten ertragen.[1] Die Welt war darauf nicht vorbereitet. Der Hunger macht sich breit, weltweit, und er fordert Gerechtigkeit. Wie konnte es so weit kommen?

Die Ursache für das Drama, das sich zurzeit weltweit abzeich-net, ist – wie so oft bei Katastrophen – ein unglückliches Zusam-mentreffen mehrerer Triebkräfte, die auf den ersten Blick, jede für sich genommen, gar nichts miteinander zu tun haben. Zu-sammen aber führen das Ende der Nahrungsmittelreserven, das »Allzeithoch« beim Ölpreis, der Hunger auf Biosprit, der Fleischkonsum in China und Spekulationen an der Getreide-börse in Chicago zu einem höchst explosiven Gemisch.

Vom Schlaraffenland in die Krise

Vor Jahrzehnten, nach dem Zweiten Weltkrieg, galt Hunger in den westlichen Industriestaaten als ein lösbares Problem. Über kurz oder lang sollte er besiegt sein.

Das war in den Zeiten des Überflusses. Da herrschte in Eu-ropa eine Art Schlaraffenland. Berge von Butter und Getreide, Seen voll Milch und Wein, in den Kühlhäusern stapelten sich Rinderhälften bis zur Decke, und ein Zuckerberg versüßte allen das Leben. Das *war* Überfluss, doch er wurde von den Men-schen nicht so wahrgenommen. Für die Politiker war es eine Last, die sie gerne loswerden wollten. Eine Last, die sie sich selbst eingebrockt hatten.

Begonnen hatte es am 25. März 1957 in Rom. Im Prunksaal des Capitols warten die im europäischen Blau bezogenen Ses-sel auf die sechs Regierungsdelegationen. Auf den Rückenleh-nen leuchtet der Sternenkranz Europas, auf dem Tisch liegt, in Leder gefasst, das Dokument, das Geschichte machen sollte, die Römischen Verträge. Was noch fehlt, sind die sechs Unterschriften der Vertreter Belgiens, Westdeutschlands, Frankreichs, Italiens, Luxemburgs und der Niederlande. Nachdem das Kratzen der Federhalter verstummt und die Tinte getrocknet ist, hat Europa eine neue Form bekommen, es ist eine Wirtschaftsgemeinschaft mit begrenzter Haftung.

Den damaligen deutschen Bundeskanzler Konrad Adenauer und den französischen Präsidenten General de Gaulle trieb die Idee um, den kurzen Frieden nach dem Zweiten Weltkrieg politisch abzusichern. Der Kitt für Europa sollte ein gemeinsamer Markt zum gegenseitigen Nutzen sein. Eine Art Tausch- oder – wie sich später herausstellte – Kuhhandel. Auf dem gemeinsamen Markt sollten Getreide, Milch und Fleisch gehandelt werden. Das war zunächst einmal im Interesse Frankreichs, das als Agrarland zur Speisekammer im neuen Europa aufsteigen wollte. Aber auch im Interesse Deutschlands, das Kundschaft für seine Eisen- und Stahlindustrie und seine Automobilschmieden brauchte. Es war tatsächlich eine Art Tauschhandel: Weizen gegen Wagen. Und weil hinter dem Weizen die Bauern und damit nicht zuletzt die Wähler der französischen Regierung standen, wurde der Getreidepreis auf hohem Niveau festgelegt, mit dem Ziel, ihn auf Dauer weiter steigen zu lassen.

Das gefiel nicht allen Zeitgenossen. Hermann Bohle, der Brüsseler Korrespondent der *Zeit*, witterte dahinter bereits 1966 den Beginn einer Preisspirale, die die Europäer teuer zu stehen kommen sollte. »Was auf die 180 Millionen EWG-Europäer zukommt, zeigt eine Zahl: Der EWG-Weizenpreis liegt um 60 Prozent über dem Weltmarktniveau. Die Folgen sind verheerend, weil die Bauern des Gemeinsamen Marktes, namentlich aber in Frankreich, nun erst recht Weizen anbauen werden, von dem die Europäische Gemeinschaft ohnehin schon zu viel produziert.«

Der Weizenpreis in Frankreich stieg um 30 Prozent. Das brachte Geld in die Kassen der Bauern und für Deutschland einen großen Markt für Exporte »made in Germany«. Das wiederum bescherte den deutschen Arbeitern an den Fließbändern ein sattes Einkommen, nicht nur in der Autoindustrie. Auch Zulieferer profitierten und am Ende die gesamte Wirtschaft in der europäischen Wirtschaftsgemeinschaft.

So weit das Positive; das Negative lag darin, dass die höheren Preise die Landwirte ermunterten – und das nicht nur in Frankreich – von Jahr zu Jahr mehr aus ihren Äckern und Ställen herauszuholen. Und alles, was nicht in den europäischen Küchen verbraucht wurde, musste, so war es beschlossen, zu einem festen Preis von der Europäischen Gemeinschaft aufgekauft werden. Die Landwirtschaftsminister beschlossen Lager- und Tiefkühlhallen einzurichten, um die Überschüsse aufzufangen. Zunächst galten sie als Vorrat für eine eventuelle Missernte, die dann alles wieder hätte verschwinden lassen. Aber die Missernte kam nicht, im Gegenteil, die Ernten wurden immer größer und die Berge und Seen auch. Eine fast alpine europäische Agrarlandschaft entstand. Und um die Lager vor dem Bersten zu schützen, wurde exportiert, egal wohin auch immer und zu welchem Preis auch immer. Die Vorräte mussten schließlich weg. Die Exportpreise wurden subventioniert, teilweise bis unter die Herstellungskosten.

Mit diesen Exporten verdarben die Europäer weltweit die Preise. Wo die europäischen Frachter und Kühlschiffe anlegten, war ein Preisrutsch für die heimische Landwirtschaft die Folge. Das heimische Getreide konnte gegen die Billigimporte aus Europa nicht antreten. Ganze Rinderherden blieben in der Savanne, weil sich kein Abnehmer mehr fand. Die Städte wurden von Europas Überflüssen ernährt, die zu Spottpreisen auf die Märkte kamen. Für viele afrikanische Bauern bedeutete das den wirtschaftlichen Ruin: Kollateralschäden des europäischen Schlaraffenlandes.

Das machte böses Blut und erzeugte politischen Gegenwind. Der entscheidende Schlag gegen die europäische Überschusspolitik wurde von Amerika geführt. Das Land hatte die Vision, mit seinen riesigen Äckern und Weiden die Welt zu ernähren, zumindest mit seinen Exporten den Weltmarkt zu beherrschen. Dabei waren ihm die europäischen Dumpingpreise im Wege, und so wurde Druck gemacht gegen Europa bei der Welthandelsorganisation. Sie drängte auf Abschied vom Schlaraffenland und ein Ende der verbilligten Agrarexporte. Die Europäische Kommission lenkte ein und dirigierte die europäische Landwirtschaft langsam in eine andere Richtung. »Weg mit den Bergen«, hieß die politische Devise, kein Geld mehr für den Export der Überschüsse. Das hatte Wirkung. Ab 1998 schmolzen die europäischen Getreide-, Fleisch- und Butterlager von Ernte zu Ernte weiter zusammen. Von 16 Millionen auf acht Millionen Tonnen, also um die Hälfte. Noch mehr in Deutschland, hier blieb von acht Millionen nur noch ein Rest von zwei Millionen Tonnen im Jahr 2006 übrig. Im April 2008 waren die Lager fast leer.

Da schrillten in Brüssel plötzlich die Alarmglocken. Die Reserven der Europäischen Gemeinschaft reichten nicht einmal mehr für dreißig Tage. Aufregung machte sich breit im Palast der Agrarverwaltung in der Rue de la Loi. Die Agrarkommissarin Mariann Fischer Boel, seit 2004 im Amt und von einem dänischen Hof stammend, schlug die Flucht nach vorn ein.

EU-Notreserve für Getreide

Am 18. September 2007 erklärt Mariann Fischer Boel der *Financial Times Deutschland*, sie wolle in den kommenden Wochen die Notwendigkeit von Notlagern für Getreide prüfen. »Wir müssen eine komplett neue Situation in unsere Überlegungen einbeziehen«, sagt sie. Ähnlich wie bei den Ölreserven, die jeder EU-Staat anlegen müsse, könne dies auch für Getreide notwendig sein.

Haben da vielleicht die Kommissarin und ihre Vorgänger etwas versäumt? Haben sie die Überschüsse in Europa zu unbedacht und ohne Sicherheitsreserve einfach nur entsorgt, wie Müll? Die Kommissarin winkt ab, es sei alles im grünen Bereich, schließlich habe sich die Frage der Energiesicherheit für Europa auch erst gestellt, als Russland der Ukraine den Gashahn zudrehte.

Nun will Europa eine Notreserve einrichten, so wie bei Öl und Gas. Aber im Juni 2008 ist es dafür zu spät, die Vorräte sind weg und die Nachfrage steigt, die Preise sprechen eine eindeutige Sprache. Die Krise schickt ihre Vorboten, weltweit.

Innerhalb von wenigen Monaten steigt der Preis für Weizen um 120 Prozent. Gleiches bei Mais und Soja. Damit kommt die Preisexplosion auch bei den Nutztieren an. Auch Kühe, Schweine und Hähnchen leben von Getreide. Experten rechnen mit steigenden Fleischpreisen. Bei Geflügel schlagen die Futterpreise mit einem Plus von zehn Prozent, bei Schweinefleisch sogar mit 33 Prozent durch.

Ende Juni 2008 setzt die Europäische Gemeinschaft zum ersten Mal in ihrer Geschichte die Einfuhrzölle für Getreide aus. Sie hofft auf eine Entschärfung der angespannten Märkte, zumindest sollen die Preise durch Zölle nicht noch weiter nach oben getrieben werden. In Brüssel gilt Alarmstufe Rot.

Aber nicht nur in Europa, weltweit steigen plötzlich die Rohstoffpreise dramatisch an. Am schärfsten reagiert der Preis für das wichtigste Getreide der Welt, für Reis. Fast die Hälfte der rund 6,8 Milliarden Menschen auf der Erde lebt von Reis. Reis verteuert sich 2008 innerhalb von nur drei Monaten um 100 Prozent.

Die Reisvorräte schrumpfen 2008 auf den niedrigsten Stand seit mehr als dreißig Jahren, weltweit. Auch in den Reiskammern Asiens.

Reiskammer Vietnam

Ein paar Kilometer von Hanoi entfernt beginnt die Reislandschaft Vietnams. Üppig grünen Reisfelder, am Rande stehen braune Basthütten. Hier kann man den Reisbauern bei ihrer Arbeit zusehen. Kräftige Wasserbüffel ziehen die primitiven Pflüge durch den Schlamm der Reisfelder. Es ist Pflanzzeit. Der Boden der Reisterrassen hat sich vollgesogen. Wenn der Wasserspiegel in den Feldern sinkt, dann ist Zeit zum Pflanzen. Dafür bleiben nur wenige Tage, und das heißt, alle müssen anpacken. Das ist so seit Jahrhunderten und hält die Familien und Dörfer zusammen.

Am Reis verdient jede Familie im Schnitt 400 Euro im Jahr. In diesem Jahr hätte er doppelt so viel einbringen sollen wegen der Preisexplosion auf dem Weltmarkt. Aber von dieser Preissteigerung merken die Bauern im Delta nichts. Die Händler schöpfen den Rahm ab. Was sie spüren, ist die massive Teuerung. Ihr Einkommen reichte früher zum Leben, doch heute nicht einmal mehr für das Öl zum Kochen. Zum Glück haben sie ihren Reis. Den haben die Menschen in Hanoi nicht.

Der Großhandelspreis für Reis in Südostasien erreicht im April 2008 seinen vorläufigen Höchststand. Reis aus Thailand, dem größten Exporteur weltweit, kostet rund 500 Dollar pro Tonne. Mehr als ein Dollar für zwei Kilo Reis, das ist zu viel für viele Menschen, nicht nur in Asien. Wer nur einen Dollar am Tag ausgeben kann, der kann davon seine Familie nicht sattmachen. 900 Millionen Menschen weltweit aber haben nicht mehr als diesen einen Dollar oder weniger. Der Welthungerindex stellt für 2007 fest, dass 160 Millionen Menschen nicht einmal 50 US-Cent zum Leben haben.

Die Regierung in Hanoi drosselt die Exporte von Reis, damit die Preise im Inland stabil bleiben. Das Land ist der zweitgrößte Reisproduzent auf der Welt. Am selben Tag stoppt auch Indien die Ausfuhr von Reis.

Philippinen: halber Preis, nicht halber Reis

Auf den Philippinen gibt es bereits ernsthafte Versorgungseng-
pässe. Das Inselreich mit rund 85 Millionen Einwohnern muss
einen großen Teil seines Reisbedarfs importieren, mehr als
zwei Millionen Tonnen pro Jahr. Das Problem der Philippinen
liegt in mehr als 7000 Inseln mit nur geringen Ackerflächen.
Die Wege, auf denen Hilfe von außen kommen könnte, sind
schlecht. Viele Dörfer sind unerreichbar, auch für das Lebensnotwendige.

Die Regierung lässt ihre knappen Reisvorräte inzwischen sogar von Soldaten bewachen. Davor bauen sich immer wieder
wütende Menschen auf und skandieren ihre Forderung: »Wir
wollen den halben Preis, nicht den halben Reis.«

Rund zehn Millionen Philippinos leiden mittlerweile Hunger. Das Welternährungsprogramm der Vereinten Nationen
WFP (World Food Program) ist der Regierung im Süden der Philippinen zu Hilfe geeilt. Es geht um die Ärmsten der Armen.
Die Beauftragte der UN-Hilfsorganisation Valerie Guarnieri erklärte der Weltöffentlichkeit die Lage im Land: »Nahrungsmittel machen in der Regel den größten Anteil am Budget der Familien aus. Diejenigen, die vorher gerade so zurechtgekommen
sind, können jetzt, wo sich die Preise verdreifacht haben, kaum
Essen für ihre Familien kaufen.« Die Nothilfe der Vereinten Nationen ist ihre letzte Rettung. Noch sind die UN-Vorratslager
gut gefüllt, aber keiner weiß, wie lange die Krise dauern wird.

Auch das reiche Singapur wird von der Krise am Reismarkt
erreicht. Auf mehr als fünf Sing-Dollar, umgerechnet 2,50 Euro, ist das Kilo Reis gestiegen. In den Supermärkten stehen die
Menschen Schlange vor den Reisregalen, erste Hamsterkäufe
werden registriert. Die Regierung des Stadtstaates ruft die Bevölkerung auf, nicht in Panik zu geraten. Es gebe genügend Reserven, um die Versorgung mit Reis zu sichern.

Im März 2008 verbietet auch Kambodscha den Reisexport.

Indonesien, das Land mit der größten Bevölkerungsdichte in Südostasien, kündigt eine Reis-Exportsteuer an, um die Händler zum Verkauf ihrer Vorräte im Inland zu bewegen. Es gärt in den Elendsvierteln. Die Verbitterung unter den Armen in den Städten sucht ein Ventil, nicht nur in Asien. Auch Ägypten verordnet im Frühjahr 2008 einen Exportstopp für Reis. Die Reisfrage entwickelt sich in vielen Ländern zur nationalen Sicherheitsfrage.

Ägypten: Textilarbeiteraufstand

Kairo, im April 2008. Viele Menschen in Kairo verdienen ihr Geld in Textilfabriken. Früher reichte ihr Lohn für die Ernährung der Familie. Seit die Reispreise auch in Ägypten explodieren, reicht es aber noch nicht einmal mehr für ein anständiges Essen. Tamer El Nassers Frau kocht meist Reis mit Nudeln, darüber Dosentomaten und Kichererbsen. Das ägyptische Nationalgericht *Koshari* ist ein Armeleutegericht. Bisher war Koshari für jeden bezahlbar, auch wenn er nur 150 ägyptische Pfund im Monat verdiente, was etwa 20 Euro entspricht. Das aber hat sich geändert.

Seit der Reispreis explodiert, steigen auch die Preise für Nudeln, Linsen und selbst für Fladenbrot, das die Regierung Mubarak seit Jahren schon subventioniert, um die Armen ruhig zu halten. Die Arbeiter sind ratlos. Auch ihr Lohn, den sie regelmäßig nach Hause bringen, kann sie nicht mehr bis zum Ende des Monats sattmachen. Frust und Verzweiflung entladen sich in einem Aufstand. Die Arbeiter der großen Textilfabriken Kairos gehen auf die Straße. Die Polizei prügelt sie wieder zurück in die Fabriken. Aber zu spät. Steine fliegen, Fenster gehen zu Bruch, es kommt zu Plünderungen. Überall Verletzte, nach zwei Tagen ist der Aufstand niedergeschlagen, auf der Strecke bleiben zwei Tote.

Die Knüppel der Polizei sollten den Protest im Keim ersticken, damit er nicht auf andere Teile Kairos überspringt, das ganze Land in Flammen setzt und am Ende die Regierung zu Fall bringt. Der Reispreis besitzt Sprengstoff. Nicht nur die Regierung am Nil hat Angst vor einer offenen Revolte ihrer Bürger.[2]

Die Wellen der Preisexplosion schlagen hoch und verbreiten sich rund um den Globus. Es gibt Hungeraufstände in Guinea, Mauretanien, Marokko, Usbekistan, Jemen. Es kommt zu Demonstrationen und Massenverhaftungen im Senegal und an der Elfenbeinküste. Dutzende Bürger sterben in Kamerun nach Streiks und Plünderungen. Ein Generalstreik legt Burkina Faso lahm, es gibt Krawalle in Bangladesch. In Haiti brennen Barrikaden. Die Lage spitzt sich 2008 dramatisch zu.

Angefangen hatte alles schon 2007, als in Mexiko 75 000 Menschen auf die Straße gingen.

Mexiko: Tortillarevolte

Mexico City. Der 1. Februar 2007 wird als Tag der *Tortillarevolte* in die Geschichte Mexikos eingehen. In Mexiko-Stadt demonstrieren Zehntausende Menschen gegen den dramatischen Anstieg der Tortillapreise. Sie protestieren auch gegen ihren Präsidenten Felipe Calderon. »Calderon will, dass wir verhungern«, skandiert die Menge. Die Menschen sind wütend. Tortilla ist ihr tägliches Brot, ihr Grundnahrungsmittel. Besonders bei den Armen gehören die Maismehlfladen fast zu jeder Mahlzeit. Und die Armen trifft jetzt die Preissteigerung am härtesten. Statt fünf Peso sollen sie jetzt 15 Peso pro Kilo zahlen, dreimal so viel. Das ist zu viel. »Für viele Mexikaner wird die Tortilla zu einer Frage von Leben und Tod«, schreibt die Tageszeitung *Reforma*. Die nationale »Maiskammer« fordert eine strategische Notreserve, um vom Auf und Ab der Weltmarktpreise unab-

hängiger zu werden. Die Wut richtet sich gegen die Handels-
kette Maiz-Tortilla. Sie soll die Preise mit in die Höhe getrieben
haben und deshalb unter Staatsaufsicht gestellt werden.

Aber die eigentliche Ursache für die Teuerung bei Mais liegt
nicht in Mexiko, sondern in den USA. Dort hat die wachsende
Nachfrage nach Biosprit den Maispreis in die Höhe getrieben,
und dies schlägt zu Beginn des Jahres 2007 auf den Markt in
Mexiko durch. Das Land ist von den Importen aus den USA abhängig, obwohl es einst selbst Mais exportieren konnte.

Freie Fahrt für Biosprit

Zur Jahrtausendwende gab es in den USA nur 50 Ethanolpro-
duzenten, inzwischen erzeugen über 100 Firmen Biosprit, pro
Jahr mehr als 18 Millionen Tonnen. Und das ist erst der Anfang. 70 weitere Fabriken mit einer Kapazität von zusätzlich
acht Millionen Tonnen sind im Bau. Inzwischen fließen bereits
20 Prozent der US-Maisernte in die Ethanolgewinnung. In Zukunft sollen es 30 Prozent und mehr werden, wenn es nach
den Plänen der US-Regierung geht.

Dahinter steckt eine grundsätzliche Wende in der US-Politik.
Amerika benötigt seine strategischen Reserven nicht mehr. Die
Doktrin des früheren Außenministers Henry Kissinger, dass die
Herrschaft über die Lebensmittel auch die Herrschaft über die
Menschen bedeutet, dass Mais und Weizen als Waffe eingesetzt
werden können, hat 2008 an Bedeutung verloren. Amerika
kann als letzte verbliebene Supermacht jetzt auf die Macht der
realen Waffen setzen. Der amerikanische Präsident Georg W.
Bush begann in dieser Überzeugung den Irakkrieg und vollzog
damit den Wechsel in der US-Politik. Die amerikanischen
Äcker sollten für ein neues strategisches Ziel eingesetzt werden:
mehr Energieautonomie durch weniger Rohölimporte und
mehr Biosprit aus dem eigenen Land.

Europa bewegt sich auf gleichem Kurs. Der Durst der europäischen Autos soll von europäischen Feldern gestillt werden. Für die Methanolproduktion kommen vor allem Raps, Mais, Weizen und Zuckerrüben infrage. Bis 2010 sollen die europäischen Bauern zehn Prozent des Spritbedarfs liefern. In Deutschland sollen bis 2030 14 Prozent des Kraftstoffs von deutschen Äckern kommen, und bis zur Mitte des Jahrhunderts soll schon die Hälfte aus erneuerbaren Quellen stammen. Den größten Teil sollen Pflanzen liefern, die entweder heute noch zu Lebensmitteln verarbeitet werden oder zumindest auf Feldern wachsen, auf denen bisher das Getreide für unser täglich Brot heranreifte.

Der Sachverständigenrat für Umweltfragen warnt vor diesem Weg. Volle Tanks und leere Teller seien keine Lösung, nicht für die Klimaprobleme und auch nicht für den wachsenden Hunger einer wachsenden Weltbevölkerung. Denn die Umweltbilanz des Biosprits erweist sich bei näherer Prüfung als nicht so positiv, wie angenommen. Martin von Lampe, OECD-Biospritexperte, geht davon aus, dass in Europa etwa 60 bis 80 Prozent der Energie, die nachher im Biokraftstoff enthalten ist, vorher reingesteckt werden muss.

Die Wirklichkeit sieht jedoch noch schlechter aus. Ein Team des ehemaligen Direktors des Mainzer Max-Planck-Instituts für Chemie, Paul Crutzen, fand heraus, dass Biodiesel aus Raps bis zu 1,7-mal schädlicher für das Klima ist als herkömmliches Benzin. Im besten Fall sei der Treibhauseffekt gleich groß. Verantwortlich hierfür ist der Stickstoffdünger, der zum Teil als Lachgas in die Atmosphäre gelangt. Lachgas besitzt eine Treibhauswirkung, die um den Faktor 300 größer ist als die von Kohlendioxid.

Besser fällt die Bilanz bei Ethanol aus Zuckerrohr aus, das im großen Maßstab in Brasilien angebaut wird. In Deutschland ist aber vor allem Raps von Bedeutung, und dafür gibt es von den Klimatologen keine freie Fahrt. Die deutsche Regierung weicht vor diesem Gegenwind zurück. Die geplante Erhöhung des Biospritanteils im Benzin von fünf auf zehn Prozent wird gestoppt. Bundesumweltminister Sigmar Gabriel kündigt in der Aktuellen Stunde des Bundestages am 21. April 2008 an, die geplante Steigerung der Produktion von Pflanzensprit nicht mehr voranzutreiben. Aber Europa macht weiter, und die USA erst recht.

Da die Ackerflächen nicht zweimal genutzt werden können, geht das zwangsläufig auf Kosten der Nahrungsmittelproduktion. 100 Kilo Getreide reichen aus, um 100 Brote zu backen oder um 40 Liter Biosprit zu destillieren, das ist die Gleichung, die die Gefühle anheizt. Weltbankpräsident Robert Zoellick findet drastische Worte: »Während sich viele in Europa und Amerika Sorgen machen, wie sie ihren Benzintank füllen, kämpfen andere im Rest der Welt darum, ihre Mägen zu füllen.«

Die Weltbank rechnet im Frühjahr 2008 in einem Gutachten vor, wie stark der Biosprit die Preise für Getreide weltweit in die Höhe treibt. Dabei kommt eine erschreckende Zahl heraus, von 40 Prozent ist die Rede. Das verschlägt den Biospritproduzenten in Deutschland den Atem. Der Verband der deutschen Bioethanolwirtschaft LAB e.V. kritisiert, dass wesentliche Fakten außer Acht gelassen wurden. So sei die Maisernte in den USA gegenüber dem Vorjahr um 64 Millionen Tonnen gestiegen. Der Verbrauch von Mais für die Ethanolerzeugung in den Staaten liegt aber im selben Jahr nur bei 58 Millionen Tonnen. Das Verhältnis sei also mehr als ausgeglichen.

Zwei Zahlen, zwei Wahrheiten, doch was am Ende zählt, ist der Preis, und der ist unzweifelhaft gestiegen. Dass die steigende Nachfrage nach Energiepflanzen wie Mais, Raps und Soja die Weltmarktpreise nach oben treibt, bestätigen Zahlen der UN-Landwirtschaftsorganisation FAO. Danach belief sich die globale Preissteigerung 2006 auf acht Prozent, 2007 schon auf 24 und im ersten Vierteljahr 2008 bereits auf 53 Prozent. Am höchsten steigen die Preise bei Speiseöl, das auch auf dem

Biospritmarkt von Interesse ist. Die Last der Preissteigerungen müssen die Entwicklungsländer tragen, 2007 mit Zusatzkosten von 13 Prozent für Lebensmittelimporte, 2008 ist ihre Importrechnung noch einmal um 33 Prozent gestiegen.

Wer ist schuld? Wenn es der Biosprit-Lobby schon nicht gelingt, die unangenehme Zahl aus der Welt zu schaffen, so gelingt es doch, andere mit auf die Anklagebank zu ziehen. Allen voran die Chinesen. Sie seien es, die den Weltmarkt leer kaufen, bei Milchprodukten ebenso wie bei Speiseöl und Getreide.

China ist auf den Geschmack gekommen, den die Europäer und Amerikaner schon längst entwickelt haben. Es geht aufwärts, wenn auch nicht mehr so steil, mit der chinesischen Wirtschaft, das Geld ist da. Und es fällt auf, auf jedem Wochenmarkt, auch in Shanghai: China isst Fleisch.

China isst Fleisch

Es riecht nach Fleisch, frischem Fleisch. Auf langen Tischen liegen Schinken, Rippchen, Koteletts. In der Mitte thront ein ganzer Schweinskopf, glattrasiert, Rüsselnase, Schlappohren, winzige Augen, kein Lächeln im Maul. Am Rand der weiß-rosa verfärbten Resopalplatte eine Schale mit matt glänzenden Nieren, Schweinenieren. An den Stangen der Dachkonstruktion hängen Speckseiten neben Filetstücken. Mitten drin Frau Hu, sie wartet auf Kundschaft, ihren Kopf hat sie auf die Holzplatte gelegt, Schweinepfötchen liegen auf Augenhöhe, daneben ein kräftiges Stück Bauchspeck, viel Speck. Auch die großen Bratenstücke tragen einen Speckrand unter der Schwarte, so wie frisch vom Schwein geschnitten. Frau Hu ist müde, es ist früh und der Markt hat gerade erst begonnen.

Gekühlt wird hier nichts, die Luft ist kühl genug, es ist Herbst. Schweinefleischzeit, eigentlich ist für Frau Hu immer Schweinefleischzeit, ab und zu fragt mal einer nach Rind, nach

Steak. Danach fragen nur die Reichen, die kommen jetzt häufiger. Sie können sich Fleisch leisten, wann sie wollen, auch Rind. Geld genug haben sie.

Zu den Kunden von Frau Hu gehört die junge Zhang Ting. Ihre Wohnung liegt im Villenviertel von Shanghai. Großbild-Fernseher, eine Designerlampe schwebt über dem Glastisch, davor zwei Ledersessel. Frau Ting verkauft Wohnungen und Villen mit Preisen in Millionenhöhe. Sie treibt gerne Sport und isst gerne mit Freunden. Früher, als sie noch jung war, hat sie bei ihrer Großmutter gewohnt, in einem Zimmer kaum größer als ihre Gästetoilette heute. Der ganze Komfort bestand aus einem Klappbett, einem abgestoßenen Schrank, einem Tisch auf splitternden Holzdielen. Es war bescheiden. Heute würde sie sagen, Großmutter lebte ärmlich. Frau Zhang dagegen hat Geld, es reicht für alles.

Sie gehört zur neuen chinesischen Mittelschicht, genau wie Herr Zhenan, er sitzt vor seinem Kamin, darüber ein Spiegel mit Goldrand, ein venezianischer Kronleuchter. Auf dem Lautsprecher der Stereoanlage thront eine blaue Lampe aus Porzellan mit Glasschirm. Von der Decke strahlen Spotlights aus einem Stuckfries heraus. Herr Zhenan liebt es europäisch und fürstlich. Er verdient sein Geld mit dem Fotografieren von Brautpaaren. Früher hat er Kühlschränke verkauft und zum Spaß Fotos gemacht, heute bietet er »königliche« Hochzeitsfotos an, und das Geschäft läuft gut, sehr gut.

Nicht nur die Brautleute bestellen sich bei ihm Bildbände, auch die Eltern kommen, um nachträglich eine Hochzeit in Weiß zu feiern, zumindest im Fotostudio. Fleisch? Ja gern. Herr Zhenan hat sich früher einmal in der Woche ein Stück Schwein geleistet, jetzt kommt's nicht mehr darauf an, es sei denn, wegen der Linie. Rindfleisch soll da ja besser sein, belehrt er den Besucher, weniger Fett.

Diese Aufsteiger der chinesischen Gesellschaft haben sich für den Fotokünstler Hu Yang in Pose gesetzt. Sie sind stolz auf ihren Wohlstand und auf das, was sie sich leisten können.[3] Herr Zhenan und Frau Zhang gehören zu den Wohlstandsbürgern, die hinter den Zahlen stehen, die die Forschungsabteilung der Deutschen Bank veröffentlicht. Da lesen wir unter Fleisch: »Steigender Wohlstand und sich ändernde Ernährungsgewohnheiten haben zu einem erhöhten Konsum von Fleisch in China geführt. Dieser Trend könnte sich in Zukunft möglicherweise noch beschleunigen, wenn man bedenkt, dass der jährliche chinesische Fleischkonsum pro Kopf gerade einmal 50 kg beträgt, während ein Amerikaner 130 kg Fleisch pro Jahr verzehrt.«[4]

Mit dem Fleischkonsum in Asien wächst auch die Nachfrage nach Getreide, als Futter für das Mastvieh. Und mit ihr steigt die Chance auf Kursgewinne an den Rohstoffbörsen weltweit. Seit 2007 ist das tägliche Brot von Milliarden zum Spielball von Spekulanten geworden. Die schwindenden Getreidereserven, der steigende Durst auf Biosprit und der Fleischhunger in China kündigen eine Preisexplosion ungeahnter Stärke auf der nach oben offenen Börsenskala an.

Die große Spekulation

Juni 2008, Tatort Chicago, die größte Getreidebörse der Welt, Börsenbeginn. Hier entscheidet sich das Auf und Ab der Getreidepreise. Seit zwei Jahren geht es aufwärts. Auch heute stehen die Kurserwartungen auf Plus. John Liberty reißt die Arme hoch, spricht mit Händen und Fingern, die Zeichensprache des Börsenparketts. Im blauen Kittel läuft er zwischen Anzeigetafeln und Tresen hin und her. Im Börsensaal gehört er zu den Erfahrenen. Seit mehr als zwanzig Jahren handelt er mit Getreide, vor allem Mais. Aber so etwas wie in den vergangenen Monaten hat er noch nicht erlebt. Für ihn haben die Preise ein historisches Hoch erreicht.

Ein Blick in die Preisstatistik zeigt, dass das Auf und Ab der Getreidepreise immer auch eine Botschaft über das, was kommen sollte, in sich trug, über Krieg und Frieden, Mangel und Überfluss. In Zeiten von Kriegen, Katastrophen und Missernten schnellen die Kurse hoch, aber dann beruhigt sich die Szene auch wieder. Im langfristigen Trend befanden sich die Getreidepreise über das letzte Jahrzehnt hinweg eher im Sinkflug. Das brachte viele Farmer um ihre Existenz, weltweit. In der Vergangenheit war häufiger etwas zu viel Getreide auf dem Markt als zu wenig. Neue Züchtungen, Dünger und Agrarchemie ließen die Ernten wachsen. Doch heute ist es anders, der Zuwachs bei den Ernten tendiert gegen null. Die Kurse für die Zukunft am Markt, die sogenannten *Futures*, haben ungeahnte Höhen erreicht.

Futures, das sind Geschäfte auf die Zukunft. Sie waren eigentlich als Sicherheitspolster gedacht für Erzeuger und Verarbeiter. Eine Versicherung, mit der sich die Bauern den Preis für ihre Ernte schon sichern konnten, bevor sie das erste Korn gesät hatten. Und auf der anderen Seite konnten Müller und Bäcker sich absichern, zu welchen Preisen sie das Getreide erhalten würden, das sie in einigen Monaten vermahlen und verbacken wollten. Beide machen das Geschäft im Voraus.

Das brachte Sicherheit und Schutz vor bösen Überraschungen. Denn wenn der Tag gekommen war, wurde das Papiergeschäft zu einem echten Deal. Dann musste geliefert werden zu einem festen Preis und zu einem festen Termin. Mittlerweile ist diese Versicherung jedoch zum Roulettespiel verkommen. Es geht nicht mehr um Sicherheit, sondern um Gewinn. In Chicago werden heute auf dem Papier Getreidemengen gehandelt, die jeden Realitätsbezug verloren haben. Das zeigen die Geschäfte mit *Futures* bei Getreide, die sich in den letzten Jahren verdreifacht haben.

Da ist viel Geld im Spiel, sagt John Liberty, sehr viel. Der Umsatz sei von 70 auf 400 Milliarden Dollar angewachsen.

Händler in Chicago reden bereits von einem »Superzyklus«. Einem Trend, der wie ein Zyklon über dem aufgeheizten Ozean die Kraft sammelt, mit der er dann seinen vernichtenden Weg Richtung Festland antritt. Die Temperatur am Weltgetreidemarkt jedenfalls steigt. Die Notreserven der Welt müssen unbedingt aufgefüllt werden. Und das heißt, die Kursrallye bei Getreide ist noch längst nicht zu Ende. Die Broker haben in Chicago 2008 schon 20 Prozent mehr Kontrakte über die Zukunft abgeschlossen als 2007. Die Börse setzt weiter auf Hoch.

Über Chicago sinkt die Sonne. Im Börsensaal verlöschen die Lichter, die Hektik hat sich gelegt, Happy Hour. Der Börsentag ist zu Ende. Der Broker John Liberty schließt seine Bücher. Es war ein guter Tag. Viel verkauft, einiges gewagt und gewonnen dank Mais und Weizen. An der Börse in Chicago herrscht im Juni 2008 Goldgräberstimmung.

Hat Malthus recht?

Die Weltgetreidevorräte reichen im Jahr 2008 nicht einmal mehr für einen Monat. Das biblische Gespenst der mageren Kühe erscheint wieder am Horizont. Der Traum des Pharaos im alten Ägypten droht zum Albtraum des 21. Jahrhunderts zu werden.

Das Drehbuch zur großen Tragödie über den Welthunger ist schon geschrieben, der Autor heißt Thomas Malthus. Er wurde am 13. Februar 1766 südlich von London geboren. Es war die Zeit, in der Pferdekutschen, Planwagen und Karren in einem endlosen Strom durch die Straßen Londons zogen. Die Luft schwirrte von Tausenden von Stimmen, dem Geläut der Kirchenglocken, den Klingeln der Postwagen, den Fiedeln und Trommeln der Spielleute, übertönt von den Rufen der fliegenden Händler, die an den Straßenecken warme Speisen und kalten Proviant anboten.

Es ist der Beginn der industriellen Revolution, die Landwirtschaft steht noch im Zentrum der Wirtschaft. Es ist die Zeit der großen Ungleichheit. In der »die Adligen, Goldschmiede, Wucherer und Hofleute die größten Belohnungen und Gebühren erhalten, während für die Bauern, Landarbeiter, Schmiede, Tischler, Bergleute und anderen Arbeitsleute, ohne die das Gemeinwesen gar nicht existieren könnte, gar keine Vorsorge getroffen wird«, schreibt Max Beer in seiner *Allgemeinen Geschichte des Sozialismus und der sozialen Kämpfe.* »Das Schicksal der Arbeiter ist erbärmlicher als das der Arbeitstiere; Armut ist ihr Lohn, solange sie kräftig genug sind, beschäftigt zu werden, Mittellosigkeit und Elend, wenn Alter und Krankheit sie arbeitsunfähig machen.« In dieser Zeit bestimmen Teuerung und Hunger den Alltag sowohl in England als auch in Europa.

Thomas Malthus greift diese Zeitströme auf. Zunächst wurde er anglikanischer Pfarrer und ab 1806 Professor für Geschichte und politische Ökonomie. Malthus rechnete der Welt vor, dass eine immer weiter wachsende Bevölkerung nicht zu ernähren sei. 1798 schrieb er in seiner Abhandlung *The Principle of Population*, dass es zwischen der wachsenden Bevölkerung und den Nahrungsmitteln einen fundamentalen Unterschied gebe. Die Bevölkerung wüchse in einer steilen Aufwärtskurve exponentiell, die Nahrungsmittel jedoch nur in einer stetig steigenden Linie. Das heißt, auf den Feldern konnte gar nicht so viel wachsen, wie die wachsende Bevölkerung für ihre Existenz brauchte. So war es für ihn ganz logisch, dass die Preise für Nahrung immer weiter steigen müssten. Die Löhne aber sanken eher, weil sich zu viele um die knappe Arbeit drängten.

In der Folge war die fortschreitende Verelendung der Massen unausweichlich, die er damals in den Armenvierteln, den Slums der großen Städte beobachten konnte. Was Malthus nicht bedachte, zu seiner Zeit 1798 auch gar nicht bedenken konnte, war der biologisch-technische Fortschritt, der erst im 19. Jahrhundert einsetzte. In seiner Gedankenwelt kamen keine Hochleistungspflanzen und -tiere, kein künstlicher Dünger und auch kein Ackerschlepper vor.

Heute wissen wir, dass genau dieser Fortschritt uns vor der Vorhersage von Malthus bewahrt hat. Doch hatte Malthus deshalb unrecht? Was, wenn wir ihn aus heutiger Sicht sehen? Hat uns die wissenschaftlich-technische Revolution auf dem Acker mehr gebracht als einen Aufschub, einen Zeitgewinn vielleicht von 200 Jahren? Rechnen wir nach: Was hat uns der technische Fortschritt wirklich gebracht?

Zunächst einmal, dass die Pferde als Zugtiere in der Landwirtschaft überflüssig wurden. Für sie musste kein Hafer mehr angebaut werden. Das brachte einen Flächengewinn von rund 25 Prozent. Und auf dieser Fläche konnten dann zusätzliche Nahrungsmittel für die Menschen angebaut werden, Weizen, Kartoffeln und Zuckerrüben. Darüber hinaus ließen Hochleistungssorten, künstlicher Dünger und chemische Unkrautkontrolle die Ernten immer größer ausfallen. Am Ende fielen sie um das Zehnfache größer aus als zu Beginn der wissenschaftlich-technischen Revolution in der Landwirtschaft.

Das war ein großer Gewinn an Nahrungsmitteln. Doch heute müssen wir erkennen, dass der Gewinn aus der ersten Revolution auf dem Acker verspielt ist, die Reserven sind aufgezehrt. Die Triebkräfte der ersten Grünen Revolution erlahmen. Der sogenannte Zuchtfortschritt bei den neuen Sorten tendiert gegen null. Der künstliche Dünger bringt kaum noch einen Zuwachs an Erträgen. Die Mechanisierung und Computerisierung der Landwirtschaft lassen keine weiteren Quantensprünge erwarten. Der Höhepunkt der wissenschaftlich-technischen Revolution wurde im 20. Jahrhundert erreicht. Jetzt wird es eng. Wir stehen vor einem Abgrund und fragen: Von welchen Feldern sollen die geforderten Sicherheitsreserven aufgestockt werden? Durch welche Äcker könnte die steigende Nachfrage nach Biosprit befriedigt werden? Wo soll das Getreide wachsen, mit dem China und andere Länder, in denen der Wohlstand wächst, in Zukunft ihre Lust auf Fleisch stillen können?

Die Antwort ist niederschmetternd: Wir wissen es nicht. Was wir wissen, ist, dass die Weltbevölkerung bis 2050 noch einmal um etwa drei Milliarden Menschen wachsen wird und dass diese Menschen essen wollen, wie wir. Und dass deshalb mehr Nahrung auf mehr Feldern wachsen muss. Die FAO rechnet mit 100 Prozent höherem Bedarf.

Wo aber soll das Getreide wachsen, wenn die Kapazität unserer Äcker schon heute ausgeschöpft ist? Was wird passieren, wenn Klimawandel, Dürren, Überschwemmungen und Versalzung unser Guthaben an fruchtbarem Land weiter schmälern? Wie kann neues Land in die Produktion gebracht werden, wenn der Klimawandel in vielen Regionen der Welt zu Dürren und Wassermangel führen wird? Was passiert, wenn der Artenschwund auf dem Acker, die wachsende Landflucht weltweit und die ausufernden Megacities eine sichere Welternährung immer mehr infrage stellen?

Die Ernährungswissenschaft kann uns auf diese Fragen keine neuen Ideen präsentieren, weil sie seit dreißig Jahren nur noch stiefmütterlich gefördert wird. Die Politik wacht gerade erst auf und nimmt die Tragödie zur Kenntnis, ohne zu wissen, wie sie das Ende abwenden könnte. Wir stehen am Abgrund einer Welternährungskrise. Die Preise steigen und zeigen an, wohin der Zug fährt. Er bringt uns zurück in die Mangelgesellschaft.

Hat also Thomas Malthus recht behalten, haben wir ihn zu früh vergessen?

2. Klimawandel – satt im Norden, hungrig im Süden

Das Weltklima ist bereits in Bewegung und der Weltklimarat (IPCC) spitzt in seinen Prognosen die Lage zu. Auf dem Weg zur Mitte des Jahrhunderts drohen die Treibhausgase des fossilen Zeitalters die Erde um drei Grad oder mehr aufzuheizen. Dieser geballte Energieschub wird die Klimamaschine der Welt aus ihrer bisherigen Bahn werfen. Die großen Kreisläufe des Klimas mit Sommer und Winter, Hitze und Kälte, Regen und Trockenzeiten, Sturm und Stille weichen einer gewaltigen Achterbahn.

Ein Auf und Nieder der Wetterextreme sagen uns die Forscher des Weltklimarates voraus. Das Ende von Stabilität und Verlässlichkeit ist erreicht. Langfristige Wettervorhersagen verlieren ihre Gültigkeit. Alle Kontinente sind betroffen, es gibt viele Verlierer und nur wenige Gewinner.

Wir werden sehen, dass es vor dem Weltklima keine Gerechtigkeit gibt. Die Schuldigen werden begünstigt, die Unschuldigen tragen die Last. Die Kluft zwischen dem reichen Norden und dem armen Süden der Welt vertieft sich im Klimawandel. Die Reichen können sich anpassen, die Armen werden zum Opfer. Der Tisch bleibt in Zeiten des Klimawandels für die Armen immer häufiger leer, während sich die Reichen nach wie vor aus vollen Töpfen bedienen können.

Die Krise der Welternährung wird durch den Klimawandel beschleunigt. Das Klopfen der Vorboten an unseren Türen wird lauter. Ihre Bilder drängen sich auf unsere Bildschirme. Klimawandel ist heute Medienrealität und damit in unseren Wohnstuben angekommen. Wie passt das, was wir als Wirklichkeit erfahren, in die Szenarien der Klimaforschung? Das wollen wir an unterschiedlichen Schauplätzen in Asien, Afrika, Europa, Australien und Amerika untersuchen. Beginnen wir im Juni 2008 in Iowa, USA.

Sintflut in Iowa

Iowa/USA, im Juni 2008. Sintflutartiger Regen prasselt auf das Blechdach der Maschinenhalle von Jim Olsen. Soviel Wasser hat der Farmer seit Jahren nicht mehr über seinen Maisfeldern niedergehen sehen. Die schwarzen Wolkenschiffe, die über die Prärie ziehen, kennen kein Ende. Die Sintflut ergießt sich seit Tagen über den Mittleren Westen der USA, die Kornkammer Amerikas. Vor dem großen Regen standen die Maisfelder in vollem Saft. Die Ernteaussichten waren vielversprechend. Und seitdem der Maispreis auf dem Weltmarkt auf das Doppelte gestiegen war, hoffte auch Jim Olsen wieder, dass es aufwärtsgehen könnte mit seiner heruntergekommenen Farm. Doch dann kam der Regen und die Farm verschwand einfach in den Wassermassen. Jim Olsen steht am höchsten Punkt, dem Maschinenschuppen, wie ein Schiffbrüchiger. Alles zunichte, 200 Hektar Mais und Sojabohnen einfach von den Fluten erstickt. »Totalverlust«, sagte er am 18. Juni 2008 dem Fernsehsender CNN.

Die Katastrophe hat auch den amerikanischen Präsidenten auf den Plan gerufen. Im Helikopter überfliegt er die Flutlandschaft, die der Fluss erschaffen hat. Von der Kornkammer Amerikas sind nur noch Inseln geblieben, die aus dem Wasser herausragen. Auf einer wartet Jim Olsen auf Hilfe. Doch die spektakulärsten Bilder von der großen Flut kommen aus den Städten. Am schlimmsten hat es die Stadt Cedar Rapids erwischt, mehr als 1300 Straßen sind überflutet. Große Teile Iowas versinken in den Fluten. Die Deiche der großen Flüsse haben den Regenmassen nicht standgehalten. Insgesamt sind inzwischen 36 000 Menschen aus ihren Häusern und Wohnungen geflohen, berichtet die *Los Angeles Times*. Am 18. Juni erklärt Gouverneur Chet Cluver 83 von insgesamt 99 Landkreisen Iowas zum Katastrophengebiet.

Dort, wo die Fluten wieder abgezogen sind, wird das ganze Ausmaß der Zerstörung sichtbar. Die Ernte ist vernichtet, Straßen und Brücken weggespült, Wasser- und Stromleitungen beschädigt. Es ist die schwerste Überschwemmung, die Iowa, Illinois, Wisconsin, Indiana und Missouri seit 15 Jahren erlebt haben. Die Schäden gehen in die Milliarden Dollar. Mehr als 16 000 Quadratkilometer Farmland sind vernichtet. Experten prophezeien einen Ernteausfall von ca. 20 Prozent.

An der Börse in Chicago schnellt der Maispreis auf ein neues Rekordhoch mit 7,30 US-Dollar pro Bushel und steigt damit in nur einer Woche um zehn Prozent, berichtet das *Wallstreet Journal*. Bill Lapp, Ökonom an einer Agrarberatungsfirma in Omaha, Nebraska, rechnet damit, dass die Getreidepreise durch die neue Wetterlage in den nächsten Jahren um neun Prozent pro Jahr steigen werden. Experten fürchten steigende Lebensmittelpreise, und sie sollten recht behalten. In 2008 geht das Preisniveau in den USA um rund sechs Prozent aufwärts, und für 2009 rechnet das US-Landwirtschaftsministerium mit weiteren Preisaufschlägen von vier bis fünf Prozent.

Früher alle 500 Jahre

Ein neuer Bericht an die US-Regierung warnt unterdessen vor weiteren Wetterextremen. Katastrophen, die früher alle 500 Jahre zu erwarten waren, könnten künftig alle zehn bis 15 Jahre auftreten. Die Zukunft hat im Mittleren Westen Amerikas schon begonnen. Das Iowa-Hochwasser war bereits die zweite Rekordflut innerhalb von 15 Jahren.

Das liegt ganz auf dem Kurs, den der Weltklimarat IPCC in seinem vierten Sachstandsbericht bereits im Frühjahr 2007 für

Nordamerika vorausberechnet hat. In den Modellen der Klimaforscher ziehen schwarze Wolken über den Mittleren Westen. Die Kornkammer der USA entwickelt sich im Treibhaus Erde bis 2060 zum Überflutungsgebiet der großen Flüsse Nordamerikas. Denn die werden die gewaltigen Wassermassen der zunehmenden Gewitterstürme nicht mehr fassen können. Auf der anderen Seite stehen dagegen Regenmangel und Dürre, die den Überschwemmungen auf dem Fuß folgen können.

Extremwetter heißt die Vorhersage für die Zukunft im Mittleren Westen auch bei den Temperaturen. In diesem Jahrhundert könnten sie im Schnitt um zwei bis drei Grad steigen, im Norden sogar um bis zu fünf Grad. Dieses Auf und Ab von Überschwemmungen und Temperaturen bringt die Pflanzen an ihre Grenzen. Sie reagieren auf zusätzlichen Stress mit geringeren Ernten. Bei Mais und Soja wird mit einem Minus von 17 Prozent gerechnet. Diese Ausfälle alleine durch Regen und Gewitterstürme summieren sich nach den Prognosen des Weltklimarats zu Verlusten für die amerikanische Landwirtschaft in Höhe von drei Milliarden US-Dollar pro Jahr.[1]

Während in Amerika die Flutwellen den Klimawandel ankündigen, sind es in Australien die Hitzewellen. Nach den Prognosen des Weltklimarates übernimmt die Wüste mehr und mehr das Regime auf dem Kontinent. In Queensland hat sie bereits damit begonnen. (Zur Entwicklung der jährlichen Regenwassermengen weltweit siehe *Grafik 2.1* im Farbteil in der Buchmitte.)

Kein Tropfen für Queensland

5. Juni 2007. Kathryn Roberts, Reporterin vom australischen Fernsehen ABC, *The World Today*, ist auf Dokumentationsreise. Die Dürre in Queensland ist ihr Thema, ihr Beispiel ist die Farm von Ross McInnes bei Harrisville im Staate Queensland.

Das Land vor der Kamera ist staubgrau. Es sei kein Vergnügen als Milchfarmer im Südwesten von Brisbane zu leben, erklärt Ross McInnes der Reporterin, jedenfalls heute nicht mehr. Seit fünf Jahren kein Regen. Das Wasser für die 250 Kühe lässt er mit einem Tankwagen anfahren. Seine Futterreserven schrumpfen von Tag zu Tag. Die Dürre verzehrt alles. Viele seiner Kollegen stehen vor dem Aus, Ross McInnes auch. Die Milch fließt nicht mehr, wo kein Regen fällt. 20 Prozent weniger Milch in Queensland, das schlägt durch bis nach Asien. Denn dorthin verkauft Australien die Hälfte seiner Milch als Joghurt, Butter und Käse. In Japan wurde sogar die Butter knapp. Das habe es in Tokio noch nicht gegeben, melden japanische Agenturen. Viele Japanerinnen treten fassungslos ihren Heimweg aus dem Supermarkt an, ohne australische Butter.

Auch Ross McInnes kann es nicht fassen. Er weiß nur, dass dies ohne die Dürre nie passiert wäre. Aber er weiß auch, dass er die Dürre nicht vertreiben kann. Er ist nur Farmer, für das Klima sind andere verantwortlich. Doch die lehnen ihre Verantwortung ab, auch in Australien. Und so wird sich der Kontinent weiter aufheizen.

Für den Weltklimarat IPCC liegt das im Trend. Australien leuchtet auf der Weltklimakarte gefährlich rot. Und das heißt Dürre und Wassermangel, Hitzewellen und ein Temperaturanstieg von mehr als drei Grad Celsius. Die Niederschläge verringern sich um 40 Prozent im Schnitt. Je nach Breitengrad kann es aber auch deutlich schlimmer kommen. Das sind die Prognosen für 2050. Der Trend bis 2080: Temperaturanstieg bis zu 5,4 Grad, Niederschläge minus 80 Prozent. Bis auf wenige Gegenden im Westen hinterlässt die Erderwärmung auf dem australischen Kontinent eine wachsende Wüstenei.[2]

Keine guten Nachrichten für den Milchfarmer Ross McInnes in Harrisville südwestlich von Brisbane. Keine gute Nachricht für die Teile der Welt, die von australischen Farmen mit ernährt werden.

Europa schwitzt von Süden her

In den Prognosen des Weltklimarates für das Jahr 2050 kommen nur die nördlicheren Breiten der Welt besser weg. Bleibt der Temperaturanstieg in den Grenzen von plus zwei Grad, dann dürften die Ernten in Nordeuropa sogar erheblich besser ausfallen. Je nach Klimamodell wäre mit einem Plus zwischen 37 Prozent und 101 Prozent zu rechnen. Übersteigen die Temperaturen jedoch die Zwei-Grad-Marke, dann kippt der Trend, dann wird es auch in Nordeuropa den Pflanzen zu heiß. Das gilt für den Durchschnitt, doch entscheidend bleibt der Breitengrad. Er bestimmt über die neue Klimaqualität und die verändert sich von Breitengrad zu Breitengrad.

Nehmen wir den schmalen Streifen auf dem Globus zwischen dem 47. und 55. Grad nördlicher Breite, dann sehen wir Deutschland. Ein Land, das nach vorliegenden Berechnungen zu den Gewinnern des Klimawandels zählen könnte.

Deutschland kann entspannt in die Zukunft des Klimas schauen. Mittelmeerklima zwischen Alpen und Ostsee. Moderate Erwärmung mit einigen trockenen Inseln im Landesinneren. Im Norden könnte der Ackerbau sogar vom Klimawandel profitieren, wärmere Winter, früher Frühling und später Herbst versprechen ein gutes Klima für die Landwirtschaft. Auch der Süden muss nicht darben. An Regen wird es nicht mangeln. Die Temperaturen steigen, in der zweiten Hälfte des Jahrhunderts werden Sojabohnen und Mais die Felder beherrschen, weil beide die Wärme lieben. Kartoffeln, Roggen und Hafer werden sich dagegen auf den Weg nach Norden machen. Für sie wird es zu tropisch. Genauso wie für den Riesling. Er wird Reben Platz machen, die ihre Heimat bis vor Jahren noch in Südfrankreich oder Italien hatten.

Wein wandert nordwärts

Die ersten sind schon angekommen: Spätburgunder und Chardonnay. Beide lieben es warm und gedeihen neuerdings auch bestens im Rheingau.[3] Der Weinanbau wandert in ganz Europa nach Norden. Südengland entwickelt sich zur Konkurrenz für die Champagnergebiete Frankreichs. In einem Blindtest des Londoner Magazins *Which* schnitten die »English Sparkling Wines« 2004 schon besser ab als ihre französischen Mitbewerber.[4]

Auch auf der schwedischen Ostseeinsel Gotland wurden die ersten Rebstöcke gepflanzt. In Deutschland sind die nördlichsten Anbaugebiete längst nicht mehr in Sachsen und Sachsen-Anhalt, sondern in Schleswig-Holstein. Der Wissenschaftler Manfred Stock vom Potsdam-Institut für Klimafolgenforschung hat ein Klimaszenario für den Weinbau in Deutschland bis zum Jahr 2050 berechnet. Was ihn besonders freut: Er findet seinen Wein bald vor der Haustür. Mecklenburger Landwein, gar nicht so übel. Auch Chardonnay und Cabernet Sauvignon haben auf der Ostseeinsel Usedom eine neue Heimat gefunden.[5]

Der Weinbauer Stefan Seyffardt auf der Staatsdomäne Rauenthal im Rheingau reagiert auf den Wandel mit neuem Roten. Schon von Weitem hebt sich die Parzelle im Weinberg deutlich ab, mit ihrem rot gefärbten Laub. Der Betriebsleiter pflückt einige der kleinen Trauben, tiefdunkler blauroter Saft rinnt über seine Finger. Es ist Cabernet Mitos, eine Rotweinsorte, verwandt mit dem Cabernet Sauvignon. Noch ist es ein Versuch, aber ein erfolgreicher. Das könnte was werden, hitzeverträglichere Rotweinsorten haben im Rheingau eine Zukunft.[6]

Zu den Verlierern des deutschen Klimawandels gehört vor allem der Osten. So werden Getreide und Zuckerrüben im mittleren Deutschland leiden. Dort, wo der Boden mehr Sand als Humus enthält, wo er von Natur aus das Wasser schlecht halten kann, dort führt Regenmangel im Sommer zur Dürre. So auch in Brandenburg.

Brandenburg trocknet aus

Brandenburg wird in der Baedeker-Ausgabe von 1920 als ein Land am Wasser beschrieben, reich an natürlichen und künstlichen Wasserstraßen. Diese Zeiten sind vorbei. Es ist nicht mehr genug Wasser da. Das Potsdam-Institut für Klimafolgenforschung schätzte den Wasserstand für Brandenburg um 2050 und kam dabei zu spanischen Resultaten: Es wird trocken und heiß.

Regen, der schon jetzt eher dürftig fällt, wird das Land in Zukunft noch weniger erreichen. Eine Regenlücke tut sich auf. Im Windschatten des Fichtelgebirges werden 200 Millimeter Regen pro Quadratmeter fehlen, im Windschatten des Harzes sogar 400 Millimeter. Das wäre ein Drittel weniger als heute. Zu wenig, um die Landwirtschaft so weiter zu führen wie vor der Jahrhundertwende.

Das Klimagutachten der Potsdamer Klimaforscher sagt für Brandenburg voraus, dass die Sommer noch trockener werden. Einen Vorgeschmack bekamen die Bauern schon im Jahr 2003. Da kam es zu Totalausfällen auf den Getreidefeldern. Solche Extremwetter werden zwar nicht die Regel werden, aber als Ausnahme immer häufiger auftreten. Die Weizenernte dürfte bis 2040 um mehr als 17 Prozent schrumpfen, wenn so weiter geackert wird wie bisher. Wenn nicht, könnte es eine Rettung geben.

Pfluglose Bodenbearbeitung heißt die Strategie. Sie sorgt dafür, dass der Boden über das ganze Jahr hinweg grün bleibt, also eine Pflanzendecke trägt, die die Bodenfeuchtigkeit erhält. Zusätzlich sollten sich die Pflanzenzüchter nach Gewächsen umsehen, die der Wüste besser angepasst sind, also in der Zukunft im Osten Deutschlands überleben können. So könnten Verluste vermieden werden. Der Klimawandel im Norden Europas wäre eine Veränderung, aber keine große Herausforderung.

Ganz anders sieht es im Süden Europas aus. Was sich dort zusammenbraut, scheint unbeherrschbar. Einen Vorgeschmack auf das, was dem Süden bevorsteht, lieferte bereits der Sommer 2003, als Europa über drei Monate hinweg von einer Hitzewelle heimgesucht wurde.

Hitzschlag in Europa

Juni, Juli und August 2003. Eine dramatische Hitzewelle. Die Temperaturen stiegen um sechs Grad über den Durchschnitt. Wie dramatisch das ist, wird deutlich, wenn man bedenkt, dass die Differenz zwischen unserem Klima und der letzten Eiszeit im Durchschnitt nur drei Grad beträgt.

Zur Hitze gesellte sich die Trockenheit. Im Sommer 2003 fiel der Regen in vielen Regionen Europas aus. In den Städten brodelte der Asphalt bei Temperaturen über 40 Grad. Autobahnen wurden gesperrt, weil die Teerdecke zu schmelzen begann. Im Süden flirrte die Luft über den Äckern. Die Maisernte in Oberitalien, in der Kornkammer Italiens, enttäuschte die Bauern, sie fiel um ein Drittel geringer aus. Das Gleiche in Frankreich, besonders betroffen waren hier die Obst- und Weinbauern am Mittelmeer, aber auch die Milchbauern im Zentralmassiv litten unter der Hitzewelle. Die überhitzten Milchkühe ließen keinen Tropfen mehr in die Melkeimer fließen. Die Verluste durch die Hitzeattacke in der europäischen Landwirtschaft wurden auf 13 Milliarden Euro geschätzt. Und das waren nur die wirtschaftlichen Folgen, hinzu kam der Tod von mehr als 35 000 Menschen, vor allem in den aufgeheizten Städten des Südens.

So erlebte Europa im Jahr 2003 eine der größten Naturkatastrophen der Neuzeit. Wenn die Klimaprognosen des IPCC recht behalten, wird es nicht die letzte dieser Art gewesen sein. Der Weltklimarat kommt für die zweite Hälfte des 21. Jahrhunderts zu dem Ergebnis, dass sich die Temperaturen in Spanien und im Südwesten Frankreichs um bis zu sechs Grad aufheizen könnten. Die Niederschläge würden gleichzeitig um bis zu 70 Prozent abnehmen. Dürreperioden kommen häufiger und früher und bleiben länger, das trifft besonders die iberische Halbinsel, die Ostküste der Adria und das südliche Griechenland. Aber auch Frankreich und Zentraleuropa müssen mit doppelt so vielen Dürreperioden rechnen wie bisher.[7]

Sahara in Spanien

Spanien fehlt schon seit Jahren der Regen, der die Brunnen und Quellen speisen könnte. Das Land trocknet aus und ist verglichen mit anderen europäischen Staaten in einem alarmierenden Zustand. Die Karte der europäischen Bodenfeuchtigkeit zeigt Rot, tiefes Rot. Doch der Alarm wird bisher noch überhört.

Ungebrochen ist die Nachfrage nach Wasser durch den Durst von immer neuen Stadtteilen und Siedlungen, von immer mehr Golfplätzen und Ferienhäusern, von immer mehr und immer größeren Erdbeer- und Tomatenfeldern. Das Mittelmeerklima verschiebt sich bereits heute nach Norden. Vom Süden her nähert sich die Sahara. Im Frühjahr 2008 ruft Barcelona den Wassernotstand aus, das erste Tankschiff mit Trinkwasser macht am Pier fest, in den Tanks gluckst die Tagesration für nur 170 000 Menschen. In Barcelona aber leben über zwei Millionen Einwohner. Weitere Schiffe sind geordert. Spanien leidet unter der größten Dürre seit sechzig Jahren.

Das trifft sich mit den Modellen der Klimawissenschaftler. In den Karten des IPCC leuchtet Spaniens Zukunft glutrot. In der zweiten Hälfte des Jahrhunderts könnte sich die Region zwischen Mittelmeer und Atlantischem Ozean zu einem glühenden Ofen aufgeheizt haben. Hitzewellen stehen bevor für Spanien, Italien, die Balkanstaaten, Griechenland, die Türkei, ganz Nordafrika und die Inseln im Mittelmeer.

Auch die Insel Zypern wird schon im Jahr 2008 vom Klimawandel eingeholt. Sie stöhnt unter der schlimmsten Dürre seit Jahrzehnten. Im August 2008 steht auf dem Grund der Talsperre von Kourris nur noch eine Pfütze, der Rest ist Stein und Geröll. Wo einst die Wasservorräte für Monate gespeichert waren, herrscht Ebbe. Die Stadt Limassol sitzt auf dem Trockenen. Die Wasserreservoire von ganz Zypern sind bis auf einen Rest von fünf Prozent geleert. Tanker sollen jetzt acht Millionen Kubikmeter Trinkwasser aus Griechenland herbeischaffen, um das Leben auf der Insel in Gang zu halten. Die Wasserbehörde spricht von einem Rückgang der Regenmengen von 40 Prozent. Aus Verzweiflung bohren Bauern und Gemeinden immer tiefere Brunnen, um das Grundwasser anzuzapfen. Aber auch da ist ein Ende in Sicht, der Grundwasserspiegel fällt ins Bodenlose. Die zwei Millionen Touristen, das Kapital der Insel, merken noch nichts vom Desaster. Die Touristenmanager Zyperns versuchen die Sache unter der Decke zu halten, noch fließt Wasser in den Leitungen der Hotels und Golfanlagen, aber wie lange noch?[8]

Die Klimaforscher haben keinen Ausweg für das Mittelmeer entdeckt. Während die nördlichen Teile versteppen, drohen die südlichen zu verwüsten. Die Regenbilanz für Spanien und Italien ist negativ. Und dies bereits seit 1978. Dürren, die bisher nur einmal in hundert Jahren zu erleben waren, werden häufiger erwartet. Die Ernten in Südeuropa sind nicht mehr sicher. Die Europäische Gemeinschaft rechnet bei Getreide mit bis zu 30 Prozent Verlusten, vor allem in Spanien, Italien, Griechenland, aber auch in Südfrankreich. Europa wird Abschied nehmen müssen von seinen »Südfrüchten«. Für Tomaten, Erdbeeren, Weintrauben und Pfirsiche wird der Boden im Süden zu heiß und das Klima zu trocken. Was mit den Menschen wird? Vorläufig fehlen der Wissenschaft noch die Worte. Die

Entwicklung des Klimas spricht für Völkerwanderungen Richtung Norden.

Wer in Europa, Amerika oder Australien vom Weltklimawandel getroffen wird, hat noch Chancen, mit dem Leben davonzukommen. Auch wenn er seine Farm verliert, bleibt ihm doch die Chance auf einen neuen Anfang. Wer in Afrika südlich der Sahara lebt, hat diese Chance nicht. Wenn dort der Klimawandel zuschlägt, zerbricht jede Hoffnung, auch im »Land der Aufrechten«, wie Burkina Faso in deutscher Übersetzung heißt. Es liegt in Westafrika, umgeben von den Savannen der Sudan- und Sahelzonen. Es grenzt an Mali, Niger, Benin, Togo, Ghana und die Elfenbeinküste. Burkina Faso gehört zu den ärmsten Ländern der Welt. Wie soll es fertig werden mit dem, was der Klimawandel für die Region bereithält? (Zur Veränderung der Ernten im Klimawandel 2020–2080 weltweit siehe *Grafik 2.2* im Farbteil in der Buchmitte.)

Dürre in Burkina Faso

Harmattan heißt der Wind, der im Frühjahr den Saharastaub von Burkina Faso bis Marokko verteilt. Der Norden von Burkina Faso liegt im Sahelgürtel. Vor zwanzig, dreißig Jahren standen dort Wälder, heute gibt es nur noch einzelne Bäume und Sträucher, mehr Steppe als Wald. Die Wüste macht sich breit, frisst sich weiter ins Land. An der Straße nach Koungoussi ergreifen Sanddünen und Dornenbüsche von der Gegend Besitz. Vereinzelt streckt ein Affenbrotbaum seine kahlen Äste in die Wüstenluft. Frauen ziehen vorbei, große Brennholzbündel auf dem Kopf.

In Burkina Faso kocht man mit Holz, auch wenn dadurch der Wald verschwindet und die Wüste näher kommt. Das haben schon die Alten so gemacht. Dass dadurch auch das Wasser verschwand, haben sie nie bedacht, weil sie es nicht wussten, woher auch? Solarkocher? Ohne Feuer kochen, das ist kein Kochen, das weiß jeder im Dorf. Wer wollte es da anders machen und sich womöglich blamieren.

Nabu, mit über sechzig Jahren einer der Ältesten im Dorf, erinnert an seine Jugend, eine Zeit, in der alles anders war. Vor allem grüner, überall Bäume und Gras. Auf den Feldern wuchsen Sorghum und Hirse, genug für alle. Die Vorräte reichten immer bis zur nächsten Ernte, ein ganzes Jahr. Aber damals gab es auch noch Regen, viel mehr Regen.

Heute fegt der *Harmattan* durch das Dorf in Burkina Faso. Es liegt südlich der Sahara und leidet unter dem, was eigentlich erst kommen soll, der Dürre. Vor zwei Jahren war es besonders schlimm.

2007 hatte es so wenig geregnet, dass am Ende der Trockenzeit nur noch eins übrig blieb, der Hunger. Ein Huhn wurde geschlachtet, das Blut über den Dorfplatz verspritzt. Es sollte als Opfer die Götter gnädig stimmen, aber es half nichts. Es blieb trocken im Dorf, der Regen wollte nicht kommen. Deshalb hatten die Dorfbewohner die burkinische Bauernorganisation *Zood Nooma* um Hilfe gerufen. Zwei Berater sind gekommen, und das Dorf hat sich im Schatten des großen Palaverbaums versammelt, etwa fünfzig Menschen. Eine Frau kniet vor einem Eimer, schöpft hellbraunes Hirsebier mit einer Kürbisschale und reicht es den Gästen. Die Gesichter voller Erwartung, was werden die Gäste raten? Wie soll sich das Dorf aus der Dürre befreien?[9]

Die Menschen sind von Entbehrung gezeichnet, auch die Kinder. Sie haben dicke Bäuche, aber nicht vom Essen, sondern vom Hunger. Der Rat, den die Experten ihnen geben, heißt: Steine. Sie sollen einen kleinen Steindamm um die Felder bilden. Der hält das Wasser fest, wenn es denn regnen sollte. Und einen weiteren Vorteil hätten die Dämme, sie bremsen den Wind und halten so den Boden auf dem Acker.

Das hört sich für die Bauern im Dorf gut an, aber so ganz überzeugt sind sie nicht. Wenn es so wäre, warum haben es die

Alten dann nicht schon längst getan? Tradition ist Tradition, und in der kommen keine Steinwälle vor. Aber wenn es denn helfen könnte? Die Männer machen sich auf den Weg zum Steinbruch und schlagen mit Äxten Steine aus dem Felsen. Die Steinwälle sollen der Schlüssel zu besseren Ernten werden. Um 70 Prozent sollen die Erträge steigen, wenn es nach den Experten aus der Stadt geht. Das verspricht Hoffnung, wenn der Regen kommt. Bisher kommt er noch nicht.

Burkina Faso lebt am Rande des Existenzminimums, und es könnte in den nächsten fünfzig Jahren über diesen Rand ins Elend stürzen. Der Regen, der heute schon rar ist, wird noch rarer werden. Afrika südlich der Sahara hat eine schlechte Prognose vom Weltklimarat bekommen, eine sehr schlechte. Es wird zu den Regionen der Welt gehören, in denen die Äcker austrocknen und selbst in guten Jahren nur noch eine schlechte Ernte abliefern werden. Der Klimawandel bedeutet Regenmangel und damit Wassermangel für 75 bis 250 Millionen Menschen südlich der Sahara bis zum Jahr 2020. Die Spanne ist breit, die Vorhersagen stehen noch auf einer wackeligen Datengrundlage. In Afrika fehlen Statistiken, Computer und auch Wissenschaftler, die den Klimawandel des Kontinents genau beschreiben könnten. Was bleibt, ist Ungefähres, aber da alle Trends in eine Richtung weisen, liegt man ungefähr richtig mit der Annahme, dass die Zukunft für Afrika wenig Hoffnung bereithält.

Das Klima der Zukunft macht Afrika zum Verlierer und trifft damit den schwächsten Kontinent mit den geringsten Anpassungsmöglichkeiten am härtesten. Der Klimawandel wird von den Kleinbauern südlich der Sahara den größten Tribut fordern. Ihr Land ernährt gerade einmal ihre Familie. Sie leben weit ab von den großen Straßen. Sie können Missernten und Dürren kaum ausgleichen, weil ihnen dazu das Geld und der Zugang zu den Märkten fehlen. Sie wird der Klimawandel besonders in der zweiten Hälfte des Jahrhunderts treffen, dann könnten die Erträge auf afrikanischem Boden ins Bodenlose fallen. Der Weltklimarat veröffentlicht erschreckende Szenarien, die mit einem Rückgang der Ernten in Südafrika von 95 Prozent bis zum Jahr 2100 rechnen. Weizen wird bis dahin vom afrikanischen Kontinent verschwunden sein, auch Mais wird sich aus den Trockenzonen zurückziehen.

Doch die Dürregebiete werden sich immer weiter ausbreiten. Die Wüste greift nach der Savanne, die Savanne nach dem Weide- und Ackerland. Ägypten wird einen Teil seiner Reis- und Sojafelder verlieren, Klimaforscher rechnen mit einem Rückgang der Erträge von bis zu elf Prozent bei Reis und 28 Prozent bei Soja. Der einzige Lichtblick in den Zahlenreihen, die die Klimarechner für Afrika ausspucken, ist die Abteilung Kleinvieh. Ziegen und Schafe dürften selbst bei einem durchschnittlichen Temperaturanstieg von fünf Grad noch auf den Beinen stehen, im Gegensatz zu Rindern und Schweinen, die nicht die notwendige Hitzetoleranz besitzen. Ihr Kreislauf ist auf den Klimawandel in Afrika schlecht vorbereitet.[10]

Der Klimawandel gefährdet die Ernährungssicherheit zum einen durch Hitze und Dürre, zum anderen durch Sturzregen und Überschwemmungen. Und die drohen überall dort, wo die größte Regenmaschine der Welt, der Monsun, seine Bahn zieht.

Wenn der Monsun entgleist

31. August 2008. Der Monsun 2008 ist heftiger ausgefallen als in den Jahren zuvor, melden die Nachrichtenagenturen. Eigentlich sollte er nur den notwendigen Regen für Felder und Flüsse bringen. Aber in dieser Saison bringt er die heftigsten Überschwemmungen der letzten fünfzig Jahre. In Ostindien, in der Provinz Bihar verloren eine Million Menschen ihre Unterkunft. Hunderttausende warten auf den Dächern ihrer Häu-

ser auf Rettung. Verstärkt werden die Fluten von weiteren heftigen Monsunregenfällen. Auch in den kommenden Tagen ist keine Änderung zu erwarten. Insgesamt sind mehr als 1600 Dörfer betroffen.

In jedem Jahr zwischen Juni und September zieht der Monsun über das Land, doch seit einigen Jahren hat er sich verändert. Er kommt nicht mehr so pünktlich wie zuvor, und seine Wolken sind schwärzer geworden und führen mehr Wasser mit sich. Wenn sie sich öffnen, dann fällt der Regen heftiger und führt zu größeren Überschwemmungen. Ohne den Monsun gäbe es in Indien, Bangladesch und Pakistan keine Ernte. Er ist der Motor des indischen Subkontinents. Sein Einfluss reicht von Westafrika bis nach China und Südostasien. Ein Drittel der Erde hängt vom Monsun ab, von seinem Regen und seiner Pünktlichkeit.

Bisher war auf den großen Regen Verlass. Aber wenn sich das Weltklima-Karussell schneller dreht, könnte auch der Monsun aus der Bahn geraten. Der Klimaforscher Serge Janicot fand heraus, dass der große Monsunkreislauf bereits erste Abweichungen zeigt.

Ganz im Westen seines Einflussbereichs in Ghana verschiebt sich bereits die Regenzeit. Sie kommt einen Monat später als sonst, stellt Harald Kunstmann vom Forschungszentrum Karlsruhe fest. Und er fürchtet, dass dies erst der Anfang ist. Die Regenzeit könnte in Zukunft noch später einsetzen, das jedenfalls sagen seine Klimamodelle voraus.

Was die Modelle sagen, das hat der Dorfchef des Dorfs Biu in Ghana schon auf seinen Feldern erlebt. Im April sind ihm nach der Saat die Jungpflanzen auf dem Acker vertrocknet. Er hatte, wie immer, nach dem ersten Regen gesät, aber dann blieb der Regen aus und die frisch gekeimten Pflänzchen verdursteten auf den Feldern. Die Ernte fiel aus.

Solche Missernten sind nichts Außergewöhnliches mehr in diesem einst gesegneten Land. Entweder kommt der Regen zu

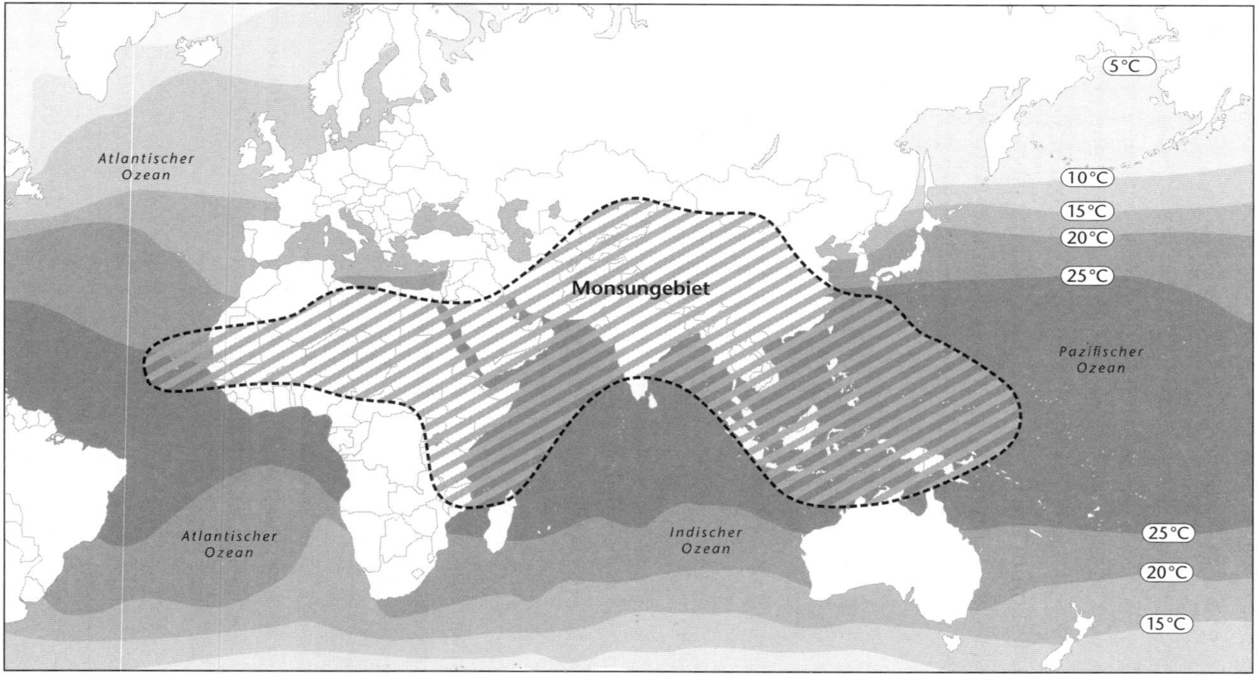

Grafik 2.3: **Ausbreitung der Monsungebiete weltweit**

Quellen: *Monsoon Meteorology*, Ramage 1971; und Cécile Marin: *Atlas de l'Océan mondiale*, Autrement, 2007

spät, oder wenn er kommt, kommt er zu heftig, überschwemmt das ausgetrocknete Land und vernichtet dann auch die Ernte. Die Klimaforscher nennen dies das »Entweder-oder«-Modell. Entweder Dürre oder Überschwemmung, die Folgen für die Betroffenen bleiben die gleichen.[11]

Auch in Indien zieht der Monsun neue Seiten auf. Seine Niederschläge schwanken von Jahr zu Jahr um mehr als 20 Prozent. Besonders schwere Regenfälle und Überschwemmungen wechseln sich ab mit spärlichen Niederschlägen und Dürreperioden. Die »Entweder-oder«-Prognose scheint sich auch hier zu bestätigen. Für die Bauern bedeutet beides eine schlechte Nachricht. Sie brauchen einen Monsun, der pünktlich zur Aussaat kommt und das Wachstum durch regelmäßige Regenfälle begleitet. Der neue Fahrplan des Monsuns schlägt sich bereits in der indischen Erntestatistik nieder. Sie verzeichnet stagnierende Erträge auf den Feldern.

Bei einer wachsenden Bevölkerung bedeutet das, dass die Rationen pro Kopf schrumpfen. Auch die indische Regierung räumt den Ernst der Lage ein. Die Statistiken zeigen, dass Indien auf eine Versorgungskrise zusteuert. 1991 reichten die Ernten des Landes noch, um einen Inder mit etwa 510 Gramm Getreide und Hülsenfrüchten am Tag zu versorgen. Bis 2006 schrumpfte diese Menge bis auf 440 Gramm pro Kopf und Tag. Indische Wissenschaftler machen hierfür den neuen Kurs des Monsuns verantwortlich. Der bringt Überschwemmungen während der Regenzeit, die immer heftiger werden und die Äcker mehr ertränken, als sie zu versorgen. Die Zahl der extremen Regenfälle, so das Wissenschaftsmagazin *Science*, nimmt während der Monsunzeit in Indien zu.

Das schürt die Angst im Schatten des Monsuns. Denn Hungersnöte durch schwankenden Monsun sind den Menschen auf dem indischen Subkontinent noch in schlechter Erinnerung. Zwischen 1899 und 1901 kamen 15 Prozent der Bevölkerung im Westen Indiens um, weil es nichts mehr zu essen gab.

In Bengalen wird von zehn Millionen Toten während der Dürre und Hungersnot um 1770 berichtet.[12]

Auch der Weltklimarat IPCC kann dem indischen Subkontinent in seinem Sachstandsbericht 2007 keine Hoffnung machen. Bei steigender Erderwärmung verringert sich die Sicherheit der Ernten. Die Zahl der Tage, an denen das Thermometer über 30 Grad Celsius anzeigt, wird sich erhöhen von 60 auf 160 Tage. Und die Zahl der Tage mit sintflutartigem Regen von zwei auf zehn. Extrem-Wetterereignisse bestimmen damit mehr als ein Drittel des Jahres. Die Modellrechnungen zeigen, dass schon bei einem Anstieg der Temperaturen um nur zwei Grad die Ernten leiden. Die Reisernte könnte um bis zu zwölf Prozent, die Weizenernte sogar noch deutlich stärker einbrechen.

Schon bei einem leichten Anstieg der Wintertemperaturen um 0,5 Grad muss mit erheblichen Ernteverlusten in Indien gerechnet werden, Ähnliches gilt für China. Bangladesch wird nach den Hochrechnungen des Weltklimarates bis 2050 acht Prozent weniger Reis und 32 Prozent weniger Weizen ernten. In ganz Südasien wären bis zum Ende des Jahrhunderts Ernteausfälle von rund zehn Prozent an der Tagesordnung. Allerdings nur im günstigsten Fall. In China bahnt sich 2009 bereits ein ungünstigerer Fall an.[13]

Schwerste Dürre seit fünfzig Jahren

»Notstand ausgerufen«, unter dieser Schlagzeile meldet *China Daily* am 5. Februar 2009 die schwerste Dürre seit fünfzig Jahren. Im Bild darunter hockt ein Bauer in seinem vertrockneten Feld, der Boden aufgerissen, die Pflanzen gelb, vertrocknet. In den meisten Teilen Nord- und Zentralchinas hat es 50 bis 80 Prozent weniger geregnet. Mehr als zehn Millionen Hektar sind betroffen. Die Dürre hat unerwartet schon im November begonnen. Für vier Millionen Menschen und zwei Millionen Tiere fehlt es an Wasser. Es ist die schlimmste Dürre, die die Provinz Henan, die Kornkammer Chinas, seit 1951 erlebt. Auch in der Provinz Shanxi hat es seit November nicht mehr geregnet. Mehr als die Hälfte des Ackerlandes in den Provinzen Shandong, Shanxi, Shaanxi und Gansu ist von der Dürre in Mitleidenschaft gezogen worden. Die Verwaltungen sind auf allen Ebenen aufgerufen, gegen die Dürre vorzugehen und die Ernte zu retten.

Doch das könnte nur ein Vorgeschmack sein auf das, was der Weltklimarat fürchtet. Und das sind noch größere Knappheiten in Asien. Alleine durch die Klimafolgen könnten die Getreidepreise bis 2080 um 300 Prozent steigen. Für Asien steht damit neuer Hunger ins Haus. Hier könnte der Klimawandel in der zweiten Hälfte des Jahrhunderts zusätzlich 200 bis 300 Millionen Menschen ins Elend treiben.[14] In China zeigt sich schon 2009, wie die Prognosen des Weltklimarates zu verstehen sind.

Das große Schmelzen

Um die Mitte dieses Jahrhunderts wird sich die Erde um zwei bis vier Grad aufgeheizt haben, besonders stark in den Polregionen und den Gebirgen. Damit beschleunigt sich das große Schmelzen, das wir heute schon beobachten können. Die Gletscher des Himalajas tauen ebenso ab wie die Eisschilde der Polregionen. Für die Mitte des Jahrhunderts rechnen die Modelle des IPCC mit steigendem Meeresspiegel. Klima und Eis, das ist das Forschungsgebiet von Robert Corell. Man kann ihn, wenn man Glück hat, in Washington treffen, sonst ist er mehr da zu Hause, wo er dem Klimawandel am nächsten ist, in arktischen Breiten.

Nachrichten aus dem »ewigen« Eis

Als er fotografiert wird, steht er unmittelbar an der Bruchkante des größten Gletschers von Grönland, dort, wo seine gewaltige Eiszunge von fast 1000 Meter Höhe ins Meer gleitet. Und das mit einer Geschwindigkeit von 40 Metern am Tag. Zwei Meter in der Stunde drücken sich die gewaltigen Eismassen an ihm vorbei ins Meer. Viel schneller, als in den Prognosen der Klimaforscher erwartet.

Robert Corell lächelt hinter seiner Sonnenbrille hervor. Seine 73 Jahre sieht man ihm nicht an. Er gehört zu den Forschern, denen Satellitenbilder alleine nicht reichen. Er will selbst sehen, was der Klimawandel mit dem Eis anstellt. In Grönland hat er das miterlebt und ist seither der Meinung, dass das Ende der Eiszeit auf Grönland viel früher kommen könnte, als bisher angenommen. Und das verheißt nichts Gutes für die Küsten der Welt, besonders für die Flachküsten und Deltaregionen. Die Klimamodelle, die bisher berechnet wurden, seien unvollständig, sagt Robert Corell. Sie hätten diese rasante Eisschmelze bisher noch gar nicht berücksichtigt, sondern nur die thermische Erhöhung des Meeresspiegels, die durch die Ausdehnung des warmen Wassers entsteht.

Der frühere US-Präsident George W. Bush hatte ihn kaltstellen lassen, weil er es gewagt hatte, im sogenannten »Arctic Climate Impact Assessment« zu behaupten, dass der Nordpol gegen Ende des 21. Jahrhunderts eisfrei sein werde. Heute ist er der Meinung, dass er damals mit seinem Bericht noch untertrieben habe. Das Grönland-Eis schmelze viel schneller als gedacht. Unter den neuen Bedingungen sei mit einem Anstieg des Meeresspiegels von rund einem Meter in den nächsten Jahrzehnten zu rechnen. Und das, so gibt Robert Corell zu bedenken, müsse heute schon von den Politikern in Betracht gezogen werden. Denn das würde heißen, dass große Teile Floridas verloren gehen werden. Bangladesch würde fast zur Hälfte von der Landkarte verschwinden. Auch die europäischen Küsten, wie die der Nordsee-Anrainer und die friesischen Inseln, wären nicht mehr sicher.[15]

Die Erkenntnis von Robert Corell und seinen Forscherkollegen heißt nicht nur, dass die Landmasse der Erde schrumpfen wird, sondern auch, dass die küstennahen Süßwasserreserven vom Salzwasser bedroht sind. Die niederländische Regierung plant bereits, ihre Reserven zu sichern. Denn schon heute haben die Brunnen am Meer mit dem wachsenden Druck des Salzwassers zu kämpfen. Die Deiche werden erhöht, um das Meer abzuhalten.

Was aber wird in den Ländern passieren, die für derartige Lösungen kein Geld haben, wie zum Beispiel Ägypten? Im Nildelta wird der Anstieg des Meeresspiegels um nur 30 Zentimeter reichen, um die Stadt Alexandria und ihr Umland zu überfluten. Eine halbe Million Ägypter würden dann vertrieben, und 200 Quadratkilometer Hinterland würden vom Meer verschluckt. Und damit nicht genug. Das Meer würde weit ins Binnenland vordringen, weil der Nil ihm immer weniger Widerstand entgegensetzen kann. Denn seine Wassermasse schrumpft, weil immer mehr in den Bewässerungskanälen am Mittellauf verschwindet. Die Wasserqualität des Flusses schlägt dann schon weit vor dem Delta um, von Süß- in Salzwasser. Das wiederum würde die Trinkwasserversorgung der großen Städte und die Bewässerung der Landwirtschaft am Unterlauf gefährden. Die einstige Kornkammer Ägyptens droht so ihre Grundlage, das Wasser, zu verlieren, ebenso ergeht es den Megastädten am Fluss.

Es wird unbequem werden in Zukunft, das sei die Wahrheit des Klimawandels, sagt Robert Corell, heute politischer Berater der »American Meteorological Society« in Washington, DC, und der neuen Regierung der Vereinigten Staaten.

Der Anstieg des Meeresspiegels ist nur eines der Probleme, die die Küsten der Zukunft verändern werden. Hinzu kommen die gewaltigen Hurrikane, Taifune und Zyklone. Sie werden mehr Kraft über den überhitzten Ozeanen der Welt sammeln können, weil sich das Wasser immer mehr erwärmt. Bei Wassertemperaturen von über 30 Grad verdampft das Meerwasser immer schneller und ballt sich zu immer höheren Wolkentürmen. Die werden dann von den Höhenwinden in Rotation versetzt. Als Riesenkreisel bewegen sie sich mit einer ungeheueren Wassermasse vom Meer ins Land. Ihre Geschwindigkeit scheint in Zukunft kaum noch Grenzen zu kennen. Die Energie, die sie aufnehmen, liegt weit über dem Hundertfachen dessen, was in den Stromnetzen der Welt unterwegs ist.

Der jüngste Vertreter dieser neuen Art stieß am 15. November 2007 auf Land im Delta von Ganges und Brahmaputra in Bangladesch.

Sidr *rast ins Delta*

»Der tropische Zyklon *Sidr* hat am späten Donnerstagabend Tausende Häuser im Südwesten Bangladeschs zerstört. Ein älterer Mann ertrank offiziellen Angaben zufolge, als sein Boot bei der Überquerung eines Flusses kenterte.«

In den Nachrichten des ZDF *Heute Journals* am 15. November 2007 kündigt sich noch keine Katastrophe an. Doch die Nachrichtenagenturen haben *Sidr* unterschätzt. Er rast mit einer Windgeschwindigkeit von bis zu 240 km/h über den Golf von Bengalen. Aus schwarzen Wolkenwänden brechen sintflutartige Regenmassen über das Land herein. Bangladesch war gewarnt, ein ähnlicher Orkan hatte 1991 für ein Desaster gesorgt. Eine Riesenflutwelle begrub 138 000 Menschen unter sich. Das sollte im November 2007 nicht wieder passieren.

Das Wetteramt schlägt rechtzeitig Alarm. Hunderttausende Menschen verlassen das Delta und versuchen sich in höhere Regionen zu retten. Der Tropensturm zerstört ihre Behausungen, Tausende von Wellblech- und Bambushütten, zerfetzt Telefon- und Stromleitungen und löscht dennoch das Leben von über 4000 Menschen aus. Er hinterlässt ein mit Meerwasser getränktes Land, auf dem weder Getreide noch Gemüse gedeihen kann. Der Zyklon *Sidr* geht als schlimmste Katastrophe des Jahres 2007 in den Weltkatastrophenbericht ein. Die Schäden werden mit zehn Milliarden US-Dollar veranschlagt.[16]

Der nächste Schlag lässt nicht lange auf sich warten. Am 23. Mai 2008 bricht der Zyklon *Nargis* mit Geschwindigkeiten über 200 km/h über das Irrawaddy-Delta in Burma her. Eine Flutwelle begräbt Dörfer und Städte, die Verwüstungen sind unbeschreiblich. Offiziell spricht man von 23 000 Todesopfern, später geht die Militärregierung Burmas von 80 000 Toten aus. Die Reisfelder sind überschwemmt, die Ernte fällt aus und die Menschen hungern. Internationale Nothilfe erreicht das Delta erst nach Tagen, weil die Militärregierung ausländische Unterstützung ablehnt.

Auch sechs Monate nach der Flut hat sich im Irrawaddy-Delta kaum etwas gebessert. Viele Familien leben in nur notdürftig reparierten Hütten, Kinder hungern, sind unterernährt und krank, berichtet Gerald Marzano, der Leiter der Not- und Katastrophenhilfe von *World Vision Schweiz*. Die Menschen haben durch die Flutwelle nicht nur ihre Vorräte und die aktuelle Ernte verloren, sondern auch die Chance auf zukünftige Ernten. Das Meerwasser hat den Boden so versalzen, dass eine neue Saat kaum aufgehen wird.

Ein ähnliches Schicksal droht in Zeiten des Klimawandels auch anderen Deltaregionen der Welt. Denn die Wucht der tropischen Stürme wird rund um den Globus weiter zunehmen. Das halten die Klimaforscher des IPCC für sehr wahrscheinlich. Wenn gleichzeitig der Meeresspiegel steigt, wächst die Bedrohung für das fruchtbare Ackerland der Deltaregionen, für die Siedlungen, Dörfer und Städte. Mehr als eine Milliarde Menschen wohnen weltweit in den bedrohten Gebieten in

Küstennähe, allein 16 Großstädte mit jeweils mehr als zehn Millionen Einwohnern sind dem Risiko von höheren Flutwellen und steigendem Meeresspiegel ausgesetzt.

Die Verwüstungen, die die Zyklone *Sidr* und *Nargis* anrichteten, könnten von ihren Nachfolgern noch weit übertroffen werden, warnen die Klimaforscher des IPCC. Schon um die Mitte des Jahrhunderts könnten davon viele Millionen Menschen direkt bedroht sein in den drei größten Deltagebieten der Welt, dem Ganges-Brahmaputra-Delta in Bangladesch, dem Mekongdelta in Vietnam und dem Nildelta in Ägypten. Drei Viertel der Bedrohten lebt in Asien, der Rest überwiegend in Afrika.[17]

Wettersturz im Himalaja

Auch die Gletscher im Hochgebirge werden die kommenden Temperaturerhöhungen nicht verkraften. Schon heute schmilzt das Eis in fast allen Hochgebirgsregionen. Die Gletscher wechseln ihren Aggregatzustand von fest zu flüssig. Was übrig bleibt, ist ein Haufen Toteis. Und wenn auch der zusammenbricht, dann werden nur noch die Schleifspuren an den Talflanken davon berichten, dass hier einst die größten Süßwasserspeicher der Erde lagen.

Wenn sie geschmolzen sind, versiegen auch die Schmelzbäche, die die großen Flüsse Asiens im Sommer speisen. Besonders betroffen sind die Flüsse, die ihren Ursprung in den Gletschern des Himalajas haben, Ganges, Mekong und Jangtse. Eine Milliarde Menschen leben vom Schmelzwasser der großen Himalaja-Gletscher. Was passiert, wenn es nicht mehr fließen sollte, lässt sich am Ganges schon heute erkennen.

Der Ganges ist der bedeutendste Fluss Indiens, die Wiege der indischen Zivilisation. Es ist der Ort, an dem der Gott Krishna den Gläubigen begegnet. Das rituelle Bad im Fluss gehört zum

Wichtigsten im Leben eines Hindus. Dass der Ganges eines Tages versiegen könnte, entzieht sich der Vorstellungskraft der Hindus, nicht aber der Wissenschaftler in Delhi, die die Zukunft des Flusses im Blick haben.

Dort, wo der Ganges heute noch aus den Bergen des Himalajas tritt, liegt die Stadt Haridwar, eine der Haupt-Pilgerstätten Indiens. Von hier aus fließt er über mehr als 2000 Kilometer durch die nordindische Tiefebene und nähert sich in weiten Mäandern dem Golf von Bengalen. Die Quellen des Ganges liegen hoch oben im südwestlichen Himalaja, versteckt hinter den Toren zweier mächtiger Gletscher. Eines führt in das Gangotri-Gletschergebiet, es erstreckt sich über 250 Quadratkilometer, das andere in das Gletschergebiet der Bhagarathi-Berge mit rund 100 Quadratkilometern.

Der Klimawandel zeigt bereits Wirkung. Die Gletschertore weichen mit überraschender Geschwindigkeit zurück. Nach Messungen des indischen Geologen Syed Iqbal Hasnain vom renommierten Teri-Institut für Energie und Ressourcen in Delhi liegt die Rückzugsgeschwindigkeit seit 1985 bei durchschnittlich 23 Metern im Jahr. Gleichzeitig verliert der Gletscher um zwei bis drei Meter an Höhe. Der Zerfall ist offensichtlich. Die Hälfte des Gletschers besteht nur noch aus Gletscherschutt oder Toteis, das der Gletscher beim Rückzug abgestoßen hat. Schon in drei Jahrzehnten könnte das Gletschergebiet auf ein Fünftel seiner heutigen Größe zusammengeschmolzen sein.[18]

Schmelzen die Gletscher des Himalajas weiterhin mit so großer Geschwindigkeit ab, könnten Flüsse wie der Ganges, so fürchtet der Weltklimarat, bald nur noch ein Drittel ihrer einstigen Wassermengen führen. Für Millionen Bauern, die in der fruchtbaren Ebene vom Wasser des Ganges abhängig sind, wäre dies eine Katastrophe.

Heute bestellen sie ihre Felder noch mit Blumenkohl, Rettich und anderem Gemüse, gelegentlich auch Mais. Das Wasser zum Bewässern holen sie aus Brunnen am Fluss. Noch ist der Ganges ihr Lebensquell. Doch Experten stellen schon fest, dass der Durchfluss schwächer wird. Wenn erst die Himalaja-Gletscher abgeschmolzen sein werden, indische Forscher gehen dabei von der Mitte des Jahrhunderts aus, dann hängt alles nur noch von den Monsun-Regenfällen ab. Der Monsun aber bringt nur über drei Monate hinweg Regen nach Indien und füllt das Flussbett des Ganges. Schrumpft der Fluss in der Trockenperiode vom Strom zum Rinnsal? Steuert der Ganges auf einen saisonalen Wassernotstand zu? Was soll dann auf den Bewässerungsfeldern entlang seiner Ufer wachsen?

Die Ernten in Indien stagnieren heute bereits, landesweit. Die Bevölkerung wächst. Der Klimawandel droht diese Schere weiter zu öffnen. 46 Prozent der Kinder in Indien sind unterernährt, stellte die UNESCO 2006 fest. Wenn der Klimawandel die Ernten noch weiter drosselt, dann droht die Ernährungssicherheit des Kontinents noch weiter zu kippen. Unterernährung und Hunger könnten in Indien dann wieder zum Alltag gehören.

Überhitzte Meere – leere Netze

Der Klimawandel ziele »wie eine geladene Pistole« auf Europa, das erklärte im Sommer 2008 die Landwirtschaftskommissarin der Europäischen Gemeinschaft, Mariann Fischer-Boel auf einer Konferenz über den nachhaltigen Umgang mit Wasser. Sie meinte die europäische Landwirtschaft. Weniger im Blick hatte sie dabei das Meer. Nicht nur Ackerbau und Viehzucht sind vom Klimawandel betroffen, sondern auch Fische und die Fischerei werden unter den Folgen zu leiden haben. Und die Aussichten sind schlecht.

Die Nahrungskette im Meer reagiert empfindlich auf Veränderungen, wie auf den steigenden CO_2-Gehalt im Wasser. Der

ist das Resultat der steigenden Konzentration an CO_2 in der Atmosphäre und lässt die Meere saurer werden. Hinzu kommen die steigenden Temperaturen durch die Erderwärmung. Beides bricht die Ketten Glied um Glied auf. Das beginnt beim Plankton und trifft zunächst die kleinen Fische, dann die größeren und schließlich unsere Tafelfische. Am Ende der Kette trifft es uns.

Der Weltklimarat warnt davor, dass zwei Grad plus im Sommer zu viel sein könnten für die Fische im offenen Meer. Er befürchtet erhebliche Einbußen beim Fischbestand. Die meisten Großfische, wie der Thunfisch und Schwertfisch, drohen in wärmeren Meeren zu verkümmern, weil ihnen die Beute fehlt.

Schon heute registrieren die Forscher steigende Temperaturen in Nord- und Ostsee. Unter Wasser hat bereits eine Fischwanderung nach Norden eingesetzt. Wer kann, zieht sich zurück ins Kühle. Wer mit einem Nordseefischer auf Fangfahrt geht, kommt mit neuen Fischen und neuen Erkenntnissen über den Klimawandel zurück.

Käpten Jocobsen sucht Kabeljau

Der Kutter von Käpten Jocobsen ist auf Fangfahrt durch die nördliche Nordsee. Er stampft durch eine nasskalte Nacht vor der norwegischen Küste. Käpten Jocobsen zeigt auf den Monitor in der Kommandobrücke. Was dort leuchtet, ist die Welt unter Wasser. Knallgrün, das ist der Meeresgrund, sattblau das Wasser, und zwischendrin massenhaft winzige bunte Striche und Punkte. Das da unten sind Seelachse. Käpten Jocobsen hofft auf satten Fang. 30 bis 40 Zentner Fisch im Netz dürften sicher sein. Seelachse vor allem, aber auch Kabeljau und Heilbutt, Seehecht und Seeteufel.

Die nördliche Nordsee im Skagerrak ist als Fanggebiet noch attraktiv. Anders sieht es in der südlichen Nordsee aus, vor Hel-

goland. Dort steht kein Fisch mehr, der Käpten Jocobsen interessieren könnte. Der Kabeljau fehlt ganz. Schuld daran sind
zum einen die Fischer selbst, weil sie seit Jahren mehr fangen,
als sie eigentlich dürften. Zum anderen ist es der Klimawandel,
der bereits seit Ende der 1980er Jahre das Meer verändert. Der
Kabeljau liebt es kühl, nicht mehr als zwei bis drei Grad. Heute
aber werden vier, fünf, sechs, sieben Grad gemessen. Dass da
der Kabeljau verschwindet, ist kein Wunder.[19]

Auch die Vögel der See bekommen den Wandel zu spüren.
Dog Gilbert von der britischen Vogelschutzorganisation RSPB
vermisst immer mehr Seevögel, die sonst in großen Brutkolo-
nien die Felsen an der britischen Küste bevölkert haben. Sie
kommen nicht mehr. Die Ursache dafür hat er im Meer gefunden: Die Futterfische fehlen, und das wiederum liegt daran,
dass auch für die Futterfische das Futter fehlt. Die Krebse und
Kleinlebewesen haben sich verzogen, weil das Wasser zu warm
geworden ist. Genau wie auf Helgoland. Für den Ornithologen
sind Meeresvögel eine Art Frühwarnsystem, wie früher die Ka-
narienvögel im Bergbau. Wenn sie verschwinden, droht akute
Gefahr.[20]

Im Zerfall der Nahrungskette sieht auch der Weltklimarat die
Hauptbedrohung des Klimawandels für die Weltmeere. Die
Planktonmasse im Nordatlantik könnte bis auf die Hälfte zurückgehen. Damit wäre der Hunger auch bis ins Meer vorge-
rückt. Mit der Konsequenz, dass die stärkeren Fischarten ab-
wandern und die schwächeren aussterben. Die andere Bedrohung liegt in den Wassertemperaturen, die besonders in
Südamerika vor Peru und Ecuador über längere Zeit ansteigen
könnten und dann zum Zusammenbruch der Sardinenbe-
stände führen würden.

Genauso wie die Wildfische in den Meeren wären auch die
Zuchtfische betroffen, die in Becken und Netzen gehalten werden, als Aquakultur. Hier wird der Temperaturanstieg den Sau-
erstoffgehalt senken und Atemnot auslösen. Darüber hinaus

begünstigt er auch die Wanderung von Krankheiten und Parasiten nach Norden. So gelang es zwei Parasitenarten, aus dem Golf von Mexiko in die Delaware Bay und danach weiter nach Norden zu kommen und dort die gesamten Austernbestände zu zerstören. Insgesamt jedoch, so gibt der Weltklimarat zu bedenken, sind die Weiten des Ozeans noch nicht so gut erforscht wie das Festland, und so könnte es auch bei den Folgen des Klimawandels noch Überraschungen geben, wahrscheinlich keine guten.

Wenn die Keime wandern

Die Zunge hat sich blau verfärbt, sie hängt aus dem Maul. Die Nase ist rot entzündet genauso wie das Zahnfleisch. Schaum umgibt die Nasenlöcher. Kein Zweifel, der Tierarzt ist sich sicher: Das Schaf hat es erwischt, Blauzungenkrankheit. Eigentlich sollte sie gar nicht am Niederrhein auftreten. Eigentlich nicht, aber jetzt im Sommer 2007 ist sie da. Bekannt ist sie aus Afrika und Südamerika, aus Gegenden, wo es heiß ist und tropisch. Sie braucht einen Überträger, um die Schafe zu befallen. Das übernehmen Mücken, die vom Blut der Schafe leben. Sie kommen mit dem Erreger, dem BTV-8-Virus, in Kontakt, weil der sich im Blutkreislauf der Schafe vermehrt. Dort wartet er, bis die Mücke zusticht. Dann lässt er sich einfach mit dem Blut aufsaugen und erwartet im Saugrüssel der Mücke das nächste Opfer. Dem setzt er sich, nachdem die Mücke erneut zugestochen hat, wieder in die Blutbahn, um sich weiter zu vermehren.[21]

Der Weltklimarat hat in seinem Gutachten 2007 davor gewarnt. Und er hat ausdrücklich die Blauzungenkrankheit benannt, die sich als Erste auf den Weg nach Norden machen könnte. Aber er wusste zu diesem Zeitpunkt offenbar noch nicht, dass sie den großen Sprung über den Ozean schon hinter sich hatte. Und was er auch nicht ahnte, war, dass sich das

Klima in Westeuropa schon so vorteilhaft für die Krankheit verändert hat, dass sie hier samt Mücke auch überwintern kann. So gelang ihr im Spätsommer 2007 der zweite Anlauf. Die kleinen Mücken holten zum großen Schlag gegen die Schafe und Rinder aus. Bis zum Jahresende hatten sie über 30 000 Wiederkäuer erlegt.

Bis dahin gab es kein Mittel gegen den Erreger der Krankheit, weil sie bis zu diesem Zeitpunkt in unseren Breiten auch gar nicht vermutet worden war. In Windeseile wurde ein Impfstoff entwickelt, der ab Frühjahr 2008 von den Tierärzten als Gegenschlag den Schaf-, Ziegen- und Rinderherden gespritzt wurde. Alleine in Nordrhein-Westfalen bekamen insgesamt 706 500 Rinder, 264 500 Schafe und 20 100 Ziegen das Antiserum verpasst. Das ließ sich gut an, aber mit dem Herbst 2008 kam die große Enttäuschung. BTV-8 war wieder da, allerdings nicht in der Variante des Vorjahrs, sondern mit neuem Profil, das vom Impfstoff nicht erkannt wurde, als BTV-6. Bis November 2008 kosteten die Folgen der Infektion 12,5 Millionen Euro allein in einem Bundesland. Und noch ist kein Ende der Blauzungenkrankheit in Sicht.

Das Blauzungenvirus ist nicht das letzte, das aus warmen Klimaten den großen Sprung nach Norden schafft. Die Afrikanische Pferdepest, eine Krankheit, die südlich der Sahara zu Hause ist, verbreitet sich, ähnlich wie die Blauzungenkrankheit, durch Mücken aus dem Stamm der Gnitzen. Sie kam 1990 schon einmal bis Portugal und Spanien. Der Weg nach Norden wird mit jeder Hitzewelle leichter.[22]

Nicht nur auf die Tiere und Pflanzen warten neue Herausforderungen, auch auf die Nordeuropäer selbst. Malaria, die ebenfalls mit einer Mücke reist, hat den Sprung über die Alpen noch nicht geschafft, aber die Leishmaniose, eine Krankheit, die ursprünglich in wärmeren Gefilden zu Hause ist, in Ostafrika, den Tropen, Asien und im Mittelmeerraum. Sie wird von Sandmücken übertragen, die es in Deutschland eigentlich nicht geben sollte. Die Krankheit befällt die inneren Organe und kann tödlich enden. Der erste Fall von Leishmaniose trat im Raum Aachen auf. Der Weg der Krankheit wurde zurückverfolgt und führte zu einer Sandmücke. Sie wurde durch einen Hund infiziert, der wiederum die Erreger der Krankheit aus dem Mittelmeerraum eingeschleppt hatte. Die Sandmücke aber ist unabhängig vom Hund gereist und hier geblieben, weil ihr das neue Klima im Norden gut gefiel.

Der Weltklimarat fürchtet, dass besonders extreme Wetterlagen den Krankheiten des Südens im Norden eine Chance verschaffen werden. Damit könnte ein Teil des Gewinns, der dem Norden durch bessere Ernten im Klimawandel zufließt, durch Epidemien bei Mensch und Tier wieder zunichte gemacht werden. Während der Süden unter den direkten Folgen der Erderwärmung zu leiden hat, wird der Norden mit den indirekten Folgen zu kämpfen haben. Ein bizarres Stück Klimagerechtigkeit, aber auch ein Dämpfer für alle, die hoffen, der Norden könnte die Verluste des Südens im Klimawandel ausgleichen.

Die schmutzige Seite der grünen Revolution

Was wir bisher noch nicht betrachtet haben, ist eine Ironie des Schicksals. Die Landwirtschaft als der Sektor, der vom Klimawandel wahrscheinlich am härtesten getroffen wird, gehört mit zu den Hauptverursachern des Problems. Ackerbau und Viehzucht heizen das Treibhaus Erde im gleichen Umfang auf wie der gesamte Verkehrs- und Transportbereich weltweit.

Die Erkenntnis, dass Äcker und Weiden, Rinder und Schweine, Hühner und Puten, ja sogar die Fische in ihren Mastbecken das Weltklima belasten, ist noch jung, jedenfalls was das Ausmaß anbetrifft. Rund 14 Prozent der Klimagase weltweit werden der Landwirtschaft zugerechnet. Sie entstehen rund um die modernen Agrarbetriebe. Neben dem Treibhausgas Nummer eins, dem Kohlendioxyd, sind es Methan, Lachgas und das indirekt wirkende Ammoniak. Wobei die Wirkung bisher eher unterschätzt wurde.[23]

Methan kommt vor allem aus den Rindermägen. Und die tragen zu 40 Prozent zum globalen Methanausstoß bei. Bei Lachgas kommt sogar die Hälfte aus der Landwirtschaft. Hier ist es vor allem der industrielle Stickstoffdünger, der das Gas freisetzt, wenn er auf den Acker ausgestreut wird. Rund ein Prozent des eingesetzten Stickstoffdüngers wird durch Mikroben im Ackerboden in Lachgas umgewandelt. Das scheint, für sich genommen, nicht viel zu sein, aber bei 82 Millionen Tonnen Stickstoffdünger, die weltweit pro Jahr auf den Äckern verstreut werden, wird es doch zu einer massiven Klimabelastung. Methan und Lachgas sind als Treibhausgase besonders gefährlich, weil sie weit intensiver auf das Klima wirken als Kohlendioxyd: Methan mit dem Faktor 23, Lachgas sogar mit dem Faktor 296.

Die Welternährungsorganisation (FAO) veröffentlichte im November 2006 einen knapp 400-seitigen Bericht zu den Umweltbelastungen durch Viehhaltung und kam dabei zu einem vernichtenden Urteil. Die Tierhaltung hinterlasse schon 2006 weltweit mehr Treibhausgase als alle Pkws, Lastwagen, Flugzeuge und Schiffe zusammen. Sie gehöre zu den Triebkräften der weltweiten Waldzerstörung und trage damit bei zur Vernichtung des größten Treibhausgasspeichers überhaupt. Es entstehen gigantische Güllemengen, die keine Verwertung finden und als Abfall auf Deponien, im Grundwasser, in Bächen, Seen und im Meer landen. Dort beschleunigen sie das Wachstum gefährlicher Algenteppiche. Die wiederum rauben den Fischen den Sauerstoff und entlassen zusätzliche Treibhausgase in die Atmosphäre.

Die Lage verfinstert sich weiter, wenn wir den steigenden Bedarf an Nahrungsmitteln berücksichtigen. Die Nachfrage nach Fleisch- und Milchprodukten wird in den kommenden Jahrzehnten massiv zunehmen. Bis 2050 wird sie sich weltweit voraussichtlich verdoppeln. Die Landwirtschaft wird also unter der Voraussetzung, dass sie mit hohem Düngereinsatz und hohen Futtermittelmengen so weiter wirtschaftet wie bisher, zu einer wachsenden Gefahr für das Weltklima und damit auch für sich selbst.[24]

Die ungeschminkte Wahrheit

Die Prognosen des Weltklimarates und ihre unangenehmen Wahrheiten sind keine absoluten Größen. Die Wissenschaft misst ihre Ergebnisse nach ihrer Eintrittswahrscheinlichkeit. So tragen einige Befunde den Stempel »weniger wahrscheinlich«, anderes gilt als »sehr wahrscheinlich«. Welcher Stempel vergeben wird, ist Abstimmungssache. Und bei dieser Abstimmung über die Berichte des Weltklimarates spielt am Ende auch noch die Politik eine Rolle. So ist das, was uns der Weltklimarat präsentiert, schon durch einige wissenschaftliche und politische Spülgänge gelaufen und fühlt sich am Ende etwas weicher an als die wissenschaftlichen Studien im Original. Dennoch gibt es uns Anhaltspunkte für eine Zukunft, auf die wir uns einrichten sollten. Wie sicher also bleibt unser tägliches Brot, wenn das Weltklima unsicher wird? Hier als Antwort das, was der Weltklimarat für sehr wahrscheinlich hält:

• Der Klimawandel wird sich nicht in einer schleichenden Veränderung äußern, sondern in Extremen, und die werden zunehmen.

• Die Tragödien des Klimawandels werden sich dort abspielen, wo die Lage heute schon brisant ist.

• Wenn die Welttemperatur steigt, sinkt die Ernährungssicherheit. Der Norden kann von Temperaturen bis drei Grad plus leicht profitieren, der Süden wird dabei noch stärker unter

Stress geraten. Wenn die Plus-3-Grad-Grenze überschritten wird, drohen weltweite Ernteeinbrüche und damit einhergehend Preissteigerungen von durchschnittlich 30 Prozent.

- Die größten Risiken trägt Afrika südlich der Sahara. In einigen Gebieten wird es wegen Hitze und Trockenheit keinen Maisanbau mehr geben. Rinder, Schafe und Ziegen werden dort keine Weidegründe mehr finden, weil die Flächen vertrocknen und in Buschland und Wüste übergehen.

- In Asien könnte die Reisproduktion in diesem Jahrhundert einbrechen. Schon bei einer Erderwärmung von zwei Grad wird der Reisanbau leiden, und die Ernten werden im zweistelligen Bereich schrumpfen, in Indien und in China um zwölf Prozent. Der Weizen wird aus weiten Teilen Asiens und dem südlichen Ostasien verschwinden.

- Die Entwicklungsländer werden den aufkommenden Mangel nur meistern, wenn sie die Getreideimporte bis 2080 um bis zu 40 Prozent steigern können. Schon heute hungern dort mehr als 850 Millionen Menschen.

- Wenn die Temperaturen um mehr als drei Grad steigen, werden viele Nutzpflanzen kapitulieren. Mit Ernteausfällen von bis zu 40 Prozent muss zum Beispiel bei Mais gerechnet werden. Besonders betroffen davon wären Teile Afrikas, Asiens und Lateinamerikas. Die Unheilsskala ist nach oben offen. Wenn sich Wetterextreme wie Dürren und Überschwemmungen im Zuge des Klimawandels weiter steigern, dann muss mit noch höheren Ausfällen beim Getreide gerechnet werden.

- Die Rinder-, Schweine- und Schafhalter werden bei steigenden Temperaturen Einbußen erleiden, denn ihre Herden geraten durch neue Erreger unter zusätzlichen Krankheitsdruck.

- Der Klimawandel entzieht der Welt ein Teil ihrer Acker- und Weideflächen und verringert die Ernten auf den verbliebenen. Er dezimiert die Artenvielfalt und zwingt die Tiere und Pflanzen, nach Norden in gemäßigtere Zonen auszuweichen.

- In den Extremzonen der Welt, den Wüsten und Überschwemmungsgebieten, wird ein Viertel der Bevölkerung hungern und an Unterernährung leiden. Das UN-Millenniumsziel bis 2015, die Zahl der Hungernden von 800 auf 400 Millionen zu halbieren, wird sich unter den Extremen des Klimawandels nicht erreichen lassen.

- Das Zentrum der Ernährungskrise wandert von Asien nach Sub-Sahara-Afrika. 2080 wird im südlichen Afrika knapp die Hälfte der Bevölkerung an Nahrungsmangel leiden und hungern. Das Heer der Unterernährten, so rechnen die Klimaforscher, kann sich unter dem Einfluss des Klimawandels weltweit von 800 Millionen auf 1,3 Milliarden Menschen bis 2080 steigern.

- Und schließlich: Zunehmender Wassermangel könnte sich in zusätzlichen Spannungen und Konflikten entladen.[25]

Das neue Weltklima scheint der Welternährung schlecht zu bekommen. Der Klimawandel ändert die Stabilität auf den Äckern und verringert die Ernährungssicherheit weltweit. Der Weltklimarat entlässt uns mit seinen Prognosen in ein düsteres Jahrhundert.

Aber das ist noch nicht die ganze Geschichte. Das Klima ist nur ein Teil des Problems, das auf uns zukommt. Das andere liegt im Boden. Wir sehen nicht, wie er lautlos vom Acker verschwindet, versalzen, verwüstet, unter Beton und Asphalt begraben wird. Fruchtbarer Boden wird neben dem Wasser zu einem der knappsten Güter des 21. Jahrhunderts. Wie weit ist uns der Boden schon unter den Füßen entzogen worden, wie konnte es dazu kommen, und wie groß ist unsere Chance, den Boden, von dem wir leben, noch zu halten? Die Geschichte vom Verlust des Bodens füllt unser nächstes Kapitel.

3. Bodenlos – wie die Äcker der Welt verschwinden

Nur elf Prozent

Wir leben auf dünnem Grund. Der Boden, von dem wir uns ernähren, ist nur 15 bis 20 Zentimeter dick und bedeckt nur elf Prozent der Landfläche unseres Globus. Der »Rest« der Erde, rund 89 Prozent, ist entweder zu trocken, zu salzig, zu flachgründig, zu nass oder dauerhaft gefroren. Unter dem Strich bleiben für unsere Ernährung 1,5 Milliarden Hektar theoretisch nutzbares Ackerland, was gemessen an der gesamten Landfläche unserer Erde von 14 Milliarden Hektar erschreckend wenig ist.

Die fruchtbaren Böden sind auf dem Globus sehr ungerecht verteilt. Afrika und Indien besitzen das wenigste, Brasilien da-

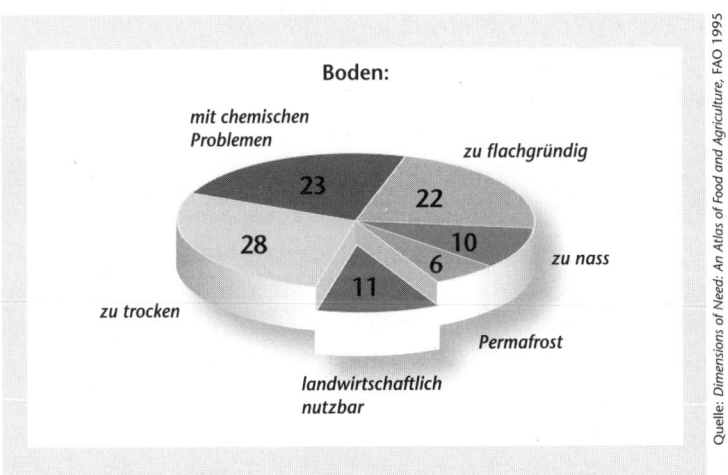

Quelle: Dimensions of Need: An Atlas of Food and Agriculture, FAO 1995

Grafik 3.1: **Nutzbarkeit der Landflächen weltweit in Prozent**

gegen das meiste fruchtbare Land mit rund 16 Prozent der gesamten nutzbaren Ackerfläche der Welt.

Fruchtbarer Boden ist wie eine »Goldreserve« für unser Leben, ohne ihn könnten wir nicht existieren. Leider hat er einen schwerwiegenden Mangel: Er lässt sich kaum vermehren. David Pimentel hat den Boden und dessen Gesundheit zu seiner Leidenschaft gemacht. Er arbeitet als Professor für Bodenkunde an der Cornell University, New York, und wir treffen ihn in der evangelischen Akademie Tutzing am Starnberger See. Es geht um Zeit – Zeit, die wir und die Dinge um uns herum brauchen.

Im Park steht eine Skulptur aus Torf. Auf den ersten Blick wirkt sie wie ein einfacher Erdhaufen, der da etwas befremdlich aus der ansonsten so gepflegten Rasenfläche ragt. Erst auf den zweiten Blick entpuppt sich der braune Hügel als von Menschenhand geformt. Etwa 1,50 Meter hoch ist das Torfgebilde, das ursprünglich einmal einen menschlichen Kopf darstellte. Ein halbes Jahr war die Skulptur bereits den Kräften der Natur ausgesetzt.

Ersatz in 15 000 Jahren

Mittlerweile ist sie halb zerfallen. Ihre Züge sind nicht mehr zu erkennen. Wir haben vor ihr haltgemacht. »Das ist Erosion«, erklärt David Pimentel. »Hier sehen wir es deutlich, es ist das Werk von Regen und Wind. Die beiden zerfurchen langsam, aber stetig das Gesicht. In weiteren sechs Monaten wird es nur noch ein Haufen Torf sein.« Verweht, verwaschen, zersetzt. Die Skulptur, ein Sinnbild für Vergänglichkeit. Aber nicht nur das: Denn hier entsteht auch etwas – neuer Boden. Daran arbeitet eine Legion von Bodenlebewesen, von Käfern und Würmern bis zu den Bakterien.

Der Professor greift eine Handvoll Torfboden und lässt sie durch seine Finger rieseln. »In einer Handvoll Boden leben rund fünf Milliarden Tiere, vom winzigen Einzeller bis zum Regenwurm. Fast so viele Lebewesen wie Menschen auf der Erde. Ihre Arbeit schafft die Grundlage unserer Ernährung.« David Pimentel beugt sich, nimmt noch eine Handvoll Erde und lässt sie zwischen seinen Fingern hindurchrieseln. Eine kleine Staubwolke wird vom Wind verweht. Weg ist der Boden. Wenn der Boden verschwindet, sind es nicht gleich Meter, die abgetragen werden, es sind oft nur Millimeter, die verschwinden, verwehen oder wegschwimmen, und diese Millimeter sind kaum wahrzunehmen.

»Wenn ein Millimeter Boden über Nacht vom Wind oder Wasser davongetragen wird, dann fällt das dem Bauern gar nicht auf. Aber um diesen Millimeter wieder neu entstehen zu lassen«, gibt David Pimentel zu bedenken, »benötigt die Natur mehr als hundert Jahre, so viel Zeit für nur einen Millimeter Boden.«

Je nach Klimazone kann es auch bis zu tausend Jahre dauern. Die Bodenschicht, von der wir leben, ist aber im Schnitt 150 Millimeter dick. Um die zu ersetzen, dauere es mindestens 15 000 Jahre oder, in Menschenaltern, 500 Generationen. Und es gibt Gebiete, da werde sich nie Boden bilden, dabei zeigt er auf die schroffe Alpenkulisse jenseits des Starnberger Sees. Das sei unser Problem. Unser Spielraum, in dem wir Landwirtschaft betreiben können, sei sehr begrenzt und kaum zu erweitern.

David Pimentel wird nicht müde, seine Botschaft zu wiederholen. »Bedenken Sie, hundert Jahre für einen Millimeter Boden. So schnell, wie wir den Boden zerstören, kann die Natur ihn nicht ersetzen. Darauf ist sie nicht eingestellt, das müssen wir begreifen.«

Das Tempo, in dem der Boden verschwindet, ist atemberaubend, stellt die Welternährungsorganisation FAO fest, und es beschleunigt sich über die Jahre immer weiter. Die Zeit, in der der Boden knapp wird, ist absehbar. Besonders viel Boden geht dort verloren, wo der Hunger am größten ist. In Afrika und Asien verschwinden im Jahr durchschnittlich 30 Tonnen Boden pro Hektar allein durch Erosion. Das ist 20-mal mehr, als in einem Jahr neu gebildet werden kann. In den Industriestaaten kann dieser Verlust teilweise ausgeglichen werden. Künstlicher Dünger und Agrarchemikalien verdecken den Aderlass an natürlicher Fruchtbarkeit.[1]

In der Dritten Welt jedoch fehlt dafür das Geld. Dort bleibt nur die Flucht nach vorn, genauer: von einem abgewirtschafteten Landstrich in den nächsten. Und wo das Land verteilt ist, da kommt der Urwald unter den Pflug. Während der letzten 40 Jahre gingen bereits 30 Prozent des Ackerlandes weltweit verloren, schätzt David Pimentel. Und deshalb wird immer mehr Urwald abgeholzt, um neuen Boden zu gewinnen.

Die Grundlage unserer Ernährung schrumpft dahin, weht oder schwimmt davon, fällt Salz oder Sonne zum Opfer, wird überstrapaziert, entkräftet und ausgelaugt oder im wachsenden Maße überbaut, betoniert und asphaltiert. Wie viel Boden bleibt uns noch? Wird er ausreichen, um nicht nur sechs oder sieben, sondern neun Milliarden Menschen in Zukunft zu ernähren?

In diesem Kapitel wollen wir der Bodenfrage auf den Grund gehen und uns ansehen wie, wo und in welchem Ausmaß die Grundlage unseres Lebens verschwindet oder schon verschwunden ist.

Vom Winde verweht

Noch nie hat der Verlust des Bodens so viel Staub aufgewirbelt wie durch die Staubstürme in Oklahoma, im Weizengürtel der Vereinigten Staaten. Dort ereignete sich in den 1930er Jahren der wohl spektakulärste Abgang, den der Boden vom Acker nehmen kann.

Oklahoma Dust Bowl

Es ist der 14. April 1935, ein Sonntag. Der Sonntag, der später als *Black Sunday* in die Geschichte Amerikas eingehen wird. In der Nacht fegt ein gewaltiger Sturm über die Prärie, die Great Plains im Mittleren Westen der USA. Auch am nächsten Tag bleibt der Himmel schwarz. Zeitzeugen berichten, dass sie nicht einmal einen Meter weit sehen konnten. Selbst die Hühner ziehen sich schon gegen Mittag in ihre Ställe zurück und legen sich schlafen. Zur gleichen Zeit fegen zwanzig »Black Blizzards« über das Land, nehmen mit, was nicht niet- und nagelfest ist, und dazu gehört vor allem das fruchtbare Ackerland.[2]

Das Unheil hatte eine Vorgeschichte. Eigentlich war das Land des »Rolling Country« gar kein Ackerland, bestenfalls wäre es als Weide für Rinder geeignet gewesen. Aber die Siedler, die aus Europa nach Amerika gekommen waren, hatten sich vom Grün der Landschaft verführen lassen. Als sie kamen, in den letzten Jahrzehnten des 19. Jahrhunderts, hatte es jahrelang viel geregnet, ungewöhnlich viel Regen, und die Prärie wuchs und blühte. Also entschlossen sie sich zu bleiben und es mit Ackerbau zu versuchen, so wie sie es aus Europa kannten. Der Erfolg der ersten Jahre ermutigte sie. Sie nahmen immer mehr Prärie unter den Pflug und hatten bald die ganze Schüssel der Great Plains von Texas bis Oklahoma umgebrochen. Bis 1930. Da blieb der Regen aus. Dürre legte sich über das Land. Die Äcker lagen nackt im Präriewind. Im November 1933 begann dann das eigentliche Desaster. Der erste Herbststurm fegte am 11. November über South Dakota und nahm so viel Boden mit, wie er tragen konnte. Damit begannen die »Dirty Thirties«, wie sie später genannt wurden.

Im Mai 1934 stürmte es über zwei Tage und zwei Nächte. Staubdünen türmten sich vor den Farmen und begruben sie unter sich. Die Farmer versuchten, ihre Häuser mit feuchten

Lappen abzudichten. Kinder und Alte litten unter Atemnot, der Staub verstopfte ihre Bronchien. Am Morgen des dritten Tages waren große Teile der Great Plains um ihre Äcker erleichtert. Die Staubwolke zog Richtung Nordost, bis nach Chicago und Boston.[3]

Das ökologische Desaster dieser Dürrejahre ging als »Oklahoma Dust Bowl« in die Geschichte Amerikas ein. Es dauerte sechs Jahre, bis sich die Staubwolken wieder gelegt hatten. Die »Dirty Thirties« hinterließen tiefe Spuren. 100 Millionen Acre, das entspricht rund 40 Millionen Hektar, fruchtbaren Ackerbodens waren fortgeweht worden. 500 000 Amerikaner mussten Haus und Hof verlassen. Zwei Drittel der Farmer konnten nur noch mit Unterstützung der Regierung überleben. Hunderttausende zogen fort, weiter nach Westen, nach Kalifornien, um sich dort als Tagelöhner in den Obstplantagen zu verdingen. »Okies« wurden sie genannt, die, die aus Oklahoma geflüchtet waren. John Steinbeck hat ihr Schicksal in seinem Roman *Früchte des Zorns* für die Nachwelt festgehalten.

Die Katastrophe des »Oklahoma Dust Bowl« war von Menschen gemacht. Sie hatten sich Boden angeeignet, der für ihre Zwecke überhaupt nicht geeignet war, und ihn in einer Weise bewirtschaftet, die die trockenen und windigen Verhältnisse der Prärie nicht berücksichtigten. Der »Oklahoma Dust Bowl« hätte der Welt eigentlich eine Lehre sein sollen, aber die Nachwelt wollte nichts daraus lernen.

Auch heute geht diese Form von Bodenvernichtung weiter, jeden Tag rund um den Globus. So auch in Westaustralien, und die Gründe sind immer noch die gleichen: kein Bewusstsein für die Verletzlichkeit der 15 Zentimeter Erdkrume, von der wir leben.

Australiens fliegende Farmen

Es ist im Sommer 1994, und es herrscht Dürre im Land. Auf der Farm von Will und seiner Frau Brit in Westaustralien, 100 Kilometer westlich von Esperance, kommt die »Seabreeze« pünktlich um zwei Uhr nachmittags. Es ist ein Wind vom Meer, der einsetzt, wenn die Mittagssonne das australische Inland aufgeheizt hat. Vom Küchenfenster aus kann man weit sehen, bis hinunter zum Fluss und hinüber zur Nachbarfarm. Dort liegt der Boden bereits offen zu Tage. Die Schafe haben das Gras bis auf den Grund abgefressen, weil die Dürre ihnen sonst nichts gelassen hat. Die »Seabreeze« pfeift um das Farmhaus und wächst sich heute zu einem Sturm aus. Vom Küchenfenster aus kann man beobachten, wie der Boden der Nachbarfarm davonfliegt, über Stunden, in einer großen Staubwolke. Ein Tag und eine Nacht reichen aus, dann sind vom Boden des Nachbarn nur noch die Steine übrig. Das war's, die Fruchtbarkeit – weggeblasen.

Nichts Ungewöhnliches für diese Gegend in Westaustralien. Es passiert immer, wenn der Regen ausbleibt und zu viele Schafe auf der Fläche weiden. Das einzige Rezept gegen den fortschreitenden Bodenverlust sind Pflanzen, die den Boden mit ihren Wurzeln festhalten, und weniger Schafe. Doch nur wenige Farmer erkennen diesen Zusammenhang. Will kennt ihn. Sein Boden bleibt nie unbedeckt. Und vor allem, er wird nicht mehr gepflügt. Pfluglose Bodenbearbeitung nennen das die Fachleute, und sie ist nicht das Einzige, was gegen die aggressiven Winde hilft. Heute liegt die Farm von Will und Brit im Grünen. Baumreihen brechen den Wind und sichern den Boden. Bauminseln halten die Sandlinsen fest. Das zahlt sich aus, ist aber als Rettungsprogramm für den eigenen Boden eine Ausnahme, und das nicht nur in Australien.

Weltweit fliegt Boden auf einer Fläche von 550 Millionen Hektar davon, das ist etwa das Fünfzigfache der deutschen

Quelle: *Dimensions of Need, FAO 1995*

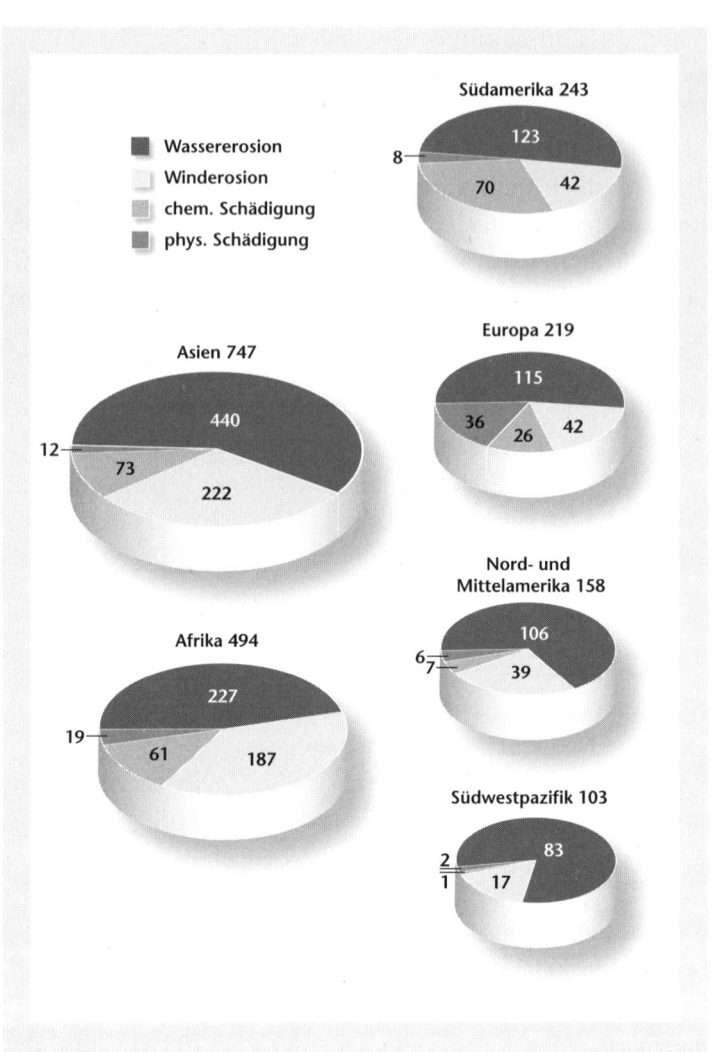

Wassererosion
Winderosion
chem. Schädigung
phys. Schädigung

Südamerika 243
123
8
70   42

Asien 747
440
12
73
222

Europa 219
115
36   26   42

Nord- und
Mittelamerika 158
106
6
7   39

Afrika 494
227
19
61   187

Südwestpazifik 103
83
2
1   17

Grafik 3.2: **Schädigung des Bodens nach Regionen weltweit in Millionen Hektar**

Ackerfläche. Besonders stark von der Winderosion betroffen sind Asien und Afrika. Dort verschwindet im Jahr ein Vielfaches von dem, was sich an Boden überhaupt neu bilden kann.

Und der Grund ist immer der gleiche: falsch bewirtschaftet, so wie damals beim »Oklahoma Dust Bowl«.

Die Landwirte zeigen sich in diesem Punkt beratungsresistent, was auch daran liegt, dass die Folgen der Erosion nicht unmittelbar zu spüren sind. Der Verlust des Bodens führt nur langsam zu sinkenden Erträgen, weil er zum Teil durch Dünger ausgeglichen werden kann. So wie am Gelben Fluss in China. Dort erleben wir eine andere Form der Bodenerosion. Nicht nur Wind, auch Wasser kann Boden vernichten. Die Macht des Wassers ist in Asien die Hauptursache für den Verlust der fruchtbaren Böden.

Vom Wasser geraubt

Ganz dramatische Ausmaße erreicht der Bodenverlust in der Kornkammer Chinas, im Lössplateau der Provinz Shaanxi. Die fruchtbaren Böden dieser Provinz verschwinden schneller als irgendwo sonst auf der Welt. Hier hat es zwar schon immer Erosion gegeben, doch in den letzten Jahrzehnten hat sie katastrophale Ausmaße angenommen. In der Wissenschaft gilt sie als abschreckendes Beispiel und erhielt den Titel »Huang-he-Syndrom«.

Das Huang-he-Syndrom

Der Huang-he, der Gelbe Fluss, fließt durch ein Hügelland aus Löss. Das ist das Fruchtbarste, was die Erde zu bieten hat, und erreicht hier Meterdicke. Früher wirtschafteten hier chinesische Bauern auf kleinen Feldern. Sie waren als Terrassen angelegt und mit Hecken eingegrenzt. Die alten Bauern wussten noch, dass der Boden möglichst das ganze Jahr über grün und bedeckt sein sollte und Wind und Regen keine offene Flanke bieten durfte. Als aber dann in den 60er Jahren des letzten Jahrhunderts mit der Kollektivierung der Landwirtschaft die »Moderne« einzog, wurden die alten Regeln über den Haufen geworfen. Die Erde blieb schutzlos Wind und Regen ausgeliefert. Die Lössterrassen waren für Sturzbäche eine leichte Beute. Das Wasser nahm mit, was keinen Halt mehr fand. Auch heute noch trägt der Gelbe Fluss mit jedem Kubikmeter Wasser 34 Kilogramm Löss und Schwemmsand fort. Das sind jährlich etwa 1,6 Milliarden Tonnen Lössboden. So verliert Chinas Kornkammer immer mehr ihrer Fruchtbarkeit. Kein Einzelfall.[4]

Der größte Schauplatz der Bodenverwüstung durch Wassererosion liegt im Amazonasgebiet. Auch hier besorgt das Wasser ein Werk gigantischer Bodenzerstörung. Vorher jedoch schlagen die Holzunternehmen zu, die unter dem Banner der Landgewinnung immer tiefer in die Tropenwälder eindringen.

Die traurigen Tropen

Die Satellitenbilder bringen es an den Tag. Nachts funkeln rote Feuer bis hinauf zu den Kameraaugen der Erdüberwacher. Tagsüber verraten Rauchschwaden, wo die Holzfäller Beute machen. Der Kahlschlag in den Regenwäldern der Welt geht auch 2009 ungebremst weiter. Beispiel Amazonien: Mehr als die Hälfte der Urwälder wurde hier bereits abgeholzt, um neues Ackerland zu gewinnen. Dabei sind diese Flächen keine wirkliche Rettung für die Menschen, die dort siedeln. Denn tropische Böden sind von Natur aus arme Böden. Schon nach wenigen Ernten zeigt sich ihre Schwäche.

Sie besitzen keine dauerhafte Ertragskraft. Je nachdem, was auf ihnen angebaut wird, sind sie mehr oder weniger schnell ausgelaugt. Bei Erdnüssen und Reis schon nach zwei Jahren, bei Baumwolle und Mais ernten die Bauern nach fünf Jahren nur noch die Hälfte.

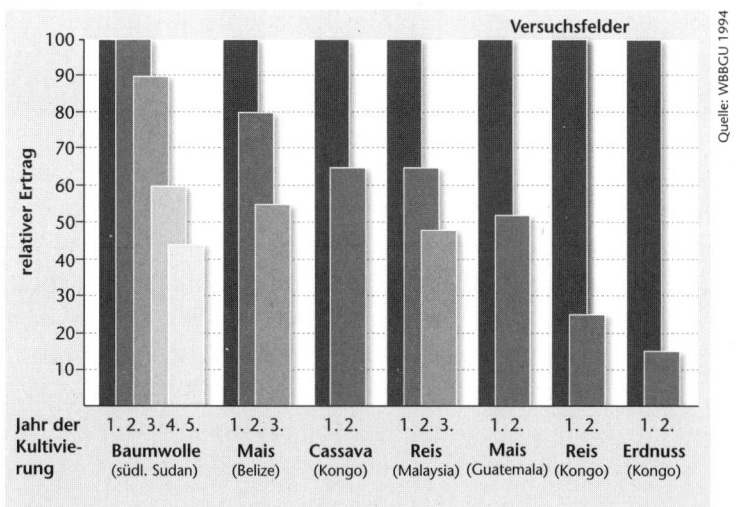

Quelle: WBGU 1994

Grafik 3.3: **Verringerung der Ernteerträge auf tropischen Waldböden in Prozent**

Und wenn die Ernten schwächer ausfallen, erlahmt auch das Interesse der Bauern wieder. Dann ziehen sie weiter zum nächsten Kahlschlag. Das zurückgelassene Land wird von den tropischen Regenfällen weggeschwemmt. Ein Drittel der weltweiten Bodenerosion in den Tropenwäldern geht auf das Konto von Holzfällern und Kleinbauern, die von ihrem Land vertrieben wurden.[5]

Es gibt eine Weltkarte des NRCS (Natural Resources Conservation Service) in Washington, die uns zeigt, dass sich die Gefahr der Wassererosion wie ein Gürtel um den Globus zieht. Die Farbe der Bodenzerstörung ist Rot. Besonders grell leuchtet sie in Indien und China. Aber auch in Europa, im Osten der USA und in Westafrika verfärbt sich die Landkarte alarmierend rot (siehe *Grafik 3.4* im Farbteil in der Buchmitte).

Nach den Erkenntnissen des NRCS geht mehr als die Hälfte der Bodenverluste weltweit auf das Konto von Sturzregen und Überflutungen. Geschätzte 130 Milliarden Tonnen fruchtbaren Bodens werden jährlich vom Acker abgeschwemmt. Schuld daran ist die moderne Landwirtschaft. Genauer gesagt: Der Pflug ist die Ursache des Problems. Er wendet den Boden, legt ihn nackt auf den Acker, ohne ein Minimum an Deckung, und liefert so die Erdkrume den Naturgewalten aus. Er reißt hangauf und hangab Furchen in den Boden, die schon beim nächsten Regen zu Schwemmkanälen werden. Durch sie treibt der Boden ins Tal und von dort aus auf und davon. Je größer die Flächen, desto größer die Verluste. Allein in den USA, dem Mutterland der industriellen Landwirtschaft, schwimmen jährlich rund drei Milliarden Tonnen Mutterboden davon. Auch in Europa hat das Wasser den weitaus größten Anteil an der Vernichtung von Mutterboden.

Milliardenverluste für Europa

Überschwemmungen und Sturzfluten nagen an mehr als einem Zehntel des europäischen Festlandes. Vor allem gefährdet ist Südeuropa. Hier liegen Schätzungen vor, wonach 75 Prozent aller untersuchten Bodenflächen, also mehr als 100 Millionen Hektar Land, im Jahr 2000 ihre Bodenfruchtbarkeit weitgehend verloren hatten. Betroffen sind insbesondere die unbewaldeten Berghänge, in die frühere Generationen kunstvolle Terrassen für die Landwirtschaft gebaut haben.

Viele der Hänge liegen mittlerweile brach. Sie zu bewirtschaften ist ein zu mühsames Geschäft, weil als Werkzeug nur Hacke und Kiepe infrage kommen. Ohne Pflege und Bewuchs verfallen solche Terrassenlandschaften jedoch. Bei Regen brechen die Mauern weg, und schon beginnt die Erosion, ihre Furchen zu ziehen. Die Europäische Umweltagentur warnt deshalb vor einer wachsenden Erosionsgefahr im Mittelmeerraum, dem Balkan und den Anrainerstaaten des Schwarzen Meeres.[6]

Europäische Bodencharta

Der jährliche Schaden, der durch die Entwertung der Böden entsteht, erreicht nach Schätzungen der Europäischen Gemeinschaft bereits 14 Milliarden Euro, ohne dass es einen Aufschrei der Empörung gäbe. Auch die »Europäische Bodencharta«, die diese Landvernichtung eigentlich stoppen sollte, erweist sich als zahnlos. Sie existiert zwar seit dem 30. Mai 1972, aber sie verpflichtet niemanden, und niemand fühlt sich verpflichtet. Bisher haben nur neun EU-Mitgliedstaaten den Bodenschutz in eigenständige Gesetze übernommen, Deutschland gehört dazu, aber von Schutz kann auch hier nicht die Rede sein. Das Wasser reißt zwischen Rhein und Oder acht bis zehn Tonnen Boden pro Hektar und Jahr mit sich.

Unerträglich findet das der ehemalige Direktor des Max-Planck-Instituts für Meteorologie (MPI) in Hamburg, Professor Hartmud Graßl. Denn die natürliche Bodenerneuerung liegt bei nur etwa zwei Tonnen. Also wird nur ein Fünftel von dem, was davongeschwemmt wird, wieder ersetzt, vier Fünftel gehen verloren – ein Verlust von sieben Tonnen Fruchtbarkeit pro Hektar und Jahr. Das kann auf Dauer auch bei uns nicht gut gehen.[7]

Aber das ist noch nicht alles. Eine dritte Bedrohung geht vom Salz aus.

Vom Salz zerfressen

Das Salz macht sich auf unterschiedlichen Wegen über die Äcker her. Aus dem Boden selbst, über die künstliche Bewässerung oder direkt aus dem Meer. Wo es sich ausbreitet, haben die Pflanzenwurzeln keine Chance. Sie können sich nicht gegen die Salzkonzentration durchsetzen, kein Wasser und keine Nährstoffe aus dem Boden ziehen. Sie vertrocknen. Wo sich

Salzkrusten auf der Oberfläche bilden, ist dies das untrügliche Zeichen dafür, dass der Boden für unsere Kulturpflanzen verloren ist, auf immer.

Tückischerweise wird das Salzproblem zunächst gar nicht als solches erkannt. Erst wenn es nicht mehr abzuwenden ist, offenbart sich seine zerstörerische Wirkung

Australiens »Soil Cancer«

»Soil Cancer« ist eine australische Krankheit und zeigt, was Salz in der Kombination mit industrieller Landwirtschaft anrichten kann. »Soil Cancer« entsteht durch das Roden der Buschlandschaften für Ackerbau und Viehzucht und durch Salzvorräte im Boden. Der Busch ist ein Regulativ für den Grundwasserpegel. Ursprünglich wurde er von den Wurzeln der Bäume und Sträucher niedrig gehalten. Mit dem Verschwinden der Buschvegetation gerät das Grundwasser außer Kontrolle und steigt bis zur Oberfläche. Auf seinem Weg dahin durchweicht es Salzschichten, die überall im australischen Boden lagern, und löst das Salz auf. Als Sole tritt es dann zutage, sammelt sich in Senken und bildet eine lebensfeindliche Seenlandschaft aus. Das ist kein Ort, an dem Pflanzen gedeihen könnten, weder Weizen noch Gras.

In Australien dehnen sich diese Salzkrusten bereits über 25 000 Quadratkilometer aus, das entspricht etwa fünf Prozent der landwirtschaftlichen Nutzfläche des Landes. Und die Sole quillt weiter. Zu stoppen wäre sie nur mit Bewaldung. Aber das halten viele Farmer für keine gute Idee. Sie wollen schließlich farmen. Mittlerweile bedroht der »Soil Cancer« weitere 150 000 Quadratkilometer australischen Farmlands und macht auch vor den Städten nicht halt. Adelaide, die Hauptstadt von Südaustralien, droht von ihm zerfressen zu werden. Ihre Fundamente bröckeln, die Wasserleitungen zerfallen, und der Salzgehalt im Trinkwasser steigt. Geologen fürchten, dass der Stadt bis 2050 das Trinkwasser ausgehen könnte, weil es versalzen ist.

Ein noch größeres Desaster bahnt sich im Südosten des Kontinents an, an der Grenze zwischen den Staaten New South Wales und Victoria, im Murray-Darling-River-System.

Murray-Darling-Salzdesaster

Der Darling River ist der längste Fluss Australiens. Der Murray ist nicht ganz so lang, beide fließen im unteren Drittel zusammen und bilden dort einen gemeinsamen Unterlauf. Von der Quelle in den Snowy Mountains bis zur Mündung im Ozean legt der Murray River rund 2600 Kilometer zurück, der Darling über 2700 Kilometer. Sie nehmen das Wasser aus einem gewaltigen Becken auf, dem Murray-Darling-Basin, das dreimal so groß ist wie die Bundesrepublik Deutschland. In ihm wachsen zwei Drittel der australischen Nahrungsmittel. Das Murray-Darling-River-System speist die Kornkammer Australiens, eines Kontinents, der zum überwiegenden Teil aus Wüste besteht. Beide Flüsse gemeinsam versorgen 40 Prozent des australischen Ackerlandes mit Wasser, und das mit einem höchst simplen Verfahren. Das Wasser wird gestaut, der Fluss tritt über das Ufer, das Land wird überflutet. Wenn sich der Boden vollgesogen hat, wird das Wehr geöffnet, das Wasser fließt ab.

Eigentlich sollte danach das große Wachsen beginnen, doch das bleibt immer häufiger aus. Schuld daran ist das Salz. Es kommt aus dem Boden selbst, wird vom Bewässerungswasser gelöst und von der Sonne an den Tag gebracht. Wenn das Flusswasser verdunstet, bleibt auf den Äckern eine weiße Kristallkruste zurück. Zunächst kaum sichtbar, aber für die Pflanzen schon fühlbar. Die Folgen stellen sich schleichend ein. Irgendwann lohnt es sich dann nicht mehr, Weizen oder Raps anzubauen, weil der Boden versalzen ist.

Salz und Bewässerung

Das Salzproblem ist jedoch nicht nur ein australisches Phänomen, auch in Amerika, Indien, Ägypten, im Irak, auf dem Gebiet der ehemaligen Sowjetunion und in Afrika greift Salz weiter nach landwirtschaftlichen Flächen. Schuld daran ist auch hier die zunehmende künstliche Bewässerung. Schon heute werden weltweit 268 Millionen Hektar künstlich mit Wasser versorgt, das entspricht 18 Prozent der gesamten Ackerfläche weltweit.[8]

Vor allem die Entwicklungsländer in den trockenen und heißen Klimazonen sind auf den künstlichen Regen angewiesen. Fast die Hälfte ihrer Reis- und Weizenernte wächst nur, wenn zusätzlich bewässert wird, es sind rund 218 Millionen Hektar. Auch hier zeigen sich die Folgen mittlerweile immer deutlicher. Ein geradezu klassisches Beispiel lässt sich in Westafrika, im Senegal besichtigen.

Versalzen durch Entwicklungshilfe

Februar 1996, Pressefahrt der Ebertstiftung. Die Landschaft heißt Djoudj. Mit unserem Jeep fahren wir durch das Delta am Senegalfluss. Als der Fahrer auf einem Damm hält, eröffnet sich ein unerwarteter Anblick. Kilometerweit ist der Deltaboden abgeräumt, von Bulldozern eingeebnet, von Baggern in »handliche« Stücke von einigen hundert Metern Kantenlänge geteilt, von tiefen Kanälen durchzogen. Nur wenige Monate zuvor hatten hier noch Kleinbauern ihr Vieh geweidet. Jetzt laufen die Vorbereitungen für eine riesige Reisplantage. Das Wasser für den Reis soll der Senegalfluss liefern. Das Geld bringen die Weltbank und ein japanischer Investor auf. Der Reis ist für Japan bestimmt. Die Devisen gehen an die Regierung des Senegal, sie will damit ihre Schulden bei der Weltbank beglei-

chen. Eine Reisplantage als Tilgungsmaschine. Das hatte zwar
für die Bauern des Senegal keinen Sinn, folgte aber der damals
herrschenden Weltbanklogik.

Zunächst waren die Ernten beträchtlich. Dann aber geschah,
was passieren musste: Das Salz, das mit dem Flusswasser auf die
Felder gepumpt worden war, schlug durch. In der Folge sanken
die Ernten.

Das Resultat der Hilfe: kein Reis, stattdessen mehr als 100 000
Hektar Land versalzen. Davor hatten die Gutachter des Wissenschaftlichen Beirates der Bundesregierung für Globale Um-
weltveränderungen (WBBGU) schon im Jahr 1994 gewarnt.
Nach der Untersuchung ähnlicher Projekte am Senegalfluss kamen die Gutachter zu dem Schluss: »Die allmähliche Versalzung der Oberböden ist (somit) Ergebnis einer Projektpolitik,
die nicht ausreichend auf Nachhaltigkeit ausgerichtet war.«
Mit öffentlichen Geldern geförderte Landvernichtung in einer
Gegend der Welt, in der Land, fruchtbares Land, neben Wasser
eine Frage des Überlebens ist.

Versalzene Hoffnung

Die Salzgefahr droht mittlerweile auf einem Drittel aller Äcker
weltweit. Die USA beispielsweise schätzen ihre jährlichen Ernteausfälle durch Salz im Boden auf fünf Milliarden Dollar.
Weltweit könnten diese Verluste noch erheblich zunehmen.
Denn Bewässerung gilt für die Weltlandwirtschafts-Organisa-
tion FAO als die große Hoffnung des 21. Jahrhunderts. Zum einen, weil die Klimaerwärmung ganze Landstriche trockenle-
gen wird, die sich bisher noch auf den natürlichen Regen verlassen konnten. Zum anderen, weil die Landreserven der Welt,
die zur Ernährung der wachsenden Bevölkerung aktiviert werden müssen, überwiegend in regenarmen Zonen liegen. Und
zum Dritten, weil Bewässerung zumindest kurzfristig größere

Ernten verspricht. Aber eben nur kurzfristig. Langfristig wird damit eine Spirale in Gang gesetzt, die zwangsläufig in immer neuer Versalzung endet.

Schätzungsweise zwei Millionen Hektar gehen so Jahr für Jahr verloren. Doch dabei wird es nicht bleiben. Ausgeweitet wird dieser globale Salztrend zusätzlich noch durch die westliche Lust auf Luxus, genauer: den ungeheuren Hunger auf Shrimps. Die Umsätze dieser Zuchtgarnelen haben sich seit 1991 fast verdoppelt. In den Pfannen von Küchen und Restaurants landen mehr als vier Millionen Tonnen Shrimps. Sie kommen nicht aus dem Meer. Sie wachsen an Land, auf ehemaligen Reis- und Gemüsefeldern, wie beispielsweise auf der Shrimpsfarm von Vasu Tandel in Indien.[9]

Salzige Shrimps

Es ist totenstill. Außer den eigenen Schritten ist kein einziges Geräusch zu hören. So weit das Auge reicht, gibt es keinen Baum, keinen Strauch, keinen Grashalm, keinen Vogel. Weit und breit ist nichts Lebendiges zu entdecken. Stattdessen reihen sich rechteckige Becken bis an den Horizont, eins hinter dem anderen. Das Wasser ist trüb, aufgewühlt von einem rastlosen Getümmel am Grund, alles Shrimps.

Über hundert solcher Becken befinden sich auf dem Betriebsgelände von Vasu Tandel, einem der größten Shrimpsfarmer an der indischen Küste. Seine Farm erstreckt sich über eine Fläche von mehreren Fußballfeldern. Und Vasu Tandel will weiter wachsen, sein Geschäft läuft glänzend. Im Dorf ist er ein geachteter Mann, denn die Shrimps bringen Arbeit und Geld in die ansonsten eher ärmliche Küstenregion. Einerseits. Andererseits zahlt die Region einen hohen Preis. Denn wo Shrimpszucht entsteht, ist der Boden für Reis, Gemüse oder Weizen ruiniert, versalzen, im wahrsten Sinne des Wortes.[10]

Das ist in Indien so, aber auch in China und Thailand, wo die Hälfte der Shrimpsbecken in Reisfelder gebaut werden. Weltweit nimmt die Garnelenzucht zurzeit geschätzte 740 000 Hektar Land in Anspruch. Land, das nach Gebrauch für die Landwirtschaft wertlos ist.

Eine beachtliche Zahl, aber noch gar nichts, wenn man in die Zukunft der großen Deltaregionen dieser Welt schaut. Hier entwickelt sich ein weiteres Salzdrama. Schuld daran ist in diesem Fall die alles verändernde Kraft des Weltklimawandels.

Landunter im Delta

Die großen Flussdeltaregionen der Erde sind heute noch die Heimat von Millionen von Fischern und Kleinbauern. Doch ihre Zukunft sieht in weiten Teilen der Welt düster aus. Wie, das zeigt sich heute schon im Delta von Ganges und Brahmaputra. Dort, wo die Flüsse seit Jahrtausenden fruchtbares Land angeschwemmt haben, gedieh Reis zu fast allen Jahreszeiten. Hier wuchsen Bananen, Mangobäume und Kokospalmen. Das Land war gesegnet, doch das ist Vergangenheit. Heute nagt das Salzwasser am Delta.

Gelbe, vertrocknete Palmen zeigen an, dass das einstige Paradies verloren ist. Bauern, die eigentlich Reis pflanzen wollten, hocken vor ihren Lehmhütten, tatenlos – es lohnt sich nicht mehr. Ihre Pflanzen wachsen nicht an oder gehen nach kürzester Zeit ein. Der Grund auch hier: Salz in Wasser und Boden. Auslöser ist das salzige Meerwasser. Seit einigen Jahren drückt es immer tiefer ins Landesinnere, weil die Flüsse in der Trockenzeit als Folge des Klimawandels immer weniger Süßwasser führen.

Richtig gefährlich wird es, wenn das Meer als weitere Folge des Klimawandels steigt. Für die größten Deltagebiete der Welt sieht die Rechnung nicht gut aus. Der Anstieg des Meeresspiegels ist bereits im Gang. Bis zum Ende des Jahrhunderts ist ein Plus von einem Meter wahrscheinlich. Allein in Ägypten würde dies beispielsweise sechs Millionen Menschen treffen und bis zu 15 Prozent des Ackerlandes vernichten. In Bangladesch wären 13 Millionen Menschen und 16 Prozent der nationalen Reisproduktion betroffen. Im Mekongdelta, der »Reisschüssel« Vietnams, wären sogar 70 Prozent der gesamten Reisproduktion gefährdet. Und im bevölkerungsreichen China wären nicht nur Zehntausende von Hektar, sondern sage und schreibe 72 Millionen Menschen vom steigenden Meeresspiegel bedroht.

Das Meer verschlingt also nicht nur fruchtbaren Boden, sondern setzt auch riesige Flüchtlingsströme in Gang, mit unabsehbaren Folgen für die betroffenen Regionen. Die Gefahr von Verteilungskämpfen wächst unter diesen Bedingungen bedrohlich an. Frieden, Versorgung und politische Stabilität für mehr als 100 Millionen Menschen stehen auf dem Spiel.[11]

Aber auch ohne die Zutat Salz lässt sich eine Region zugrunde richten. Es reicht, den Boden zu überfordern, und das geschieht oft in den Trockengebieten der Erde. Hier entwickelt sich ein unglückliches Zusammenspiel von Mensch und Natur, das die Wissenschaft mit dem Titel »Sahelsyndrom« versehen hat.

Das Sahelsyndrom

Die Sahelzone liegt am Rande der Sahara und ist ein Beispiel dafür, was passiert, wenn der Boden bis zur Grenze seiner Tragfähigkeit ausgepresst wird. Was sich dort ereignet, läuft in einer Art Kettenreaktion ab. Zunächst leben dort mehr Menschen, als der Boden ernähren kann. Sie halten Vieh, zu viel Vieh für die mageren Weiden. Das Resultat: Die Gräser werden bis auf die Wurzeln abgegrast, und selbst die Sträucher werden abgefressen. Die Folge: Der Boden laugt aus und verweigert sich am Ende ganz. Hinzu kommen zu viele Feuerstellen von zu vielen Familien, die zu viel Holz verheizen aus zu wenigen Wäldern. Baumlos, strauchlos, graslos, so zugerichtet haben Landstriche weder dem Wind noch dem Wasser etwas entgegenzusetzen. Sofern überhaupt Boden zurückbleibt, ist er am Ende versandet, versalzen und ausgelaugt, für die Landwirtschaft wertlos.

Wer ist verantwortlich für diese Überforderung? Die Schuldfrage führt in diesem Fall zurück nach Europa. Genau genommen sind die Menschen im Sahel Opfer einer fehlgeleiteten europäischen Agrarpolitik geworden. Wie alles geschah, ist eine Art Politikkrimi und nachzulesen beim Umweltbeirat der Bundesregierung (WBBGU) im Jahresgutachten 1994 zur Gefährdung der Böden.

Die Geschichte begann in den 1980er Jahren, als die europäischen Kühlhäuser vor Rindfleisch überquollen. Es war die Zeit der Rindfleischberge. Die Europäische Kommission versuchte diese Überschüsse in Westafrika zu entsorgen, für Europas Bauern mit Erfolg. Für die Nomaden und Bauern im Sahel, die von der Viehwirtschaft lebten, war es ein Desaster. Denn sie mussten mit ansehen, wie plötzlich billiges europäisches Rindfleisch ihre Märkte überschwemmte.

Nach Westafrika wurde so viel europäisches Fleisch verschifft, dass damit die Hälfte des Verbrauchs abgedeckt war. Das Fleisch war hoch subventioniert. Statt 7,30 DM kostete es in den westafrikanischen Städten nur etwa 3,30 DM. Das führte zu einem Preisverfall für die afrikanischen Bauern. Über Nacht verloren ihr Fleisch und damit auch ihre Rinderherden mehr als die Hälfte ihres vorherigen Wertes. Der Preis fiel sogar unter die westafrikanischen Produktionskosten. Die Bauern blieben auf ihren Rindern sitzen. Weil diese jedoch ihr einziger Besitz waren, wollten sie die Tiere nicht vernichten. Und so wuchsen die Rinderherden im Sahel weit über das hinaus, was die trockenen Weidegründe verkraften konnten. Was zurück blieb, war schließlich nur noch verwüstetes Land.

Seit 1972 gingen in der Sahelzone Jahr für Jahr schätzungsweise etwa 1,5 Millionen Hektar landwirtschaftlich nutzbarer Fläche verloren. Inzwischen hat diese Verwüstung 90 Prozent des Weidelandes und 80 Prozent des Ackerlandes erfasst.

Die Afrikanische Union versucht gegenzusteuern und hat im Juli 2005 den Beschluss gefasst, einen grünen »Schutzwall« in einer Länge von etwa 7000 km von Dakar im Westen bis Dschibuti im Osten Afrikas anzulegen. In einer Breite von fünf Kilometern soll er von den Menschen der Wüstenländer mit einheimischen Bäumen und Sträuchern bepflanzt werden. Das Projekt ist zugleich eine Arbeitsbeschaffungsmaßnahme und ein mutiger Versuch, den Vormarsch der Sahara zu stoppen. Später dann könnte es der Bevölkerung auch ein ständiges Einkommen ermöglichen, denn die Bäume tragen Früchte wie die Wüstendattel, die man essen, oder die Purgiernuss, deren Öl zu Biodiesel verarbeitet werden kann, und die Senegalakazien, aus deren Saft Gummi arabicum gewonnen wird. Die noch bestehenden Wälder und Plantagen sollen in diese »grüne Mauer« quer durch Afrika einbezogen werden.

Es ist ein Hoffungsschimmer vor einer sonst eher tristen Kulisse. Denn was im Sahel stattfand und findet, lässt sich auch an anderen Orten beobachten: in Halbwüsten, auf Trockensavannen, im Dornsträucherland. Etwa ein Viertel der Landoberfläche der Erde entspricht den Boden- und Klimaverhältnissen des Sahel und ist auch den gleichen Risiken ausgesetzt. Zu diesem erdumfassenden Trockengürtel gehören in Afrika: Burkina Faso, Niger, Mali, Äthiopien, Gambia, Guinea-Bissau, Mauretanien, Niger, Senegal, Sudan und der Tschad, weiterhin Teile des südlichen Afrika, Westarabiens, Südostasiens, Mexikos und Ostbrasiliens. Auch der Südwesten der USA, Australien und der Mittelmeerraum sind vom »Sahelsyndrom« bedroht. 135 Millionen Menschen leben in diesen Gebieten. Wenn die Prognosen der Klimaforscher recht behalten, könnte sich die Lage dort noch einmal erheblich verschlechtern. Der Sahel wird in Zukunft ohne oder fast ohne natürlichen Regen auskommen müssen.

Wir haben bisher nur die Landverluste betrachtet, die direkt mit der Landwirtschaft zusammenhängen: Bodenerosion durch Wind und Wasser, Zerstörung durch Salz, Kahlschlag und Überforderung. Das ist zweifellos ein großer Teil, aber noch nicht das gesamte Bild der Bodenzerstörung. Hinzu kommt mit dem Wachstum der Weltbevölkerung die stetige Ausdehnung der Städte, Straßen und der Industrie. Der Landhunger in den Schwellenländern ist gerade erst geweckt.

Verschlungen von Millionen

Wie viel Boden verlangt das Wachstum der Dritten Welt? Welche Folgen hat es, wenn immer mehr Menschen nicht nur ein Dach über dem Kopf, sondern eine menschenwürdige Wohnung besitzen wollen? Wenn sie sich nicht auf staubigen Pfaden, sondern auf einer Straße oder mit Bahn und Flugzeug fortbewegen wollen? Wenn sie nicht mehr auf dem Acker, sondern an einer Werkbank ihr Geld verdienen wollen?

»Landverlust bedroht Ernährungssicherheit«, so titelte im Dezember 2007 die Zeitung *China Daily*. Der Journalist Wu Jiao berichtete darin über einen Auftritt des chinesischen Ministers für Land und Ressourcen, Xu Shaoshi, der seinen Landsleuten die Leviten las. Der Grund des Ärgers war, dass es in den Ballungszonen Chinas zur gängigen Praxis geworden war, der Landwirtschaft das Land zu stehlen. Was den Minister besonders erboste, war der Fall einer Ziegelei, die, statt eine Lehmgrube anzulegen, ihren Lehmbedarf kurzerhand von den umliegenden Äckern gedeckt und dafür den fruchtbaren Ackerboden abgetragen hatte. Sie war nicht die einzige, die sich illegal am Boden bediente. »Diese illegale Aneignung von Ackerland gefährdet die Ernährungssicherheit und die soziale Stabilität«, wetterte der Minister. Bereits sechs Millionen Hektar seien in China auf diese Weise der Landwirtschaft abhanden gekommen.

China sitzt in der Klemme. Auf der einen Seite braucht es Land für die Ernährung seiner Bürger. Auf der anderen Seite wächst der Hunger auf Land in der Industrie und in den Städten. Der Konflikt ist vorprogrammiert und droht sich zuzuspitzen.

Um einen Menschen zu ernähren, braucht man insgesamt mindestens 1400 Quadratmeter fruchtbaren Boden. Das haben Wissenschaftler der FAO berechnet. China benötigt demnach mindestens 180 Millionen Hektar Land, um seine Bevölkerung zu ernähren. Nach den Studien von chinesischen Bodenkundlern können in China aber höchstens 130 Millionen Hektar unter den Pflug genommen werden. Das verfügbare Land reicht also schon heute für die Ernährung der Bevölkerung nicht aus. Experten der FAO kommen zu dem Schluss, dass China zurzeit bereits rund 50 Millionen Tonnen Getreide pro Jahr einführen muss, um seine Bevölkerung ausreichend zu ernähren.

Wenn China mit seiner Bodenpolitik schon am Rande des Abgrunds manövriert, wie sieht es dann in anderen Entwicklungsländern aus?

Zum Beispiel in Ägypten, einem Land, in dem die Hälfte der Bevölkerung jünger ist als zwanzig Jahre, dessen Bevölkerung stetig wächst und dessen Städte aus den Nähten platzen. Das Land verfügt zwar über riesige Flächen, die aber überwiegend Wüste und wegen Wassermangel nicht zu kultivieren sind. Die wenigen fruchtbaren Landstriche ziehen sich entlang des Nils, der Lebensader des Landes. Aber gerade da liegen auch die großen Städte, wie Kairo, die Hauptstadt. Ägypten ist ein typisches Beispiel dafür, wie Wachstum die Grundlage der eigenen Ernährung verschlingen kann.

Kairo frisst sein Hinterland

Zu Beginn der 1950er Jahre lebten nur knapp drei Millionen Menschen in der Stadt. Heute sind es laut offiziellen Angaben 17 Millionen. Das allein wären schon fast so viele Einwohner wie in ganz Nordrhein-Westfalen auf einer Fläche, die gerade mal der Größe Kölns entspricht. Dabei sind die 17 Millionen nur eine statistische Größe. Tatsächlich gibt es riesige sogenannte informelle Stadtgebiete. Deren Bewohner haben sich nie bei irgendeiner Behörde gemeldet. Experten schätzen, dass mindestens 20 Millionen Menschen in der ägyptischen Hauptstadt wohnen, viele jedoch am Rande dessen, was wir unter Wohnen verstehen.

Bulaq El Dakrour: Das ist ein Gebiet von neun Quadratkilometern mit einer Million Einwohnern. Überall gibt es vier bis sechs Stockwerke hohe, billig hochgezogene Gebäude. Vom Aussehen her Rohbauten, selten verputzt oder gar angestrichen. Sie stehen so dicht aneinander gequetscht, dass in den engen Gassen nur selten ein Sonnenstrahl bis ganz nach unten durchdringen kann. Die Journalistin Cornelia Wegerhoff fand die Enge bei ihrem Besuch unerträglich. Bulaq El Dakrour platzt förmlich aus allen Nähten, es ruft nach Entlastung durch neue Stadtteile. Auto- und Industrieabgase mischen sich mit dem Rauch aus Garküchen und den Feuerstellen der Armen. Der Müll wird offen verbrannt. Überdurchschnittlich viele Kairoer Kinder leiden an chronischer Bronchitis. Wer es sich leisten kann, flüchtet aus dieser Hölle und zieht mit seiner Familie ins Umland, dorthin, wo früher Ackerbau und Viehzucht getrieben wurde.[12]

Eine Ringstraße führt heute um ganz Kairo herum. Über sie werden in Zukunft über sechs Millionen Menschen fahren. Der Architekt und Städtplaner Tamer El Khorazaty entwirft und baut im Kairoer Umland ganz neue Stadtviertel, die sogenannten »Compounds«. Ein Drittel der Bevölkerung Kairos, also rund sechs Millionen Menschen, sollen dort ihr neues Zuhause finden. Das scheint heute noch unglaublich. Wo sich zukünftig eine Stadt an die andere reihen soll, ist heute nur freies Land. Aber wenn erst die Bagger und Kräne kommen, wird es so sein wie heute schon im sogenannten Neu-Kairo. Dort sind die großen Hauptstraßen bereits gepflastert und geteert. In zehn Jahren wird hier das Zentrum, der Nabel einer neuen Stadt stehen.

Ein Teil davon ist der Wohnpark Arabella, ein Wunder aus Tausendundeiner Nacht: eine Hügellandschaft, üppig grün, weitläufig, englischer Rasen, ein See, die Ufer mit Palmen und hohen Bäumen bewachsen, dazwischen leuchten rote, gelbe Blumenrabatten. Auch das ist Kairo, ein Wohn-»Compound« für die besser Verdienenden mit etwa 130 Villen. Das kleinste Haus hat 500, das größte etwa 8000 Quadratmeter Wohnfläche. Reichtum in Kairo bedeutet, Platz zu haben, einen riesigen Garten, einen eigenen Pool, frische Luft und Ruhe. Aber es sind nicht nur die Millionäre, die es vor die Tore der Stadt zieht. Neu-Kairo, das sind auch die kleinen Ein- und Mehrfamilienhäuser, in denen sich junge Familien ihre erste Wohnung mit Balkon kaufen können. Hier gibt es Fahrradwege und frische Luft, unschlagbare Vorteile gegenüber dem alten Kairo.

Die Vorteile haben einen Preis, und den bezahlt das Umland mit seinen Äckern. Ägypten muss heute schon Getreide importieren, um die wachsende Bevölkerung zu versorgen. In Zukunft wird der Importbedarf noch deutlich ansteigen.

Kairo ist kein Einzelfall, in den Megastädten aller Schwellenländer frisst sich die Besiedlung ins Umland. Damit ereignet sich dort das, was in Europa schon im 19. und 20. Jahrhundert stattgefunden hat und immer noch anhält. Allein in Deutschland verschwinden heute noch 120 Hektar täglich unter Beton und Asphalt.

Die Erfahrung der Vergangenheit zeigt, dass auf dem Weg in die Industriegesellschaft ungefähr 40 Hektar Land je 1000 Einwohner auf der Strecke bleiben. Wenn die Weltbevölkerung weiter wächst, rechneten die Experten der FAO schon 1995 damit, dass bis 2030 alleine für Wohnen und Arbeiten Landreserven von 100 Millionen Hektar verbraucht werden. Ein rasanter Anstieg des Landverbrauchs. Zum Vergleich: In den zwanzig Jahren davor waren es nur zwei Millionen Hektar.[13] Und weil Städte überwiegend in Gegenden gegründet werden, die landwirtschaftlich etwas hergeben, bedeutet ihre Ausdehnung, dass es gerade die fruchtbarsten Böden sind, die unter dem Pflaster verschwinden werden.[14]

Zukunft bodenlos?

Der Verlust von fruchtbarem Boden ist weltweit gesehen eine Katastrophe, die der Umweltbeirat der Bundesregierung als ebenso bedrohlich einstuft wie den Klimawandel und den Verlust biologischer Vielfalt.[15] Es wird eng für die menschliche Ernährung. Schon 1991 kam der Australier Tony Fischer vom Australian Centre for International Agricultural Research, Canberra, zu dem Ergebnis, dass bereits mehr als ein Drittel unserer Ackerböden seine Fruchtbarkeit teilweise oder ganz verloren habe.[16]

Wenn man diesen Trend mit den Verlusten der vergangenen 18 Jahre fortschreibt, wo steht die Welt dann heute zu Beginn des 21. Jahrhunderts? Wir wissen nicht genau, wie viel Boden wir noch für unser täglich Brot zur Verfügung haben. Wir wissen nur, dass wir immer mehr davon verlieren. Die Umweltagentur der Vereinten Nationen lehrt uns in ihrer Weltkarte der Bodengesundheit, dass der Boden dort am schnellsten verloren geht, wo er in Zukunft am nötigsten gebraucht wird. Ungesunde rote und orange Flecken breiten sich dort aus, wo die Bevölkerung am schnellsten wächst, in Afrika und Lateinamerika, in Indien und China. Das sind die Brennpunkte der Welternährung (siehe *Grafik 3.5* im Farbteil in der Buchmitte).

Wie lange werden unsere Bodenvorräte noch reichen, um eine wachsende Weltbevölkerung zu ernähren? Tatsache ist: Pro Kopf schrumpfen die Vorräte schon seit Jahren, in der Dritten Welt schneller als in den Industriestaaten und auch dramatischer, im Jahrzehnt um mehr als 500 m² pro Kopf. Das führt zu einer makabren Rechnung. Was, wenn der Trend anhält? Wann sind die Böden in der Dritten Welt aufgebraucht? Das Ergebnis heißt: 2035. Rein rechnerisch würden dann in den Drittweltländern nur noch zehn Quadratmeter für die Ernährung eines Menschen zur Verfügung stehen. Zur Erinnerung: Nach Expertenmeinung sollten es mindestens 1400 Quadratmeter sein, unter den heutigen Ertragsbedingungen. Es wird also eng, sehr eng für die Welternährung.

Ein Weg aus der erdrückenden Enge ist derzeit nicht in Sicht. Um die wachsende Weltbevölkerung in Zukunft ernähren zu können, dürften die Äcker der Welt nicht schrumpfen, sondern sie müssten wachsen. Bis 2030 um 225 Millionen Hektar. Das entspräche fast dem Zwanzigfachen der deutschen Ackerfläche.[17]

Aber wie und vor allem wo soll das neue Ackerland herkommen? In Asien ist kein Zuwachs zu erwarten. Europa und Ame-

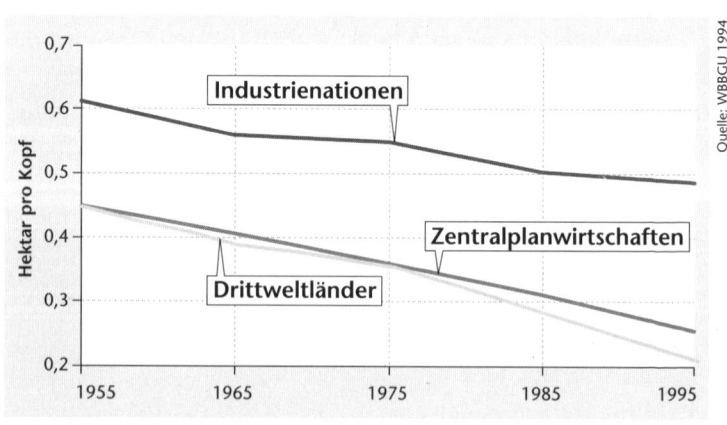

Grafik 3.6: Landwirtschaftliche Nutzfläche pro Kopf, geschätzt

rika nutzen bereits fast alles verfügbare Land, Südamerika könnte noch Regenwald opfern, was aber wegen der Klimawirkung eine schlechte Lösung wäre. Russland würde vielleicht vom Weltklima profitieren, in Sibirien ist für die Zukunft Tauwetter angesagt. Aber das wird keine fruchtbaren Äcker, sondern einen tiefen Morast hinterlassen. Optimisten hoffen auf Afrika, aber gerade dort lässt der Klimawandel keinen Spielraum, im Gegenteil, er engt ihn ein, weil in großen Teilen immer weniger Regen fällt, und wo er fällt, wird er eher als Platzregen niedergehen und nicht für die Bewässerung der Felder taugen.

So betrachtet sind die zusätzlichen 225 Millionen Hektar an fruchtbarem Land, die die Welt ernähren könnten, derzeit nicht in Sicht.

Der Umweltbeirat der Bundesregierung sieht die Welt auf einem gefährlichen Weg und sagte ihr 1994 schon voraus: »Mit zunehmender Bodendegradation und Landverknappung kann auch die Zahl militärischer Konflikte steigen.« Das heißt: Krieg um die fruchtbaren Böden dieser Welt. Die Vorhersage ist eingetroffen, die Auseinandersetzungen laufen bereits. Mit Waffengewalt in mehr als zwanzig afrikanischen Staaten südlich der Sahara und mit Finanzkraft in anderen Teilen der Welt, wo mittlerweile schon ganze Landschaften von ausländischen Investoren im Staatsauftrag aufgekauft werden. China, Japan, Indien, Korea, Ägypten, die Vereinigten Arabischen Emirate, Saudi-Arabien und Libyen versuchen heute schon, Land für die zukünftige Ernährung der eigenen Bevölkerung aufzukaufen. Als Verkäufer bieten sich Uganda, Brasilien, Kambodscha, Pakistan, Mali, Sudan, Madagaskar, die Türkei, die Ukraine und Rumänien an. Und auch die großen Fondsgesellschaften haben die ersten Bodenfonds aufgelegt.[18]

Der Kampf um den Boden ist nur ein Teil des Krisenszenarios der Welternährung, der andere liegt beim Wasser. Auch hier kündigt sich wachsende Knappheit an und damit ein steigendes Gewaltpotenzial. Kriegsgrund Wasser, auch das ist schon Realität, länger, als wir es uns eingestehen möchten.

Wie es um die Zukunft des Wassers und seine Bedeutung für die Welternährung bestellt ist, wollen wir im nächsten Kapitel erörtern.

4. Kampf ums Wasser

Wassernotstand in Kalifornien

»Dürrenotstand in Kalifornien!« Am 1. März 2009 macht der Sonnenstaat düstere Schlagzeilen. Wie die Nachrichtenagentur *dpa* meldet, hat der Gouverneur des Staates Kalifornien, Arnold Schwarzenegger, den Notstand ausgerufen. Die Wasserreserven des Landes haben einen historischen Tiefststand erreicht. Die Bürger werden aufgerufen, Wasser zu sparen. Außerdem werde der Landwirtschaft die Wasserration gekürzt. Für die kommende Ernte sei mit Verlusten von über zwei Milliarden Dollar zu rechnen.

Eine kleine Meldung am Rande. Aber folgt man den Prognosen der Wasserexperten der Vereinten Nationen, werden Meldungen wie diese uns künftig immer häufiger begegnen. Die Wasserfrage wird, so die Einschätzung der Experten, zu der zentralen Herausforderung des 21. Jahrhunderts.

Schon heute haben mehr als 1,1 Milliarden Menschen keinen Zugang zu sauberem Trinkwasser. In Zukunft dürfte sich ihre Lage weiter verschärfen. Die Folgen des Klimawandels einerseits und explodierende Bevölkerungszahlen andererseits lassen befürchten, dass Wasser in den kommenden Jahrzehnten weltweit zu einer der problematischsten Ressourcen wird.[1]

Der blaue Planet

Dabei gibt es eigentlich Wasser genug. Genau genommen besteht unser Planet sogar überwiegend aus Wasser. Aus dem Weltraum betrachtet, leuchten Meere, Ozeane, Seen und Flüs-

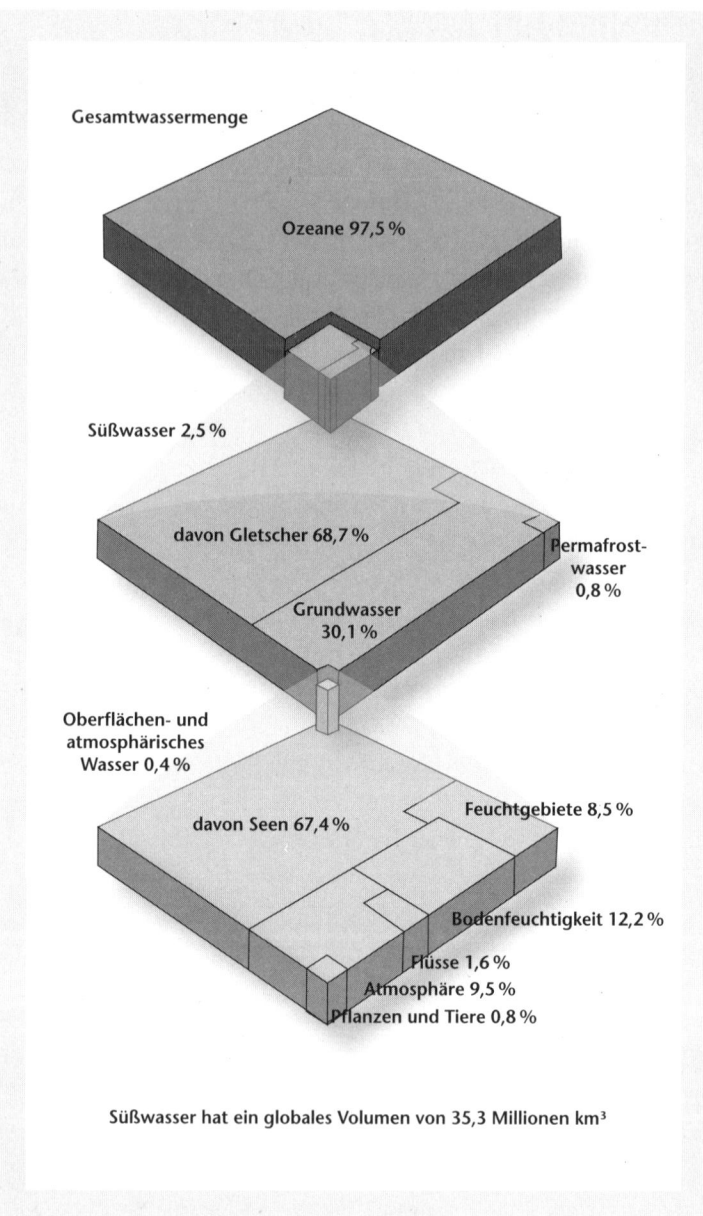

Gesamtwassermenge

Ozeane 97,5 %

Süßwasser 2,5 %

davon Gletscher 68,7 %

Permafrost-
wasser
0,8 %

Grundwasser
30,1 %

Oberflächen- und
atmosphärisches
Wasser 0,4 %

davon Seen 67,4 %

Feuchtgebiete 8,5 %

Bodenfeuchtigkeit 12,2 %

Flüsse 1,6 %
Atmosphäre 9,5 %
Pflanzen und Tiere 0,8 %

Süßwasser hat ein globales Volumen von 35,3 Millionen km³

Grafik 4.1: Die globale Verteilung des Wassers

se blau. Sie enthalten gemeinsam die ungeheure Menge von 1,4 Milliarden Kubikkilometer Wasser.

Allerdings ist dies zu mehr als 97 Prozent Salzwasser. Weniger als drei Prozent sind Süßwasser und damit für die Menschen zu genießen. Und ein Großteil davon liegt unerreichbar in den Gletschern der Pole und Hochgebirge im Eis gebunden. Erreichbar für uns ist von der Süßwasserreserve der Erde nur etwa ein Drittel, das als Brauch- und Trinkwasser genutzt werden könnte. Aber auch davon kann nur ein Bruchteil direkt angezapft werden, denn der größte Teil des Süßwassers liegt im Untergrund verborgen als Grundwasser. In den Bächen, Flüssen und Seen fließen, gespeist durch Niederschläge, weniger als zwei Prozent der Süßwasservorräte der Erde.

Insgesamt, so rechnet das World Water Assessment Program der Vereinten Nationen vor, kann die Menschheit mit einer verfügbaren Süßwassermenge von rund 10 000 Kubikkilometer Wasser pro Jahr rechnen. Rein rechnerisch könnten mit dieser Menge mehr als sechs Milliarden Menschen ausreichend versorgt werden, umgerechnet stünden mehr als 4000 Liter Süßwasser pro Mensch und Tag zur Verfügung. So gesehen, müsste die Weltwassersituation eigentlich ganz entspannt sein. Leider ist diese Zahl jedoch lediglich eine statistische Größe. Denn die Niederschläge sind ungerecht verteilt.

Wasserstress weltweit

Der Norden der Erdkugel und die Regionen um den Äquator können auf reichliche Niederschläge zurückgreifen. Dazwischen erstreckt sich jedoch ein breites Band um den Globus, in dem es wenig oder gar nicht regnet. Hier sind die Vorräte sehr knapp, und in vielen Staaten wird mehr Wasser verbraucht, als der Regen nachliefern kann. In diesen Regionen herrscht Wasserstress.

Die Vereinten Nationen haben eine Karte entwickelt, auf der die Wasserstressregionen der Erde verzeichnet sind. Je dunkler das Rot, desto angespannter ist die Lage und desto weiter klafft die Lücke zwischen Wasserbedarf und Wasserangebot. Kritisch wird es dort, wo die Vorräte bereits so weit zur Neige gegangen sind, dass pro Person nur noch zwischen 1000 und 1500 Kubikmeter Süßwasser im Jahr zur Verfügung stehen. Hier beginnt für die Wasserforscher die Alarmzone und für die Weltbank die Schwelle, ab der dringend in die Wasserversorgung investiert werden müsste (siehe *Grafik 4.2* im Farbteil in der Buchmitte).

Die Hotspots für Wasserkonflikte ziehen sich wie ein Gürtel rund um den Globus. Vom Westen der USA, wo der Colorado River bis auf den letzten Tropfen von Landwirtschaft und Industrie ausgequetscht wird, über den Aralsee, der noch vor vierzig Jahren der viertgrößte Binnensee der Welt war und heute zu fast 80 Prozent ausgetrocknet ist, bis Nordafrika, wo fast alle Staaten von einem gemeinsamen Grundwasserreservoir leben, dessen Ende absehbar ist. Gleiches gilt für Indien und Bangladesch, dort saugen mehr als eine Million Pedalpumpen so viel Grundwasser ab, dass sich bereits Arsen aus dem Boden löst.

Auch im Norden Chinas sinkt der Grundwasserspiegel jährlich um mehr als einen Meter, und der Gelbe Fluss erreicht seit 1972 kaum noch das chinesische Meer. Der Tschadsee in Zentralafrika war einst der sechstgrößte Süßwassersee der Welt, in nur drei Jahrzehnten schrumpfte er auf ein Zehntel seiner Fläche. Im Zweistromland drohen die Flüsse Euphrat und Tigris zu versiegen, weil immer mehr Wasser in den gigantischen Bewässerungsprojekten der Türkei verschwindet. Der Nil droht das Mittelmeer nicht mehr zu erreichen und zum Zankapfel zwischen Ägypten, Sudan und Äthiopien zu werden. Und im Nahen Osten droht die heißeste Konfliktzone der Welt täglich neu zu explodieren, weil der Streit über das Wasser des Jordans und der Golanhöhen kein Ende findet.

Ahmad Qots beschwerliche Reise

Die Menschen in Jordanien und Syrien, aber besonders die palästinensische Bevölkerung des Westjordanlandes, leiden unter
den Folgen des Wassermangels. Der palästinensische Bauer
Ahmad Qot weiß, was es heißt, wenn das Wasser immer knapper wird. Jeden Tag sattelt er seinen Esel und treibt ihn drei
Stunden zum Wasserholen. Wasser findet er in einem Stollen,
in dem sich seit alters Wasser sammelt. Doch das Wasser ist
nicht mehr das, was es einmal war. Es wird von Jahr zu Jahr
dreckiger. Die neuen Siedlungen ringsum lassen ihr Abwasser
einfach im Untergrund versickern, jetzt schlägt es ins Grundwasser durch. Für den Acker und das Vieh reicht es noch, aber
für die Familie muss Ahmad Qot noch einmal drei Stunden einer beschwerlichen Reise in Kauf nehmen, um den Brunnen
im Nachbardorf anzuzapfen. Es ist einer der wenigen Brunnen,
so sagt er, der den Palästinensern geblieben ist, nachdem Israel
seinen Grenzzaun errichtet hat. Damals sind viele der alten
Brunnen gleich mitkassiert worden.[2]

Das drängt die Palästinenser immer tiefer in die Wasserkrise.
Ein Beispiel von vielen ist das Dorf Ain Arik in der Nähe von
Ramallah. Auch hier sind die letzten Brunnen geschlossen worden wegen Gesundheitsgefahr. Die Abwässer aus den Sickergru-
ben des Dorfes drangen ins Grundwasser ein. Der Brunnen
wurde zur Brutstätte von Malariamücken. Kinder erkrankten.
Heute ist er versiegelt. Und damit ist das Dorf vom Wasser ab-
geschnitten. Es teilt sein Los mit insgesamt 150 Dörfern im Jor-
danland, in denen nach Angaben der israelischen Menschenrechtsorganisation *Betselem* rund 220000 Menschen leben, alle
ohne Wasserversorgung. Sie sitzen buchstäblich auf dem Trockenen. 50 bis 70 Liter Wasser täglich ständen ihnen normaler-
weise zu, wenn es eine Leitung gäbe, aber die gibt es nicht.[3]

Neben dem Nahen Osten drohen auch zwischen den nord-
afrikanischen Staaten am Mittelmeer zunehmende Wasserkon-

flikte. Der Nil ist eine Seite des Problems, die andere liegt für unsere Augen verborgen im Untergrund, im Grundwasser unter der Sahara.

Wasser auf Pump

Die Weltkarte der Grundwasservorräte zeichnet die Lage in Mauretanien, Tunesien, Algerien, Libyen, Ägypten, auf der arabischen Halbinsel sowie im Iran und in Pakistan in dunklen Farben, in äußerst düsteren (siehe *Grafik 4.3* im Farbteil in der Buchmitte). Je dunkler das Rot, desto schwieriger die Lage. Von Nordafrika bis zum Iran und Indien wird mehr Wasser aus dem Untergrund gepumpt, als durch Regen wieder erneuert werden kann. Diese Wasserreserven in Nordafrika stammen aus einer Zeit, als in der Sahara ein ganz anderes Klima herrschte. Üppige Vegetation und viele Niederschläge sorgten vor einigen Millionen Jahren dafür, dass selbst Elefanten und Krokodile dort leben konnten. Wo heute die Wüste herrscht, schwappte vor einigen Millionen Jahren ein See von mehr als 250 Kilometern Länge. Forscher der Universität Boston fanden dies bei der Analyse von Luftbildern heraus.

Diese gewaltigen Wassermassen müssen zum Teil im Untergrund versickert sein und bilden heute die Grundwasserspeicher der Region. Sie gehören zu den größten der Welt und speisen ganz Nordafrika, aber sie bekommen keinen Nachschub mehr. Eine Reihe von Staaten, vor allem Algerien, Tunesien und Libyen, konkurrieren um die schwindenden Vorräte. Jedes Land für sich fördert das Tiefenwasser mit mehr als tausend Pumpen. Insgesamt hängen mehr als 8000 Wasserstellen und Pumpstationen an den unterirdischen Vorräten, am meisten pumpt Algerien. Die Fördermengen haben sich in den letzten Jahren immer weiter erhöht. Experten befürchten eine Erschöpfung der Wasserlager noch in diesem Jahrhundert.

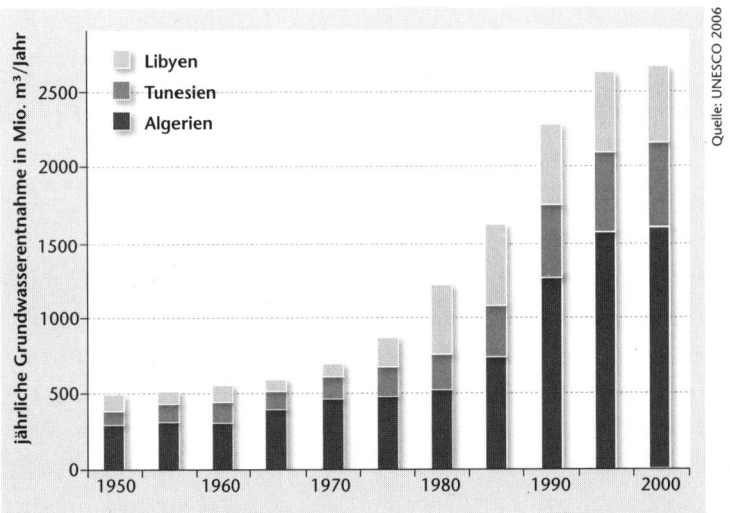

Quelle: UNESCO 2006

Grafik 4.4: **Entwicklung der Grundwasserentnahme Nordwestsahara 1950 bis 2000**

Ebbe am Gelben Fluss

Auch China lebt auf Pump. Seine Wasservorräte gehen zur Neige. Der Gelbe Fluss kommt immer seltener zu seiner Mündung im Chinesischen Meer, immer häufiger muss er auf halbem Wege aufgeben, weil ihm das Wasser schon vorher abgepumpt wurde.

Die Grundwasserreserven bieten vorläufig noch einen Ausweg. Aber auch sie nehmen ständig ab. Peking pumpt mehr als zwei Drittel seines Wasserbedarfs aus der Tiefe. Der Pegel sinkt mehrere Meter im Jahr und ist teilweise schon um mehr als 100 Meter gefallen.[4]

Der Wassernotstand in vielen Regionen ist nicht nur eine Folge von zu wenig Niederschlag. Beim genaueren Hinsehen erweist er sich nicht selten als von Menschen gemacht. Vom politischen Machtinstinkt gesteuert, von wirtschaftlichen Interessen getrieben, von Korruption, Vetternwirtschaft und Desinteresse in Kauf genommen und von Unwissen und Kurzsichtigkeit geduldet.

Menschen, Macht und Wassermangel

Wie stark politische Interessen die Verteilung von Wasser bestimmen, zeigt das Beispiel von Euphrat und Tigris. Hier entsteht seit 1980 das größte Wasserprojekt des Nahen Ostens, das Südostanatolien-Projekt, in der Türkei als *Güneydoğu Anadolu Projesi* (GAP) bekannt.

Seit alters war der Zugriff auf das Wasser von Euphrat und Tigris umstritten, denn drei Staaten, die Türkei, Syrien und der Irak, haben ein historisches Recht auf das Wasser der Flüsse. Aber das Recht nahm sich in diesem Fall der Stärkere, die Türkei. Mit dem Argument, die Quellen beider Flüsse lägen auf türkischem Gebiet, meldete 1993 der türkische Staatspräsident Süleyman Demirel seinen Anspruch auf das Wasser unmissverständlich an: »Mit dem Wasser ist es wie mit dem Öl. Wer an der Quelle sitzt, hat ein Recht darauf, das ihm niemand streitig machen kann.«

Es geht dabei um nicht weniger als die Herrschaft über den weitaus größten Teil des Euphratwassers und um die Hälfte des Tigriswassers. Mit diesem Jahrhundertprojekt mache sich die Türkei zum »Wassermonopolisten« im Mittleren und Nahen Osten, urteilt der Wasserforscher Jörg Barandat. Das Projekt, das 2012 fertiggestellt sein soll, hat gigantische Dimensionen. Die Wassermassen von Euphrat und Tigris sollen von 14 Staudämmen abgefangen und aufgestaut werden. 17 Kraftwerke verwandeln die Gewalt der Wassermassen in elektrischen Strom. 1000 Kilometer Kanäle leiten das Wasser ab zur Bewässerung von einer Million Hektar Land auf der Harranebene in Ostanatolien.[5]

Profitieren sollen die Bauern dort. Sie erhalten seit 1999 das

Euphratwasser über einen Tunnel, der groß genug wäre, um Lastwagen darin fahren zu lassen. Durch diesen Kanal strömt Wasser in Mengen, wie es die Bauern in Südostanatolien noch nie in ihrem Leben gesehen haben. Ostanatolien soll zur Kornkammer der Türkei, zum Gemüsegarten des Nahen Ostens werden und sich zur Exportregion für Baumwolle und Getreide entwickeln.

Anlass für diese Kraftanstrengung sind die politischen Verhältnisse des Landes. In der Türkei drängen weit mehr als sieben Millionen Arbeitslose auf den Arbeitsmarkt, ohne die Chance auf Beschäftigung. Darunter ein Großteil männlicher Jugendlicher, eine Masse, die leicht zum politischen Sprengstoff werden könnte. Das Wasser von Euphrat und Tigris soll die Grundlage für weiteres wirtschaftliches Wachstum schaffen. Der Strom wird dringend für die Industrie gebraucht. Das bewässerte Land soll auch die landlosen Bauern auffangen, die Opfer der Staudammprojekte wurden und sonst als Lumpenproletariat in die großen Städte geströmt wären. Da zählen die Interessen der flussabwärts liegenden Nachbarn wenig.

Politisch ausgetrocknet

Politische und wirtschaftliche Interessen sind es auch, die den Aralsee von einem Meer in eine Wüste verwandelt haben. Er war einmal der viertgrößte Binnensee der Welt. Heute sind 80 Prozent seiner Wasserfläche verschwunden. Sein Niedergang begann mit der politischen Entscheidung der früheren Sowjetunion, großflächig Baumwolle in Wüstengebieten anzubauen. Um die Plantagen zu bewässern, mussten die Zuflüsse des Sees angezapft werden. Aber es war nicht die Baumwolle allein, die Agrarpolitiker hatten zusätzlich große Teile der Wüste für Reisanbau, Gemüse und Obstplantagen bestimmt, also Kulturen, die ebenso wie die Baumwolle große Mengen an Wasser benötigen, und das in einer Landschaft, die von Natur aus nur Steppen und Wüsten erlaubt. Große Kanäle wurden durch das karge Land gezogen. Ein weitverzweigtes Bewässerungssystem sollte in der Wüste Landwirtschaft ermöglichen. Aber das Wasser verdunstete schneller, als es fließen konnte, und ein weiterer Teil versickerte durch Lecks und Risse in den Betonwannen, bevor es die Felder erreichte.

Zwischen 1960 und 1990 wurde so viel Wasser aus den Zuflüssen des Aralsees abgezweigt, dass sein Wasserspiegel um 13 Meter sank. Das Seeufer wich mancherorts um bis zu 120 Kilometer zurück. Wissenschaftliche Studien kommen zu dem Schluss, dass der See bis 2030 ganz austrocknen könnte, wenn der Wasserverbrauch an den Zuflüssen nicht gestoppt wird. Das Schicksal des Sees liege in den Händen der Politiker, erklärt Christopher Martius, der ein Forschungsprojekt über Land- und Wassernutzung in Usbekistan leitet. Das Problem bestehe in einer Agrarpolitik, die darauf setze, durstige Pflanzen in dürren Regionen zu kultivieren.[6]

Ähnliche Endzeitszenarien lassen sich für die Grundwasserspeicher Nordafrikas erstellen. Viele von ihnen sind Opfer von politischen Plänen, die aus Wüsten Ackerland machen wollen. Die größte Fehlentscheidung dieser Art wurde in Saudi-Arabien getroffen.

Weizen aus der Wüste

Noch bis 2007 konnte man vom Flugzeug aus kreisrunde grüne Felder mitten in der Wüste sehen. Wer landete, fand Kornfelder, die von gewaltigen Bewässerungskreiseln beregnet wurden. Kräftige Pumpen saugten das Wasser tief aus dem Untergrund, aus dem Grundwasser, das vor Jahrmillionen dort gebildet wurde.

In den 1980er Jahren hatte die Regierung in Riad beschlossen, sich von Nahrungsmittelimporten unabhängig zu machen. Nicht nur Weizenfelder, sondern auch Milch und Geflügelfarmen entstanden. Mit Weizen konnte sich das Land schließlich selbst versorgen und zeitweilig sogar die Überschüsse exportieren. Insgesamt produzierte das Königreich im Jahr 2005 rund 2,6 Millionen Tonnen Weizen, 1,3 Millionen Tonnen Milch und 773 000 Millionen Tonnen Fleisch, Fisch und Geflügel. Das Wasser dafür garantierte der Staat. Allerdings nur bis 2008. Da erhielt die Regierung Berichte über einen dramatischen Rückgang der Grundwasserreserven. Eine Kehrtwende in der Selbstversorgungspolitik wurde beschlossen. Ab 2009 wird Saudi-Arabien zunächst einen Teil und bis 2015 seinen gesamten Getreidebedarf wieder importieren.

Great-Man-Made-River-Projekt

Noch größer und in seiner Wirkung noch verheerender ist der Plan des libyschen Revolutionsführers Muammar el Gaddafi. Er lässt eine Wasserpipeline bauen, durch die der größte von Menschenhand bewegte Strom fließen soll. Er entspringt in der Wüste und wird auch aus den Grundwasservorräten der Sahara gespeist. Nach dem Vorbild Saudi-Arabiens soll er das Land unabhängig machen von Nahrungsmittelimporten, allerdings in einer weit größeren Dimension. Über vier Millionen Kubikmeter Wasser pro Tag fließen inzwischen durch die Riesenröhre in die Städte des Landes und in die Landwirtschaft. Sinnvoll ist das nicht, denn auch hier ist das Reservoir endlich. Doch gegen die ökologischen Warnungen steht der politische Wille des Herrschers, sich ein Denkmal zu setzen. Das Great-Man-Made-River-Projekt soll als achtes Weltwunder in die Geschichte eingehen. Also wird weiter an dem gigantischen Wasserprojekt festgehalten, auch wenn damit die Grundwasservorräte der Sahara verbraucht werden.[7]

Zukunft des Wassers

In Zukunft wird sich die Situation verschlimmern. Die Versteppung großer Regionen als Folge des Klimawandels wird weiter zunehmen. Gleichzeitig ist jedoch auch mit einer Bevölkerungsexplosion zu rechnen. Fatalerweise sind davon gerade solche Regionen besonders betroffen, in denen der Wassermangel heute schon ein Problem ist. In Indien, China und Afrika wird die Bevölkerung bis 2025 zwischen 30 und 50 Prozent zunehmen. Mehr als vier Milliarden Menschen werden dann in Ländern mit zum Teil gravierendem Wassermangel leben.

Insgesamt müssen in den nächsten vier Jahrzehnten Wasser- und Sanitäranlagen für fünf Milliarden Menschen gebaut und finanziert werden, um eine angemessene Wasserversorgung der wachsenden Erdbevölkerung zu erreichen. Das wird den Wasserverbrauch insgesamt, insbesondere aber im Einzugsgebiet der wachsenden Städte, drastisch erhöhen und zu einer scharfen Konkurrenz zwischen den unterschiedlichen Nutzern führen.

Besonders deutlich wird sich dies auf die Landwirtschaft auswirken. Die zukünftige Weltbevölkerung kann nur ernährt werden, wenn mehr Getreide produziert wird. Doch das funktioniert gerade in den trockenen Regionen nur mit künstlicher Bewässerung. Schon heute werden 70 Prozent des Süßwassers in der Landwirtschaft verbraucht. Für jedes zusätzliche Kilo Weizen muss mit einem Mehrverbrauch von 1100 Litern Wasser gerechnet werden, für Reis sind es etwa 2700 Liter, und hinter einem Kilo Rindfleisch steht ein Verbrauch von bis zu 16 000 Litern Wasser. Der UN World Water Development Report 2007 rechnet vor, dass für die Ernährung jedes weiteren Menschen täglich mindestens 3000 Liter zusätzlich an Wasser aufgebracht werden müssen.[8]

Auch für Kleider, Möbel und Häuser wird immer mehr Wasser gebraucht. Ein Kilo Bauwolle zum Beispiel verschlingt die

Menge von 20 000 Litern Wasser. Als Faustregel gilt nach den Berechnungen der FAO, dass der Durst der Industrie dreimal so schnell wächst wie der der Bevölkerung. Insgesamt könnte der Wasserverbrauch in den kommenden zwanzig Jahren um rund 40 Prozent steigen.

Verschärft wird diese Lage durch das Aufheizen des Weltklimas. Der Treibhauseffekt wird bis zum Ende des Jahrhunderts die Temperaturen steigen lassen. Wenn die Emission von Treibhausgasen bis dahin drastisch reduziert werden kann, ist mit einem Plus von »nur« zwei Grad im Durchschnitt der Welt zu rechnen. Wenn nicht, dann sind auch drei bis fünf Grad plus möglich. Die Modellrechnungen des Weltklimarates IPCC lassen allerdings Abweichungen erkennen. In allen Weltregionen, die heute schon mit Dürren zu kämpfen haben, wird der Durchschnitt noch einmal nach oben übertroffen. Dort könnte es also noch heißer werden mit der Folge, dass die Wüsten sich noch weiter ausbreiten werden. Schon heute ist ein Drittel der Erde von Wüsten bedeckt. Die Vereinten Nationen schätzen, dass jährlich 120 000 Quadratkilometer hinzukommen werden – eine Fläche halb so groß wie die Britische Insel. Betroffen davon ist heute bereits ein Fünftel der Weltbevölkerung.[9]

Beispiel China: Hier sind die Wüsten innerhalb des letzten Jahrzehnts um etwa 2400 Quadratkilometer jährlich gewachsen.

Dürre im Pflaumenbergdorf

Schon heute gibt es im Nordwesten Chinas Regionen, in denen es seit Jahren nicht mehr geregnet hat. Zum Beispiel in der Provinz Ningxia, am Rande der mongolischen Steppe. Im Dorf Li Jiashan, zu deutsch »Pflaumenbergdorf«, regnet es schon seit der Jahrtausendwende nicht mehr. Auf den Weiden wächst kein Gras, es gibt dort nur blanke Erde. Die Bauern beten um

Regen, aber vergebens. Der Wasserspiegel im gesamten Norden sinkt. Die Brunnen trocknen aus, die Flüsse versiegen.

Der Wasserpreis ist im Pflaumenbergdorf zum Thema Nummer eins geworden. Wasser muss jetzt gekauft werden. Tausend Liter kosten umgerechnet sieben Euro. Die achtköpfige Familie Li muss damit einen Monat auskommen. Aber es reicht kaum aus, vertraut sie der ARD-Korrespondentin Petra Aldenrath bei ihrem Besuch in Chinas Dürreregion an. Der Sohn der Lis wird das wüste Land jetzt verlassen. Er will in die Stadt, nach Peking, um sich dort Arbeit zu suchen. In Peking wird er allerdings den gleichen Sand antreffen, der ihm schon in Li Jiashan ins Gesicht weht. Denn immer häufiger entstehen Sandstürme. Sie blasen den Sand auch über Distanzen von mehr als tausend Kilometer bis in die Hauptstadt nach Peking, und die hüllt sie immer häufiger in ein fahles gelbes Licht.

Herr Li im Pflaumenbergdorf macht sich Sorgen, weil der Sandsturm allmählich seine Äcker begräbt. Wenn sich nichts ändert, werden er und seine Frau nicht bleiben können, und dem Sohn nach Peking folgen müssen.[10]

Wachsende Spannungen

Die Versteppung großer Regionen trifft zusammen mit einem explosiven Wachstum der Bevölkerung gerade in diesen Gegenden. Das führt zu massivem Wassermangel und wachsenden Spannungen. Zwischen 1949 und 1999 wurden weltweit bereits rund 1800 größere Auseinandersetzungen wegen Wasser registriert. Die Mehrheit konnte friedlich beigelegt werden. Aber rund 500 schwelen weiter. In 42 Staaten der Welt leben die Menschen, was den Wasserverbrauch betrifft, schon heute über ihre Verhältnisse. Diese Staaten sind die zukünftigen Hotspots einer Weltwasserkrise. Neben dem Nahen Osten gehören auch Indien und China dazu.

In Indien drohen interne Konflikte, weil die unkontrollierte Ausbeutung des Grundwassers in Teilen schon heute zum Zusammenbruch der Wasserversorgung geführt hat. Die theoretisch verfügbare Gesamtwassermenge von 1500 Kubikmeter jährlich pro Kopf liegt bereits unter dem Mindestwert, den die FAO ermittelt hat. Um ein menschenwürdiges Leben führen zu können, hält die Weltorganisation 1750 Kubikmeter Wasser im Jahr für notwendig.

Mit einem vorhersehbaren Bevölkerungswachstum Indiens von derzeit rund 1,2 auf 1,7 Milliarden Menschen bis 2025 droht weitere Verknappung. Ein Rückgang pro Kopf auf das Niveau eines Wüstenstaates wie Algerien und damit weit unter die Notstandsschwelle der Weltbank von 1000 Kubikmetern ist zu befürchten. Damit dürften die inneren Spannungen in Indien zunehmen, ebenso wie in China.

Chinas Wasserprobleme

Auch in China könnte die Wasserfrage in Zukunft zu einer Frage der nationalen Sicherheit werden. Ursache sind hier die großen Unterschiede zwischen dem regenreichen Südosten und dem trockenen Nordwesten des Landes. Noch liegt die durchschnittliche Wasserversorgung mit 2100 Kubikmeter pro Kopf deutlich über der Warnschwelle der FAO. Wer aber im Februar 2009 den Nordwesten des Landes besuchte, der konnte mit eigenen Augen sehen, dass der Durchschnitt die chinesische Wirklichkeit hier längst nicht mehr trifft.

Bauern hocken kopfschüttelnd in ihren Reisfeldern und halten das in der Hand, was die Trockenheit von ihren Reispflanzen übrig gelassen hat. Es ist nur noch Stroh. Eine solche Dürre haben sie noch nicht erlebt. Eigentlich sollten die Felder im Februar in üppigem Grün leuchten, doch statt kräftiger Pflanzen liegen nur verdorrte Strunke auf dem staubtrockenen Acker. Der

Gelbe Fluss, aus dem in normalen Zeiten die Bewässerung gespeist wird, führt kaum noch Wasser. Die chinesische Regierung hat den Wassernotstand in 15 Provinzen ausgerufen. Von der schlimmsten Dürre seit sechzig Jahren sprechen die Menschen. Besonders heftig hat es die Provinz Henan, die Kornkammer Chinas, getroffen. Zehn Millionen Hektar Getreidefelder bekommen kein Wasser. Die Regierung versucht, der Dürre mit positiven Botschaften zu begegnen, etwa mit der beruhigenden Nachricht, sie habe genügend Getreide in den Speichern, um den Ausfall auszugleichen. Aber es ist nicht der erste Ausfall dieser Art. Ob die Vorräte eine zweite und dritte Dürrewelle ausgleichen können, ist fraglich. Zumal in anderen Regionen, am Jangtse, gerade die Voraussetzungen für neue Knappheiten geschaffen werden. Die Regierung will mit einem gewaltigen Kanalsystem Wasser des größten Flusses Chinas umleiten, um Peking zu versorgen, da die Stadt unter akutem Wassermangel leidet. Zu befürchten ist, dass dadurch dem Fluss so viel Wasser entzogen wird, dass die Städte und Reisanbaugebiete flussabwärts nicht mehr hinreichend versorgt werden können.

Peking exportiert mit der Umleitung des Jangtse sein Wasserproblem in die flussabwärts liegenden Provinzen. Auch wenn dies heute am Reißbrett der Wasserbautechniker noch keine Fragen aufwirft, weil der Jangtse derzeit noch genügend Wasser führt, so wird sich das doch ändern. Die wachsenden Städte und die Industrie am Fluss werden mehr Wasser brauchen, gleichzeitig aber wird die steigende Erderwärmung zu höherem Bedarf an Wasser in der Bewässerungslandwirtschaft führen. Hinzu kommt, dass voraussichtlich noch in diesem Jahrhundert die Gletscher des Himalajas, die bisher einen Teil des Jangtse-Wassers speisten, zum großen Teil abgeschmolzen sein werden. Die Frage, wer dann wie viel des noch übrig bleibenden Jangtse Wassers bekommt, ist ungelöst. Konflikte zwischen den Provinzen, aber auch innerhalb der Provinzen, rücken näher. Dies trifft auch für Nordafrika zu, wo die unterirdischen Wasserreserven zu mehr als der Hälfte aufgebraucht sind. Sollte es um die Verteilung der verbliebenen Vorräte Streit geben, geht die FAO davon aus, dass sich die Interessen der Städte durchsetzen werden. In diesem Fall wird die Landwirtschaft hintanstehen müssen. Wie heute schon in Israel zu beobachten ist.

Israel vertrocknet

Im Oktober 2008 kann man auf Plakatwänden in Israel eine denkwürdige Aufschrift lesen: »Israel vertrocknet« steht da in dicken Lettern geschrieben. Mit drastischen Mitteln versucht die israelische Wassergesellschaft darauf aufmerksam zu machen, dass die Wasservorräte des Landes auf dem niedrigsten Stand der Geschichte angekommen sind. Im Fernsehen haben die Wasserwerker Spots geschaltet. Während ein Fotomodell den Zuschauern erklärt, wie viel Wasser sich sparen ließe, wenn die Israelis ihre Gärten nur zehn Minuten weniger bewässern würden, verwandelt sich ihre makellose Haut. Sie reißt und schrumpft, am Ende bleibt nur der rissige Grund eines ausgetrockneten Sees zurück.

Während die Bevölkerung der Städte noch motiviert wird, ihr Verhalten im Umgang mit dem knappen Wasser zu ändern, schlägt die Regierung gegenüber der Landwirtschaft ganz andere Töne an. Sie fordert von den Bauern, in Zukunft auf den Anbau von Bananen, Tomaten, Gemüse und anderen durstigen Kulturen zu verzichten. Dies aber sind die Kulturen, von denen die Bauern leben. Ihre Vertreter erklären der Presse, dass dies der Todesstoß für die israelische Landwirtschaft sein werde.

Die FAO rechnet damit, dass ähnliche Konflikte bald auch in anderen Staaten rund um das Mittelmeer entstehen werden. Für die Wissenschaftler der Welternährungsorganisation gibt es einen Schwellenwert, von dem ab wachsender politischer Druck dazu führt, dass das Wasser neu verteilt wird. Dieser

»Druckpunkt« ist dann erreicht, wenn die Wasservorräte zu 40 Prozent erschöpft sind. Wird dieser Schwellenwert unterschritten, dann muss die Landwirtschaft mit Konsequenzen rechnen. Den Bauern wird das Wasser für ihre Bewässerungskanäle abgedreht. Auch Spanien, der Gemüsegarten Europas, muss mit ähnlichen Konflikten rechnen. Spätestens, wenn die Regner der Bewässerungsanlagen stillstehen, stellt sich die Frage, wie dann die Bevölkerung ernährt werden soll. Ein Ausweg wären verstärkte Lebensmittelimporte, aber dazu fehlt den ärmeren Ländern das Geld.

Wo Mangel herrscht, wachsen die Spannungen. In Afrika gehören Verteilungskämpfe um Wasser heute schon zur Tagesordnung. Ob in Nordkenia, in Nigeria, Mali oder Somalia, was als ethnischer oder religiöser Konflikt erscheint, entpuppt sich beim genaueren Hinsehen nicht selten als ein Kampf um Wasser. In der Sahelzone und in Ostafrika kommt es regelmäßig zu bewaffneten Konflikten zwischen Nomaden und Bauern um Brunnen, Weiden und Wasserstellen. Tom Cargill, Afrikaexperte beim Royal Institute of International Affairs in London, sieht im Wasser den Hauptgrund für die Konflikte, die Afrika in den nächsten Jahrzehnten erschüttern werden.[11]

Gefährliches Trio: Türkei-Syrien-Irak

Neben den internen Verteilungskämpfen um Wasser werden auch die zwischenstaatlichen Konflikte wachsen. Angelegt sind sie bereits an Euphrat und Tigris, wo sich die Türkei die Wasserhoheit gesichert hat. Ihr Staudammsystem fängt das Flusswasser fast vollständig ab und lässt nur so viel zu den Staaten flussabwärts fließen, wie vertraglich zugesagt wurde. Theoretisch jedenfalls, in der Praxis ist es sogar noch weniger. Denn die zugesagte Mindestmenge von 500 Kubikmetern Wasser pro Sekunde wird nicht eingehalten. Sie wurde stillschweigend auf

300 Kubikmeter reduziert. In den Nachbarstaaten ist bereits vom »osmanischen Imperialismus« die Rede. Die Sorge wächst, die Türkei könne den Syrern und Irakern jederzeit das Wasser abdrehen.

Weitere Konflikte bauen sich flussabwärts auf. Syrien plant ebenfalls ein riesiges Bewässerungsprojekt. Zunächst sollten 600 000 Hektar Wüste in Ackerland verwandelt werden, übrig geblieben sind Pläne für 240 000 Hektar. Der Irak, als letzter Anrainer am Fluss, bekäme die Kehrseite des türkischen Wassermonopols und der syrischen Bewässerungspläne deutlich zu spüren. Experten fürchten, dass das verbleibende Wasser von Euphrat und Tigris einen Schadstoffcocktail enthalten könnte, vor allem aus Salzen und Pestiziden von den Bewässerungsflächen, der es für die irakischen Felder unbrauchbar werden ließe.

Hinzu kommt, dass von beiden Flüssen immer weniger Wasser an der Mündung im Persischen Golf ankommt. Das führt zu neuen Problemen. Denn wenn das Flusswasser ausbleibt, dringt Meerwasser in das Mündungsdelta ein. Das aber wäre das Ende für die Bewässerungslandwirtschaft im Delta von Euphrat und Tigris.

Noch leben 40 Prozent der Iraker von der Landwirtschaft. Doch je mehr sich die Lage auf den Feldern verschlechtert, desto kritischer wird die Situation in den Städten, und desto brüchiger könnte der innere, aber auch der äußere Frieden des Irak werden.[12]

»Wer mit dem Nilwasser spielt, erklärt uns den Krieg!«

Auch am Nil spitzen sich Nutzungskonflikte zwischen mehreren Staaten zu. Der Nil ist zwar heute noch ein ruhiger Fluss, doch auch bei ihm zeigt sich kriegerisches Potenzial. Von seinen Quellen in Tansania und Äthiopien fließt er durch weite Teile des Sudan und erreicht die Grenze zu Ägypten am Südufer des Nasser-Stausees. Im Sudan bremsen ihn fünf Staudämme mit den dazugehörigen Bewässerungsprojekten. Zurzeit geht davon noch keine Gefahr aus. Die Dämme und Bewässerungsanlagen sind in schlechter Kondition. Aber der Konflikt zwischen Ägypten und dem Sudan schwelt.

Eine der Quellen des Nils, der Blaue Nil, liegt in Äthiopien. Und auch hier ist die Lage angespannt. Es gab schon Pläne in Äthiopien, den Blauen Nil mithilfe Israels zu stauen. Damit wäre Ägypten ein Teil seines Wassers abgegraben worden, das es dringend für seine Existenz braucht. Der ägyptische Präsident Sadat drohte 1980 seinen Nachbarn nilaufwärts bereits unmissverständlich: »Wer mit dem Nilwasser spielt, erklärt uns den Krieg!«

Noch sind Äthiopien und der Sudan zu sehr in ihre eigenen Kriege und inneren Auseinandersetzungen verstrickt. Die Wasserfrage besitzt keine Priorität. Das aber könnte sich ändern. Weltweit, so fürchten die Vereinten Nationen, werden die Konflikte an den großen Flüssen wachsen. Von den 200 größten Flüssen der Welt fließen 120 durch mehr als zwei Länder. An ihren Ufern leben fast zwei Fünftel der Weltbevölkerung. Hier wachsen Megastädte. Hier wächst der Durst nach Wasser und damit auch der soziale und politische Sprengstoff, der gezündet werden könnte, wenn das Wasser ausbleibt.

Krieg um Wasser

Im Nahen Osten wurde er schon einmal gezündet: im Sechstagekrieg. Er begann am 5. Juni 1967. In aller Frühe starteten israelische Kampfjets. Mit der aufgehenden Sonne im Rücken nahmen sie Kurs auf den Sinai. Ihr Ziel waren die ägyptischen Militärflughäfen. Geplant war ein Überraschungsangriff. Nach sechs Tagen hatte Israel die Schlacht gewonnen. Das Westjordanland und die Golanhöhen, und damit die zentralen Wasserreserven der Region, waren unter israelischer Kontrolle. Das Kriegsziel war erreicht. Der Wasserkonflikt, der sich schon lange vorher abgezeichnet hatte, war entschieden.

Durch den Sechstagekrieg fielen 1967 fast alle Wasserrechte der Region an Israel, aber der Konflikt schwelte weiter. Die Verteilung des Wassers schaffte neue Konfliktherde. Während in Israel nun täglich weit über 200 Liter Trinkwasser pro Kopf durch das Leitungsnetz fließen, werden palästinensische Bauern in den Ruin getrieben, und die palästinensische Bevölkerung erhält nicht einmal das nach FAO-Maßstäben notwendige Minimum an Trinkwasser von 100 Litern pro Kopf.

Diese politisch organisierte Ungleichheit trägt nicht zur politischen Entspannung bei, im Gegenteil, sie schafft die Grundlage für weitere kriegerische Auseinandersetzungen.[13]

Wege aus der Krise

Vor dem Hintergrund zunehmender Wasserknappheit werden sich Konflikte dieser Art in Zukunft weiter verschärfen. Entlastung wäre nur möglich durch zusätzliche Wasserquellen, aber neue Quellen sind nicht in Sicht. Vorhandene Vorräte schrumpfen, oder sie werden vergiftet durch Abfälle der Industrie, verseucht durch Abwässer der Städte, versalzen durch eine zügellose Bewässerung, oder sie verdunsten und versickern in maroden Leitungen. Was also kann man tun, um dem Wassermangel entgegenzusteuern?

Umleitung von Flüssen

Im Juni 2007 verkündete die chinesische Regierung einen großen Plan. Der größte Fluss des Landes soll teilweise umgeleitet werden. Es soll ein Kanalsystem von über 1246 Kilometern

Länge gebaut werden, um den chronischen Wassermangel in der Hauptstadt Peking zu beheben.[14] Befreiungsschläge dieser Art sind jedoch nur möglich, wenn Geld für derartige Jahrhundertbauwerke vorhanden ist und wenn es noch Wasserreserven gibt, die angezapft werden können. Das aber ist in den wenigsten Ländern, die unter Wassermangel leiden, der Fall.

Trinkwasser aus dem Meer

Der Gedanke ist einfach zu verlockend. Wenn es gelänge, die Weltmeere als Trinkwasserreservoir zu nutzen, und das zu erträglichen Kosten, dann wären viele Probleme gelöst. Meerwasser-Entsalzungsanlagen gibt es bereits heute. 13 000 dieser Anlagen sind derzeit im Betrieb. Aus ihren Rohren fließen 50 Milliarden Liter Süßwasser täglich. Nach den Statistiken der International Desalination Association stehen die Anlagen vor allem im Mittleren Osten (50 Prozent), in Nordamerika (16 Prozent), in Europa (13 Prozent), in Asien (elf Prozent). Die wenigsten Anlagen arbeiten in Afrika (fünf Prozent), und das hat seinen Grund: Es liegt am Geld. Die Entsalzung ist energieintensiv, und deshalb ist das Endprodukt teuer. Zwischen 0,45 und 0,80 Dollar pro tausend Liter Wasser kostet die Entsalzung nach dem jetzigen Stand der Technik.

Wohlhabende Länder wie Saudi-Arabien können sich das teure Wasser leisten. Allerdings nur als Trinkwasser in den Städten oder zur Nutzung durch die Industrie. Der Einsatz in der Landwirtschaft ist nach jetzigem Stand der Technik zu teuer. Selbst die Saudis sind diesen Weg bei ihrer Landwirtschaftsoffensive nicht gegangen. Bedenkt man, dass beispielsweise ein Kilo Reis für sein Wachstum bis zur Ernte etwa 2700 Liter Wasser braucht, wird schnell klar, dass allein die Bewässerungskosten den Marktpreis bei Weitem übersteigen. Reis würde zum Luxusprodukt.

Virtual Water

Die Weltbank und mit ihr ein großer Teil der Wissenschaftler setzen deshalb auf eine andere Lösung. »Virtuelles Wasser« heißt das Konzept, das der britische Forscher Anthony Allan von der School of Oriental and African Studies an der Universität London entwickelt hat. Es basiert auf der Tatsache, dass für die Aufzucht jeder Pflanze und jedes Tieres Wasser eingesetzt werden muss. Länder, die selbst nicht über genügend Wasser verfügen, können diesen Mangel durch Zukauf von Getreide und Fleisch ausgleichen.[15]

Dabei geht es um beträchtliche Mengen: In jedem Kilo Weizen stecken 1150 Liter Wasser, in Reis etwa 2700 Liter und in einem Kilo Rindfleisch sind gar bis zu 16000 Liter Wasser enthalten. Schon heute werden auf diese Weise ganze Seen über die Weltmeere verschifft. Das Wasser, das da auf Reisen geht, stammt überwiegend aus den Kornkammern der USA, aus Kanada, Brasilien, Argentinien und Australien (siehe *Grafik 4.5* im Farbteil in der Buchmitte).

Arjen Hoekstra vom Institute for Water Education in Delft schätzt den Anteil des virtuellen Wassers am weltweiten Gesamtverbrauch auf 15 Prozent. Angeführt wird der globale Wassertransfer von Weizen mit rund 30 Prozent, gefolgt von Soja mit 17 Prozent und Reis mit 13 Prozent. Insgesamt sind 67 Prozent des virtuellen Wassers, das um die Welt transportiert wird, in Getreide, 23 Prozent in Fleisch und zehn Prozent in Industriegütern gebunden. Die Abnehmer sind in erster Linie die Dürreregionen im Nahen Osten und China. China importiert heute bereits zehn bis 15 Prozent des auf dem Weltmarkt verfügbaren Weizens.

Wissenschaftler, wie der Schweizer Wasserexperte Alexander Zehnder, werten den internationalen Austausch von virtuellem Wasser als Glücksfall für die Weltökologie. Denn die Geberländer können bei diesem Konzept auf Wasser zurückgrei-

Tabelle 4.1: **Virtuelles Wasser in ausgewählten Produkten**[16]

PRODUKT	LITER WASSER PRO KILO
Weizen	1100
Reis	2700
Mais	450
Kartoffeln	160
Sojabohnen	2300
Rindfleisch	16000
Hühnerfleisch	2800
Schweinefleisch	5900

Anmerkung: Virtuelles Wasser ist die gesamte Menge an Wasser, die in Produktion und Verarbeitung des Produktes verwendet wird.

fen, das vom Himmel fällt. Ganz anders sieht es bei den Empfängerländern aus. Dort fällt nicht genug vom Himmel, und die Grundwasserspeicher, auf die sie angewiesen sind, können sich von Natur aus nicht mehr auffüllen. Für sie ist der Wasserimport über Nahrungsmittel die einzige Chance, ihre eigenen Wasserquellen zu schonen. Und zugleich ihr Land vor der zwangsläufigen Versalzung zu bewahren, die mit Bewässerungslandwirtschaft verbunden ist.

Die Idee des »Virtual Water« hat auch ihre Schattenseiten. Virtuelles Wasser muss man sich leisten können. Bei vielen Entwicklungsländern fehlen die Devisen für ausreichende Importe, und die Zahl der importabhängigen Länder wächst. Sie wird bis 2030 von zwanzig auf dreißig Staaten steigen, und damit steigen auch die offenen Rechnungen für virtuelles Wasser, die von den ärmeren Ländern nicht zu begleichen sind. In diesen Fällen schafft der virtuelle Wasserimport wachsende wirtschaftliche und politische Abhängigkeiten von den Geberländern. Eine Tatsache, die die Nehmerländer in Krisenzeiten zu spüren bekommen können, wie Ägypten und Saudi-Arabien im Jahr 1991. Beide waren durch Weizenimporte eng an die USA gebunden und mussten während des Zweiten Golfkrieges erfahren, dass Weizen eine durchaus wirkungsvolle politische Waffe sein kann. Allein die leise Androhung eines Embargos veranlasste sie dazu, sich gegen die Stimmungslage der eigenen Bevölkerung der »Anti-Irak-Koalition« anzuschließen.[17]

Besseres Wassermanagement

Die Beispiele zeigen, dass auch diesem Weg aus der Wasserkrise enge Grenzen gesetzt sind. Er ist nur als vorübergehende Entlastung bei vorübergehendem Wassermangel sinnvoll. Und das auch nur dort, wo genügend Geld aus anderen Quellen ins Land fließt, mit dem die Importe von virtuellem Wasser bezahlt werden können. Zu diesem Schluss kommen auch die Wissenschaftlerinnen Lena Horlemann und Susanne Neubert vom Deutschen Institut für Entwicklungspolitik. Sie empfehlen, statt auf die Einfuhr von Wasser besser auf das Wassermanagement in den betroffenen Staaten zu schauen.[18] Denn paradoxerweise ist gerade in wasserarmen Ländern die Verschwendung von Wasser besonders groß. Durch weite Transportwege und marode Leitungen geht dort mehr als die Hälfte des Wassers verloren.

Nicht objektiver Mangel, sondern eine angemessene und sozialverträgliche Verteilung ist vielerorts das Problem. In den großen Städten Asiens und Afrikas wird dies besonders deutlich. Während die Reichen nichts oder nur wenig für ihr Wasser zahlen und verschwenderisch damit umgehen, sind die Ärmsten der Armen gar nicht ans öffentliche Netz angeschlossen. Sie müssen ihr Wasser für teures Geld bei fliegenden Händlern kaufen, die sich eine goldene Nase verdienen, wie beispielsweise in Nairobi, wo Kevin Watkins, der Direktor des UN Human Development Report Office, seinen Besuchern erklärt, wie die Wasserversorgung in der Hauptstadt Kenias gemanagt wird, nämlich ungleich und ungerecht. Alles für die Wohlhabenden und ihren Golfclub und nichts für die Armen der Stadt. Diese sind den privaten Wasserverkäufern Nairobis und ihren Preisen ausgeliefert, die von den Slumbewohnern fünfmal mehr verlangen, als der Golfclub zahlen muss.

Im Slum von Nairobi zahlen die Menschen, rechnet Kevin Watkins vor, mehr, als man in New York oder London für Wasser zahlen muss, und sie bekommen dafür weniger, noch nicht einmal ein Minimum an Sicherheit und Sauberkeit. Es ist keine Frage, es gibt Wasser in Nairobi, aber es gibt niemanden, der für eine gerechte Verteilung sorgt. Und das sei ja nicht nur hier so, erklärt der Direktor des UN-Büros. »Überall auf der Welt gilt das Gesetz: Je ärmer du bist, umso mehr zahlst du für dein Wasser.«

Zu den Hauptursachen für die Wasserprobleme in den Hungerregionen der Welt zählen Missmanagement durch mangelnde Ausbildung oder katastrophale politische Verhältnisse, sagt Asit Biwas, Präsident des Third World Institute for Water Management in Mexiko. Schlüsselpositionen in der Wasserwirtschaft sind häufig von Menschen besetzt, die keinerlei Fachwissen besitzen. Die Positionen gelten als wenig karrieretauglich. Wasserfragen werfen kein politisches Kapital ab. Erfolge, die sich in Rohrleitungen verstecken, lassen sich nicht als sichtbares Zeichen von politischer Tatkraft verkaufen, anders als Straßen, Häuser oder Panzer.[19]

So ist es auch kein Wunder, dass es in vielen Staaten nicht einmal Haushaltsmittel für die Planung und Verwaltung von Wasserreserven gibt. Und dort, wo Mittel ausgewiesen sind, sind sie zu gering, um eine Fachbehörde zu bezahlen, die die Wasservorräte verantwortlich verwalten könnte. Doch wo Kontrolle fehlt, blüht die Korruption. Internationale Wasserexperten klagen, dass mehr Geld in dunklen Kanälen versickert als Wasser aus defekten Leitungen. Und damit schließt sich der Teufelskreis.

Integriertes Wasserressourcen-Management (IWRM)

Das Zauberwort gegen den Wassernotstand heißt »Integriertes Wasserressourcen-Management«. Es ist ein politisches Konzept, das alle Wasserquellen eines Landes im Auge hat und dafür sorgen soll, dass das Wasser einer Region so eingesetzt wird, dass alle, die darauf angewiesen sind, davon den größtmöglichen Nutzen haben. Und dies, ohne dass die Natur, die Nachbarstaaten oder die kommenden Generationen geschädigt werden.

Die Idee wurde beim Weltgipfel für Umwelt und Entwicklung 1992 in Rio geboren und damals in die Agenda 21, den Fahrplan für eine ökologische Zukunft, aufgenommen. Allerdings, ohne dass sich die Wasserwirtschaft der Welt darum gekümmert hätte. Erst zehn Jahre später, beim Millenniumsgipfel der Vereinten Nationen in Johannesburg, erinnerte man sich an das Konzept. Dort wurde es zum internationalen Leitbild erhoben, mit dem die Millenniumsziele der Vereinten Nationen zur besseren Wasserversorgung der Weltbevölkerung in die Praxis umgesetzt werden sollten.

Bisher jedoch ist das Interesse an dem ehrgeizigen Konzept eher gering. Die Bundesregierung versucht es mit Pilotprojekten in den Problemzonen der Weltwasserversorgung bekannt zu machen. Der Deutsche Akademische Austauschdienst bietet ein Projektstudium für Studenten aus arabischen Ländern an. Aber noch scheint die Wasserverteilung davon unberührt zu sein.

Der runde Tisch fürs Wasser

Wo sich internationale Konflikte anbahnen, empfehlen die Vereinten Nationen gerne das Konzept des runden Tischs: Alle Betroffenen bilden eine Kommission. Das hat sich in den Industrieländern bewährt. Das älteste Beispiel dafür ist der Rhein. Über ihn und seine Wasserqualität wachen seit 1963 die Schweiz, Liechtenstein, Frankreich, Deutschland, Luxemburg und die Niederlande gemeinsam, weil die Trinkwasserversorgung von Millionen Menschen an seinem Wasser hängt. Durch ihre Zusammenarbeit konnte nicht nur die Schadstofffracht im Wasser halbiert werden. Es gelang außerdem, den Lachs, der dort bereits ausgestorben war, wieder einzubürgern. Für Philippe Roch, Direktor des Schweizer Bundesamtes für Umwelt, Wald und Landschaft, stand schon 1999 fest: »Es ist weltweit einzigartig, dass ein derart großes Flusssystem dank der effizienten Zusammenarbeit aller Anliegerstaaten saniert werden konnte.«

Auch am Mekong hat sich eine solche grenzübergreifende Kommission bewährt. Am Tschadsee scheint die Idee dagegen weniger zu funktionieren. So berichtet die deutsche Gesellschaft für Technische Zusammenarbeit (GTZ) über die seit 1964 bestehende Tschadseekommission: »Eine effektive Zusammenarbeit der Anrainerstaaten zum Schutz des Ökosystems hat sich bis heute nur in Ansätzen entwickelt … Effektive regionale Strategien gegen die Austrocknung des Tschadsees lassen bis heute auf sich warten.«[20]

Der UN World Water Development Report 2006 kann auf der Grundlage seiner Analysen nur bestätigen, dass gerade in den Entwicklungsländern immer noch weder Bewusstsein noch Geld für die Zusammenarbeit in Wasserfragen zu finden sind. Sein Fazit aus 16 Projektstudien, die sich mit dem Wassermanagement unterschiedlicher Länder befassen, lautete lapidar: »The findings are alarming.« Ohne die richtigen Institutionen, ohne Gesetze, ohne Personal und ohne Geld lasse sich das Management der Wasservorräte nicht bewältigen.[21]

Für Kevin Watkins, Direktor des UN-Büros in Nairobi, gibt es deshalb nur eine Lösung: Wasser muss Menschenrecht werden, wie beispielsweise in Südafrika, wo die Wasserverkäufer ein festgelegtes Kontingent kostenfrei an die Armen liefern müssen. Aber das könne nur ein Anfang sein. Was gebraucht werde, sei neben Know-how Geld. Mindestens vier Milliarden US-Dollar jährlich müsste die internationale Gemeinschaft in die Wasserversorgung der Entwicklungsländer investieren. Doch zuvor müsse die größte Barriere auf dem Weg in eine bessere Wasserwelt überwunden werden, und die liegt für Kevin Watkins in der kollektiven Gleichgültigkeit der Weltgemeinschaft.[22]

5. Mehr Esser am Tisch – wachsende Erdbevölkerung

Generation Boatpeople

Nur eine holprige Straße führt ins Dorf Kédougou im Bassari-Land, im Hinterland des Senegal. Hinter uns markiert eine Staubwolke unseren Weg, vor uns wachsen strohgedeckte Lehmhütten aus der Einöde. Hühner fliegen auf, gackernd über die Ruhestörer. Ziegen und Kühe dösen im Schatten. Die Dorfältesten haben sich unter dem Palaverbaum versammelt. Sie beraten über die Verhältnisse, und die werden immer schlechter. Die Jugend fehlt, sie flüchtet aus der Trostlosigkeit, die sich zwischen den Mais- und Baumwollfeldern ausbreitet. Hier wohnt man tief im Land, und hier fehlt alles, was einen Jugendlichen halten könnte. Kein Traktor, keine Maschinen, kein Dünger und neuerdings auch kein Regen. Dies ist kein Land mit Zukunft, immer mehr Jugendliche gehen fort, vertrauen die Männer aus Kédougou der Reporterin Verena Kainrath an. Sie wird ihr Schicksal nach Europa bringen, wo ein Teil der Jungen vielleicht schon angekommen sind, so hofft der Dorflehrer.[1]

Die Dorfältesten müssen mit ansehen, wie sich ganze Gruppen von jungen Männern auf den Weg machen. Sie alle folgen ihrem Traum, dem großen Versprechen mit dem Namen Europa. Jüngst erst seien wieder sechs losgezogen. Mit einer Piroge wollten sie es nach Europa schaffen. Keiner ist angekommen, alle sechs sind ertrunken. Wer es geschafft hat, und das sind nur wenige, der schickt seiner Familie Geld. Leicht sei es nicht in Europa, aber das will hier keiner von den Jungen hören. Alles ist besser, als hier zu bleiben. Das enttäuscht auch den Lehrer. Die Kinder haben keine Perspektive. Hier bildet er sie aus, macht sie sogar fit für die Universität in Dakar, aber dann? Noch nicht einmal für die eigene Jugend könne der Senegal Arbeit schaffen. Außer in der Landwirtschaft gebe es nichts, es sei denn, man verfüge über gute Beziehungen.

Da leuchtet das Versprechen, in Europa zu Geld zu kommen, umso verlockender. 1000 Dollar kostet die Reise auf einem Fischerboot über das offene Meer Richtung Kanaren mit dem Ziel Europa. 1000 Kilometer auf morschen Planken und überforderten Kähnen. Wer die Überfahrt schafft, hat die Chance auf ein besseres Leben. Es sind Studenten, Beamte, die begabtesten Söhne des Landes. Eine Schande für den Senegal, wiederholt der Lehrer. Aber immerhin sei das Geld, das sie schicken, schon mehr als das, was das Land von außen als sogenannte Entwicklungshilfe erhält.

Die Provinzstadt Kédougou liegt 18 Stunden Autofahrt von Dakar entfernt. Der Präfekt in der Hauptstadt schwitzt hinter seinem mächtigen Schreibtisch. Der Ventilator schneidet die stickige Luft in Scheiben. Es riecht nach Armut, und so ist es auch. Hier ist noch keiner reich geworden. Auch nicht der Präfekt, aber man unternehme alles, was möglich sei. Besonders stolz ist er über seine Aktion »Jugend zurück zur Landwirtschaft«. Im Hof glänzt ein neuer Traktor. Das sei der Anfang. Die Landwirtschaft sei das Einzige, was man hier habe, und die müsse für die Jungen wieder attraktiv gemacht werden.[2]

Die Bäuerin auf dem Dorfplatz weiß, dass sie und ihre Familie diesen Traktor nie fahren werden. Sie können sich noch nicht einmal einen eigenen Pflug leisten. Was sie reichlich hat, sind Kinder. Zwei Mädchen und drei Jungen. Alle schickt sie zur Schule. Sie sollen wenigstens lesen und schreiben lernen, das habe sie nie gekonnt. Und sie sollen gute Arbeit finden, damit es der Familie einmal besser geht. Eine Hoffnung, die an der Realität des Senegal scheitern wird. Denn die Bevölkerung nimmt rasant zu, von derzeit zwölf Millionen auf 18 Millionen im Jahr 2025, und 25 Millionen werden es in 2050 sein, so die Prognosen. Das heißt jährlich drei Prozent mehr Menschen im Senegal. Zurzeit ist die Hälfte der Senegalesen jünger als 15 Jahre.

Sie alle müssen in den nächsten Jahren Arbeit finden, aber wo soll die zusätzliche Arbeit herkommen, wenn es für die heutige Jugend schon nicht genug Beschäftigung gibt? Für die Jungen auf dem Land im Senegal stehen die Chancen schlecht. Bevor sie im eigenen Land verhungern, werden sie sich auch auf den Weg ihrer älteren Geschwister machen, als Boatpeople Kurs nehmen auf Europa, das gelobte Land.

Der Senegal ist keine Ausnahme, er ist Normalfall in vielen Entwicklungsländern, ganz besonders südlich der Sahara.

Bevölkerungsexplosion

Seit mehr Kinder die ersten Jahre ihrer Kindheit überleben, weil sie zu essen haben und im Notfall einen Arzt oder eine Gesundheitsstation in der Nähe ist, wächst die Bevölkerung explosionsartig. Dieser Trend ist typisch für Länder im Übergang von einer traditionellen Agrar- zu einer Industriegesellschaft. Die Industriestaaten haben diese Phase schon im 19. und 20. Jahrhundert durchlebt. In Afrika, Asien und Südamerika ist sie noch im vollen Gange, in Afrika beginnt sie erst.

Das UN-Bevölkerungsbüro teilt diese Entwicklung in vier Phasen auf. In der ersten, der Phase der traditionellen Gesellschaft, die von der Landwirtschaft lebt, gleichen sich Todes- und Geburtenrate aus. Die Bevölkerung wächst nicht. In der zweiten Phase sinkt die Zahl der Toten, ohne dass sich die Geburtenzahl verringert. Dies ist die Zeit, in der die Bevölkerung über die Grenzen der Ernährungsfähigkeit der heimischen Landwirtschaft hinaus wächst und nur durch neue Arbeitsplätze ernährt werden kann. Erst in einer dritten Phase, in der Arbeit und Einkommen außerhalb der Landwirtschaft gesichert sind, werden weniger Kinder geboren, und in der vierten

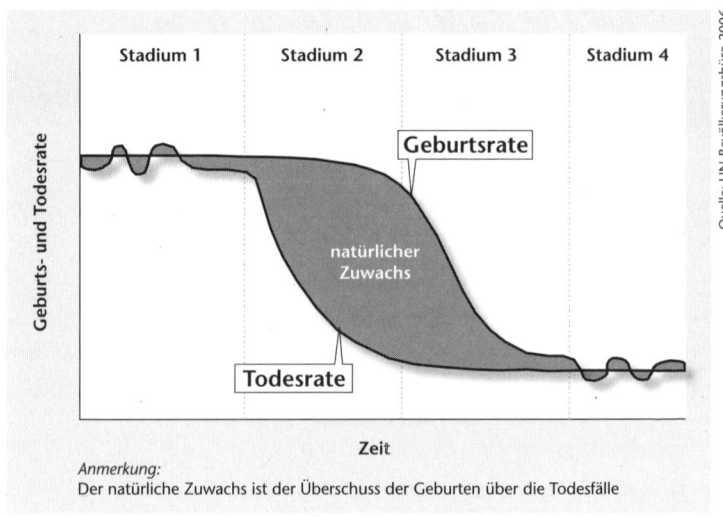

Quelle: UN-Bevölkerungsbüro 2006

| Stadium 1 | Stadium 2 | Stadium 3 | Stadium 4 |

Geburts- und Todesrate

Geburtsrate

natürlicher Zuwachs

Todesrate

Zeit

Anmerkung:
Der natürliche Zuwachs ist der Überschuss der Geburten über die Todesfälle

Grafik 5.1: **Stadien der Bevölkerungsentwicklung**

Phase herrscht dann wieder Gleichgewicht zwischen Geburten- und Todesraten. Der Bevölkerungszuwachs verringert sich zwar wieder, aber die Bevölkerungsdichte hat sich durch den Zuwachs deutlich erhöht.

Wie lange diese Phasen dauern, ist nicht vorauszusehen und ist abhängig von der Geschwindigkeit des Übergangs von der Agrar- zur Industriegesellschaft. Dieses Phasenmodell ist aufgrund der Entwicklung in den Industriestaaten im 20. Jahrhundert entstanden; ob es für das 21. Jahrhundert noch gilt, ist keineswegs sicher. Schon bei der Geschwindigkeit sind Fragezeichen angebracht. Es gibt eine Vielzahl von Verzögerungsmomenten, die einen reibungslosen Ablauf des Modells in der Realität infrage stellen. Das trifft insbesondere für die Kinderzahl zu, die sich nicht automatisch senkt, sondern zunächst weiterhin den Gesetzen der Agrargesellschaft gehorcht. In ihr hat eine hohe Kinderzahl einen eigenen Wert. Sie dient vor allem der Alterssicherung für die Eltern, die noch keine feste Arbeit außerhalb der Landwirtschaft gefunden haben.

Eine hohe Kinderzahl ist auch das Rückgrat der traditionellen Stammesgesellschaften. Je mehr Kinder, desto stärker bleibt die Position des Stammes. Und auch die Religionsgemeinschaften sehen Kinder als Segen an, weil die Zahl der Köpfe ihre Bedeutung stärkt. Schließlich hängt die Kinderzahl auch entscheidend davon ab, welche Rechte den Frauen in einer Gesellschaft eingeräumt werden: ob sie eine Ausbildung bekommen, ob sie eine gleichberechtigte Position in ihren Familien einnehmen und ob ihre Männer Arbeit und Einkommen besitzen. Je weniger diese Bedingungen erfüllt sind, desto höher bleibt die Kinderzahl.

Eine Änderung, und damit der Übergang zu Phase drei und vier des Modells, tritt erst ein, wenn die Familien in der neuen Gesellschaft neue Sicherheiten gefunden haben. Das allerdings kann dauern. Was wir in den meisten Entwicklungsländern sehen, ist zunächst einmal nur eine Erosion der Agrargesellschaft, ohne dass Arbeit und Einkommen in neuen Industrien in Sicht wären. Vor dem Hintergrund der Weltfinanz- und -wirtschaftskrise scheint es mehr als fraglich, ob sich das Modell der Industrieländer auf die Entwicklungsländer heute noch übertragen lässt. Und solange sich hier keine neuen Strukturen abzeichnen, wird der Wandel in Phase zwei unseres Bevölkerungsmodells stecken bleiben und könnte zu einer dauerhaft wachsenden Bevölkerung führen. Das wäre in der Geschichte der Menschheit dann eine vollkommen neue Epoche, denn bis ins 19. Jahrhundert hinein gab es so etwas wie ein Bevölkerungsgleichgewicht.

Im Land der Sammler und Jäger

Ähnliche Wachstumswellen wie heute hat es in früheren Jahrhunderten so nicht gegeben. Für das Zeitalter der Jäger und Sammler liegen zwar keine Statistiken vor, wohl aber Schätzungen. Sie wurden aus der Beobachtung ähnlicher Lebensverhältnisse bei den letzten Urvölkern dieser Erde, wie zum Beispiel auf Neuguinea, gewonnen. Für ihre Bevölkerungsdichte erwies sich eine Größe als die entscheidende: die Landfläche pro Einwohner. Sie müsste so bemessen sein, dass Jäger und Sammler sich von dem Bestand an Wild und wilden Pflanzen ausreichend ernähren konnten.

Der Maßstab »Landfläche pro Sammler und Jäger« ergab für das Zeitalter um 8000 v. Chr., dass nicht mehr als fünf Millionen Menschen auf der Erde Platz hatten, weil nicht mehr durch Sammeln und Jagen satt geworden wären. Erst als Felder angelegt wurden und die ersten Hühner, Ziegen und Rinder in den Ställen standen, wurde der Spielraum größer. Die Zahl der Menschen, die sich von der kultivierten Fläche ernähren konnten, wuchs. Aber nur langsam, selbst um 400 v. Chr. lebten nicht mehr als 150 Millionen Menschen auf der Erde. Zu Christi Geburt lieferten die Volkszählungen erste verlässliche Zahlen. Aber auch zu dieser Zeit kam die Weltbevölkerung über 250 Millionen Einwohner nicht hinaus. Sie blieb für weitere tausend Jahre auf diesem Niveau. Erst im 11. Jahrhundert ging es weiter aufwärts, jedoch auch nicht weiter als bis 400 Millionen.

Das Gleichgewicht zwischen hoher Geburtenrate und hoher Sterblichkeit blieb in den Agrargesellschaften des Mittelalters und der frühen Neuzeit weitgehend erhalten. Die Hälfte aller Neugeborenen starb noch in den ersten Lebensjahren. Die Lebenserwartung erreichte nur 20 bis 40 Jahre. Viele Kinder und Erwachsene kamen um durch Seuchen, Hunger und Krieg. Die Pest, der »Schwarze Tod«, erreichte Europa 1346 und forderte im Laufe des 14. Jahrhunderts 25 bis 35 Millionen Menschenleben. Durch Kriege und Seuchen büßte Europa rund ein Drittel seiner damaligen Bevölkerung ein. Diese Lücke konnte in den Folgejahren immer wieder geschlossen werden, ohne dass sich die Bevölkerungszahl maßgeblich erhöhte. Das Gleichgewicht zwischen Geburten und Sterbenden geriet erst im 16. Jahrhun-

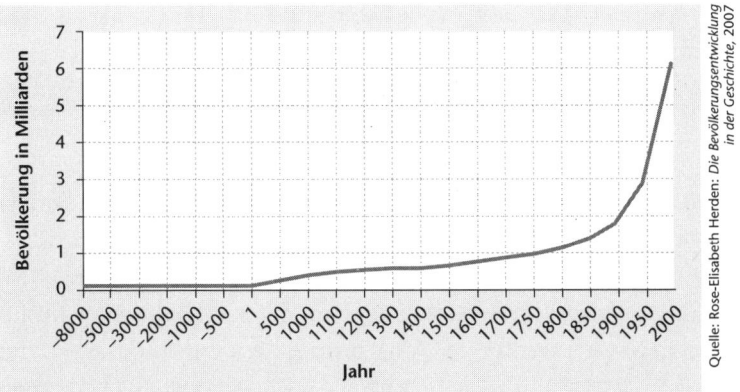

Quelle: Rose-Elisabeth Herden: *Die Bevölkerungsentwicklung in der Geschichte, 2007*

Grafik 5.2: Wachstum der Weltbevölkerung von 8000 v. Chr. bis 2000

dert ins Wanken. Von da an wuchs die Bevölkerung mit zunehmender Geschwindigkeit und steigerte sich bis in die Bevölkerungsexplosion des 19., 20. und 21. Jahrhunderts.

Die Grenze von einer Milliarde Menschen erreichte die Weltbevölkerung erst um 1850. Seit Beginn der Menschheitsgeschichte bis zur ersten Milliarde Menschen auf Erden hat es eine Million Jahre gedauert. Nach der ersten Milliarde, ab 1850, sollte es dann sehr viel schneller gehen. Die zweite Milliarde wurde schon nach 80 Jahren um 1930 erreicht, die dritte nach weiteren 30 Jahren, also 1960. Um die 4-Milliarden-Grenze zu erreichen, brauchte die Menschheit nur noch 16 Jahre. Ab 1987 jedoch, mit Erreichen von fünf Milliarden Menschen, nahm das Tempo nicht mehr zu, sondern stabilisierte sich auf einen 12-Jahres-Rhythmus.

Alle zwölf Jahre eine Milliarde Menschen mehr. Täglich erblicken 220000 neue Menschen das Licht der Erde. Im Jahr sind das rund 80 Millionen, etwa so viele zusätzliche Menschen, wie Einwohner in der Bundesrepublik Deutschland leben. Es gibt eine Uhr, die uns jederzeit den aktuellen Stand der Weltbevölkerung anzeigt. Ihr Zeiger geht im Sekundentakt voran, und in jeder Sekunde sehen wir, dass die Welt drei Menschen mehr zu versorgen hat. Diese Weltbevölkerungsuhr der deutschen Stiftung Weltbevölkerung lässt uns am 24. Mai 2009 um 13.26 Uhr wissen, dass gerade in dieser Minute 6 783 950 356 Menschen auf unserem Globus leben und ernährt werden wollen.[3]

Wo die Mehrheit lebt

Eine Mehrheit der Weltbevölkerung (5,4 Milliarden) lebt auf dem Land und dort von der Landwirtschaft (56 Prozent). Und mehr als 2,4 Milliarden wohnen in nur zwei Staaten, nämlich in Indien und China, den bevölkerungsreichsten Ländern der Welt. Das trifft für das Jahr 2008 zu, wird aber nicht ganz so bleiben. Auch wenn beide, Indien und China, bis 2050 erheblich weiter wachsen werden, so wird sich doch ihre Bedeutung verschieben.

Bis 2015 wird Indien China als bevölkerungsreichstes Land der Welt überholt haben und könnte schon im Jahr 2025 bis zu 1,7 Milliarden Menschen ernähren müssen. Verglichen mit Afrika, fällt Indiens Wachstum indes eher moderat aus. In Afrika zeichnet sich in den nächsten Jahrzehnten die eigentliche Bevölkerungsexplosion des 21. Jahrhunderts ab (siehe *Grafik 5.3* im Farbteil in der Buchmitte).

Bevölkerungsexplosion in Afrika

Hoffnungslos und kinderreich, das sind die Koordinaten des schwarzen Kontinents, und er übersteigt darin alle internationalen Vergleichswerte. Fünf Kinder, das ist im ländlichen Afrika eher die Untergrenze.

Je ärmer das Land, je schlechter die Ausbildung der Frauen, je geringer ihr Stand in der Familie und gegenüber ihrem Mann, desto mehr Kinder drängen sich in den armseligen Hüt-

Tabelle 5.1: **Die bevölkerungsreichsten Länder der Welt Mitte 2008**[4]

	BEVÖLKERUNGSZAHL IN MILLIONEN
1. China	1324,7
2. Indien	1149,3
3. USA	304,5
4. Indonesien	239,9
5. Brasilien	195,1
6. Pakistan	172,8
7. Nigeria	148,1
8. Bangladesch	147,3
9. Russland	141,9
10. Japan	127,7
11. Mexiko	107,7
12. Philippinen	90,5
13. Vietnam	86,2
14. Deutschland	82,2
15. Ägypten	81,7
16. Äthiopien	79,1

ten. Im Niger sind es acht, in Somalia, Angola, Jemen und Mali noch mehr als sieben. Auch wenn nicht alle davon das Erwachsenenalter erreichen, reicht es doch, um die Bevölkerung explosiv wachsen zu lassen.

Die Mehrheit der Afrikaner ist heute noch minderjährig. Aber das Alter, in dem Nachwuchs zum zentralen Thema wird, ist für viele in Kürze erreicht. Zurzeit stehen mehr als 40 Prozent der Jugendlichen vor der Schwelle zum 15. Geburtstag.[5]

Mit 37 Neugeboren jährlich pro 1000 Einwohner liegt Afrika an der Weltspitze. Auch die Todesrate liegt mit 14 Toten jährlich pro 1000 Einwohner höher als anderswo. Aber unter dem

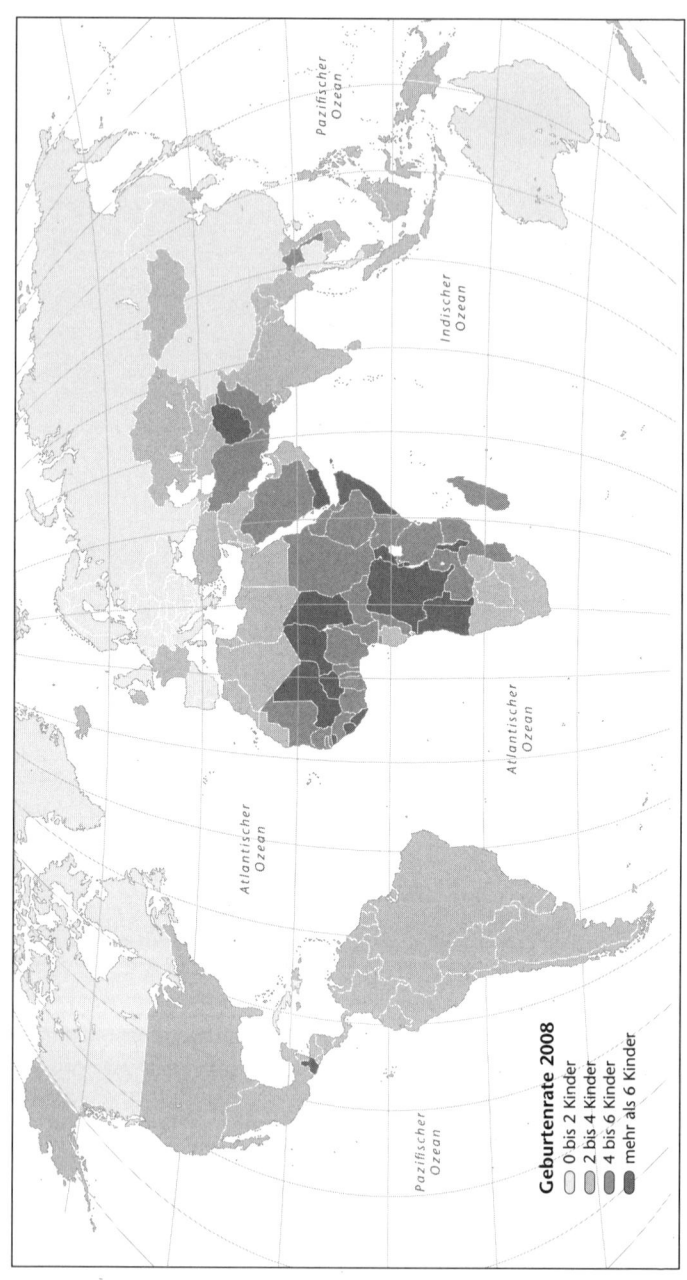

Quelle: DSW 2008

Geburtenrate 2008

○ 0 bis 2 Kinder
◐ 2 bis 4 Kinder
◑ 4 bis 6 Kinder
● mehr als 6 Kinder

Grafik 5.4: **Weltbevölkerung nach Geburtenrate 2008 und Ländern**

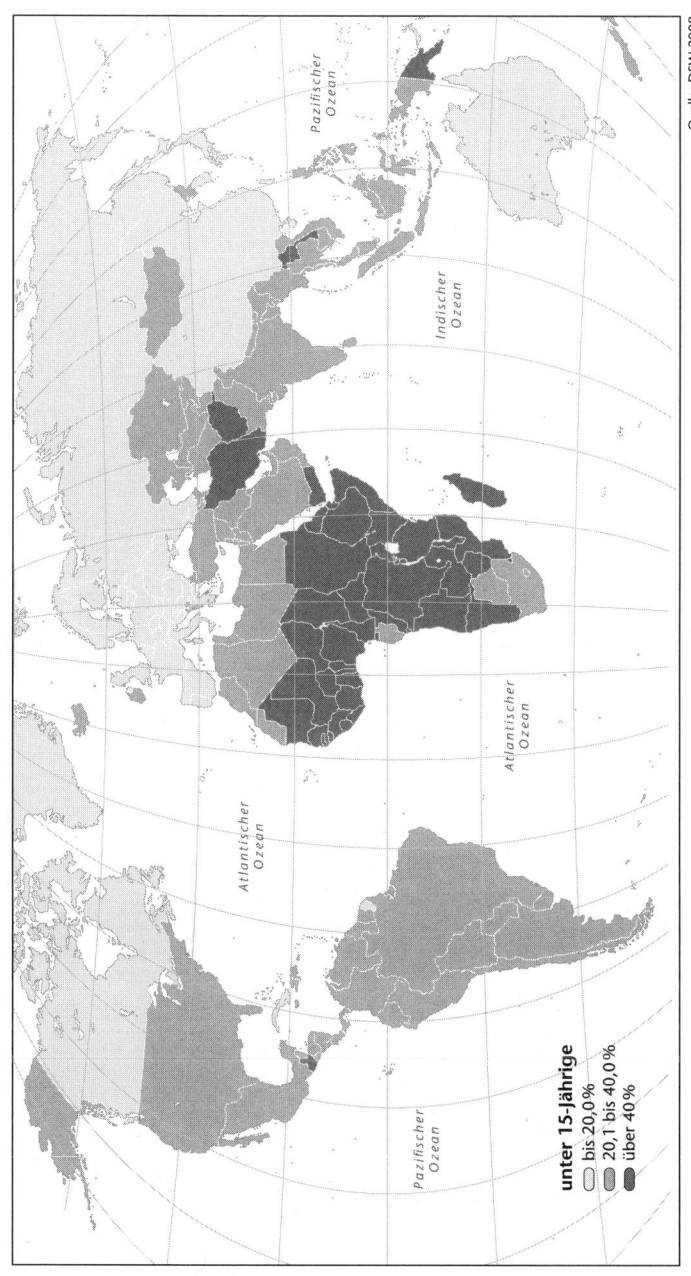

unter 15-Jährige
- bis 20,0 %
- 20,1 bis 40,0 %
- über 40 %

Grafik 5.5: **Weltbevölkerung, unter 15-Jährige, nach Ländern und Prozent**

Mehr Esser am Tisch – wachsende Weltbevölkerung **143**

Strich bleibt ein Bevölkerungswachstum von mehr als 2,4 Prozent. Das übersteigt alle anderen Regionen der Welt. Afrika wird im Jahr 2025 voraussichtlich 1,3 Milliarden Menschen ernähren müssen. In nur 16 Jahren macht der Kontinent den Sprung von heute 850 Millionen auf weit über eine Milliarde. Bis 2050 könnten es dann etwa zwei Milliarden Menschen sein, wenn die Prognosen der Vereinten Nationen zutreffen sollten. Davon wird der größte Teil südlich der Sahara leben.

Die Wucht dieser Bevölkerungsexplosion lässt sich nur erahnen. Ihr Ausmaß wird in Umrissen deutlich, wenn man fragt, wie viele Menschen dieser Kontinent realistisch ernähren kann, wo also die Grenze seiner Leistungsfähigkeit und Belastbarkeit liegt.

Von den 850 Millionen Menschen, die heute auf dem afrikanischen Kontinent leben, können sich nur 550 Millionen ausreichend ernähren. Für ein Drittel, und das sind rund 280 Millionen Menschen, reichen die Ernten schon heute nicht aus, um satt zu werden. Wenn also jetzt bereits 280 Millionen Afrikaner hungern, wie soll der Kontinent dann in 40 Jahren zwei Milliarden Menschen ernähren?

Eine Antwort darauf gibt es bisher nicht. Auf der Suche danach begegnet man zynischen Überlegungen. Könnte vielleicht, wie im europäischen Mittelalter, eine Epidemie die Bevölkerungsexplosion in Afrika abbremsen und das Problem der Überbevölkerung lösen?

Aids als Bevölkerungsbremse

Aids schwächt die Bevölkerung Afrikas schon seit Jahrzehnten und scheint bisher auch nicht zu zügeln zu sein. Allerdings trifft die Seuche die Staaten sehr unterschiedlich. Besonders massiv wirkt sie sich im Süden Afrikas aus, konzentriert auf sechs Staaten. In Swasiland, Botswana und Lesotho ist fast

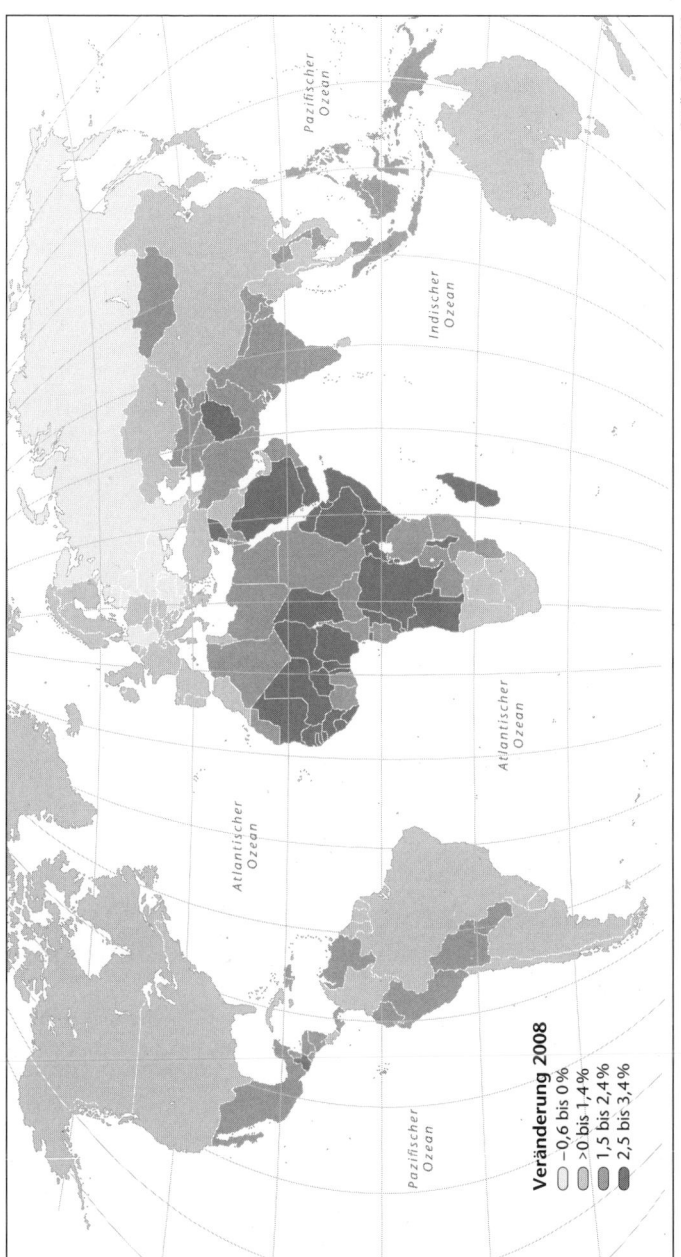

Quelle: DSW 2008

Veränderung 2008
- −0,6 bis 0 %
- >0 bis 1,4 %
- 1,5 bis 2,4 %
- 2,5 bis 3,4 %

Grafik 5.6: **Weltbevölkerung, Veränderung 2008 nach Ländern in Prozent**

Mehr Esser am Tisch – wachsende Weltbevölkerung **145**

Tabelle 5.2: Aids-infizierte Bevölkerung in afrikanischen Ländern[6]

	HIV-INFIZIERTE ERWACHSENE 2007 (in Prozent)	VERRINGERUNG DER BEVÖLKERUNG DURCH AIDS BIS 2050 (in Prozent)
Swasiland	26	62
Botswana	24	63
Lesotho	23	58
Südafrika	18	44
Namibia	15	43
Simbabwe	15	43

jeder Vierte HIV-positiv. In Südafrika haben 20 Prozent aller Arbeitskräfte das Virus; bei Frauen im Alter zwischen 20 und 30 Jahren ist es sogar rund ein Drittel. Bis 2010 wird die Lebenserwartung hier weiter fallen. Auf dem gesamten Kontinent sterben täglich rund 6000 Menschen an Aids. Das sind weit mehr Tote, als Afrika in seinen Kriegen gesehen hat. 1998 starben 200000 Afrikaner im Krieg, während zwei Millionen durch Aids umkamen, rechnen die Vereinten Nationen vor.[7]

Aber wird Aids Afrika zugrunde richten? Ist die furchtbare Epidemie eine tatsächliche Bedrohung für das Überleben des Kontinents oder nur eine empfundene? Unter dem Titel »Tötet Aids den Kontinent?«, kommen Katja Böhler und Jürgen Hoeren zu dem Schluss, dass die Aidsepidemie die Bevölkerungsentwicklung in Afrika nicht bremsen wird.[8]

Erst 2050 werde erkennbar sein, so die Bevölkerungsabteilung der Vereinten Nationen, wie tief die Spuren reichen, die Aids in Afrika hinterlassen wird. Aber die Prognosen können immerhin als Anhaltspunkte dienen, um die Wirkung von Aids auf das Bevölkerungswachstum des gesamten Kontinents abzuschätzen.

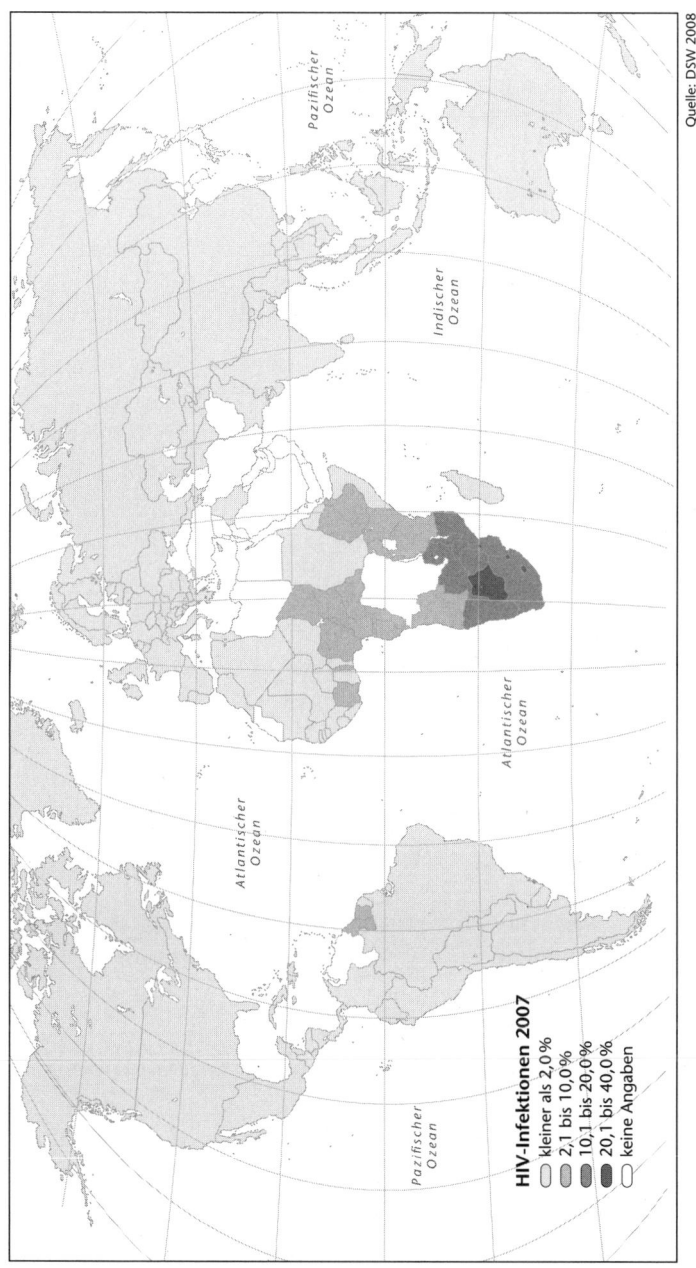

Quelle: DSW 2008

HIV-Infektionen 2007
- kleiner als 2,0 %
- 2,1 bis 10,0 %
- 10,1 bis 20,0 %
- 20,1 bis 40,0 %
- keine Angaben

Grafik 5.7: **Weltbevölkerung, HIV-Infektionen 2007 nach Ländern in Prozent**

Mehr Esser am Tisch – wachsende Weltbevölkerung **147**

Ohne Aids würde die Bevölkerung Afrikas bis 2050 auf 2,1 Milliarden wachsen. Mit Aids rechnet die Prognose mit 1,8 Milliarden Menschen. Rund 300 Millionen Menschen, das ist der Tribut, den Aids den Afrikanern abverlangt, ein Minus von etwa 15 Prozent beim Bevölkerungswachstum. Was die Bevölkerungsexplosion angeht, führt die Aidsepidemie jedoch nicht zu einer maßgeblichen Entlastung.

Die Ernährungskrise in Afrika wird nicht entschärft. Im Gegenteil, sie könnte noch zusätzliche Schärfe bekommen. In den Regionen, in denen die Landbevölkerung ganz besonders verheerend von der Epidemie heimgesucht wurde, drohen in Zukunft die Äcker zu veröden und Stallungen zu verfallen. In jedem Fall kann von dort nicht mehr mit Lebensmitteln gerechnet werden. Und damit dürfte das Angebot auf den Märkten noch knapper ausfallen, als es ohnehin schon ist.

Schere zwischen Land und Mensch

Weltweit werden für die wachsende Bevölkerung wesentlich mehr Nahrungsmittel benötigt. Allein bis 2030 geht die FAO davon aus, dass sich die Ernten bei Getreide verdoppeln müssen. Nur so sei der Hunger der zukünftig sieben bis acht Milliarden Erdenbürger zu stillen. Das aber stößt an Grenzen, und eine davon ist die Ackerfläche. Sie ist in den meisten Teilen der Welt nicht mehr auszuweiten. Was Frucht trägt, ist schon unter dem Pflug. Die wachsende Bevölkerung führt dazu, dass für den Einzelnen immer weniger Land übrig bleibt. Das zeichnet sich schon seit Langem ab. Seit 300 Jahren klafft die Schere zwischen Land und Menschen auseinander.

Während in dieser Zeit die Weltbevölkerung auf das Achtfache zunahm, wuchsen die verfügbaren Acker- und Weideflächen nur um das Fünffache. Was an Fläche fehlte, konnte in vielen Ländern durch künstlichen Dünger und intensivere

Tabelle 5.3: **Ackerland pro Kopf der Bevölkerung in ausgewählten Ländern[9]**

| | | VEFÜGBARKEIT VON ACKERLAND PRO KOPF (in Hektar) | |
		1979–1981	1994–1996
Entwick-lungs- und Schwellen-länder	Bangladesch	0,10	0,07
	China	0,10	0,08
	Indonesien	0,12	0,09
	Pakistan	0,24	0,16
	Indien	0,24	0,18
	Ägypten	0,06	0,05
	Jordanien	0,14	0,08
	Burundi	0,24	0,15
	Kenia	0,23	0,15
Industrie-länder	USA	0,83	0,71
	Schweiz	0,06	0,06
	Deutschland	0,15	0,14

Bewirtschaftung ausgeglichen werden. Im Jahr 1960 standen pro Kopf der Weltbevölkerung 0,44 Hektar Ackerland zur Verfügung. Im Jahr 2000 waren es nur noch knapp 0,22 Hektar pro Kopf. Mitte des 21. Jahrhunderts werden es noch etwa 0,15 Hektar pro Kopf sein. Das gilt aber nur im Schnitt. In vielen Ländern Asiens und Afrikas ist dieser Schnitt schon weit unterschritten, gefährlich weit.

Im Jahr 2025 werden bei einer Weltbevölkerung von über acht Milliarden voraussichtlich nur noch 0,17 Hektar für die Ernährung eines Weltbürgers zur Verfügung stehen. Das entspricht einer Fläche von 1700 m² und damit der Größe eines mittleren Gartens für Obst, Gemüse und Kartoffeln. Das Mindestmaß, das die Vereinten Nationen für eine ausreichende Versorgung mit landwirtschaftlichen Erzeugnissen für notwendig halten, liegt bei 1400 m² pro Person.

Besonders schwierig entwickelt sich die Lage in Afrika. Hier schrumpft der Pro-Kopf-Anteil an der Produktion am stärksten, weil die Bevölkerung am stärksten wächst. Davon betroffen sind vor allem die Länder südlich der Sahara, wo heute schon fast jeder dritte Einwohner nicht genug zu essen hat. Am Beispiel Äthiopien wird deutlich, wie bedrückend die Knappheit werden wird.

Äthiopien ohne Land

Äthiopien besitzt so gut wie keine Möglichkeiten, neues Ackerland zu gewinnen. Gleichzeitig aber wird die Bevölkerung rasant von heute 79 auf 110 Millionen Menschen bis 2025 wachsen und um weitere 40 Millionen auf 150 Millionen in 2050. Schon in 2005 hatte ein Äthiopier nur noch 0,14 Hektar für seine Ernährung zur Verfügung. Damit ist das von der FAO ermittelte Mindestmaß bereits deutlich unterschritten. 2025 werden es voraussichtlich nur noch 0,09 Hektar sein und ab 2050 nur noch 0,05 Hektar pro Person. Zieht man das Risiko häufiger Dürren mit in Betracht, dann zeichnet sich heute schon für 2025 ab, dass der Hunger in ein chronisches Stadium übergeht, wenn der Mangel nicht durch ständige Importe ausgeglichen werden kann.

Trügerische Entspannung

Weltweit ist die Produktion pro Kopf zwar stetig gestiegen, aber leider nicht gleichmäßig verteilt. Die großen Zugewinne wurden in den Industrieländern mit höheren Ernten und

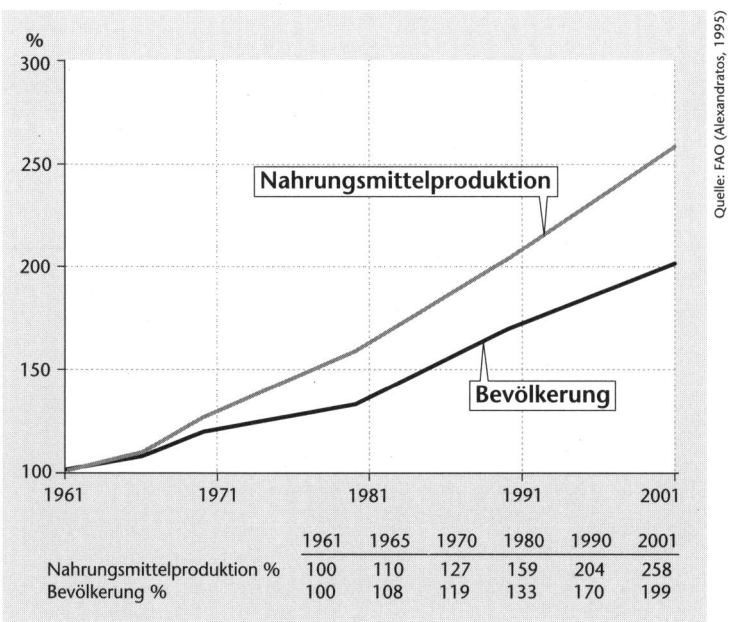

Quelle: FAO (Alexandratos, 1995)

	1961	1965	1970	1980	1990	2001
Nahrungsmittelproduktion %	100	110	127	159	204	258
Bevölkerung %	100	108	119	133	170	199

Grafik 5.8: **Wachstum der Nahrungsmittelproduktion pro Kopf der Bevölkerung in Prozent**

wachsender Produktivität verbucht. Damit konnte man zwar zunächst Erfolge erzielen im Kampf gegen den Hunger, aber leider nicht auf Dauer.

Erfolge im Kampf gegen den Hunger

Während Anfang der 1960er Jahre noch mehr als die Hälfte der Menschheit in Hungerländern lebte und mit weniger als 2200 Kalorien pro Kopf auskommen musste, sank der Anteil der Unterernährten bis 1999 von 1890 auf 777 Millionen oder zehn Prozent der Weltbevölkerung. Und dies, obwohl die Bevölkerung in der Zwischenzeit um fast drei Milliarden Menschen gewachsen war.

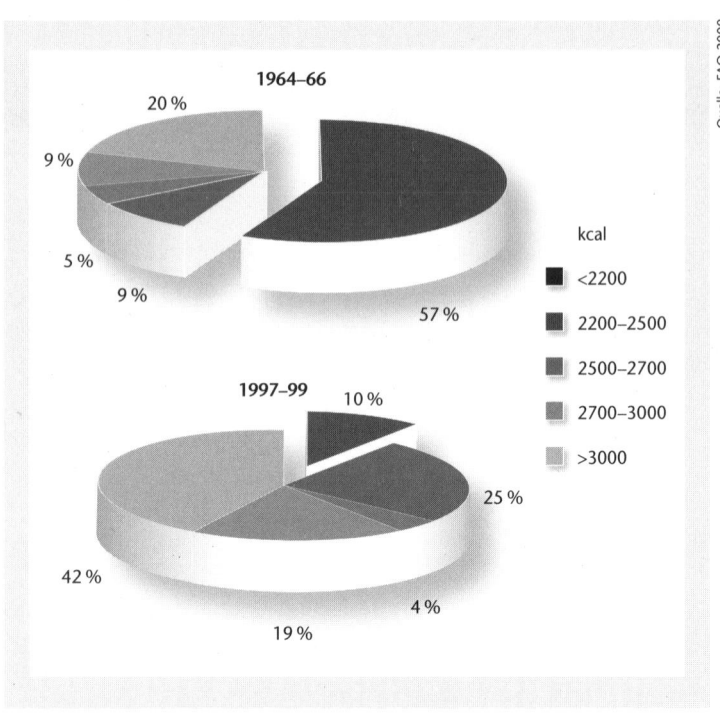

1964–66

20 %

9 %

5 %

9 %

57 %

kcal

■ <2200

■ 2200–2500

■ 2500–2700

■ 2700–3000

■ >3000

1997–99

10 %

25 %

42 %

4 %

19 %

Grafik 5.9: **Verbesserung der Welternährung zwischen 1964 und 1999 in Kalorien und Prozent der Weltbevölkerung**

Möglich war dies nur, weil sich die Ernten in dieser Zeit verdoppelten und weil Defizite in einem Land durch Überschüsse in einem anderen ausgeglichen werden konnten.

Ohne Puffer in die Krise

Der Getreide-Preis-Schock 2008 machte klar, dass diese Mechanismen nicht mehr wirken. Die Märkte waren innerhalb von Monaten leergefegt und beruhigten sich erst als die Finanz- und Wirtschaftskrise um sich griff und die Nachfrage erlahmen ließ. Professor Walter Schug, der die Entwicklung der Weltmärkte an der Universität Bonn beobachtete, wundert das nicht. In seiner Analyse kommt er zu dem Schluss, dass Angebot und Nachfrage schon länger aus dem Lot geraten sind. In den letzten zehn Jahren blieben die Getreideernten achtmal hinter dem Verbrauch zurück. Ausgeglichen wurde dieses Getreidedefizit nur durch die Vorräte, die in den Getreideexportländern lagerten. Sie betrugen im Jahr 2000 noch etwa 420 Millionen Tonnen, sanken jedoch bis 2008 um fast die Hälfte auf 240 Millionen Tonnen und damit deutlich unter die Alarmmarke. Die FAO verlangt mindestens 17 Prozent des Weltverbrauchs als Notvorrat, um die Ernährung auch in Krisen sichern zu können. Tatsächlich waren die Vorräte 2008 aber schon unter 14,5 Prozent gesunken. In der Folge entstanden dann die Engpässe, die zur Krise führten. Allerdings ist dies nicht die erste Krise dieser Art.

Tabelle 5.4: **Weltreserven an Getreide 2000 bis 2008 (in Millionen Tonnen)**[10]

	2000/ 2001	2002/ 2003	2005/ 2006	2006/ 2007	2007/ 2008
Produktion	1444	1444	1574	1599	1657
Verbrauch	1465	1504	1607	1625	1669
Endbestand	416	336	312	259	243
Reserven in % des Verbrauchs	28	22	19	16	14,6

Ähnliche Mangelsituationen hat es, so Professor Walter Schug, schon zweimal gegeben. Allerdings, ohne dass sie der Welt nachhaltig im Gedächtnis geblieben wären. Die erste Krise spielte sich Mitte der 1960er Jahre ab. Damals missrieten die Ernten sowohl in Lateinamerika als auch im Fernen Osten. Die Ausfälle waren die Folge von Vulkanausbrüchen in Indonesien. Die zweite Krise ereignete sich in den Jahren 1972/73, als weltweit die Getreideernten schlechter ausfielen, und das gleich in zwei Jahren hintereinander. Während die erste Krise noch durch Vorräte der Industriestaaten ausgeglichen werden konnte, war dies beim zweiten Mal nicht mehr möglich. Die Ernteausfälle führten weltweit zu Knappheiten, und in der Folge kam es zu einem rasanten Anstieg der Weltmarktpreise.

Beide Ereignisse zeigen, dass der Keim zur aktuellen Krise schon lange gelegt war. Es ist der Mangel an Reserven, wie wir am steilen Anstieg der Getreidepreise im Frühjahr 2008 sehen konnten. Schon geringe Veränderungen bei Angebot und Nachfrage führen zu drastischen Preisreaktionen. Auch wenn es im Herbst 2008 wieder bergab ging mit den Preisen, weil die Ernten besser ausfielen und die Spekulanten an den Getreidemärkten aufgrund der Weltfinanzkrise eine Verschnaufpause einlegten, hat sich an den sogenannten Fundamentaldaten nichts geändert.

Weltbevölkerung und Weltlandwirtschaft bleiben auf Kollisionskurs. Die Krise ist zwar abgeflaut, aber im Hintergrund baut sich schon die nächste Welle auf. Sie bezieht ihre Kraft aus dem anhaltenden Wachstum der Weltbevölkerung. Denn das geht trotz Weltwirtschafts-Turbulenzen weiter seinen Weg in Richtung neun Milliarden Erdenbürger. Mit fatalen Konsequenzen für die politische Stabilität ganzer Staaten und Regionen.

Schon jetzt, bei einer Weltbevölkerung von etwa 6,8 Milliarden Menschen, können viele Länder ihre Bürger nicht von der eigenen Scholle ernähren, sondern müssen Getreide zukaufen. Beispiel Ägypten: Das Land importiert mehr als vier Millionen Tonnen Getreide pro Jahr und konnte dem Aufwärtstrend der Weltmarktpreise 2007/2008 nicht entgehen. Die Preissteigerungen lösten einen nationalen Aufstand aus.

Am Rande des Staatsbankrotts

Heute leben 81 Millionen Menschen in Ägypten. 2025 sollen es 96 Millionen und 2050 118 Millionen Menschen sein. Dieser Zuwachs kann nur durch Getreideimporte ernährt werden, und dies zu Weltmarktpreisen. Ob sich das Land das leisten kann, ist mehr als zweifelhaft. Die Schulden wachsen um jährlich neun Prozent. Am Ende dieser Schuldenspirale drohen zwei gespenstische Szenarien, zum einen neue Revolten gegen den Mangel, zum anderen der Staatsbankrott.

Mit diesen düsteren Aussichten ist Ägypten nicht allein. 82 Länder, die ebenfalls zurzeit schon Getreide importieren müssen, stehen vor ähnlichen Problemen. Sie gehören zur Gruppe der sogenannten »Low-Income Food-Deficit Countries« (LIFDC), der Länder mit geringem Einkommen und Nahrungsmangel. Laut FAO sind es 44 Länder in Afrika, 25 in Asien, vier in Europa, drei in Amerika und sechs in Ozeanien. Mehr als die Hälfte dieser Länder hat versucht, die Preisexplosion durch Senken der Importzölle auf Nahrungsmittel abzumildern. Das hat ihre Staatskassen schon erheblich geschröpft, die FAO rechnet je nach Land mit Mindereinnahmen von 700 Millionen bis 1,3 Milliarden US-Dollar.[11]

Zusätzlich hat sich die nationale Einfuhrrechnung für Getreide in den betroffenen Ländern um bis zu 85 Prozent erhöht. Aber nur für den, der noch kaufen konnte. Die Menschen, die hier leben, verdienen so gut wie nichts, und die eigenen Ernten reichen nicht aus, um die Bevölkerung zu ernähren. So blieb diesen Ärmsten der Armen nur noch eine Option: Sie haben schlicht auf Importe verzichtet und damit ihre Bevölkerung ein weiteres Stück in die Unterernährung getrieben. Allen 82 Staaten droht das gleiche Schicksal: Hunger, Verlust der inneren Stabilität und/oder Staatsbankrott.

Von der Tragfähigkeit der Erde

Schon 1741 entstand in Berlin die erste Berechnung über die »Tragfähigkeit« der Erde. Der Bevölkerungswissenschaftler J. P. Süßmilch wollte klären, wie viele Menschen die Erde tragen könnte, ohne ihre Kapazität dabei zu erschöpfen. Seine Rechnung führte ihn zur beachtlichen Zahl von 14 Milliarden Menschen. Sie wurde im Klassiker der Bevölkerungswissenschaften unter dem Titel *Die göttliche Ordnung in den Verhältnissen des menschlichen Geschlechts* veröffentlicht. Als das Buch erschien, war die Erde noch fast menschenleer, verglichen mit heute. Damals, im Jahr 1741, kam die erste Milliarde gerade in Sicht.[12]

Heute mit fast sieben Milliarden Bürgern auf der Welt können wir uns nicht mehr vorstellen, dass die Grenze erst bei 14 Milliarden erreicht sein soll. Dagegen sprechen die Verhältnisse: zum einen die Grenzen, die uns die Erde selbst mit ihrem Angebot an fruchtbarem Land setzt, zum anderen das Wasser, das für die Bewässerung unserer Nutzpflanzen zur Verfügung steht, und zum Dritten das Weltklima, das im Verhältnis zu 1741 immer mehr aus den Fugen gerät.

Hinzu kommt, dass sich die Essgewohnheiten ändern. Mit steigendem Einkommen wird immer mehr Getreide konsumiert, aber nicht als Mehl oder Brot, sondern in Form von Fleisch. Und das mit einer äußerst ungünstigen Relation. Denn für die Produktion eines Kilos Fleisch braucht man bis zu neun Kilo Getreide. Diesen sogenannten »Veredlungseffekt« hat Johann Peter Süßmilch 1741 noch nicht voraussehen können, ganz besonders nicht das Ausmaß, mit dem er zu Buche schlägt.

Es ist die ungeheure Lust auf Fleisch, die die Getreidemärkte leerfegt und die Erde noch schneller an die Grenze ihrer Tragfähigkeit führt. Sie sorgt für volle Tröge in den Mastanlagen und hinterlässt leere Teller in den Hütten der Armen. Fleisch treibt den Welthunger an. Wie und in welchem Ausmaß, das ist die Frage, der wir uns im nächsten Kapitel widmen wollen.

6. Lust auf Fleisch

Konkurrenz zwischen Trog und Teller

Als die Getreidepreise in die Höhe schossen, kam recht bald der Verdacht auf, dass es der Fleischhunger Chinas sein könnte, der Schuld an dieser Explosion trägt. Anhaltspunkte dafür lieferten Beschreibungen über die neuen Essgewohnheiten im Reich der Mitte. So zähle es zur absoluten Attraktion bei jung verliebten Chinesen, ihre erste Liebe in einen Hähnchenbrater wie Kentucky Fried Chicken auszuführen. Auch Familien werden von den Hähnchenrestaurants magnetisch angezogen, wenn es um das Sonntagsessen gehe, beschreibt *Welt-Online* im Februar 2009 das neue Essverhalten der Chinesen, die neben dem traditionellen Schwein nun auch das Huhn für sich entdeckt haben.[1]

Doch jedes Hähnchen mehr, das vom Grillrost rollt, hat zuvor rund drei Kilo Getreide gefressen, um auf sein Gewicht zu kommen. Jedes Kilo Schweinefleisch zusätzlich schlägt mit bis zu vier Kilo Getreide zu Buche und jedes Kilo Rindfleisch sogar mit bis zu neun Kilo Getreideverbrauch. Damit ist eine Verbindung zwischen Trog und Teller geschaffen, deren Auswirkung wir zum ersten Mal in den Jahren 2007/2008 deutlich zur Kenntnis nahmen, als die Getreidepreise weltweit explodierten.

Wie weit diese Verbindung tatsächlich die Schuld an der Explosion trägt oder ob sie nur einer von vielen Gründen war, die zur Krise beitrugen, ist nicht geklärt. Aber in Zukunft könnte diese unglückliche Verbindung zu erheblichen Engpässen auf den Welternährungsmärkten führen und damit zu Preissteige-

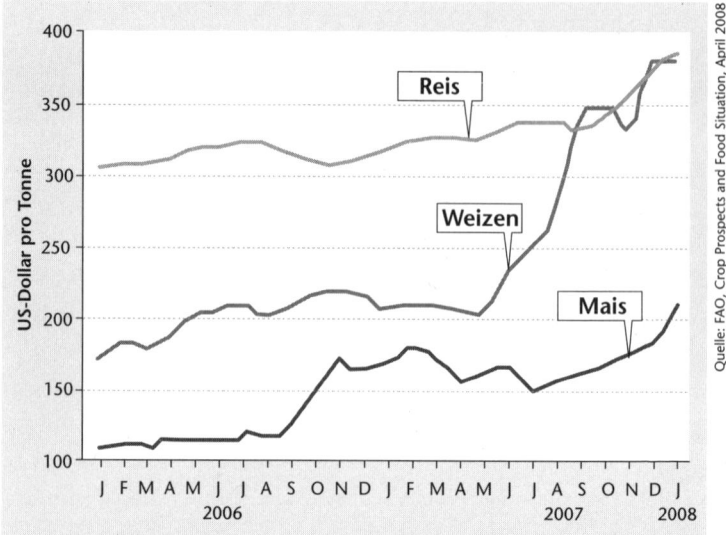

Quelle: FAO, Crop Prospects and Food Situation, April 2008

Grafik 6.1: **Die Entwicklung der internationalen Preise für Weizen, Mais und Reis von 2006 bis 2008**

rungen, die weit über die Marken von 2007 und 2008 hinausgehen.

Eine solche Verbindung zwischen Tierhaltung und Getreide hat es nicht immer gegeben. Sie existiert erst seit der Mitte des 20. Jahrhunderts und wurde durch die Hochleistungs-Tierzucht geschaffen. Vorher kamen Schwein, Rind und Huhn fast ohne Getreide aus.

Die Schweine wurden ebenso wie die Rinder auf der Weide groß, und wenn es einer Zusatzration bedurfte, dann bestand auch die nicht aus Getreide. Schweine und Hühner bekamen die Reste aus dem bäuerlichen Haushalt vorgesetzt und das, was im Wald zu finden war. So liest man im 1718 erschienenen Ratgeberwerk *Der wohlerfahrene Böhmisch-Österreichische Haushalter*, dass die Schweine »faule Äpfeln und Birn wie auch Eicheln, Bucheckern, ja Kraut und Rüben« als Futter bekamen.[2]

Getreide zu verfüttern war sogar zeitweise offiziell verboten, weil es vor 1950 zu wenig Getreide gab. Der Zweite Weltkrieg hatte die Ernten zerstört, und die Sorten, die damals angepflanzt wurden, brachten noch nicht die Erträge, die später möglich werden sollten.

Zum Nahrungskonkurrenten für den Menschen wurden die Tiere durch die Leistungen, die ihnen abgefordert wurden, und durch Zuchtziele, die diese Leistungen ermöglichten. Bei den Fleischtieren ging es darum, in möglichst kurzer Zeit eine größtmögliche Menge an Fleisch aufzubauen. Dazu reichte die eher magere Kost der Weidegänger nicht. Sie brauchten Hochleistungsfutter, viel Energie und Eiweiß in möglichst konzentrierter Form. Das war nur in Getreide enthalten, und so war der Griff in die Getreidespeicher die logische Folge. Das machte nichts, solange genügend Getreide da war. Und das war nach den Kriegsjahren in Europa und den USA durch künstlichen Dünger und neue ertragreiche Getreidesorten möglich.

Die Ernteerträge wuchsen innerhalb von 50 Jahren von 2,5 auf 7,5 Tonnen pro Hektar, verdreifachten sich also in fast allen Industriestaaten. Diese Zusatzmengen ermöglichten erst die moderne Fleischmast mit ihren Hochleistungstieren. Gleichzeitig kamen weitere Kräfte ins Spiel, die den Fleischpreis dramatisch senkten und auf diese Weise vielen Menschen erst ermöglichten, mehr Fleisch zu essen.

Zum einen konnte die Menge an Futter, die pro Kilo Fleisch eingesetzt werden musste, in der industriellen Mast nach und nach wieder verringert werden. Zum anderen sanken die Preise für Getreide und damit die Kosten für das Mastfutter auf immer neue Tiefstwerte. Schließlich zog das Fließband in die Schlachthöfe ein und machte das Schlachten zu einem ausgetüftelten Verwertungsprozess, der die Kosten weiter senkte und damit auch den Preis für Fleisch.

Der Grundstein für die industrielle Fleischproduktion wurde um 1900 in Chicago gelegt.

Die Schlachthöfe von Chicago

»Hier kein Fleisch aus Chicago.« Mit diesen Schildern wollten sich ehrbare Metzger gegen die Schlachthöfe von Chicago wehren, die um 1900 versuchten, mit Kampfpreisen ihr Fleisch gegen das der kleinen Metzger am Markt durchzusetzen. Was den Metzgern half, war der schlechte Ruf des Fleisches aus Chicago. Gerüchte machten die Runde, dass in den gnadenlosen Schlünden der Schlachtketten nicht nur Rinder ihr Ende fänden. Die Messer der Maschinerie drehten sich so schnell, dass sie jeden aufschlitzten, der in ihre Nähe kam. Selbst vor den Schlachtern machten sie nicht halt, hieß es. So manch einer von ihnen sei selbst in den Trichtern der Hackmaschinen verschwunden.

Doch die Gerüchte konnten den Schlachthöfen nichts anhaben, denn sie hatten einen entscheidenden Vorteil gegenüber den kleinen Metzgern. Sie verwerteten alles, was zu verwerten war. Und das erlaubte ihnen, ihr Fleisch zu Preisen zu verkaufen, die bis dahin undenkbar gewesen waren. Verwertet wurde das gesamte Tier mit Haut und Haaren. Aus der Haut wurde Leder, aus den Haaren Bürsten, aus den Knochen Düngemittel und Leim, und aus dem Gedärm wurden Wurstpellen oder Geigensaiten. Selbst das, was übrig blieb, wurde zu Geld gemacht. Blut, Fleischreste und Abfälle, all das ging als Schweinefutter zurück in die Tröge der Mäster. Von dort kam es in Form von Schweinen wieder zurück und verschwand erneut hinter den Toren der Schlachthöfe von Chicago.

Diese Schlachthöfe wurden als achtes Weltwunder gefeiert. Täglich verschlangen sie 21 000 Rinder, 75 000 Schweine und 22 000 Schafe. Getötet, zerlegt, in Portionen verpackt, verließen sie dann die dampfenden Hallen und wurden mit Kühlschiffen in alle Welt verschifft oder mit Kühlwagen durch Amerika transportiert. Die Erfindungen des gekühlten Transports und der industriellen Schlachtkette standen am Beginn des

Zeitalters, in dem das Fleisch seine Wertschätzung als Sonntagsbraten verlor und zum Alltagsgericht wurde.[3]

Und auch die Tiere, die an den Haken der Schlachtbänder hingen, nahmen immer mehr Fließbandgestalt an. Sie wurden genormt und optimiert, damit sie zum rechten Zeitpunkt mit dem rechten Gewicht und in der rechten Größe zum Schlachtband kamen, und dies mit möglichst wenig Futtereinsatz, um unter dem Strich den größtmöglichen Gewinn abzuwerfen.

Preisfrage: Futterverwertung

Das Maß der Dinge wurde die Futterverwertung. Je mehr Fleisch aus einem Kilo Getreide entstand, desto besser war die Futterverwertung, und desto höher wurde der Zuchtwert der Tiere. So entstanden Fleischrassen bei Rindern, Schweinen und Geflügel, die deutlich weniger verzehrten als ihre Vorgänger, dafür aber erheblich mehr Fleisch auf den Knochen hatten. Bei Schweinen mussten um 1950 noch vier Kilo Getreide pro Kilo Fleisch gefüttert werden, im Jahr 2000 waren es nur noch 2,5 Kilo. Da die Futterkosten ungefähr die Hälfte der gesamten Kosten der Schweineproduktion ausmachen, konnte allein durch die bessere Futterverwertung mehr als ein Drittel der Kosten eingespart werden. Hinzu kam der Spareffekt durch sinkende Getreidepreise.

Die Preise fielen real in den USA zwischen 1947 und dem Jahr 2000 von 900 Dollar pro Tonne auf ein absolutes Tief von 98 Dollar, was einem Rückgang von rund 90 Prozent entspricht. In Deutschland ist die Entwicklung nicht so krass, aber von der Tendenz her ähnlich verlaufen, sehr zum Ärger der Bauern. So klagen ihre Standesvertreter: »Wären die Weizenpreise seit 1950 genauso stark gestiegen wie die Inflationsrate, dann hätten die Erzeuger für 100 kg Weizen Ende 2007 über 77 Euro erlösen müssen – in Wirklichkeit waren es nur rund 23 Euro.«[4]

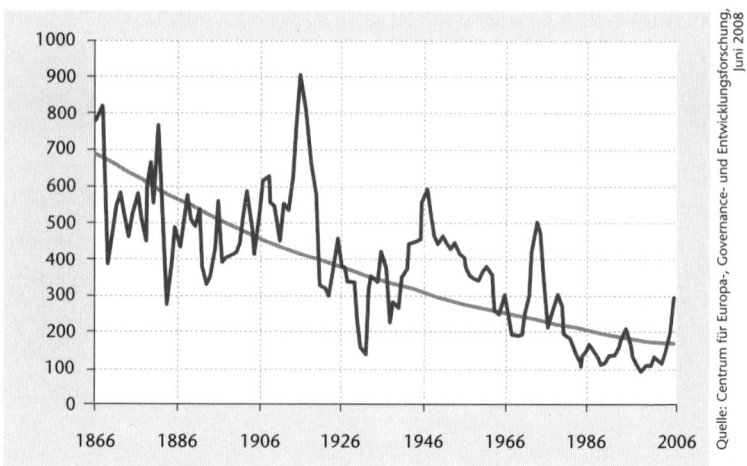

Quelle: Centrum für Europa-, Governance- und Entwicklungsforschung, Juni 2008

Grafik 6.2: **Die Entwicklung des realen Weizenpreises von 1866 bis 2006 in Dollar pro Tonne**

Dieser Preiseinbruch war durch bessere Sorten mit weit höheren Erträgen möglich geworden. Darüber hinaus war es der erklärte Wille der Politik, die Agrarpreise im Nachkriegsdeutschland niedrig zu halten, damit die Verbraucher mehr Geld für den Konsum und damit für den wirtschaftlichen Aufschwung ausgeben konnten.

Als weitere Kostensenker wurden Mastställe von wahrhaft industrieller Dimension entworfen und in Betrieb genommen. Am weitesten fortgeschritten ist diese Entwicklung in der Geflügelmast, und die wiederum hat im Bundesland Brandenburg den größten Schritt in Richtung.Massenproduktion gemacht. Nur fünf Betriebe stellen 65 Prozent der brandenburgischen Masthähnchen her, und dies mit einer Produktionskapazität von mehr als 250000 Mastplätzen.[5]

Was das für die Kosten der Fleischproduktion heißt, lässt sich anhand einer Studie der Bundesforschungsanstalt für Landwirtschaft erkennen. Die Studie stellt die Haltung auf dem Bauernhof der Fließbandproduktion von Hähnchen gegenüber und kommt zu dem Schluss, dass die Kosten in den Großanlagen um bis zu 75 Prozent niedriger liegen als in einer bäuerlichen Haltung.[6]

So ist es kein Wunder, dass die Fleischfabriken am Ende den Preis bestimmen, der auf dem Markt gezahlt wird. Zu derartigen Billigpreisen kann kein bäuerlicher Betrieb seine Hähnchen füttern und großziehen, und mittlerweile sind die Bauern auch aus diesem Markt verschwunden. Der Hühnerfleischmarkt ist der Markt der Fleischindustrie geworden. Heute liegt er in den Händen von kapitalkräftigen Unternehmen, und dies über die ganze Produktionskette hinweg, vom Küken bis zum Schlachthähnchen.

40 000 000 000 Hähnchen pro Jahr

Es begann in den 1940er Jahren in Amerika. Dort hatten zwei Firmen, die ihr Geld schon in der Getreidezucht verdient hatten, den Markt der Hühner- und Hähnchenzucht an sich gerissen. Es waren die Firmen Hy-Line und DeKalb, und es war für sie ein lohnendes Geschäft. Aber es sollte noch lohnender werden, als sich die Arzneimittelkonzerne in die Zuchtfirmen einkauften. Sie hatten auch noch die richtigen Medikamente, die die Hochleistungshühner und -hähnchen zum Überleben brauchten. So ging die Zucht in die Hände von Pharmaunternehmen über und wurde unter ihrer Führung zu einem noch größeren Geschäft. Heute teilen nur noch vier Konzerne den Weltmarkt unter sich auf. Sie bestimmen, welche Hühner die Eier und welche Hähnchen das Fleisch rund um den Globus liefern.[7]

Dafür garantieren sie höchsten Fleischzuwachs bei minimalem Futtereinsatz in minimaler Mastzeit. Weniger als zwei Kilo Getreide reichen aus für ein Kilo Hähnchen. Der Preis machte Hähnchenfleisch weltweit zum Renner. Sein Verzehr stieg im

Verlauf von zwanzig Jahren auf das Fünffache. Um die Jahrtausendwende wurden weltweit 40 000 000 000 Hähnchen pro Jahr gemästet in Mastfabriken, deren Produktionsverfahren sich weltweit gleichen.

Der Blick in eine dieser modernen Mastanlagen wird Außenstehenden nicht gern gewährt. Keime könnten eingeschleppt werden und Krankheiten den ganzen Bestand auf einmal auslöschen. Denn die Masttiere sind von labiler Konstitution, und nicht jedes schafft es bis zum Schlachterhaken. Tierschützer versuchen gelegentlich, sich dort Einblick zu verschaffen. In diesem Fall ließen sie von einer versteckten Kamera den Alltag in einer Hähnchenmastfabrik fotografieren. Die Bilder liegen mittlerweile im Internet bereit für alle, die wissen wollen, wie es in der Unterwelt der Fleischherstellung zugeht.[8]

Turbomast der Gummiadler

In Neonlicht tauchen die Schemen einer riesigen Halle im Dunstschleier auf. Weißrosa Federbüschel taumeln über den Boden. Eins zieht das Bein nach, ein anderes wankt auf seinen Füßen, die Knie können die Last des Körpers kaum tragen. An einer Futterstelle reckt sich ein Schnabel in die Luft, Exodus im Maststall. Ein Scheinwerfer zielt auf eine Gruppe, die sich mit ihren Schnäbeln die Federn ausreißen und ins Hinterteil hacken. In der Luft liegt Staub, der die Szene in eine gespenstische Atmosphäre taucht. Später wird ein Veterinär erzählen, dass es hier im Sommer über 30 Grad heiß wird und sich dann aus den Fäkalien am Boden stechender Ammoniakgestank über den Tieren breitmacht.

Die Produkte der modernen Hochleistungsmast leben nicht, sie vegetieren nur noch. Das jedenfalls besagt eine Studie, die am Lehrstuhl für Betriebslehre des Landbaus an der Technischen Hochschule in Weihenstephan durchgeführt wurde.

46 Gramm nehmen die Tiere pro Tag zu. Sie erreichen in 33 Tagen ein Gewicht von 1,5 kg. Ein normales Huhn hätte dafür 80 Tage benötigt. Die Produktivität hat ihren Preis. Wegen Überlastung brechen gelegentlich die schwachen Knochen. Und auch der Kreislauf versagt, weil das Herz der Hähnchen viel zu klein ist für ihren Turbokörper. Je steiler die Kurve des Masterfolgs, desto miserabler reagiert die Verdauung. Durchfall ist an der Tagesordnung.

Trotz des kurzen Lebens von 33 Tagen überstehen sechs Prozent der Tiere diese Mastmethode nicht. Die Überlebenden werden nach den Gesetzen der bestmöglichen Verwertung zerlegt. Die Hähnchen, die das Schlachtband erreichen, kommen an dessen Ende nur noch in Einzelteilen heraus. Brust, Flügel, Bein, Leber und Magen und auch die Krallen sind schon separiert, genauso wie der Kopf. Kopf und Krallen verkaufen sich besonders gut nach China. Die Brust geht vor allem in den reichen Norden, nach Europa und Nordamerika. Der Magen dagegen findet im armen Süden auf afrikanischen Märkten seine Abnehmer, genauso wie Keulen, Flügel und Bürzel. Das Huhn wird global vermarktet, in Einzelstücken, das macht die Sache noch lukrativer für die Mastkonzerne und noch interessanter für die Konsumenten, der Preise wegen. Allein die Hähnchenindustrie verbrauchte weltweit im Jahr 2000 für die Mast von 40 Milliarden Hähnchen rund 80 Milliarden Kilo Getreide in ihren Mastfabriken. Eine Menge, aus der auch 80 000 000 000 Brote hätten gebacken werden können.

Feedlot, die Mastfabrik der Beefindustrie

Auch das Rind geht heute den Weg der Fleischindustrie. Noch nicht zu Anfang, wenn es geboren wird, da lebt es noch vom Gras der Pampa oder der Prärie, und das in großen Herden in den USA, Südamerika, auch in Australien. Das Bild großer Herden auf endlosen Weidegründen erinnert uns an die Landschaft, die wir aus den Western kennen. Filme, in denen der große Viehtrieb nach Osten, in Richtung der Schlachthöfe von Chicago, die Kulisse für große Dramen und erschütternde Gefühle bildet. Das trägt, bis die Herden die Schlachtbank erreichen, dann ist die Geschichte erzählt, der Film vorbei. Heute, im wirklichen Leben beginnt jetzt erst das Drama des Fleischrindes. Es konvertiert vom Gras- zum Körnerfresser.

Mit zwölf bis 14 Monaten endet seine Weidezeit. Ein *Roadtrain*, so heißen die überdimensionalen Viehtransporter in Australien, erledigt den Weg zum Schlachthof. Doch dort geht es nicht gleich ans Messer, sondern erst einmal in eine Mastanstalt, die den Weidetieren das notwendige Fleischgewicht verschaffen soll. In allen großen Rinderländern der Welt, in Argentinien, den USA und auch in Australien, endet die letzte Fahrt im sogenannten *Feedlot*. Hier wird nach Industriemaßstäben gearbeitet und auch in industriellen Größenordnungen. Bis zu 30 000 Rinder können diese Feedlots aufnehmen; eine davon ist die Mastanlage von Whyalla im Osten Australiens. Sie wurde 1988 gebaut und gehört dem japanischen Konzern Nippon Meat Packers. Er ist einer der größten auf dem japanischen Fleischmarkt. In Whyalla bringt er sein Fleisch in Form. Hier beginnt die Phase, wo das Rind zum Nahrungskonkurrenten des Menschen wird.

Wer das Feedlot Whyalla in Australien aus der Luft betrachtet, der erkennt erst einmal nur ein riesiges Fußballfeld, das in kleinere Abteilungen gegliedert ist. Unterteilt wird die gewaltige Fläche durch Gitter aus Stahlstangen, das macht die Absperrung rinderfest. Wenn die Weidetiere angeliefert werden, bleiben sie zusammen. Herdengeruch ist wichtig bei der Rindermast, und der ist je nach Herkunft unterschiedlich, also gibt es für jede Lieferung ein extra Abteil, das schafft Ruhe in den Herden. Kein Stress, keine Rangkämpfe. Ruhe ist der Grundton im Feedlot. Und dann gibt es natürlich Maismischfutter, viel Mais, das bringt Fleisch und Fett und noch mehr Fleisch. Am Ende soll ein Tier mit dem Körper eines Bodybuilders herauskommen, breite Brust, wuchtige Schultern und eine ausladende Gesäßmuskulatur. Fleischpakete rundherum stellen für Metzgeraugen die Krönung des Fleischrinderlebens dar.

Aufregung schadet der Fleischqualität. Kühles Wasser beruhigt die Nerven. Die Rinder werden beregnet, damit sie den letzten Gang ihres Lebens ganz cool bewältigen. Den gehen sie nach drei bis vier Monaten Getreidemast. Durch den Triebgang mit dicken Rohrzäunen werden sie in den Schlachtraum gedrängt. Ein Bolzenschuss-Apparat durchschlägt die Stirn, der Fleischberg zuckt und bricht zusammen.

Jetzt geht es schnell, an den Hinterbeinen wird der dampfende Körper hochgezogen, der Kopf schleift kurz über die Bodenfliesen. Ein Schlauch saugt das Blut aus dem zuckenden Körper, Messer schlitzen durch die Bauchwand, Sägen kreischen durch Wirbelsäulen. Aus einem Tier werden zwei Hälften. Zwei Hälften für Japan. Von Australien aus gehen sie per Kühlschiff auf See. Drei Wochen später freut sich ein Koch in Kyoto oder Tokio.

Die Rind-Fleisch-Formel heißt: acht Kilo Mais bringen ein Kilo Rindfleisch zusätzlich auf die Waage. Für 200 Kilo Fleischzuwachs, mit dem ein Rind im Schnitt das Feedlot verlässt, sind das rund 1600 Kilo Getreide – Getreide, aus dem auch 1600 Brote hätten hergestellt werden können.[9]

Rindfleisch ist das Fleisch der reichen Länder. Denn Rindfleisch ist die teuerste von allen Fleischarten, weil sich das Rind nicht so gut in die industrielle Mast- und Schlachtkette einpasst wie das Schwein. Und es gehört auch nicht zu den Nutztieren, die nur von Getreide leben können.

Auch das Schwein ist von der Natur her nicht nur zum Körnerfressen geschaffen. Es ist ein Allesfresser, und dort, wo es noch in bäuerlicher Umgebung lebt, frisst es, was in den Trog geschüttet wird. Neben Rüben, Kartoffeln, Küchenabfällen und Stroh auch noch etwas Kleie, den Abfall aus der Getreidemühle. So werden die Schweine bei chinesischen Kleinbauern heute noch großgezogen. China ist das Land des Schweins. Nirgendwo auf der Welt werden mehr Schweine gehalten und überwiegend so, wie im Dorf Puding im chinesischen Bergland.

Schweine mit Familienanschluss

Der Weg nach Puding geht vorbei an Wasserbüffeln, die alte Hakenpflüge durch die Felder ziehen. Die Terrassen bieten wenig Platz für die Landarbeit. Die Menschen arbeiten hart, ihre Hände tragen Schwielen von der Hacke, ihre Gesichter sind vom Wetter gegerbt. Sie leben von der Landwirtschaft so recht und schlecht. Zu jedem Hof gehört mindestens ein Schwein. Frau Li hält zwei, eins für den Verkauf. Sie grunzen Frau Li entgegen, als sie in ihren engen Hof tritt und schnüffeln mit der langen Nase am Kittel ihrer Bäuerin, suchen nach, ob da wohl noch etwas zu holen sei.

Die Art der Schweinehaltung ist typisch für das Land. 80 Prozent der Schweine Chinas wachsen in solchen kleinen Hinterhöfen auf, weit ab von den Städten, auf dem Lande. Die chinesischen Schweine sind echte Hausschweine. Sie leben mit der Bauernfamilie und fressen das, was übrig bleibt. Sie wachsen langsam. Vom Fleischdoping der industriellen Mastfabriken sind sie noch weit entfernt. Ihr Gewicht wird noch von der Natur gesteuert. Fast ein Jahr lang dürfen sie in ihrem Koben dösen, grunzen und die Nachbarin gelegentlich lautstark anquieken, dann aber ist Schlachttag.

Der Hunger auf Schweinefleisch ist in den letzten fünf Jahren in China um 28 Prozent gestiegen. Und wenn Torsten Hendricks von der San Way Group Co. Ltd., einem der großen Lebensmittelkonzerne der Region Shanghai, recht hat, dann würden die Chinesen gern noch mehr essen. Doch da machen die chinesischen Kleinbauern nicht mehr mit. Auch Frau Li hat sich entschlossen, ihr zweites Schwein nicht auf den Markt zu bringen. Der Preis ist ihr zu gering, er lohnt den Aufwand nicht. Frau Li steht mit ihrer Entscheidung nicht allein, immer mehr Bauern ziehen sich aus dem Schweinegeschäft zurück.[10]

Dass der Preis für die kleinen Bauern so uninteressant geworden ist, liegt an den großen Mastanlagen, die mit ihrem Fleisch immer stärker auf den Markt drängen. Auch der chinesische Fleischmarkt ist auf dem Weg in die Industrialisierung. Das Geschäft machen auch hier moderne Schweinefleischfabriken mit ihren Turboschweinen, die in vier Monaten ihr Schlachtgewicht erreicht haben. Das Kilo Schweinefleisch lässt sich unter Turbomastbedingungen zur Hälfte der Kosten herstellen, die auf den chinesischen Bauernhöfen anfallen, wo das Schwein doppelt so lange gemästet wird. Die Mastfabriken setzten sich im Dunstkreis der Städte fest. Die Nähe ihrer Kunden und der großen Getreidelager ist ihnen wichtig. Sie hält die Kosten gering und verbessert den Profit.

Die Weltbank spielt bei diesem Verdrängungswettbewerb mit. Sie stellte bereits im Jahr 2000 einen Betrag von 93,5 Millionen Dollar für den Bau von 130 Fütterungsanlagen und fünf Fleischfabriken in China bereit.

Diese Schweine bekommen nicht die bäuerliche Mischkost aus Küchenabfällen, Stroh und Kleie, wie im Dorf Puding. Hier bekommen sie genormtes Industriefutter, das überwiegend aus Mais, Weizen, Gerste, Raps und Soja besteht, alles Ackerfrüchte, die auch auf dem Markt für Lebensmittel gebraucht werden. So verändert der Übergang der Schweinemast vom Land in die Städte die Konkurrenzlage zwischen Mensch und Schwein. Beide hängen plötzlich am gleichen Tropf. Und jedes Schwein mehr am Trog bedeutet weniger Getreide für Brot. Damit dreht sich die Spirale der Abhängigkeit zwischen Fleischkonsum und

Lebensmittelversorgung ein Stück weiter. Das Nachsehen haben die, die sich nur Brot leisten können.

Die Konzentration der Fleischproduktion in Mastfabriken hat die Futterrationen weltweit vereinheitlicht. Während die Mastration von 1950 fast getreidefrei war, besteht sie heute überwiegend aus Mais, Weizen und Sojamehl. Insgesamt wurden im Jahr 2003 rund 670 Millionen Tonnen Getreide in der Fleischmast verfüttert, fast die Hälfte der gesamten Ernte. Der größte Teil landet in den Trögen von Schweinen und Hühnern in den Entwicklungsländern. Dort werden mittlerweile mehr Tiere gemästet als in den Fleischfabriken des Nordens.[11]

Auch bei der Fischzucht liegen die Entwicklungsländer vorn. Vor allem China zieht die größten Fänge aus dem Meer und mästet die meisten Fische in Teichen. Die Fische waren bisher noch frei von dem Verdacht, dem Menschen das Getreide wegzufressen, doch auch hier beginnt die Industrie sich auf Hochenergiefutter umzustellen und damit auf Getreide. Aber neben dieser sich anbahnenden Konkurrenz zeigt die Fischzucht auch noch andere Seiten, die sie für die Welternährung unbekömmlich werden lässt.

Fisch statt Fleisch

Der Fischfang auf dem Meer hat seinen Höhepunkt schon überschritten. Die Flotten fahren zwar mit immer neuerer Technik hochgerüstet auf Fang. Sie können weit vor den Fanggründen schon ausloten, wo und in welcher Tiefe es sich lohnen könnte, die Netze auszufahren. Doch immer häufiger kommen die Fischer mit leeren Netzen zurück und mit der Erkenntnis, dass dort, wo sie die Letzten einer Art weggefangen haben, auch kein Nachwuchs mehr ins Netz geht. Im Jahr 2006 waren etwa 75 Prozent der Fischbestände überfischt oder an der Grenze zum Aussterben.

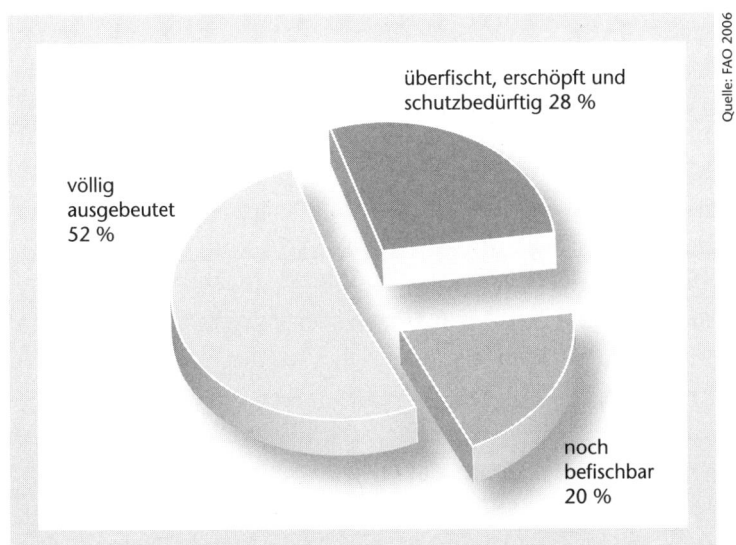

überfischt, erschöpft und
schutzbedürftig 28 %

Quelle: FAO 2006

völlig
ausgebeutet
52 %

noch
befischbar
20 %

Grafik 6.3: **Weltfischbestände 2006 nach Grad der Gefährdung**

Der Weltfischereibericht 2008 der FAO kommt zu dem Schluss, dass besonders von den Fischarten im Nordostatlantik, im westlichen Indischen Ozean und im Nordwestpazifik zu viel gefangen wird, sodass sie teilweise schon vor dem Aus stehen. Nur noch ein Viertel der Fischbestände vermehrt sich. Nur diese stehen also für die Fangschiffe ohne Einschränkung zur Verfügung. Allerdings sind unter ihnen nicht die Leib- und Magenfische der Industrienationen, sondern eher unbekannte Arten.

Der Klimawandel lässt die Fänge noch schneller schrumpfen. Entweder, weil es in gewohnten Fanggründen zu warm geworden ist, wie in der Nordsee für den Kabeljau, oder weil die Nahrungskette im Meer unterbrochen wurde und das Plankton für die Futterfische zu früh blüht oder ganz verschwindet. Auch das Klimaphänomen El Niño stört die Verlässlichkeit der Fänge. Der Meeresstrom ist in der Lage, die Sardinen vor Chile und Peru zu vertreiben und die Fänge von einem Jahr zum an-

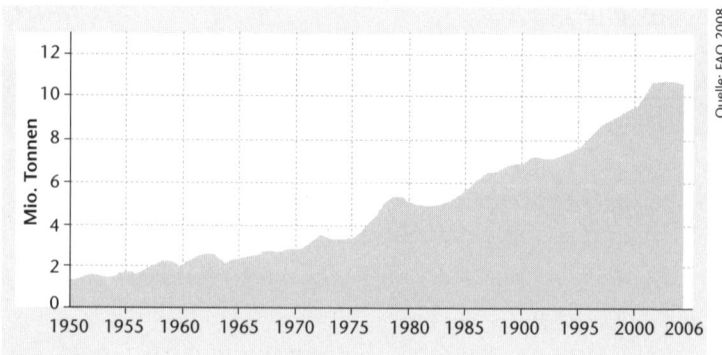

Quelle: FAO 2008

Grafik 6.4: **Entwicklung der Hochseefischerei von 1950 bis 2006**

deren von elf auf zwei Millionen Tonnen zu verringern. Die Fangstatistik der FAO zeigt, dass der Trend beim Wildfisch abwärtsgeht. Der Höhepunkt war schon um die Jahrtausendwende erreicht.

Hinzu kommt, dass auch der Wildfischfang in Küstennähe kritisch wird, weil die Abfallströme aus Industrie und Landwirtschaft die Fische zu vergiften drohen. Besonders in den Schwellenländern wird deshalb ein Fischgericht immer häufiger zum Gesundheitsrisiko. Aber auch bei uns warnt Greenpeace vor Quecksilber in Heilbutt, Thunfisch, Schwertfisch und Hai. Selbst der Aal steht auf der Liste der gefährlichen Fische, weil er immer mehr Industriechemikalien, wie bromierte Flammschutzmittel und polychlorierte Biphenyle (PCB) in seiner Fettschicht speichert.[12]

Fischzucht wird in Zukunft das ausgleichen müssen, was die Weltmeere nicht mehr hergeben. Der Zuchtfisch könnte auch eine Alternative zum Fleisch sein; er könnte helfen, den Eiweißbedarf vor allem in China und Südostasien zu decken, und damit für Entlastung auf den Getreidemärkten sorgen, die immer mehr von der Fleischproduktion in Anspruch genommen werden.

Aquakultur-Industrie

Die Zucht von Fisch hat viele Vorteile gegenüber den Fängen aus dem Meer. Zum einen ist sie nicht von den steigenden Treibstoffkosten abhängig, die in Zukunft jede neue Fangfahrt teurer machen werden. Sie hat weniger Verluste im Verhältnis zur Hochseefischerei, die ein Viertel ihres Fangs als unerwünschten Beifang wieder über Bord wirft. Und sie kann durch neue Zuchtfischarten die Kosten pro Kilo Fisch senken.

So wachsen Aquakulturen weltweit mit großem Tempo. Die FAO schätzt den Zuwachs auf jährlich neun Prozent seit 1970. Verglichen damit wächst die Fleischindustrie mit ca. drei Prozent eher moderat.

70 Prozent der Teichkulturen liegen in China. Das Reich der Mitte ist damit der weltgrößte Fischproduzent. Der liebste Fisch der Chinesen ist der Karpfen. Er frisst Gras und gehört zu den Vegetariern unter den Fischen, ist einfach zu halten, und stellt, ähnlich wie ein Hausschwein, keine großen Ansprüche an den Lebensraum.

Tabelle 6.1: Fischarten in Aquakultur, Wachstum 2002 bis 2004[13]

ARTEN	2002 (in Tonnen)	2004 (in Tonnen)	ZUWACHS (in %)
Karpfen und Artverwandte	16 673 000	18 803 000	4,8
Austern	4 332 000	4 604 000	3,1
Shrimps	1 496 000	2 476 000	28,7
Lachs	1 791 000	1 978 000	5,1
Muscheln	1 701 000	1 860 000	4,6
Tilapia und Artverwandte	1 483 000	1 823 000	10,9

Andere Arten, die auch in Gefangenschaft aufgezogen werden, stellen größere Ansprüche. Dazu gehören Austern, Muscheln, Forellen, Lachs, Tilapia und Shrimps. Aber es gibt auch Neuzugänge. Allein China meldete 15 Neulinge für Süßwasser und 13 für Meerwasser an, darunter Seegurken, Frösche und andere Amphibien.

Die Zuchtanlagen sind auf dem Land willkommen, denn sie bringen Arbeit in ländliche Gebiete, wo sonst keine Arbeit zu finden ist. So verdienen allein in Asien schon zehn Millionen Familien ihr Einkommen mit Fischmast. Aber die Mastanlagen sind nicht für alle und überall auf der Welt ein Gewinn. Für die Umwelt stellen sie eine wachsende Belastung dar. Sie strapazieren nicht nur das Wasser mit Fäkalien und Resten von Arznei- und Desinfektionsmitteln. Sie ziehen auch Parasiten an, die sich in den Zuchtfischgehegen massenhaft vermehren und von hier aus zur Gefahr werden für ihre Artgenossen in der freien Wildbahn. Das Beispiel hierfür ist der Lachs.

Risiko Aquakultur

Die Lachsfarmen liegen in ruhigen Meeresbuchten, etwas abseits vom großen Strom der Fischwelt. Was in ihren Netzkäfigen brodelt, sind gewaltige Mengen von mehreren tausend Tieren. Sie sind die ideale Beute für Parasiten. Einer davon ist die Lachslaus, ein fingernagelgroßer Räuber, der sich am liebsten über die Jungfische hermacht und ihnen gleich ganze Stücke aus der Haut herausbeißt. Fünf Läuse reichen aus, um einen Junglachs zu töten. Und mittlerweile richten diese Läuse einen Schaden an, der weit über die Farmen hinausgeht. Wenn die Netzkäfige durch Stürme aufgerissen werden, entschwindet ein Teil der Zuchtlachse ins offene Meer und mit ihnen auch die Parasiten. Diese greifen dann die wilden Lachse an und haben verheerenden Erfolg. Die kanadischen Biologen Jennifer Ford und Ransom Myers untersuchten fünf Meeresregionen und stellten fest, dass sich die Zahl der Wildlachse, deren Zugweg in der Nähe von Lachsfarmen vorbeiführte, um mehr als die Hälfte verringert hatte. Laut Berechnungen der kanadischen Biologen könnte der Schädling aus der Aquakultur die Bestände der Wildlachse weltweit halbieren und in den intensiven Lachsfarmregionen, wie in Norwegen, sogar ganz vernichten.[14]

Das Beispiel Lachslaus zeigt, mit welchen Risiken die Aquakulturen im Meer verbunden sind und dass der weitere Ausbau neue Risiken für die Ernährung mit sich bringt, weil er den noch fischbaren Bestand im Meer durch Krankheiten und Parasiten auslöschen kann. Das Risiko wächst, denn die Lachsmast im Meer soll weiter ausgedehnt werden, auch andere Seefische wie Dorade, Heilbutt, Dorsch und Kabeljau stehen auf dem Produktionsplan der Fischmastanlagen.

Auch beim Futter entwickelt sich die Fischmast zu einem Problemfall. Es besteht heute noch zum größten Teil aus Fischmehl. Mit wachsenden Fischmastanlagen weltweit steigt der Bedarf und damit auch der Anreiz für die Fangflotten, auf neue Fischgründe überzugehen und auf kleinere Fische und Krill. Das jedoch beschwört eine weitere Gefahr herauf. Die ohnehin bedrohten Wildfischarten, die von diesen Futterfischen leben, könnten ganz verschwinden, weil sie keine Nahrung mehr finden.

Eine Lösung könnte in der vegetarischen Fütterung liegen. Die Karpfen machen es vor, sie sind ja von Natur aus Vegetarier. Raubfische wie Lachs, Goldbrasse, Wolfsbarsch und Kabeljau haben es da schwerer. Aber auch sie lassen sich an vegetarische Kost gewöhnen. Erste Forschungen bestätigen, dass sich der Appetit dieser Räuber entschärfen lässt. Beim Lachs konnten drei Viertel des Fischmehls durch pflanzliche Rohstoffe wie Getreide ersetzt werden, beim Kabeljau immerhin die Hälfte, und dies bei gleichem Mastergebnis. Das aber heißt, dass sich auch die Mastfische zu Nahrungskonkurrenten um die Getreidevorräte der Welt entwickeln werden. Ganz besonders in Asien, wo die Zukunft des Zuchtfisches liegen wird.

Die Industrie scheint dieses Hindernis erkannt zu haben und arbeitet daran, es aus dem Weg zu räumen. Sie tüftelt an einem Fisch, der sein gesamtes Futter in Körpermasse umsetzt und keinen Abfall hinterlässt. Und glaubt man den Forschungen der Fischindustrie, dann soll es bald schon möglich sein, mit einer Menge von 800 Gramm Hochleistungsfutter 1000 Gramm Fisch zu produzieren.[15]

Allerdings, selbst wenn das Verhältnis 1 : 1 ist, ein Ausweiten der Fischzucht wird in jedem Fall eine zusätzliche Nachfrage nach Fischfutter bringen. Und wenn dies auf dem Acker erzeugt werden muss, dann spricht das nicht für eine Entspannung beim Wettkampf zwischen Trog und Teller.

Preise minus, Verbrauch plus

Die industriellen Mastmethoden haben die Preise für Fisch und Fleisch dramatisch gesenkt. So fiel der Index der Erzeugerpreise bei Zuchtlachs zwischen 1980 und 2005 von 196 auf 100 Punkte und hat sich damit fast halbiert.[16]

Allein zwischen 1990 und 2002 sank der Preis von Rind- und Schweinefleisch um rund 25 Prozent. Am tiefsten fiel jedoch der Hähnchenpreis, er sank fast um ein Drittel. Der Preissturz beim Fleisch fällt noch drastischer aus, wenn man nicht die absoluten, sondern die relativen Preise zum Maßstab nimmt, wie zum Beispiel die Arbeitszeit, die ein Arbeiter aufbringen muss, um ein Kilo Schweinefleisch zu kaufen. Sie betrug in Deutschland im Jahr 1979 im Schnitt 96 Minuten, im Jahr 2006 waren es nur noch 23 Minuten. Der relative Preis für Schweinefleisch ist also in 27 Jahren um mehr als drei Viertel gesunken.[17]

Eine solche Preisentwicklung zieht zwangsläufig die Kunden an und erst recht, wenn die Einkommen insgesamt steigen. So

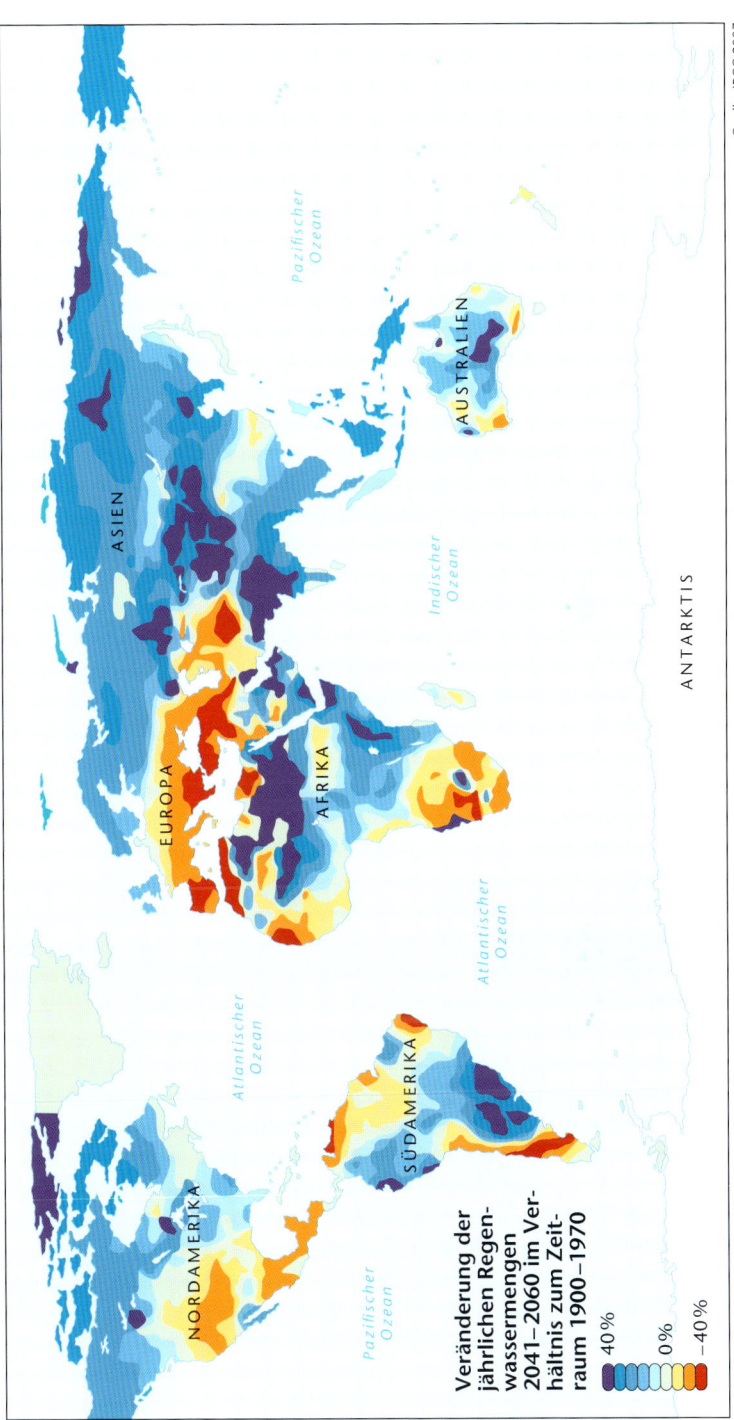

Veränderung der
jährlichen Regen-
wassermengen
2041–2060 im Ver-
hältnis zum Zeit-
raum 1900–1970

40%

0%

−40%

Quelle: IPCC 2007

Grafik 2.1: Entwicklung der jährlichen Regenwassermengen weltweit (zu Seite 40)

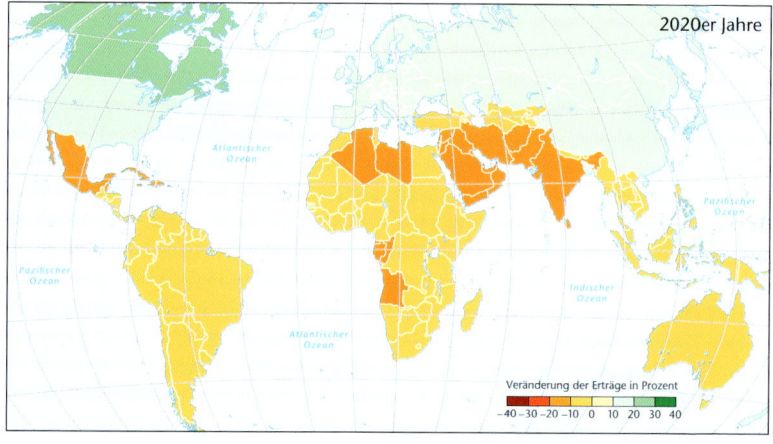

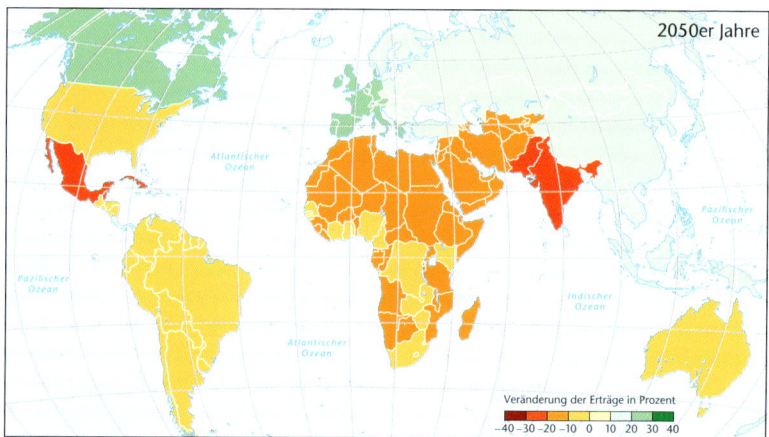

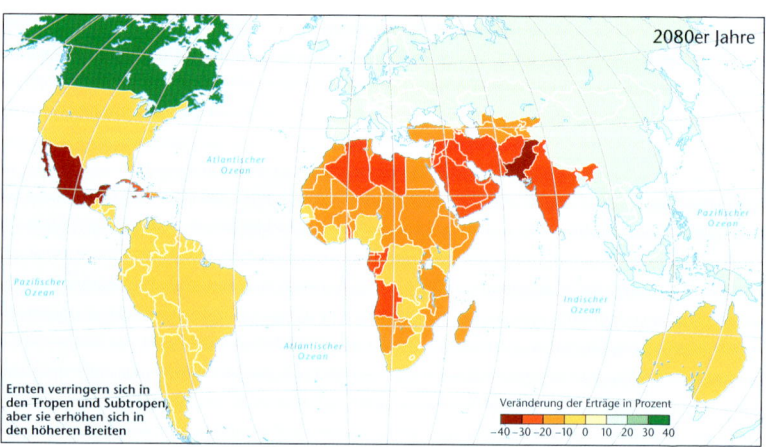

Ernten verringern sich in den Tropen und Subtropen, aber sie erhöhen sich in den höheren Breiten

Quelle: IPCC 2007

Grafik 2.2: Veränderung der Ernten im Klimawandel 2020–2080 weltweit (zu Seite 48)

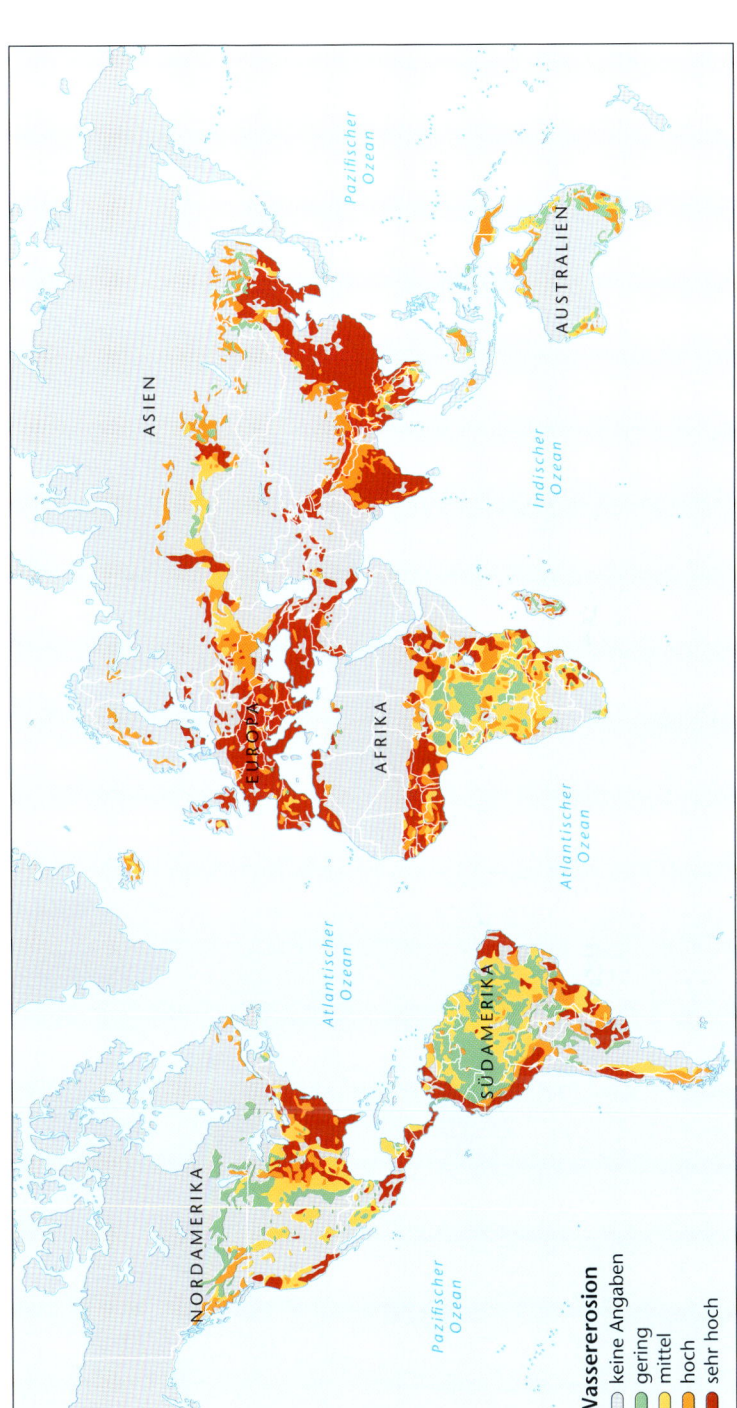

Wassererosion
- keine Angaben
- gering
- mittel
- hoch
- sehr hoch

Grafik 3.4: **Wassererosion, durch Menschen verursachtes Risiko weltweit (zu Seite 83)**

Quelle: Reich et al: *Global Dimensions of Vulnerability to Wind and Water Erosion*, USDA, Washington, DC, 1999

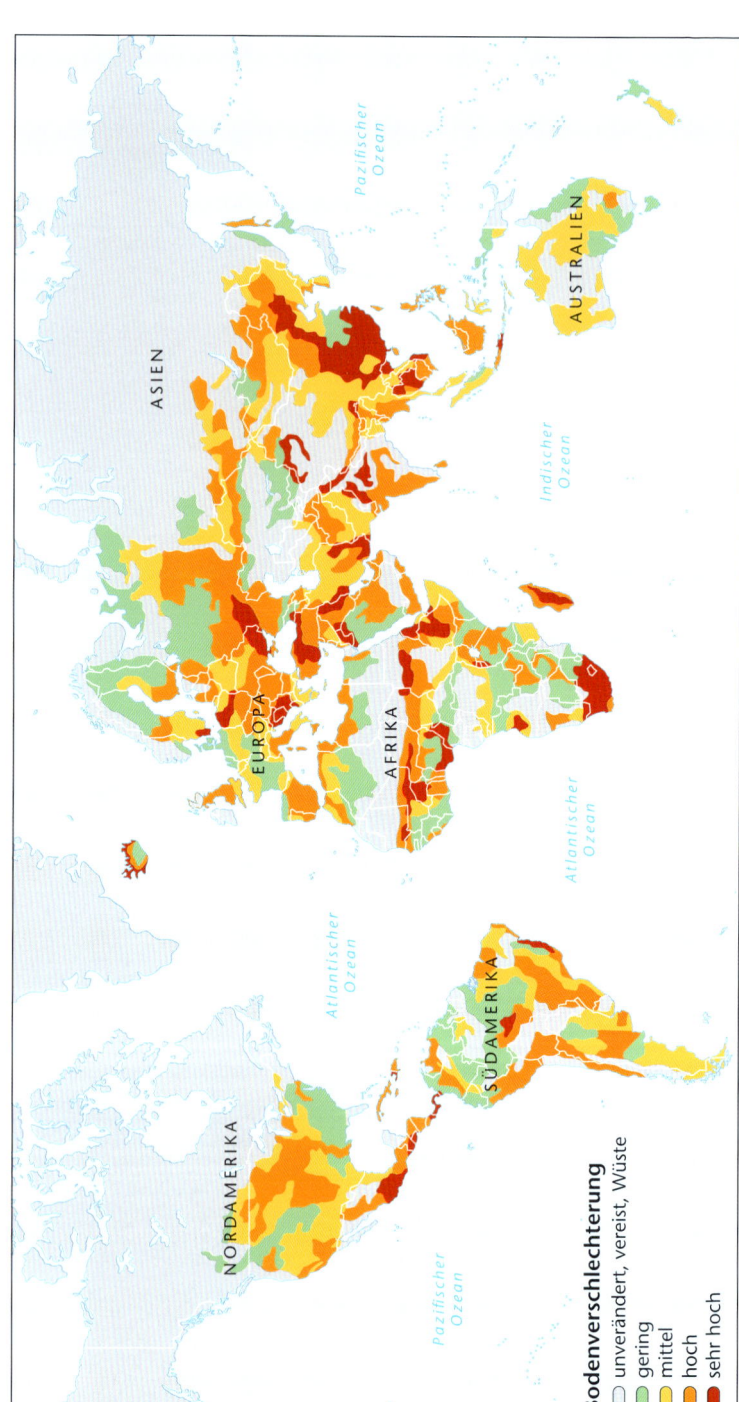

Bodenverschlechterung

- unverändert, vereist, Wüste
- gering
- mittel
- hoch
- sehr hoch

Grafik 3.5: **Bodenverschlechterung, durch Menschen verursacht, weltweit (zu Seite 99)**

Quelle: Global Assessment of Human-induced
Soil Degradation, UNEP 2007

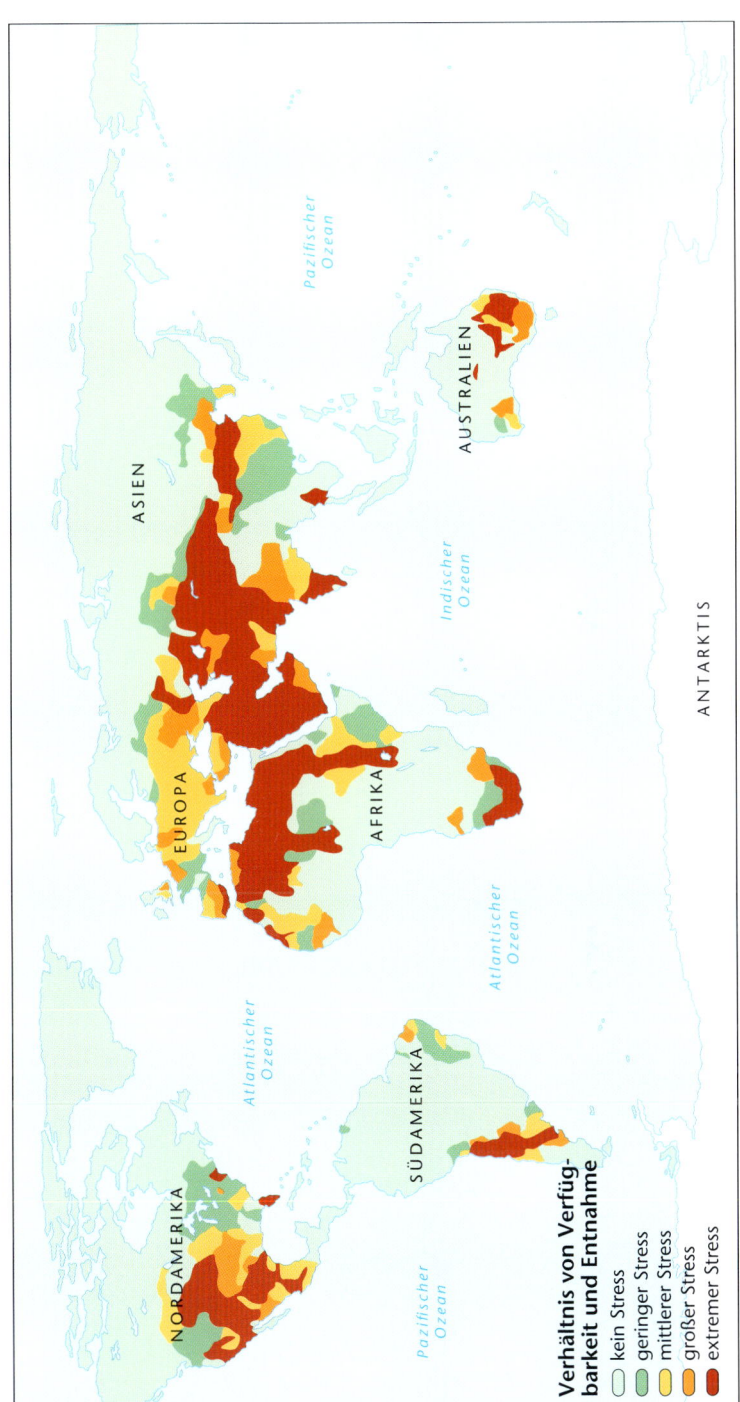

Grafik 4.2: Süßwasserstress-Indikator (zu Seite 106)

Quelle: WaterGAP 2.0, 1999

Verhältnis von Verfüg-
barkeit und Entnahme

- kein Stress
- geringer Stress
- mittlerer Stress
- großer Stress
- extremer Stress

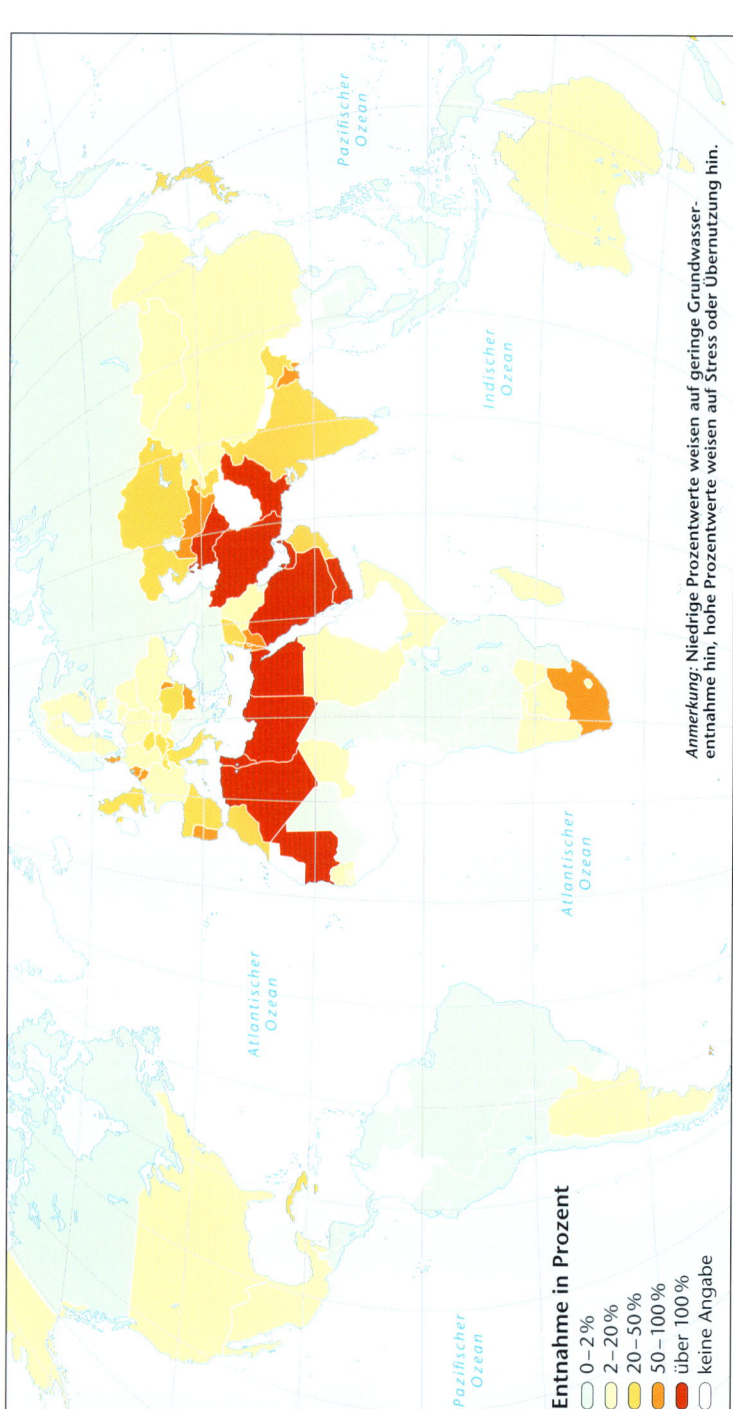

Entnahme in Prozent

- ⬭ 0 – 2 %
- ⬭ 2 – 20 %
- ⬭ 20 – 50 %
- ⬤ 50 – 100 %
- ⬤ über 100 %
- ⬭ keine Angabe

Anmerkung: Niedrige Prozentwerte weisen auf geringe Grundwasserentnahme hin, hohe Prozentwerte weisen auf Stress oder Übernutzung hin.

Grafik 4.3: Grundwasserentnahme im Verhältnis zur jährlichen Neubildung in Prozent (zu Seite 108)

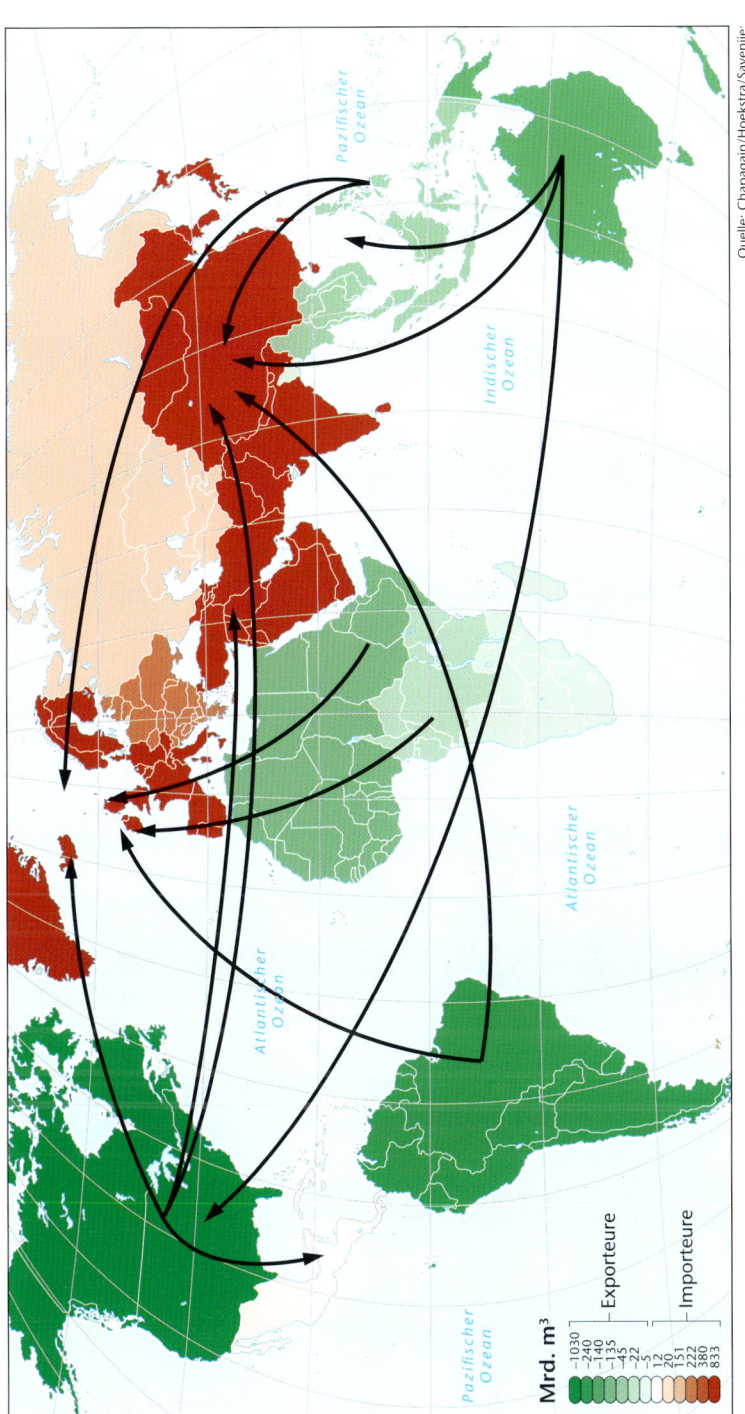

Quelle: Chapagain/Hoekstra/Savenije:
Saving Water through Global Trade, 2005

Grafik 4.5: Virtuelles Wasser, Nettoimporte weltweit in Mrd. m³ pro Jahr (zu Seite 125)

Pazifischer
Ozean

Indischer
Ozean

Atlantischer
Ozean

Atlantischer
Ozean

Pazifischer
Ozean

Mrd. m³

Exporteure

−1030
−240
−140
−135
−45
−22
−5
12
20
151
222
380
833

Importeure

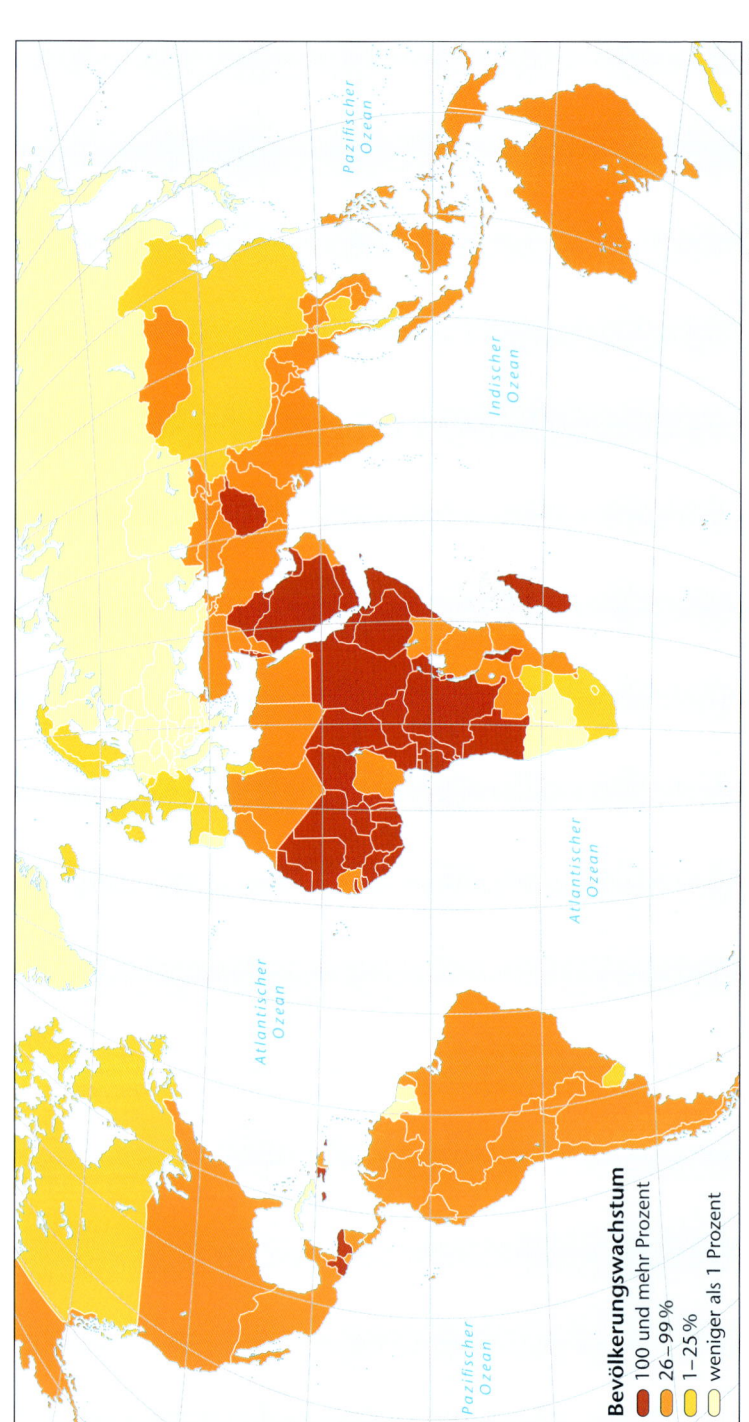

Quelle: UN-Bevölkerungsbüro 2005

Bevölkerungswachstum

- 100 und mehr Prozent
- 26–99 %
- 1–25 %
- weniger als 1 Prozent

Grafik 5.3: **Bevölkerungswachstum von 2005 bis 2050 nach Ländern in Prozent (zu Seite 140)**

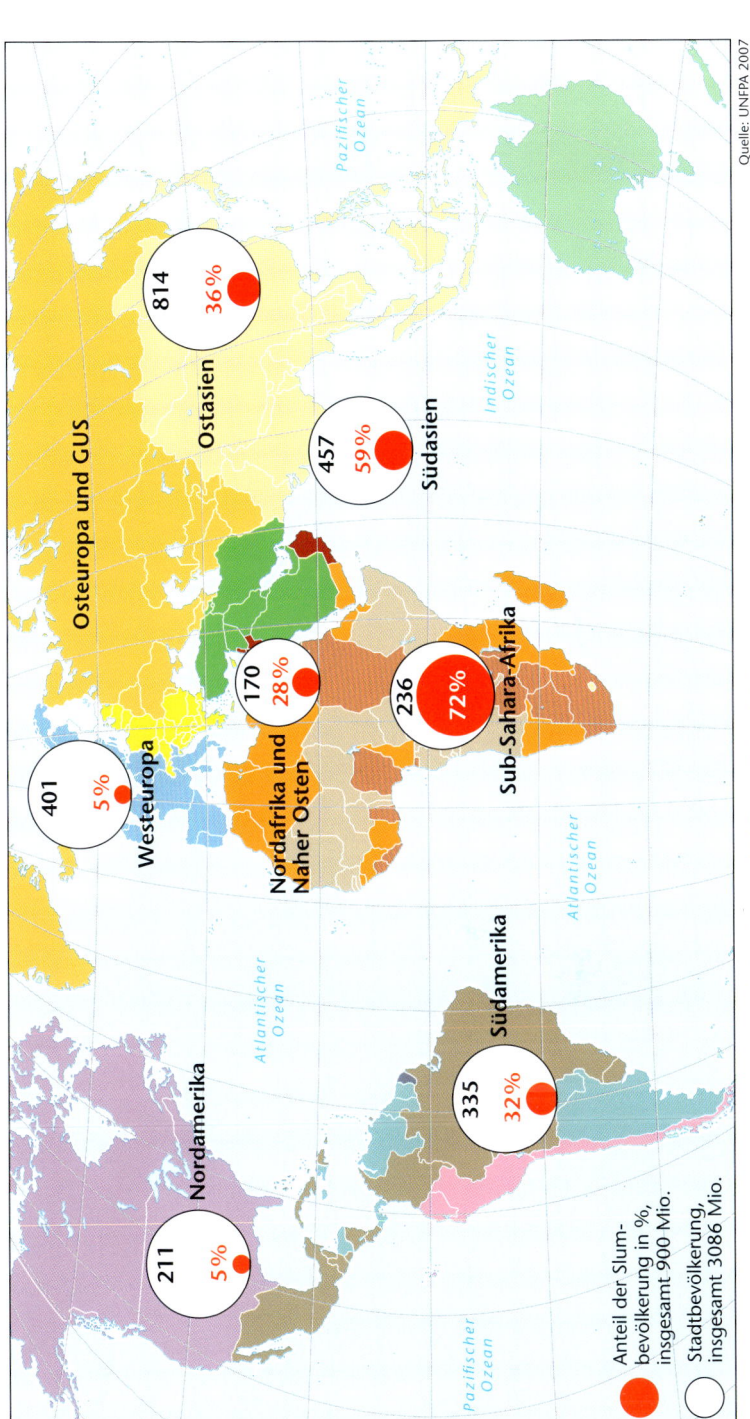

Grafik 7.3: Stadt- und Slumbevölkerung nach Regionen 2007 (zu Seite 194)

Osteuropa und GUS

Ostasien
814
36 %

Südasien
457
59 %

Westeuropa
401
5 %

Nordafrika und Naher Osten
170
28 %

Sub-Sahara-Afrika
236
72 %

Nordamerika
211
5 %

Südamerika
335
32 %

Pazifischer Ozean

Indischer Ozean

Atlantischer Ozean

Atlantischer Ozean

Pazifischer Ozean

Anteil der Slum-
bevölkerung in %,
insgesamt 900 Mio.

Stadtbevölkerung,
insgesamt 3086 Mio.

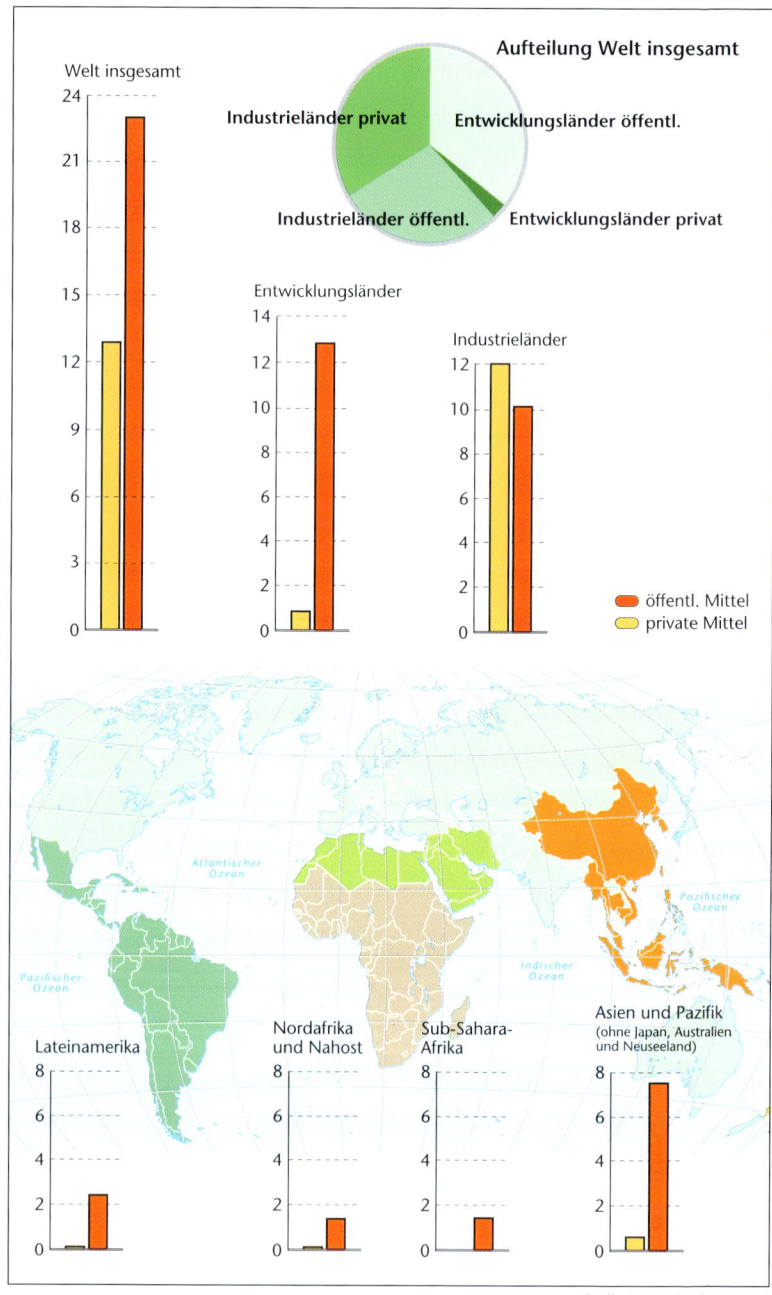

Grafik 12.3: Öffentliche und private Mittel für landwirtschaftliche Forschung nach ausgewählten Regionen im Jahr 2000 (Mrd. Dollar) (zu Seite 285)

Quelle: *International Assessment of Agricultural Knowledge,* Johannesburg 2008

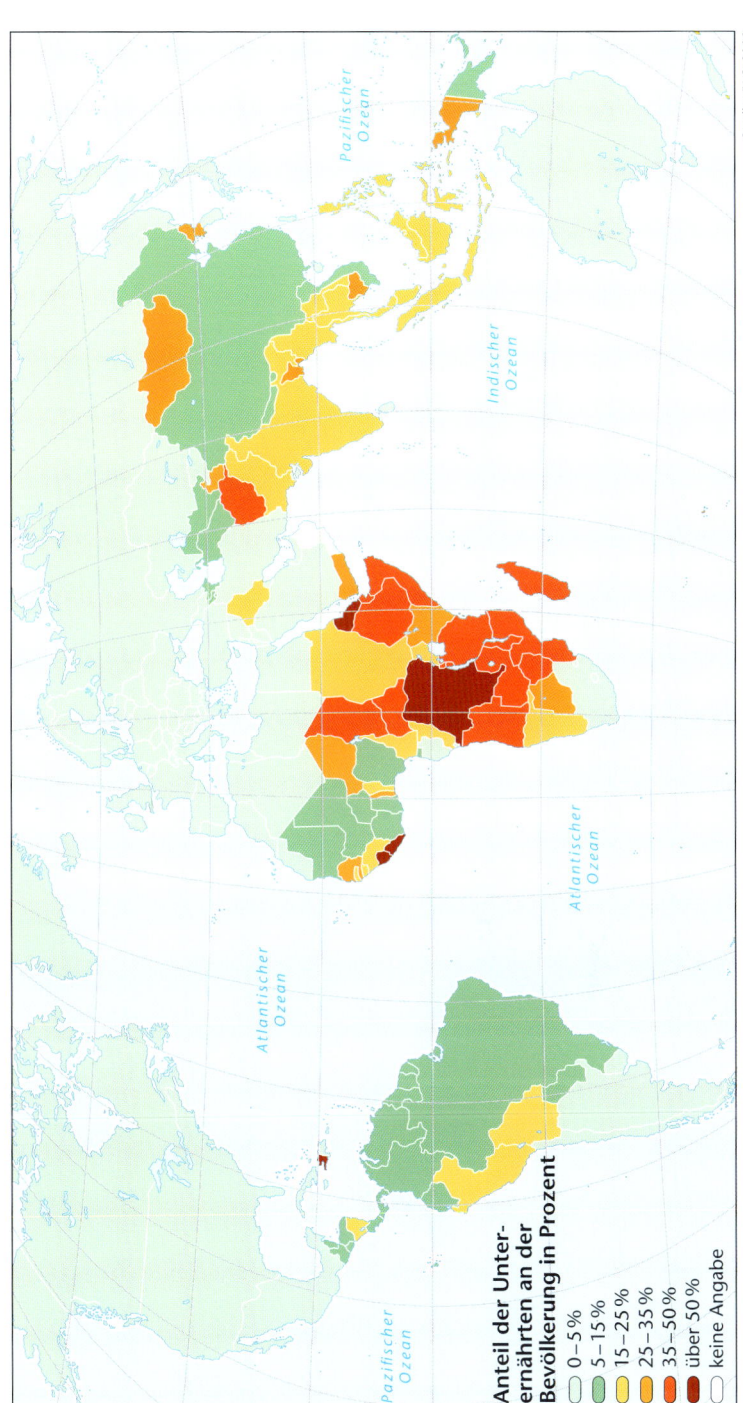

Anteil der Unter-
ernährten an der
Bevölkerung in Prozent

○ 0 – 5 %
○ 5 – 15 %
○ 15 – 25 %
○ 25 – 35 %
○ 35 – 50 %
○ über 50 %
○ keine Angabe

Grafik 14.1: Weltkarte des Hungers 2003/2005 (zu Seite 326)

Quelle: FAO 2009

Pazifischer Ozean

Indischer Ozean

Atlantischer Ozean

Atlantischer Ozean

Pazifischer Ozean

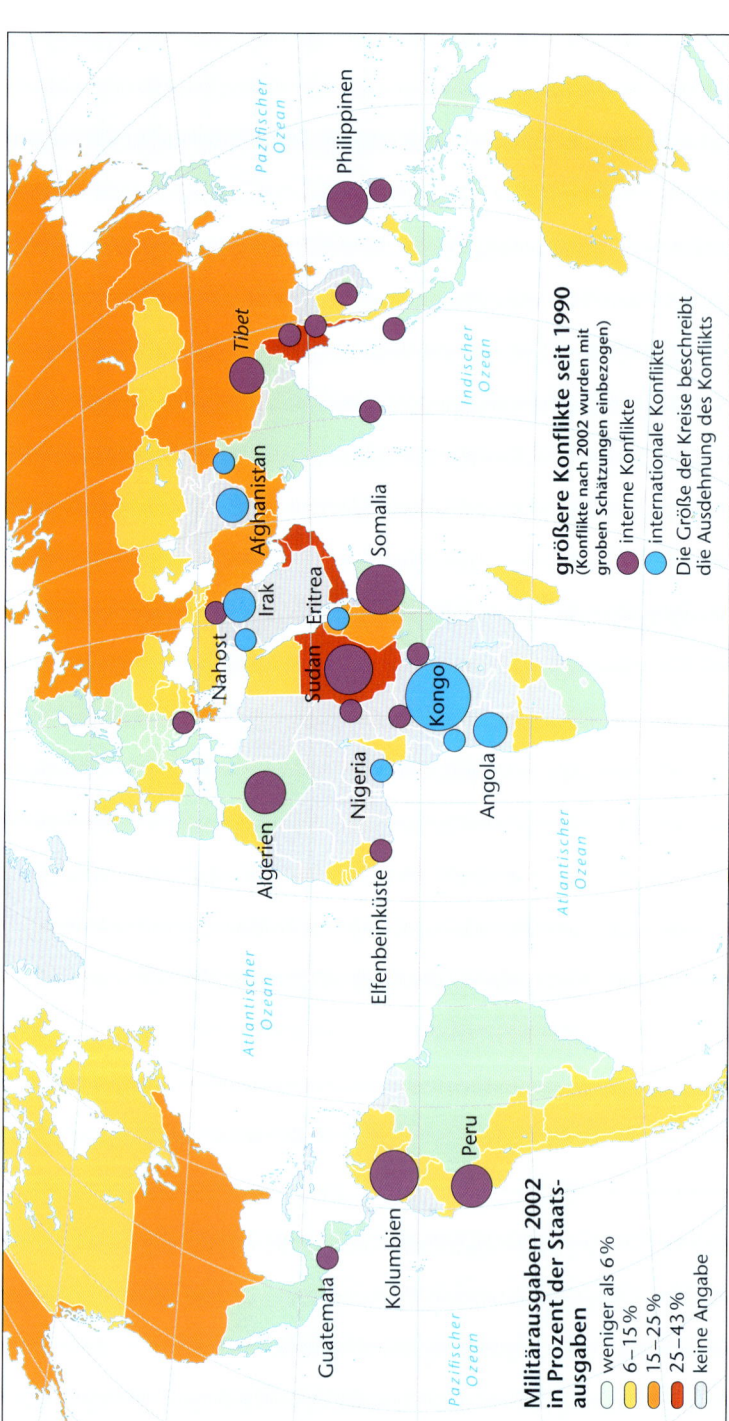

größere Konflikte seit 1990
(Konflikte nach 2002 wurden mit
groben Schätzungen einbezogen)

● interne Konflikte

● internationale Konflikte

Die Größe der Kreise beschreibt
die Ausdehnung des Konflikts

**Militärausgaben 2002
in Prozent der Staats-
ausgaben**

weniger als 6 %

6–15 %

15–25 %

25–43 %

keine Angabe

Philippinen

Tibet

Afghanistan

Irak

Nahost

Eritrea

Somalia

Sudan

Kongo

Nigeria

Angola

Algerien

Elfenbeinküste

Peru

Kolumbien

Guatemala

Pazifischer Ozean

Indischer Ozean

Atlantischer Ozean

Atlantischer Ozean

Pazifischer Ozean

Grafik 14.2: Weltkarte der Kriege und kriegerischen Konflikte seit 1990 (zu Seite 327)

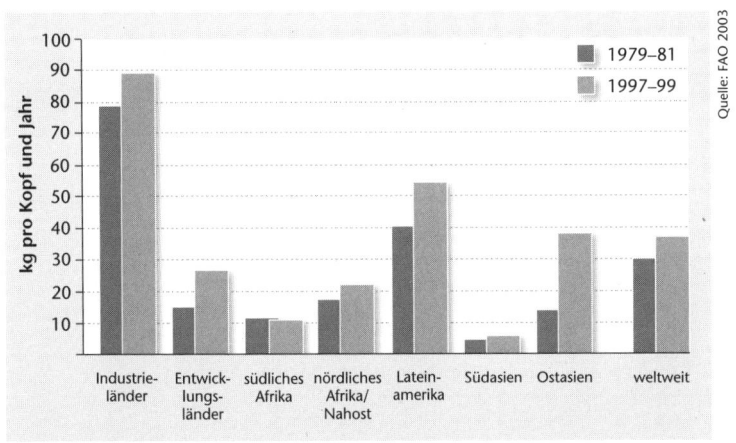

Legend:
■ 1979–81
■ 1997–99

y-axis: kg pro Kopf und Jahr (100, 90, 80, 70, 60, 50, 40, 30, 20, 10)

x-axis: Industrie-länder | Entwick-lungs-länder | südliches Afrika | nördliches Afrika/Nahost | Latein-amerika | Südasien | Ostasien | weltweit

Grafik 6.5: **Entwicklung des Fleischkonsums nach Regionen weltweit von 1979 bis 1999**

rechnet das deutsche Fleischerhandwerk vor, dass der Fleisch-verzehr pro Kopf in Deutschland von 26 Kilo im Jahr 1950 auf 60 Kilo im Jahr 2005 wuchs, also auf mehr als das Doppelte.[18]

Das deckt sich nicht ganz mit den Zahlen der FAO, die höher ausfallen, weil dort nicht das reine Fleisch, sondern auch noch Speck und Knochen eingerechnet sind, die die deutschen Metzger aus ihrer Statistik zuvor entfernt haben. In der FAO-Statistik kommen die Industriestaaten auf einen Gesamtver-zehr von 88 Kilo. Den Spitzenplatz nehmen im Weltvergleich die USA ein mit 130 kg Fleisch pro Kopf und Jahr.

Dieser Fleischrausch des Westens ist die Orientierungsmarke für den Osten, für die Schwellen- und Entwicklungsländer. Wo das Einkommen wächst, steigt auch der Fleischkonsum. Bei ei-ner Lohnsteigerung von einem Prozent rechnen die Ökono-men mit einem Plus von 0,6 Prozent beim Fleischverbrauch. Diese sogenannte Einkommenselastizität der Nachfrage wurde im Deutschland der 1960er Jahre ermittelt, als das sogenannte Wirtschaftswunder die Einkommen und den Fleischverbrauch steigen ließ.

Mehr Fleisch, mehr Fisch

Ähnliche Entwicklungen können heute in den Schwellenländern beobachtet werden. Mit steigenden Einkommen wächst auch dort der Fleischkonsum. Und bei dem relativ geringen Verzehr von nur 112 Gramm pro Tag und Person im Vergleich zu 224 Gramm in den Industrieländern lässt sich noch ein großes Wachstumspotenzial vermuten.

Tabelle 6.2: **Täglicher Fleischkonsum nach Regionen**[19]

	GRAMM PRO PERSON
Afrika	31
Ost- und Südasien	112
Westasien	54
Lateinamerika	147
Entwicklungsländer	47
Industrieländer	224
weltweit	101

Anmerkung: Ein normaler Hamburger enthält 80 bis 100 Gramm Fleisch.

Sowohl der Fleisch- als auch der Fischverzehr werden in Zukunft steigen, in absoluten Mengen wie auch pro Kopf. Bis 2030 rechnet die FAO bei Fisch mit einem Zuwachs von derzeit circa 17 Kilo auf 23 Kilo pro Kopf und Jahr. Der Fleischkonsum soll in der gleichen Zeit von etwa 25 Kilo auf 45 Kilo pro Kopf und Jahr wachsen, der größte Teil davon wird Hühner- und Schweinefleisch sein. Um diese Mengen zu produzieren, werden die Rinderherden um 390 Millionen Tiere, die Schaf- und Ziegenherden um 560 Millionen und die Schweinebestände um 190 Millionen Tiere aufgestockt werden müssen. Die Fisch-

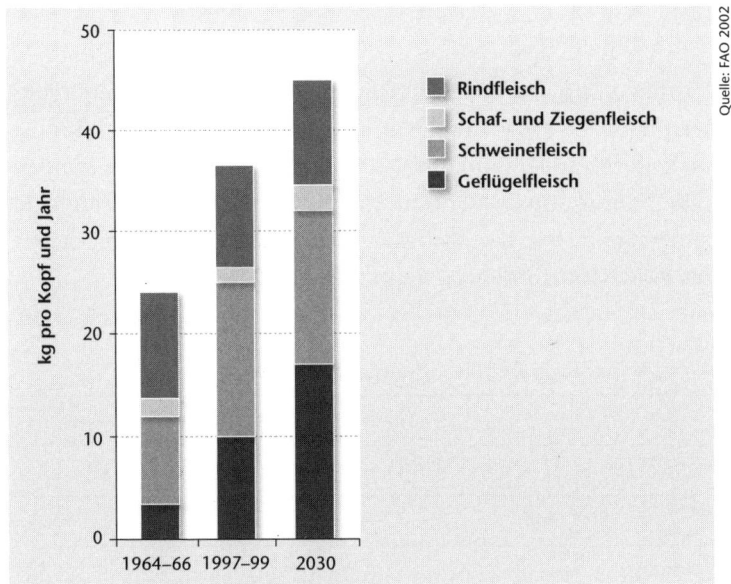

Quelle: FAO 2002

Rindfleisch
Schaf- und Ziegenfleisch
Schweinefleisch
Geflügelfleisch

kg pro Kopf und Jahr

1964–66   1997–99   2030

Grafik 6.6: **Fleischkonsum nach Tierarten 1964 bis 2030**

mast müsste bis 2030 auf mehr als das Doppelte wachsen und eine Menge von 100 Millionen Tonnen Mastfisch produzieren. Bisher sind es nur runde 45 Millionen.

Dieser wachsende Fleischkonsum wirft zwei Fragen auf. In welchem Umfang wird er die kleinbäuerlichen Existenzen schwächen? Und können die Mengen an Futter beschafft werden, ohne die Konkurrenz zwischen Trog und Teller anzuheizen?

Pleitewelle durch Industriefleisch

Nichts spricht dafür, dass sich der gegenwärtige Trend zu industrieller Mast umkehren könnte. Wenn er weiter bestehen bleibt, dann wird die Fleischmast immer weniger Sache der Bauernhöfe sein und immer stärker in die Hände einer kapitalkräftigen Fleischindustrie wandern. Dies wird nach den Schätzungen der FAO 675 Millionen Menschen treffen, die heute von der Tierzucht leben, kein Kapital besitzen und auch keine Kredite bekommen würden, um Turbotiere, Getreidesilos und Mastfabriken zu bauen. Diese 675 Millionen Bauern werden dem Preisdruck der Massenproduktion nicht standhalten können. Sie werden in Zukunft für ihr Fleisch keine Absatzmärkte mehr finden, weil ihre Kosten weit über denen des Industriefleischs bleiben werden. Ihnen droht der Absturz ins Elend.[20]

Das aber betrifft nicht nur ihr persönliches Schicksal, es betrifft auch die Entwicklungskraft ganzer Regionen. Mit dem Bankrott der kleinen Viehhalter fehlen die Grundlagen für einen Neuanfang. In der Konsequenz kann das gesamte landwirtschaftliche Potenzial einer Region verloren gehen. Betroffen sind vor allem die Prärien, Savannen, Pampas und Bergregionen in den Entwicklungs- und Schwellenländern, warnt die FAO in ihrer Prognose über die Weltlandwirtschaft in 2030.

Was es heißt, von den Preisen der industriellen Fleischfabriken in die Knie gezwungen zu werden, haben die Hühnerhalter in Kamerun schon erlebt. Sie wurden Opfer einer Exportstrategie von Mastkonzernen, die sich zum Ziel gesetzt hatten, den unverkäuflichen Teil ihrer Produktion, also ihren »Geflügelmüll«, nach Afrika zu verschiffen. Er sollte dort abgesetzt werden, wo die Regierungen am schwächsten auf ihren Angriff reagieren konnten. Sie hatten sich Kamerun ausgesucht und dort mit Dumpingpreisen die Hühnerhalter in den Ruin getrieben und mit ihnen die Bauern, die vom Hühnerfutteranbau leben. Später wurde errechnet, dass jede Tonne Geflügelfleisch, die ins Land gebracht worden war, fünf Arbeitsplätze gekostet hat, insgesamt 110 000 Existenzen in der Landwirtschaft Kameruns. Und das in einem Land, das auf seine Landwirtschaft angewiesen ist, um die wachsende Bevölkerung in Zukunft zu versorgen. Dieser Skandal ist hier nur angerissen, seine Folgen werden wir im nächsten Kapitel untersuchen, wenn es um die Ursachen von Landflucht und von neuen Millionenstädten in der Dritten Welt geht.[21]

Das große Rätsel

Die wachsende Nachfrage nach Fleisch könnte den Bedarf an Futtergetreide auf eine Milliarde Tonnen bis 2030 steigen lassen. Wo allerdings die zusätzlichen 330 Millionen Tonnen Getreide wachsen können und ob die Steigerung überhaupt zustande kommen muss, darüber zerbrechen sich die Experten noch die Köpfe. Zur Lösung stehen für die Strategen der FAO drei Wege offen. Der eine heißt: mehr produzieren auf den bestehenden Flächen. Der zweite Weg könnte darin liegen, neue Flächen zu gewinnen, und die dritte mögliche Lösung läge in der regelnden Funktion des Weltmarktes.

Die Lösung, mehr Getreide auf gleicher Fläche wachsen zu lassen, um den Bedarf zu decken, hält die FAO für die aussichtsreichste. Die Erntemengen bei Getreide, Sojabohnen und Raps seien noch nicht ausgeschöpft. Mit neuen Maissorten könnte in Asien wesentlich mehr geerntet werden als bisher, lediglich bei Soja wird es knapp. Hier müssten die Züchter mit neuen Hochleistungspflanzen nachlegen, doch das könnte länger dauern, als die Nachfrage warten kann. Wie viele Tonnen Futtergetreide durch diese Anstrengungen hinzugewonnen werden könnten, bleibt jedoch offen.

Die zweite Lösung für das Riesenloch im Futtersack der Welt könnte in der Fläche liegen. Notwendig sind, nach FAO-Rechnungen, insgesamt 20 Prozent zusätzliches Ackerland. Grundsätzlich wäre das möglich, denn von allen Flächen, die als Ackerland infrage kommen, wird zurzeit nur ein Drittel unter den Pflug genommen. Zwei Drittel stünden also noch zur Verfügung, rein theoretisch. Bei genauerem Hinsehen zeigt sich jedoch, dass die bisher ungenutzten Flächen zweiter Wahl sind. Sie sind nur eingeschränkt für den Getreideanbau geeignet, weil es an Wasser und Bodenfruchtbarkeit fehlt oder weil sie durch Salz, Staunässe, Versauerung, Vergiftung oder Bodenschädlinge belastet sind. Hinzu kommt, dass die Flächenreserven, von denen die FAO ausgeht, überwiegend nicht in Asien liegen, wo sie gebraucht werden, sondern in Südamerika und Afrika.[22]

Der Wandel des Weltklimas wird die Bodenfrage noch weiter verschärfen, weil eine zunehmende Verwüstung weitere Teile der fruchtbaren Ackerflächen entwerten wird. Dort fehlt dann das Wasser, um noch mehr Getreide anzubauen.

Die letzte Alternative, um die Futterlücke zu stopfen, wäre der Weg über den Weltmarkt. Doch der verspricht beim näheren Hinsehen auch keine Lösung. Denn wenn dort die Nachfrage steigt, steigen auch die Preise, und das würde gerade jene Länder besonders hart treffen, die nicht genügend Getreide für die eigene Bevölkerung produzieren können und keine Devisenquellen besitzen. Insgesamt sind dies die 82 bereits erwähnten Staaten, die von der FAO unter dem Begriff »Low-Income Food-Deficit Countries« (LIFDC) geführt werden und die schon heute hoch verschuldet sind. Durch Preissteigerungen würden sie noch tiefer in den Abgrund getrieben.

Damit wird es mehr als zweifelhaft, ob die zusätzliche Menge von mehr als 300 Millionen Tonnen Futtergetreide überhaupt bis 2030 zusammenkommen kann, um den wachsenden Fleischhunger der Welt zu befriedigen.

Wenn diese riesige Menge Getreide nicht geerntet wird, dann könnte es erneut zu einer explosiven Knappheit zwischen Trog und Teller kommen, so wie in den Jahren 2007/2008. Die Aufstände damals haben gezeigt, dass es bei einer Welternährungskrise um mehr geht als um die Sicherheit der Ernährung. Es geht auch um die politische Stabilität.[23]

7. Landflucht – die Zukunft heißt Stadt

Die erste große Welle der Landflucht fand in den heutigen Industrienationen im 19. Jahrhundert statt. Heute stehen nun die Entwicklungsländer an der Schwelle, die von der Agrar- in eine städtische Gesellschaft führt. Die Flucht vom Land beschert den Städten der Dritten Welt einen Strom von Flüchtlingen, der von der Hoffnung auf ein besseres Leben getrieben wird, dessen Erwartungen aber immer weniger erfüllt werden können. Denn am Ende der Flucht warten keine Städte mehr, die Arbeit und Infrastruktur bieten könnten. Sie sind nur noch Überflutungsgebiete für Menschen, für Landflüchtige, die von wirtschaftlichen Zwängen, sozialer Diskriminierung und von Überbevölkerung aus ihrer Heimat vertrieben werden. Zum Beispiel im Osten Ugandas, dort, wo der erste Blick keinen Mangel erkennen lässt.

Vertrieben aus dem Paradies

Wer dort die Straße wählt, die sich an den Hängen des ehemaligen Vulkans Mount Elgon entlang in die Höhe zieht, der fährt durch fruchtbares Land. Hier wuchern Bananenstauden über die Straße, Gemüsegärten säumen den Weg, und Kaffeesträucher biegen sich unter der Last der roten Kaffeekirschen. Hier ist jeder Flecken ein Feld und jeder Wegrain eine Kuhweide. Fast am Ende der Straße erreicht man das Dorf Namachere, dessen Häuser locker über den Hang verteilt liegen. Die Hänge des Mount Elgon sind Teil eines gesegnetes Landes, aber für die, die sich davon ernähren, sind die Teile mittlerweile zu klein geworden. Früher konnte eine zehnköpfige Familie hier gut vom Land leben, erklärt der Dorfälteste seiner Besucherin aus Deutschland, der *Zeit*-Reporterin Corinna Arndt. Doch heute reiche das Land nicht mehr für die Ernährung der Familien aus. Der Grund liegt im Erbrecht. Im Land herrscht Realteilung, der Boden der Eltern wird unter den Söhnen aufgeteilt, und die teilen es wieder unter ihren Söhnen und so weiter. Heute sind die Höfe zu klein und die Böden zu gestresst, um davon noch eine Familie zu ernähren, erklärt er die Lage und fügt achselzuckend hinzu. »Die Jungen ziehen weg. Sie gehen in die Stadt, wo sie auf ein besseres Auskommen hoffen.«

In den Ländern südlich der Sahara gehört Landflucht zum Alltag der Dörfer. Hier entwickelt sich die Bevölkerung schneller als die Möglichkeiten, sie zu ernähren. Die Jungen ziehen in die Slums am Rande der Städte oder nur noch an den Rand der wuchernden Slums. Uganda gehört zu den kinderreichsten Ländern der Welt. Zehn Kinder sind keine Seltenheit, und weil fast alle davon bis in ihr Erwachsenenalter überleben, steigt der Druck in den Dörfern, und die Jugend zieht fort.[1]

Ein ganz anderer Druck hält die Landflucht in Indien in Gang. Hier sind es die Mitglieder der unteren Kasten, die versuchen, ihren Dorfgemeinschaften zu entkommen, wo sie unterdrückt und verachtet werden. Viele flüchten mit der Hoffnung, für ihre Kinder ein besseres Leben zu finden, eine Ausbildung, einen Schulabschluss, der ihnen den Weg aus der Armut ermöglichen könnte.

Und dann sind da noch die Opfer der Globalisierung, die Haus und Hof verloren haben und so von ihrem Land vertrieben werden. Wie die Politik des freien Welthandels die Landflucht vorantreibt, zeigt das Beispiel Westafrikas.

»Keine Chicken schicken«

Hähnchenschenkel türmen sich in der Mittagshitze auf durchgeweichten Holzbrettern auf dem Markt von Jaunde, der Hauptstadt Kameruns. Der Stand ist belagert, die Hausfrauen greifen zu: Geflügelfleisch für die ganze Familie. In Kamerun gehört es mittlerweile zu den preiswerten Spezialitäten. Die Verkäufer schütten die Schenkel aus Kisten mit dem Absender Europa. Als Tiefkühlfleisch ist es im Container angekommen. 20 Tonnen Schenkel und Flügel, direkt aus europäischen Schlachtereien, die sonst auf den Hühnerteilen sitzengeblieben wären. In Europa zählt nur die Hähnchenbrust, der Rest wäre eigentlich Abfall, gäbe es nicht eine lukrative Verwertung in den ärmeren Teilen der Welt. Zum Beispiel in Westafrika.

Seit 1996 bringen immer mehr Kühlwagen und -schiffe die Geflügelkisten aus Europa auf den afrikanischen Kontinent. 1996 machten die Ausfuhren der europäischen Hühnerindustrie nach Afrika nur 48 000 Tonnen aus. In 2004 waren es rund 200 000 Tonnen. Allein in Kamerun stieg die importierte Menge Geflügel-Schlachtabfall aus Europa von 900 auf 22 000 Tonnen. Verkauft wird sie dort für einen Dumpingpreis von 75 Cent das Kilo. Da kann kein Kleinbauer in Kamerun mithalten. Auch die Bäuerin Margaret Nkume nicht.

Sie hatte 1995 ihre Zukunft auf eine Hühnerfarm gebaut. Dafür hatte sie einen Kleinkredit aufgenommen, umgerechnet etwa 100 Euro. Damit konnte sie damals noch 100 Hühner aufziehen, und wenn sie die dann auf dem Markt verkaufte, erhielt sie dafür mehr als 200 Euro. Das war ein Geschäft, von dem sie leben und ihre Kinder zur Schule schicken konnte. Dann aber kamen die Tiefkühlkisten aus Europa, und dem Schrottpreis für den Inhalt konnte sie nichts entgegensetzen, denn ihre Kosten für Küken, Futter und den Kleinkredit lagen bei mindestens 1,50 Euro. Für 75 Cent konnte sie keine Hühner mästen. Sie musste aufgeben. Die Haushaltskasse ist seither leer, für die Kinder gibt es kein Schulgeld mehr. Für die Familie keine Sicherheit. Sie hofft auf den politischen Einfluss ihres Verbandes, der zumindest eines schon erreicht hat: Die Importmenge für Gefriergeflügel wird begrenzt.[2]

»Keine Chicken schicken!«, so heißt eine Aktion des Evangelischen Entwicklungsdienstes Deutschland, der den westafrikanischen Bauern wieder Luft schaffen will. Die Kampagne soll der europäischen Öffentlichkeit vor Augen führen, welche Folgen der ruinöse Agrarhandel hat und dass Europa seine Politik ändern muss, damit die Dumping-Geflügelexporte ein Ende finden. Doch die Statthalter von Weltbank und europäischen Handelsinteressen in Afrika zeigen sich ungerührt.

Im Nachbarstaat Ghana kam es 2003 sogar zur politischen Erpressung der Regierung durch die internationalen Geldgeber. Die hatten die Verlängerung eines Entwicklungskredits daran geknüpft, dass die Hähnchenteile aus Europa und Amerika das Land weiterhin ungehindert überschwemmen durften. Das Parlament von Ghana hatte zwar per Gesetz den Handel mit dem Dumpinggeflügel einschränken wollen, doch auf Druck von außen setzte die Regierung das Gesetz wieder außer Kraft.[3]

Mittlerweile ist der Selbstversorgungsgrad mit Geflügel in Ghana von 95 auf fünf Prozent gefallen. Die Pleitewelle trifft besonders die, die den Versuch unternommen haben, sich aus eigener Kraft aus dem wirtschaftlichen Abseits zu befreien. Sie gehören zu den Ersten, die die Landwirtschaft aufgeben und ihr Glück in den Städten suchen.

»Wer glaubt, billige Fleischreste seien eine Lösung für hohe Lebensmittelpreise und Hunger in Afrika, verkennt, dass dort in den meisten Ländern 70 Prozent der Menschen von der Landwirtschaft leben«, kritisiert Francisco Mari, Agrarexperte im Evangelischen Entwicklungsdienst, die Fleischexporte Europas. Und warnt davor, dass die Billigimporte den Jugendlichen auf dem Land nur einen Ausweg lassen, den Weg in die Stadt, wo sie im Lumpenproletariat enden.[4]

Wer die Scholle verlässt, gibt nicht nur die Möglichkeit auf, sich selbst zu ernähren, sondern wird in den Städten auch die Zahl derer vermehren, die auf Nahrungsmittelimporte angewiesen sind. Diese Zahl steigt zurzeit dramatisch an.

Die neue Landflucht

In der Landflucht, die sich in den Entwicklungsländern abspielt, setzt sich kein historischer Trend fort, so wie wir ihn während der Industrialisierung im 19. Jahrhundert in Europa kennengelernt haben. Die Landflucht in Afrika, Asien und Südamerika hat ein anderes Gesicht und andere Folgen. Gemeinsam ist beiden nur, dass es eine Flucht aus unhaltbaren Zuständen auf dem Lande ist, der Versuch, Armut, Hunger und Krankheit zu entgehen. Dies hatte im Europa des 19. Jahrhunderts Hunderttausende angetrieben, den Weg in die wachsenden Industriezentren anzutreten. Sie fanden Arbeit größtenteils in der aufstrebenden Kohle- und Stahlindustrie, zunächst allerdings unter verheerenden Umständen, wie die Geschichten von Charles Dickens überliefert haben. Erst später, gegen Ende des 19. Jahrhunderts, besserten sich die Verhältnisse unter dem Druck sozialer Unruhen.

Die Landflüchtlinge ließen die Städte aus den Nähten platzen. Aber das Gemeinwesen funktionierte. Es gab eine Planung und Verwaltung, die für Wohnungen, soziale Sicherheit, Ausbildung für die Kinder und später sogar für eine Alterssicherung sorgte. All das konnte nur entstehen, weil es viel Arbeit in den neu entstandenen Industrien gab.

Genau das unterscheidet die alte von der neuen Landflucht im 21. Jahrhundert. Die führt nicht mehr in pulsierende Städte, sondern in ein Meer von Holz- und Wellblechbehausungen, in Plastikplanen- und Pappkartonsiedlungen, in denen alles fehlt, eine politische Führung ebenso wie eine tatkräftige Verwaltung, aber ganz besonders fehlt es an Arbeit. Die Fluchtburgen der Landbevölkerung in der Dritten Welt besitzen keine großen Industrien, sie sind keine Dienstleistungszentren im globalen Markt. Sie sind nur eine auseinanderquellende Siedlungsmasse, ohne Form und Struktur. Sie sind finanziell nicht auf die Ströme der Landflüchtlinge eingerichtet, sie können ihnen weder Wohnungen noch Straßen, noch Wasser, Müllabfuhr und Krankenhäuser bieten und erst recht keinen Plan für eine Stadtentwicklung. Die Flucht aus der Armut ländlicher Regionen endet in der Armseligkeit der Slums, wie das Beispiel der Megastadt Mumbai zeigt.[5]

Dharavi, der größte Slum Asiens

Fast eine Million Menschen leben in Dharavi, dem größten Slum Asiens. Er liegt mitten in Mumbai, der fünftgrößten Stadt der Welt, und machte zuletzt Schlagzeilen als Schauplatz des preisgekrönten Films *Slumdog Millionaire*. Überall Abfall auf den Straßen und Wegen, Pfützen mit fauligem Wasser, der Gestank von Fäkalien und brennendem Müll in der Luft. Hütten aus Plastik, Pappe und Wellblech, so weit das Auge reicht, dazwischen glitschige Pfade und offene Gräben, in denen das trübe Abwasser eine graue Schaumkrone trägt. Kabel krallen sich in die städtischen Stromleitungen. Sie ersetzen den offiziellen Stromanschluss, die Versorgung ist illegal. Das ist das Profil der »Schattenstadt« Dharavi. Sie wächst schneller als die anderen Slums der 18-Millionen-Metropole Mumbai.

Dharavi ist der größte Slum in Indien. Jeden Tag kommen einige tausend Flüchtlinge aus dem Hinterland dazu. Sie stammen häufig aus den untersten Kasten der Unberührbaren vom Land, wo trotz anderer Gesetze die Diskriminierung immer noch zum Alltag gehört. Dort dürfen sie die öffentlichen Brunnen nicht benutzen und müssen niedrigen Tätigkeiten nachgehen, wie Latrinen putzen oder Straßen fegen. Hier ist das anders, und dafür nehmen sie auch in Kauf, dass die Gassen von Dharavi eng sind. Für sie bedeuten sie die Freiheit.

Für viele, die keine Hütte bauen können, weil ihnen das Geld fehlt und kein Platz mehr frei ist, bleibt nur noch die Straße. Eine Zeitung oder eine Plastikplane über dem Kopf, das ist alles, was sie haben. Überall, auf jedem Grünstreifen, jedem Gehweg, selbst auf den Verkehrsinseln lassen sich sogenannte »Pavement-dwellers« nieder, »Gehwegbewohner«. Doch der Weg ist nicht ihrer, also werden sie in regelmäßigen Abständen von der Stadtverwaltung verjagt und müssen sich ein neues Obdach suchen.[6]

Ein Drittel der Bevölkerung vom Mumbai, mehr als sechs Millionen Menschen, lebt in solchen Slums. Und ihre Zahl wird weiter steigen. Nach Berechnungen der Vereinten Nationen wird die Megacity, die heute noch auf Platz fünf unter den größten Städten der Welt steht, in zwanzig Jahren Platz zwei in der Weltrangliste erreichen, dann mit 22 Millionen Einwohnern und schätzungsweise acht Millionen Slumbewohnern. Eine Milliarde Menschen weltweit leben derzeit in Slums.[7]

Mumbai zeigt, wohin der Weg die Landflüchtigen bisher führte, in Slums, die noch ein gewisses Maß an Ordnung und Kontrolle besitzen. Doch das wird sich in Zukunft ändern.

Fünf Milliarden Stadtbewohner 2030

Im Jahr 2008 lebten zum ersten Mal in der Menschheitsgeschichte mehr Menschen in Städten als auf dem Land. Und es werden bald noch mehr sein. Der Bevölkerungsbericht der Vereinten Nationen sagt voraus, dass sich die städtische Bevölkerung der Welt von heute 3,3 Milliarden bis auf fünf Milliarden im Jahr 2030 vermehren wird. Das Tempo dieser Veränderung ist historisch ohne jedes Beispiel.[8]

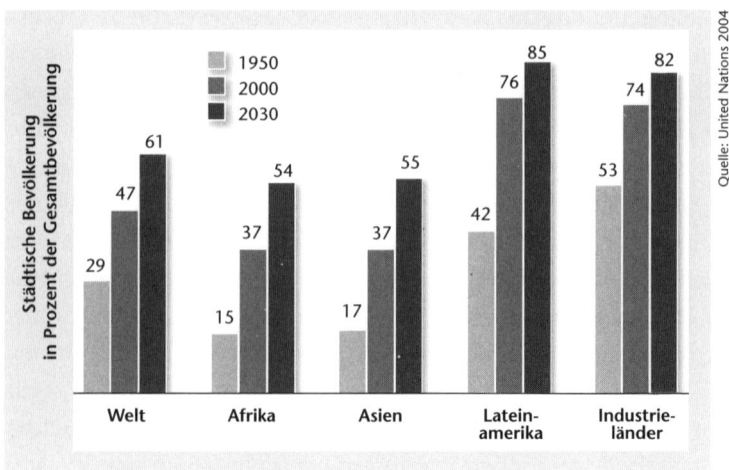

Grafik 7.1: **Trends der Verstädterung nach Regionen 1950/2000/2030**

Die meisten alten Städte wuchsen zwischen 1750 und 1950 heran. Auch ihre Einwohnerzahl stieg steil an, von 15 auf 420 Millionen, aber dies geschah in einem verhältnismäßig langen Zeitraum von 200 Jahren. Die zweite Welle der Verstädterung wird in nur zwanzig Jahren ablaufen und zwei Milliarden Menschen in die Ballungsgebiete Afrikas, Asiens und Lateinamerikas tragen. Als Folge dieser Entwicklung wird dann die Mehrheit (rund 80 Prozent) der Städter in Entwicklungsländern leben.

In Asien verdoppelt sich die städtische Bevölkerung bis 2030 massiv von 1,3 auf 2,6 Milliarden Bewohner. In Afrika verdreifacht sie sich sogar, wenn auch auf niedrigerem Niveau als in Asien, von 290 Millionen auf 740 Millionen Einwohner. In Lateinamerika und der Karibik wird der Schub schwächer ausfallen, aber immer noch massiv von 394 Millionen auf 609 Millionen Städter in weniger als drei Jahrzehnten.[9]

Angefeuert wird das Wachstum durch zunehmende Armut auf dem Lande, ausgelöst unter anderem durch den Niedergang einst funktionierender Märkte, wie beispielsweise der

Geflügelmärkte in Westafrika. Verschärft wird dieser Prozess durch die steigenden Preise für Rohöl. Denn der Ölpreis setzt auch die Preise für Treibstoff und Dünger unter Druck, und das wird dazu führen, dass immer weniger Kleinlandwirte die Kosten dafür aufbringen können, um ihre Existenz zu sichern.

Auch die Vorboten des Klimawandels werden das Landleben durch häufigere Dürren und Überschwemmungen unsicherer machen. Und schließlich zeigen die Wirtschaftskrise und, damit einhergehend, die Kürzung der Hilfsgelder aus den Industrienationen, ihre Wirkung. Sie beschleunigen die Landflucht, genauso wie die kriegerischen Auseinandersetzungen und Stammesfehden, die bereits in mehr als zwölf afrikanischen Staaten die Menschen von ihrem Land vertrieben haben.

Auf 13 Millionen Menschen schätzt das Flüchtlingshilfswerk der Vereinten Nationen die Zahl der sogenannten Binnenflüchtlinge, die der Krieg in Afrika umhertreibt. Sie vagabundieren vor allem südlich der Sahara in Angola, Liberia, Somalia und der Republik Kongo. Eine Rückkehr auf das Land, wo sie von der Soldateska vertrieben wurden, ist für die meisten undenkbar. Die Städte bieten ihnen, trotz der Elendsquartiere, immer noch mehr Sicherheit und garantieren auch das Lebensnotwendigste wie Trinkwasser und den Zugang zu den Lagern der internationalen Hilfsorganisationen, die sich ebenfalls in den Städten befinden. Insgesamt wird die Zahl der Flüchtlinge weltweit im Jahr 2008 auf 40 Millionen geschätzt.

Megaslums

Da macht die Zuwanderung von außen in Zukunft nur noch einen Teil des städtischen Wachstums aus. Nur 40 Prozent kommen im Treck aus dem Hinterland. Die Mehrheit des Slumnachwuchses, 60 Prozent, wird im Slum geboren und wächst auch dort auf. Ursache hierfür ist die fatale Kombination aus

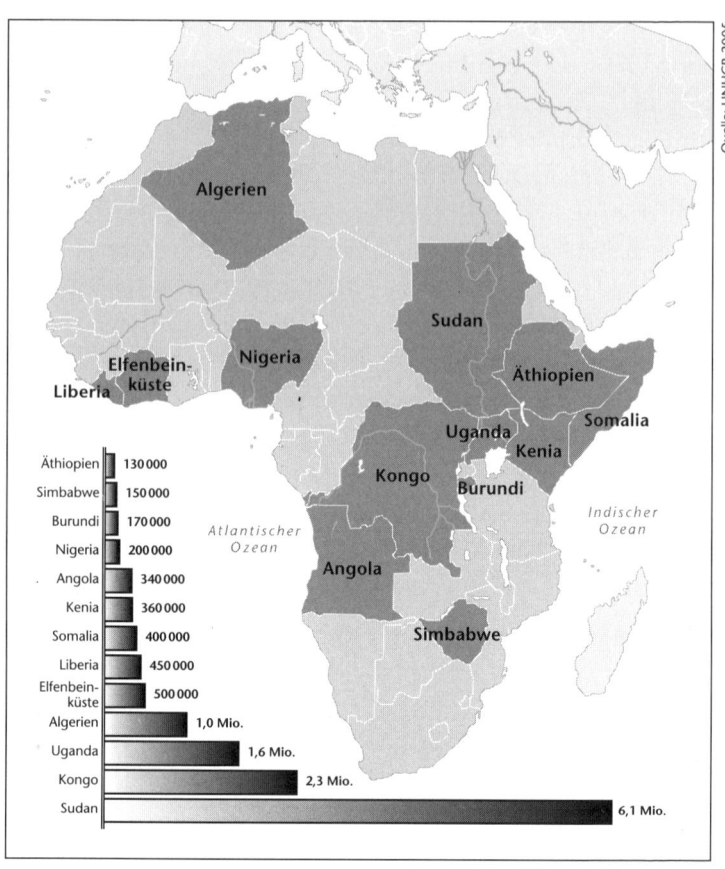

Quelle: UNHCR 2005

Äthiopien 130 000
Simbabwe 150 000
Burundi 170 000
Nigeria 200 000
Angola 340 000
Kenia 360 000
Somalia 400 000
Liberia 450 000
Elfenbein- 500 000
küste
Algerien 1,0 Mio.
Uganda 1,6 Mio.
Kongo 2,3 Mio.
Sudan 6,1 Mio.

Grafik 7.2: **13 Millionen Binnenflüchtlinge in Afrika**

Armut, schlechten Bildungschancen, der Unterdrückung der Frauen und der beruflichen Chancenlosigkeit der Männer. Diese Mischung führt überall auf der Welt zu explosiven Geburtenraten.

Heute sind viele Slums noch ein Meer von Holz- und Wellblechhütten, die noch eine Idee von einem eigenen Zuhause verkörpern. Die Slums der Zukunft sind nur noch Notunterkünfte aus Plastikplanen und Pappwänden, eher Verschläge als Behausungen. Sie entstehen dort, wo bis dahin keiner zu sie-

deln wagte, weil das Land als unbewohnbar galt. Die Neubau-
gebiete der Slums entstehen neben oder auf den städtischen
Müllhalden, so wie in den *Smokey Mountains*, wie die Müll-
berge von Manila wegen ihrer Schwelbrände genannt werden.
Oder sie wachsen in den Erosionsschluchten der Abwasserka-
näle, an den Dämmen von Bahnen und Schnellstraßen, alles
sind irreguläre Siedlungen. »Eine Wette auf die Katastrophe«
nennt Mike Davis diese »Siedlungspolitik« in seiner Dokumen-
tation *Planet der Slums*. Diese Slums sind die ersten, die bei Unwettern von Schlammlawinen begraben oder von Überschwemmungen weggerissen werden.[10]

Doch auch diese Elendsquartiere sind noch nicht die un-
terste Ebene des zukünftigen Slumlebens. Es wird außerdem
eine wachsende Zahl von Landflüchtigen geben, die keinen
Flecken mehr finden, um zu siedeln. Auf sie wartet dann das
Los, als Mieter in die Hinterhöfe der Slums einzuziehen. So
entsteht eine Hierarchie der Slumlords, die ihre Hütten quad-
ratmeterweise vermieten. Sie sind unter den Mittellosen die
»Slumdog-Millionäre« der Zukunft. Ihre Mieter müssen sich
bei Gelegenheitsarbeiten zu Preisen verkaufen, die kaum noch
ein Leben ermöglichen. Das Spektrum ihrer Arbeit reicht vom
Straßenhändler über Tagelöhner bis hin zu Prostituierten und
Menschen, die ihre eigenen Organe zur Transplantation verkaufen.

Und selbst diese Überlebensnischen sind begrenzt, schreibt
Mike Davis und folgert: »Es gibt einfach zu viele Rikschafah-
rer, zu viele Straßenhändler, zu viele afrikanische Frauen, die
ihre Hütten in Verkaufsstände verwandeln, um Schnaps zu
verkaufen, zu viele Leute, die gegen Geld Wäsche waschen, zu
viele Leute, die vor Fabriken und Arbeitsvermittlern Schlange
stehen.«[11]

Wer auf diesen Gebieten kein Einkommen findet, für den
bleibt oft nur noch eine Art »Subsistenz-Kriminalität«, so wie
für die »Tiris«, die Benzindiebe in Jakarta. Sie postieren sich an

den Hauptstraßen und warten auf ihre Chance. Es ist ein Geschicklichkeitsspiel. Im Stop-and-go des Verkehrs schlängeln sie sich an die eingekeilten Benzinlaster heran. Mit flinken Händen drehen sie den Tankverschluss auf und zapfen dem Tankwagen ein paar Liter Benzin ab. Mit ihrer Beute verschwinden sie im Gewühl der Straße und verkaufen sie an der nächsten Tankstelle. Etwa einen Euro bekommen sie dafür, das reicht, um die Miete für ihre Pritsche im Slum zu zahlen und zu überleben.[12]

Insgesamt liegt die Zahl der Slumbewohner heute weltweit bei rund einer Milliarde. Allerdings tragen die Städte der Welt sehr unterschiedlich an der Last ihrer Elendsquartiere. Afrikanische Städte werden von ihren Slums nahezu erdrückt. Die Slumbewohner machen hier 72 Prozent der Stadtbevölkerung aus. Auch in Südasien zählen die Slumbewohner zur Mehrheit (mit 59 Prozent) unter den Städtern. Ihre Elendsquartiere blockieren jede Art der Stadtentwicklung. In den Städten Nordafrikas, Südamerikas und Ostasiens sieht es etwas besser aus, aber auch hier lebt noch mehr als ein Viertel der Einwohner in Schattenstädten (siehe *Grafik 7.3* im Farbteil in der Buchmitte).

Abstieg der Mittelstädte

Das größte Wachstum der Städte wird im 21. Jahrhundert allerdings gar nicht in den Megastädten stattfinden, sondern in den Mittel- und Kleinstädten. Die wachsende Bedeutung dieser Kleinstädte für die Verstädterung der Welt könnte durchaus positive Wirkung haben. Sie bieten den Menschen eine bessere Chance auf Gesundheitsversorgung, Ausbildung, Arbeit und sozialen Aufstieg. Außerdem sind die Wege der Verwaltung kürzer als in Großstädten. Kleine Städte können deshalb flexibler und schneller auf Veränderungen reagieren. Theoretisch jedenfalls. In der Praxis sind die Stadtverwaltungen jedoch auch hier mit den anbrandenden Problemen meist überfordert und auf das Management von derartigen Wanderungen nicht vorbereitet. Es fehlt an der notwendigen Kompetenz, ihr Stab ist zu klein, ihre Bürgermeister sind nicht auf diese Herausforderungen eingestellt. Außerdem fehlt meist eine belastbare Infrastruktur ebenso wie ein Etat für die Ansiedlung der Neuankömmlinge. Wie Gaborone, die Hauptstadt von Botswana, als ein anschauliches Beispiel zeigt.

Diese ehemalige Kleinstadt hat ein kaum vorstellbares Wachstum hinter sich. Ihre Einwohnerzahl lag 1975 noch bei 20000 und stieg bis zum Jahr 2005 auf über 200000 an, innerhalb von dreißig Jahren auf das Zehnfache. In drei Jahrzehnten wuchs diese Stadt von einem kleinen, verstaubten Verwaltungsposten in der Provinz zu einer Großstadt heran. Zu ihrem Glück hatte die Stadt Geldquellen im Hintergrund, sie profitierte von den Diamantminen der Region. Dennoch konnte sie die Hoffnungen und Wünsche der Zuziehenden nicht erfüllen. Die Quote der Arbeitslosen liegt heute, trotz des relativen Wohlstandes, bei 47 Prozent. In 2005 lebte die Hälfte der Bevölkerung in Slums, doppelt so viele wie in anderen Entwicklungsländern, berichtet der UN-Report. In den Slums konnten Straßen, Wasserleitungen und Sanitäranlagen mit dem Wachstum der armen Bevölkerung nicht mithalten.

Die Verwaltung verabschiedete einen Masterplan für die Stadtentwicklung nach dem anderen, aber sie erwies sich als unfähig, den Zuzug zu lenken. Auch wenn sich die Verwaltung bemühte, den Landflüchtlingen Siedlungsland zur Verfügung zu stellen, sie konnte die Verelendung der Siedlungen nicht verhindern, denn die Zugezogenen verfügten weder über Arbeit noch über Geld, um sich einzurichten. In den neuen Slums existieren weder fließendes Wasser noch Toiletten. Weil die Abflusskanäle voller Müll und Abfall liegen, kommt es ständig zu Überflutungen, und Krankheiten breiten sich aus. Die Aidsrate ist hoch, und das Gesundheitswesen in den Elendsquartieren ist zusammengebrochen. Es wird erwartet, dass Gaborone bis zum Jahr 2020 von 200 000 auf 500 000 Einwohner anwachsen wird.[13]

Ehemalige Kleinstädte wie Gaborone werden in zwanzig Jahren mehr als die Hälfte der Weltbevölkerung beherbergen, stellte der UN-Bericht »State of World Population 2007« fest. In den heutigen Megastädten wird es weit weniger Zuwachs geben. Ihr Anteil an den städtischen Siedlungen der Welt bleibt konstant bei zehn Prozent. Afrika und Asien werden am stärksten von dieser Entwicklung betroffen sein. Bereits 2005 lebten in Asien 40 Prozent der Bevölkerung in Städten, mit steigender Tendenz. In Afrika waren es mit 38 Prozent fast genauso viel. Die städtische Bevölkerung im Afrika südlich der Sahara ist heute schon so groß wie die in Nordamerika. Und die Bevölkerung dort wächst verglichen mit anderen Weltregionen weiterhin am schnellsten.

Vor dem Hintergrund der speziellen Situation in Afrika ist dies besonders brisant. Nirgendwo auf der Welt werden so viele Menschen durch Dürren, Bürgerkriege, ethnische Konflikte und Vertreibungen entwurzelt. Sie alle suchen Schutz, Sicherheit und Nahrung in den Städten. Die aber können unter dem Druck der Zuwanderer ihren früheren Vorsprung im Gesundheitswesen, ihre Chancen, für Ausbildung und sozialen Aufstieg zu sorgen, also ihre frühere Attraktivität gegenüber den ländlichen Regionen, nicht aufrechterhalten.

Nicht zu bremsen

Die Regierungen der Länder wissen um das Problem. Vielerorts bemühen sich die Städte, das Wachstum zu begrenzen, indem sie keine neuen Wohngebiete mehr ausweisen oder Zuzugsverbote erlassen. Die indische Regierung setzt darauf, die Landbewohner an ihren Wohnorten zu halten, indem sie zeitlich begrenzte Arbeitsgarantien in den Dörfern gibt. Doch wie die Erfahrungen aus der Vergangenheit zeigen, ist der Erfolg dürftig, solange pure Not oder Diskriminierung, wie zwischen den indischen Kasten, die Menschen vertreibt.

Der wirkungsvollste Ansatzpunkt, um das Wachstum der Städte zu bremsen, wäre die Verringerung der Geburtenrate. Die hängt jedoch von Gesundheit, Bildung und Selbstbestimmung der Frauen ab. Und genau hier scheitern die Regierungen der Wachstumsländer. Deshalb werden die Städte weiter wachsen, in zum Teil unvorstellbare Dimensionen hinein.

Die brisanteste Situation entwickelt sich nach den Prognosen der Welternährungsorganisation FAO in Nigeria. Alleine in Nigeria werden in der Mitte des Jahrhunderts 75 Prozent der Nigerianer, das heißt etwa 210 Millionen Menschen, in städtischen Slums wohnen. Der FAO-Zukunftsforscher Josef Schmidhuber rechnet damit, dass bis 2050 3,2 Milliarden Menschen zusätzlich in die Städte der Entwicklungsländer drängen werden. Damit wird die Versorgung der Städte, in denen dann mehr als die Hälfte der Weltbevölkerung leben wird, also mehr als 4,5 Milliarden Menschen – und davon zwei Milliarden in Slums –, zu einer zentralen Herausforderung für das 21. Jahrhundert. Die Vereinten Nationen haben dies erkannt und versuchen gegenzusteuern. Das Konzept heißt *Urban Agriculture*.

Urban Agriculture

Wer durch die Vorstädte von Daressalam, der Hauptstadt von Tansania, fährt, der kann die vielen Menschen, die sich auf kleinen Äckern, in Vorgärten und an den Straßenrändern mit Gießkannen über Gemüsebeete beugen, nicht übersehen. Möhren, Zwiebeln, Knoblauch, Salat, Tomaten und Kartoffeln, zwischendrin einige Maispflanzen, das alles versuchen sie durch die Hitze des Frühsommers zu bringen. Sie versorgen damit ihre Familien, und was übrig ist, wird auf dem Markt verkauft. Einige haben sich von den Erlösen auch Kleinvieh gekauft, Hühner und Ziegen, damit können sie zusätzlich Geld verdienen. Das Ganze erinnert an die Schrebergartenkultur im Nachkriegsdeutschland, wo fast jeder Haushalt seinen Garten für Kartoffeln, Salat, Möhren und Beeren, wenn nicht in der Stadt, dann am Stadtrand hatte.

Dieses Konzept der *Urban Agriculture* besitzt Potenzial. Es geht mittlerweile weit über die Selbstversorgung hinaus. In Städten wie Hanoi wachsen 80 Prozent des Gemüses und 50 Prozent der Schweine, Hühner und Fische auf den Höfen von städtischen Kleinbauern. Nicht anders sieht es in Shanghai oder Dakar aus. Nach Untersuchungen der FAO aus dem Jahr 1999 versorgte diese Art städtischer Landwirtschaft weltweit 200 Millionen Menschen in den Städten und sicherte für rund 800 Millionen Kleinbauern den Lebensunterhalt.[14]

Doch das Konzept ist bedroht, denn das Land, auf dem die Stadtbauern wirtschaften, ist unsicheres Land. Pachtverträge gibt es in der Regel nicht, und auch keine Landrechte, stattdessen aber ernst zu nehmende Konkurrenz. Jederzeit kann das Gemüsefeld von der Industrie, dem Straßen- oder Wohnungsbau in Anspruch genommen werden. Weltweit rechnen die Vereinten Nationen damit, dass der Ausdehnung der Städte eine Fläche von 110 Millionen Hektar, dies entspricht etwa acht Prozent der gesamten Weltagrarfläche, zum Opfer fallen wird. Fatalerweise werden die städtischen Kleinstlandwirtschaften gerade dort verdrängt, wo der Bedarf an zusätzlichen Lebensmitteln besonders stark wächst.

Das aber ist kein Naturgesetz. In Daressalam hat die Stadtverwaltung erkannt, dass die Landwirtschaft in der Stadt ihren festen und gesicherten Platz braucht. Die Stadtplanung der Millionenstadt legte die Flächen fest, auf denen in Zukunft die Stadtbauern Arbeit, Essen und Einkommen finden sollen. Die Slums der Stadt werden regelrecht nach Neubauern durchsucht, ein Heer von neu ausgebildeten Beratern steht dafür bereit. Als Neubauern infrage kommen vor allem die Landflüchtlinge, die schon Erfahrung mit Pflanzen mitbringen, die eine Hacke und eine Grabschaufel zu bedienen wissen und Arbeit suchen. Häufig melden sich Frauen, die sonst nicht wüssten, wie sie ihre Familien ernähren sollen in einem Slum, in dem es keine reguläre Arbeit gibt. Die meisten Berater für den Start auf der eigenen Scholle sind auch Frauen, und das erleichtert den Anfang.

Frau Maziyire ist eine von 200 Beraterinnen. Sie hält eine Plastikflasche empor, deren Boden mit einer Nadel durchstochen ist. Sie füllt Wasser ein, und wie bei einem Duschkopf spritzt es am Boden in feinen Strahlen heraus. Die alte Flasche wird in ihren Händen zu einem neuartigen Bewässerungssystem, das sie direkt neben einer Kürbispflanze halb in den Boden eingräbt. Tröpfchenbewässerung mit den Mitteln der armen Leute. Das vereinfacht die Arbeit und verringert den Wasserbedarf. Beides gefällt den Stadtbäuerinnen.

Das Beispiel Daressalam zeigt, wie *Urban Agriculture* die armen Massen in den Städten der Zukunft ernähren könnte und dazu Arbeit schafft, wo es bisher keine gab, und Einkommen, mit dem das Lebensnotwendige gekauft werden kann. Aber Daressalam ist die Ausnahme. In den meisten Städten sieht die Realität anders aus. Zum Beispiel in Dakar im Senegal, dort schlagen sich die Stadtbauern selbst auf Müllkippen und am Rand von Abwasserkanälen durch. Dass ihr Gemüse sein Wasser aus einer Fäkalienbrühe zieht, interessiert niemanden, zeigt aber auch, wo nach dem Boden das zweite große Problem der städtischen Landwirtschaft liegt: beim Wasser. Es gehört in den Städten neben dem Land zum zweitknappsten Gut.

Explosives Gemisch

Das liegt zum einen daran, dass das Wachstum der Städte vor allem in wasserarmen Zonen stattfindet, insbesondere in Afrika, Indien und China. Zum anderen sind die Städte durstiger als das Land, damit ist ihr Wasserverbrauch erheblich höher, und dieser Durst wird in Zukunft weiter wachsen. Wenn das Millenniumsziel der Vereinten Nationen, die Hälfte der Slumbewohner mit Wasser- und Abwasserrohren zu versorgen, erfüllt werden sollte, dann würde dies pro Person den Wasserverbrauch von unter zehn auf mehr als 100 Liter Wasser täglich steigen lassen.[15]

Hinzu kommt die schmale Schicht der Bevölkerung, die es zu einem Haus und Bad bringen wird. Auch dies wird den Wasserbedarf steigern, gar nicht zu reden von den Eigenheim- und Grünanlagenbesitzern, die täglich mehr als 300 Liter pro Kopf aus den knappen Wasserreserven entziehen. Aber nicht nur dies steigert den Durst der zukünftigen Städte, auch die Industrie, die sich rund um die Ballungszentren ansiedelt, braucht Wasser, und erst recht die Landwirtschaft. Sie benötigt sehr viel Wasser, weil sie in Stadtnähe besonders intensive Kulturen anbaut, die auf Bewässerung angewiesen sind. Verschärft wird ihr Wasserdurst durch den Klimawandel. Denn die steigenden Temperaturen führen zu einer höheren Verdunstung auf den Feldern, und das bedeutet, dass wesentlich mehr Wasser eingesetzt werden muss, um die gleiche Menge ernten zu können.

Damit erhält Wasser eine Schlüsselfunktion für das Wachstum der Städte. Im Falle einer Konkurrenz zwischen Bevölkerung, Industrie und Landwirtschaft geht die FAO davon aus, dass die Landwirtschaft der Verlierer sein wird. Das zeigt sich heute schon im Südwesten der USA, im Sahel, im Nahen und Mittleren Osten, in Südafrika und in Teilen Zentralasiens, auch bei der gigantischen Umleitung des Jangtse als zukünftige Trinkwasserquelle für Peking.[16]

Das muss nicht unmittelbar die Ernährung gefährden. Zunächst richtet es sich gegen die durstigen Exportkulturen, wie beispielsweise in Israel, wo die Regierung den Bauern angekündigt hat, den Tomaten-, Trauben- und Orangenanbau, der nur für Europa bestimmt ist, zu verbieten. Reicht das Wasser dann immer noch nicht aus, werden auch die Getreide- und Gemüsefelder für den heimischen Markt Auflagen bekommen. Das bedeutet in der Konsequenz weniger Selbstversorgung und damit eine höhere Abhängigkeit vom Weltmarkt mit seinen extremen Preisschwankungen, unter denen besonders die Slumbewohner zu leiden haben werden. Dies wiederum macht die Städte zu einer Keimzelle für wachsende Unruhen, wie wir sie bereits kennengelernt haben, als sich die Preise 2007/2008 innerhalb von wenigen Monaten mehr als verdoppelten. Auf allen Kontinenten flammten damals Proteste auf. Fast alle gingen von den Vierteln der Armen aus, und alle zeigten, wie brüchig die politische Stabilität wird, wenn der Hunger bei den Massen ankommt.

Die Unruhen auf Haiti 2008 sind ein Paradebeispiel für die Dramaturgie, der die Revolten in den Städten der Zukunft folgen werden: Aus einer spontanen Demonstration gegen die explodierenden Nahrungsmittelpreise entstand dort ein politischer Protest gegen die Regierung und deren internationale Helfer.

Die Aufmärsche auf Haiti richteten sich 2008 gegen die Reispreise, die sich verdoppelt hatten, ebenso wie der Preis für Bohnen und Brot. Unterstützt von den Oppositionsparteien lieferten sich Jugendliche Straßenschlachten mit der Polizei. Mindestens elf Menschen kamen bei den Kämpfen ums Leben. Nach offiziellen Angaben wurden 200 Personen verletzt. Doch das politische Beben war damit nicht zu Ende. Erst als die Regierung gestürzt war und der Präsident seinen Premierminister entlassen hatte, um weitere Ausschreitungen zu verhindern, kehrte wieder Ruhe ein.

Weltbankpräsident Robert Zoellick warnte: 33 Länder seien 2008 schon durch die steigenden Preise in ihrer Stabilität bedroht. Auch John Holmes, bei den UN zuständig für humanitäre Fragen und Nothilfe, stellte fest: »Die Folgen der Lebensmittelkrise für die internationale Sicherheit dürfen nicht unterschätzt werden.«[17]

Das gilt besonders für die Zukunft. Wie bereits erwähnt, werden, wenn die Prognosen zutreffen, im Jahr 2030 weltweit fast zwei Milliarden Menschen in Slums vegetieren, die Hälfte davon jünger als 18 Jahre und davon die Hälfte junge Männer. 500 Millionen männliche Jugendliche ohne Arbeit und ohne Perspektive, konfrontiert mit steigenden Lebensmittelpreisen, das bedeutet ein höchst explosives Gemisch.

8. GAU der Artenvielfalt –
von 15 Pflanzen lebt die Welt

Asiatischer Sojabohnenrost

Es ist Sonntag, Anfang November 2004. Eigentlich hat Ray Schneider keinen Dienst, aber er hat ein merkwürdiges Gefühl. Das hat der Hurrikan hinterlassen, der am Wochenende über das Land gefegt war. Ray Schneider trägt die Verantwortung für einen Feldversuch auf der Forschungsfarm »Ben Hur«, die zur Universität von Louisiana gehört und in der Nähe von Baton Rouge liegt, im Süden der USA. Das Land ist flach hier, der Mississippi drängt sich, zwischen Dämmen eingekeilt, Richtung New Orleans. Die Felder sind noch nass vom vielen Regen, den der Hurrikan mitgebracht hatte, es ist warm und feucht, ein ideales Klima für Pilze. Und die hat Ray Schneider soeben auf seinem Versuchsfeld entdeckt.

Ray ist der Experte für Pilzbefall an der Universität von Louisiana. Er kniet neben den jungen Pflanzen, alles Sojabohnen, und untersucht die unteren Blattreihen. Ganz unten, knapp über dem Boden, haben die Blätter Pusteln bekommen. Einige verfärben sich grau, andere gehen schon ins Bräunliche über, einige Blätter hängen herab und sind bereits ganz abgestorben. Dem Anschein nach ist es ein Pilz. In der feuchten Wärme Louisianas gedeihen Pilze hervorragend. Nicht zur Freude der Farmer, denn Pilze im Sojafeld bedeuten für sie Ernteverluste. An den Möglichkeiten, das zu verhindern, arbeitet Ray Schneider an seinem Institut. Als Pilzexperte kann er erkennen, welche Gefahren drohen, seine Versuchsfelder sind eine Art Vorwarnsystem. Ray Schneider knipst eine Handvoll Blätter von den Sojapflanzen ab. Die kommen mit ins Labor zur genauen Bestimmung. Er tippt auf »Asiatischen Sojabohnenrost«. Und er hat recht.

Eigentlich dürfte es den Asiatischen Sojabohnenrost in den USA gar nicht geben, denn seine Heimat ist Asien. 1902 wurde er in Japan entdeckt und verbreitete sich schnell über ganz Asien. Dann zog er weiter über Australien und erreichte 1996 Südafrika. Fünf Jahre später machte er sich über Sojabohnenfelder in Brasilien, Argentinien, Paraguay und Bolivien her. Nach Louisiana muss er geflogen sein, vermutet der Experte. Der Pilz vermehrt sich durch Sporen, die sich von jedem Windzug aufwirbeln und davontragen lassen. Die Hurrikansaison 2004 war die ideale Flugsaison für Pilzsporen von Süd- nach Nordamerika. Die tropischen Stürme sammeln sie über den Sojafeldern im Süden auf und lassen sie mit den Regenstürmen über dem Süden der USA wieder frei. Auf diesem Weg sind sie wahrscheinlich auch auf dem Versuchsfeld in Baton Rouge gelandet.

Damit stehen die amerikanischen Farmer im Herbst 2004 vor einem großen Problem, denn ihre Sojabohnen besitzen zwar hohe Ertragskraft, aber keine Widerstandskraft gegen diesen Pilz. Unglücklicherweise haben sie gewaltige Flächen mit nur einer Art von Sojabohnen eingesät. Sie galt als besonders profitabel, weil sie Arbeit und Spritzmittel einsparen sollte, dank einer gentechnischen Veränderung. Nun bilden die Bohnen eine riesige Monokultur und sind deshalb die ideale Brutstätte für eine Epidemie. Bisher war Soja ein großes Geschäft gewesen. Im Jahr zuvor hatten die Farmer Nordamerikas 18 Milliarden Dollar nur mit Sojabohnen umgesetzt. Jetzt drohte das Geschäft plötzlich zu kippen.

Auch Alan Blaine, Sojabohnenexperte an der Mississippi State University, war beunruhigt. Er hoffte, dass die Rostpilze nur Louisiana befallen und dort bleiben würden. Die Farmer sollten sich auf keinen Fall verrückt machen lassen, sagte er der lokalen Presse, sondern warten, bis ein Aktionsplan entwickelt werde. Zum Glück war es November und die Ernte 2004 schon eingefahren.[1]

Tatsächlich fand der Pilz, abgesehen von den Versuchspflanzen in Baton Rouge, zunächst keine weitere Beute. Aber er blieb, und überwinterte an Wildpflanzen. Dann kam das Frühjahr 2005. Und mit den ersten Frühlingswinden machten sich die Pilzsporen auf ins weite Sojabohnenland der USA. Innerhalb von wenigen Monaten wurden sie in zehn Staaten nachgewiesen. Vom Mississippi Delta bis zu den Appalachen, von den Great Plains bis zu den Großen Seen sahen sich die Farmen einem neuen Gegner gegenüber, von dem sie nur eines wussten, er war äußerst tückisch. Er ließ sich nicht sofort erkennen, weil er die Pflanzen von unten her befällt. Wenn er aber nicht sofort entdeckt wird, breitet er sich in Windeseile in den Feldern aus und hinterlässt ein braunes Desaster, abgestorbene Pflanzen, so weit das Auge reicht. Bis zu 80 Prozent Ernteausfall hielten die Experten für möglich. Den aktuellen Stand der befallenen Flächen und Regionen können sich die Farmer auf einer speziellen Seite im Internet unter *www.stopsoybeanrust.com* ansehen. Noch immer breitet sich der Sojarost aus. Nach einer resistenten Sorte suchen die amerikanischen Forscher bisher vergeblich.[2]

Was den Sojabohnen in den USA passiert war, war für die Farmer eine Art Ohrfeige der Natur. Sie erinnerte an ein Gesetz, das jeder Pflanzenzüchter eigentlich kennen sollte: Je größer die genetische Gleichförmigkeit, desto verwundbarer wird eine Kultur. Und in diesem Fall waren Tausende von Hektar mit der gleichen Art von Sojabohne eingesät worden. Da war der GAU, der größte anzunehmende Unfall, die Infektion mit einem Erreger, der keine Barriere mehr kennt, nur eine Frage der Zeit. Im Jahr 2005 war seine Zeit gekommen. Und bisher gibt es kein wirksames Mittel gegen seine Ausbreitung.

Der Weg in die genetische Armut

Das wäre zu Beginn des 20. Jahrhunderts nicht passiert, denn da sahen die Äcker auch im Süden der USA noch ganz anders aus. Hier regierte die Vielfalt, ebenso wie in Europa. Weizen, Roggen, Gerste, Hafer, Mais, Raps, Rüben, Bohnen, Erbsen, Kartoffeln, Sojabohnen und Sonnenblumen, und all das in verschiedenen Sorten, die an die Regionen mit ihrem unterschiedlichen Klima und den verschiedenen Bodenarten angepasst waren und die dem Speiseplan der Menschen ebenso wie der Rinder, Schweine und Hühner auf den Bauernhöfen entsprachen.

Doch als in den späten 1930er Jahren die Hybridzucht aufkam, änderte sich das Bild schnell. Mit dieser neuen Form der Pflanzenzucht gelang es, die Ertragskraft des Getreides sprunghaft zu steigern. Die neuen Hybridpflanzen nutzten den künstlichen Dünger besser aus als ihre Vorfahren. Sie konnten dichter gesät werden, und um ihre Probleme mit Wildkräutern, Insekten und Pilzen kümmerte sich die agrochemische Industrie. Die Hybridzuchten machten den Weg frei von der bäuerlichen Pflanzenzucht hin zur industriellen Züchtung in gewinnorientierten Agrarkonzernen.

Die Hybridpflanzen hatten eine kommerziell höchst interessante Eigenschaft, die ihre Vorfahren noch nicht hatten. Sie konnten ihre Leistungsstärke nicht vererben. Wer von ihnen profitieren wollte, musste das Saatgut zu jeder Aussaat neu kaufen. Das war quasi eine Umsatzgarantie. Das erkannte die Industrie und nahm sich immer mehr der Pflanzenzucht an. Besonders interessiert zeigte sich die chemische Industrie, weil sie ein doppeltes Geschäft witterte, einmal mit neuen Pflanzen, und gleichzeitig mit auf sie abgestimmten Chemikalien, die die Pflanzen frei von Unkräutern, Pilzen, Läusen und Bakterien halten konnten.

Abgesichert wurden die Gewinninteressen durch ein Pflanzenzuchtrecht in Europa und Amerika, das dem Züchter erlaube, für seine neue Sorte eine Art Eigentumsrecht zu beanspruchen und Lizenzgebühren einzustreichen. Damit war die rechtliche und wirtschaftliche Grundlage für die Industrialisierung der Pflanzenzucht gelegt. Als ihre Produkte Ende der 1940er Jahre auf den Markt kamen, trafen sie genau den richtigen Moment. Denn in Europa herrschte große Knappheit nach dem Zweiten Weltkrieg, und es war alles willkommen, was sattmachte und die Erträge in der Nachkriegs-Landwirtschaft erhöhte. Durch die neuen Sorten, unterstützt durch künstlichen Dünger und Agrarchemie, wuchsen die Ernten um ein Vielfaches. Bei Weizen stiegen die Erträge zwischen 1950 und dem Jahr 2000 in den USA und Europa pro Hektar auf das Sechsfache, von einer auf sechs Tonnen.[3]

Gleichzeitig ging das Geschäft mit dem Saatgut mehr und mehr in die Hände der Industrie über. Während es vor 25 Jahren weltweit noch mehr als 7000 Züchtungsunternehmen gab und keines davon mehr als ein Prozent Weltmarktanteil besaß, bestimmen heute nur noch fünf Konzerne mit ihren Zuchtprogrammen, was in weiten Teilen der Welt gesät und geerntet wird. Je nach Pflanze hat die Konzentration unterschiedliche Ausmaße erreicht.

Bei Baumwolle teilen sich nur noch vier amerikanische Unternehmen 90 Prozent des Saatgutmarktes, bei Mais 70 Prozent, bei Sojabohnen 50 Prozent. Die großen Drei im Welt-Saatgut-Business sind die Konzerne Monsanto mit einem Umsatz von 4,9 Milliarden US-Dollar, gefolgt von Dupont mit 3,3 Milliarden und Syngenta mit 2,0 Milliarden US-Dollar. In Amerika bestimmt nur noch einer, wo der Weg hingeht, der Konzern Monsanto. Er ist mit Abstand der Größte im dortigen Saatgutgeschäft und investiert seine Gewinne in noch mehr Macht am Markt. Allein in den letzten acht Jahren hat das Unternehmen für über 13 Milliarden Dollar Saatgutfirmen aufgekauft.[4]

Mit dem Einzug der neuen Hochleistungssorten wurden die alten Sorten weltweit vom Acker verdrängt. Im Vergleich zum

Beginn des 20. Jahrhunderts blieb nur ein Viertel aller alten Kulturpflanzen erhalten, rund 75 Prozent blieben auf der Strecke. Nicht nur auf dem Acker, auch in den Obstplantagen hinterließ die genetische Erosion ihre Spuren. So stellte das US-Landwirtschaftsministerium 1996 in einem Bericht für die UN-Konferenz über »Plant Genetic Resources« fest, dass von 7098 Apfelsorten, die zwischen 1804 and 1904 in den USA noch Früchte trugen, 86 Prozent verloren gegangen waren. Das Gleiche wurde festgestellt für Kohlsorten (minus 95 Prozent), bei Mais (minus 91 Prozent), Bohnen (minus 94 Prozent) und Tomaten (minus 81 Prozent).

15 Pflanzenarten, die die Welt ernähren

Übrig geblieben sind nur 15 Pflanzenarten, die heute die Welt ernähren. Diese 15 Arten liefern 90 Prozent der Energie, die die Weltbevölkerung zum Leben braucht, allerdings nicht alle zu gleichen Teilen. Beim genaueren Hinsehen sind es nur zwei Arten, die die Hälfte der Welternährung tragen, nämlich Reis mit 26 Prozent und Weizen mit 23 Prozent. Mais steuert hingegen nur sieben und die Kartoffel nur zwei Prozent bei.

Diese geringe Zahl an Arten wird erst recht zum Risiko, wenn wir uns ansehen, wie es innerhalb dieser botanischen Gemeinschaften aussieht und wie viele unterschiedliche *Sorten* noch innerhalb der Arten für Vielfalt sorgen. Es sind erschreckend wenig, und es werden zunehmend weniger. Seit 1960 verschwanden bei Weizen 90 Prozent aller alten Sorten, bei Reis 70 Prozent und bei Mais 60 Prozent. China konnte im Jahr 1949 noch auf 10 000 Reissorten zurückgreifen, die auf die unterschiedlichen Wetter- und Bodenverhältnisse des riesigen Reiches zugeschnitten waren. Im Jahr 1979 fanden Wissenschaftler nur noch 1000 Reissorten. 90 Prozent der genetischen Vielfalt waren verschwunden.[6]

Verwundbare Hochleistungspflanzen

Diesem Aderlass bei unseren Nutzpflanzen steht auf der anderen Seite eine Konzentration auf wenige Hochleistungssorten gegenüber, die sich auf immer größeren Flächen ausbreiten. Diese Tendenz ließ sich schon in den 1980er Jahren ausmachen. In den Niederlanden zum Beispiel waren es damals nur noch drei Getreidesorten, die 99 Prozent der Ackerfläche einnahmen. Bei Sommergerste war es nur eine Sorte, die auf 94 Prozent der Gerstenfläche angebaut wurde. 1982 erreichte die Reissorte *IR 36* in Asien eine Anbaufläche von elf Millionen Hektar. In Bangladesch wuchs 1983 auf zwei Dritteln der Weizenfelder nur eine Sorte namens *Sonalika*.

Das alles sind keine Einzelfälle. Berichte von allen Ackerbaustandorten der Welt zeigen die gleiche Tendenz: Auf immer größeren Flächen werden immer weniger Sorten angepflanzt.

Tabelle 8.1: **Wichtigste Ackerfrüchte für die Welternährung[5]**

	ANTEIL AN DER WELTERNÄHRUNG (NAHRUNGSENERGIE IN PROZENT)
Reis	26
Weizen	23
Zucker	9
Mais	7
Hirse	4
Kartoffeln	2
Süßkartoffeln	2
Sojaöl	3
pflanzliche Öle	6
andere	18

Richtig in Fahrt kam dieser Zug in Richtung Monokultur aber erst mit der grünen Gentechnik. Diese Technik sollte für eine neue Qualität der Monokultur weltweit sorgen. Die Idee war, den Bauplan einer Nutzpflanze so zu ändern, dass sich daraus ein wirtschaftlicher Vorteil ergab, der dem Landwirt einen zusätzlichen Gewinn garantierte. Die agrochemischen Konzerne erkannten die Gunst der Stunde und begannen Nutzpflanzen so zu verändern, dass sie sowohl für ihre Sparte Saatzucht als auch für den Geschäftsbereich Agrarchemie mehr Umsatz brachten. Allen voran ging der agrochemische Konzern Monsanto.

Spocks Weltraumschleuse

Mai 1988, St. Louis, USA. Es ist der Beginn einer großen Zeit, der Beginn des gentechnischen Zeitalters. Journalisten galten dem Konzern damals noch als nützlich. Sie sollten die frohen Botschaften über das gewaltige Potenzial der Gentechnik unter die Leute bringen. Damals gingen noch alle Türen auf, auch die des großen Gentechniklabors, das nahe St. Louis in einer sehr ländlichen Kulisse versteckt lag. Wer dorthin wollte, wurde gut beobachtet, überall sondierten Sicherheitskameras das Gelände. Aber ich war offizieller Gast des Hauses.

Jane, die Versuchsleiterin, begrüßt mich fast ein wenig aufgekratzt. Es ist ein wolkenloser Vormittag, blauer Himmel, Maisonne spiegelt sich im Glas der Gewächshäuser. Jane steigt mit mir in die Schleuse zum Allerheiligsten, die Schatzkammer des Genlabors. Das sei hier fast so wie im Raumschiff Enterprise, in Mister Spocks Weltraumschleuse, sagt sie und verpasst mir Gummistiefel, einen weißen Kittel und einen Kopfschutz. Ein Knopfdruck, ein Zischen, innen herrscht Unterdruck, damit nichts unbeabsichtigt den Weg nach draußen antreten kann.

In der Genküche des Konzerns Monsanto surren die Ventilatoren, die Sonne strahlt durch die Glasdächer in die Gewächshäuser und fängt sich im Grün der jungen Gentec-Pflanzen. Wir stehen vor den ersten Beeten mit Maispflanzen. Ja, das sei der erste Mais, der einen gentechnischen Schalter besitze, der ihn unempfindlich für eine Chemikalie mit dem Namen Glyphosat mache. Und dieses Glyphosat sei in dem wunderbaren Allzweckherbizid des Unternehmens enthalten und trage den schwungvollen Namen *Roundup*. Der gentechnisch veränderte Mais heiße *Roundup Ready*, bereit für Roundup, das sei doch großartig von der Werbewirkung her. Und auch absolut wirtschaftlich für den Farmer, der brauche nur noch Roundup und den Samen aus dem Gentec-Labor von Monsanto, und schon sei sein Maisfeld »ready« und er der Sorgen vor Unkrautbefall ledig.

Und weil das so vielversprechend klang, haben die Forscher des Konzerns beim Mais nicht haltgemacht. Das Ergebnis sehen wir weiter hinten im Gewächshaus. Das erste blüht gelb und ist Raps, dahinter wachsen Sojabohnen, und rechts daneben blühen die Baumwolle und, wenn ich mich recht erinnere, auch Tabak. Aber das ist noch nicht alles, auch Bäume haben sich die Gentechniker vorgenommen. Pappeln, die ihre Äste bis hoch unter das Glasdach strecken. Auch sie besitzen das Gen gegen Roundup. Wenn die in Zukunft in Plantagen angebaut werden, als nachwachsender Rohstoff, dann gibt es auch hier kein Unkrautproblem. Nur einmal Roundup und nie wieder Jäten oder Hacken. Wenn das keine überzeugende Lösung sei für die Probleme der Farmer.

Zum Abschied bietet mir Jean noch eine Wette an. Bis 1995, darauf könne ich wetten, seien all diese Pflanzen auf dem Markt, überall auf der Welt, auch in Europa, das könnte ich auf jeden Fall berichten, wenn ich nach Hause käme. Da sei sie absolut sicher, ihre Marktforscher hätten weltweit einen Multi-Milliarden-Dollar-Markt ausgemacht, und den werde Monsanto erobern mit genau diesen Produkten aus der Genküche des Konzerns.

Ein Knopfdruck, ein Zischen, und wir verlassen das Raumschiff Enterprise wieder über Mister Spocks Weltraumschleuse. Draußen erwartet uns noch immer das Jahr 1988, ein Jahr, in dem kein Skeptiker für möglich gehalten hätte, dass Jane und Monsanto die Wette gewinnen würden.

Zwanzig Jahre später zieht sich ein breiter Gürtel von Gentec-Pflanzen um die Welt. Nur in Europa und Afrika gibt es noch weiße Flecken auf der Weltkarte der Gentechnik. Aber auch dort versuchen die Lobbyisten der Gentec-Konzerne ihre Fäden zu ziehen und ins Geschäft zu kommen, vorausgesetzt, die Kundschaft hat das nötige Kapital, um sich das Gentec-Saatgut und Roundup zu kaufen.

Roundup Ready!

Das Hügelland der kanadischen Prärie leuchtet im Frühjahr gelb. Der kanadische Raps blüht. Die gentechnische Veränderung in seinem Inneren sieht man nicht. Nur der Farmer weiß es, und er erhofft sich davon mehr Gewinn. Das versprechen die Saatzüchter von Monsanto jedem, der es hören will. Dem Sojabohnenfarmer in Louisiana ebenso wie dem Farmer im Maisgürtel der USA. Mit dieser Strategie haben sie ihre Produkte 2007 auf mehr als 114 Millionen Hektar Ackerland weltweit verkauft. Das ist mehr als das Zehnfache der deutschen Ackerfläche. Und das soll erst der Anfang sein.

Spitzenreiter unter den gentechnisch veränderten Organismen, auch GVO genannt, ist transgenes Soja, das weltweit eine Fläche von rund 66 Millionen Hektar erobert hat und damit auf fast zwei Drittel aller Sojafelder anzutreffen ist (das entspricht dem Fünffachen der deutschen Ackerfläche), gefolgt von Mais auf 37 Millionen Hektar und Raps mit sechs Millio-

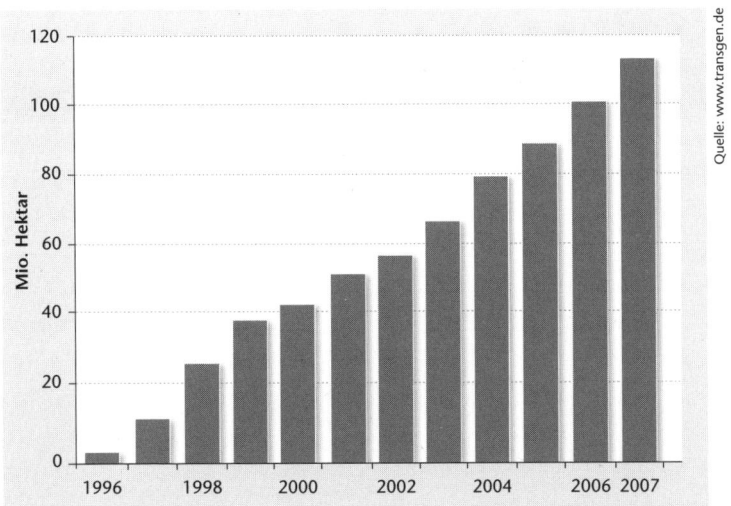

Grafik 8.1: **Anbauflächen mit gentechnisch veränderten Pflanzen weltweit 1996 bis 2007**

nen Hektar. Nicht essbar, aber dennoch gentechnisch interessant, die Baumwolle mit mehr als 15 Millionen Hektar.

Im Mutterland der grünen Gentechnik, in Amerika, haben sich bis heute die meisten Anhänger für die Produkte der neuen Technologie gefunden. Die amerikanischen Farmer säen und ernten die genetisch veränderten Pflanzen auf rund 60 Millionen Hektar. In der Weltrangliste der grünen Gentechnik folgt

Tabelle 8.2: **Grüne Gentechnik, weltweite Anbauflächen[7]**

PFLANZEN-ART	ANBAU-FLÄCHE	GVO-FLÄCHE (in Millionen ha)	ANTEIL GVO-FLÄCHE (in %)
Soja	91	65,8	72
Mais	161	37,3	23
Raps	28	5,9	21
Baumwolle	33	15,5	47

Tabelle 8.3: Anbau gentechnisch veränderter Pflanzen in den USA 2008[8]

PFLANZENART	GVO-FLÄCHE (in Millionen ha)	GVO-ANTEIL AN DER GESAMTFLÄCHE (in %)
Soja	27,7	92
Mais	28,2	80
Baumwolle	3,2	86
Zuckerrüben	0,25	50
Pflanzen gesamt	59,35	86

weit dahinter Argentinien mit nur einem Drittel dieser Fläche und 19 Millionen Hektar, dann erst Brasilien mit 15 Millionen Hektar und Kanada mit sieben Millionen Hektar.

Das Hauptkontingent in den USA entfällt auf Sojabohnen, sie erreichen in der gentechnischen Version mittlerweile über 90 Prozent der Anbaufläche für Soja, also fast ein Totalerfolg. Mais erreicht dieses Ziel nicht ganz, aber mit 80 Prozent der Maisanbaufläche ist auch er vom Erfolg auf der ganzen Linie nicht weit entfernt. Beide zusammen bilden die größte zusammenhängende Monokultur homogener Pflanzen auf der Welt.

Im Weltmaßstab ist die Lage noch nicht überall so riskant wie in den USA. Weltweit konzentriert sich das Angebot an Gentec-Pflanzen nur auf vier Arten, die noch nicht die Flächendeckung wie in der amerikanischen Landwirtschaft erreichen. Sojabohnen liegen zwar auch weltweit vorn, bei mehr als der Hälfte (59 Prozent), Mais bei mehr als einem Drittel (35 Prozent), Raps bei erst 15 Prozent und Baumwolle bei nur fünf Prozent. Aber auch hier ist die Tendenz steigend. Die Zielmarke heißt »flächendeckend«, so wie in den USA, und die gilt es für die Konzernstrategen weltweit durchzusetzen.

Am 13. Februar 2008 berichtete der Branchendienst ISAAA (International Service for the Acquisition of Agri-Biotech Applications), dass gentechnisch veränderte Pflanzen bereits in 23 Ländern Fuß gefasst haben, zwölf davon sind Entwicklungsländer.[9]

Damit ist ein Etappenziel für die Gentechnikkonzerne erreicht, denn in der Vergangenheit zögerten viele Regierungen in den Schwellenländern, der Gentechnik die Tore zu öffnen, weil sie Europa noch verschlossen hielt. Aber seitdem Europa sich immer weiter öffnet, haben die Gentec-Pflanzen Rückenwind bekommen, auch in Indien. Das Land ist für die agrochemischen Konzerne mehr als interessant, weil es in etwa vier Jahrzehnten das bevölkerungsreichste Land der Welt sein wird. Fast zwei Milliarden Menschen werden dann in Indien ernährt werden müssen. Und das Geschäft muss rechtzeitig vorbereitet werden. Die eigentliche Zielgruppe sollten die indischen Bauern sein. Aber mit ihnen gab es Probleme, die sogar die Vereinten Nationen beschäftigten. Einige Tausend hatten sich umgebracht, nachdem sie sich finanziell mit den Gentec-Pflanzen übernommen hatten. Sie hatten den Samen gekauft und mussten dazu später auch Dünger und Pestizide kaufen, um die Pflanzen überhaupt hochzubringen. Das trieb sie in den Ruin.[10]

Nun haben sich die Werbeagenten eine andere Strategie für Indien überlegt. Sie wollen über eine neue Zielgruppe in den Markt. Es sind Frauen mit Berufsausbildung. Sie sollen als Botschafterinnen der grünen Gentechik geködert werden. Die Werbebotschaft ist nach Bollywood-Manier verpackt. Als Sendbotin hat sich der Branchendienst ISAAA Rosalie Ellasus ausgesucht. Sie lebt als Witwe mit drei Kindern in einem indischen Dorf. Sie soll dem amerikanischen Mais den Weg auf die indischen Felder ebnen. »Mit dem zusätzlichen Einkommen durch den gentechnisch veränderten Mais war die Investition in die Landwirtschaft sinnvoll und ermöglichte mir ein höheres Einkommen, als ich in der Medizintechnologie verdient hätte, für die ich ausgebildet bin«, erklärt Rosalie Ellasus in der Werbebotschaft der ISAAA und empfiehlt ihren Landsleuten, ihren

Weg in die Gentechnik nachzugehen. »Der gentechnisch veränderte Mais gab mir ein beruhigendes Gefühl und bedeutete,
dass ich weniger Zeit für die Schädlingskontrolle verwenden
musste. Durch ihn spare ich auch Kosten für das Jäten. Dank
dieses Zusatzeinkommens konnte ich alle meine Kinder auf
das College schicken.«[11]

In Indien wachsen Gentec-Pflanzen mittlerweile auf sechs
Millionen Hektar, bisher vor allem Baumwolle, bei Mais muss
die Werbekampagne noch Früchte tragen.

Auch in China wächst das Interesse an der grünen Gentechnik. Hier finden wir auch die Gentec-Pappeln wieder, die 1988
schon im Gentec-Labor von Monsanto wuchsen. Sie sollen die
Wüsten Chinas begrünen. Auch Gentec-Tomaten, Tabak und
Paprika werden die chinesische Landwirtschaft bereichern.
114 Millionen Hektar Ackerland weltweit unter gentechni-
scher Flagge, das bedeutet für die Ökologen nichts Gutes. Für
sie ist der Erfolg der grünen Gentechnik das größte pflanzenge-
netische Risiko, das die Welternährung je bedroht hat.

Das Risiko ist kein theoretisches. Es hat durchaus schon Geschichte. Am drastischsten hat es sich gezeigt, als im Jahr 1845
die Kraut- und Knollenfäule über Irland herfiel. Sie vernichtete
damals in einem Zug die Kartoffelbestände der gesamten Insel.
Und der Grund dafür war eine Monokultur von Kartoffeln, die
alle aus einer Sorte stammten und die dem Fäulepilz gegenüber
nicht resistent, sondern von Natur aus anfällig waren. Damals
verhungerten 1,5 Millionen Menschen in Irland.

Comeback der Kartoffelfäule

Wer denkt, dass sich eine solche Katastrophe nicht wiederholen könnte, der irrt. 1992 wurde eine neue Art der alten Kraut-
und Knollenfäule in Mexiko entdeckt. Sie ist in der Lage, alle
bekannten Barrieren, alle Widerstandsgene bei Kartoffeln

ebenso wie alle Fungizide, die bisher gegen die Kartoffelfäule entwickelt wurden, zu überwinden. Dieser Pilzvariante bescheinigt die FAO eine große Wandelbarkeit durch schnelle Mutationen. Mittlerweile hat sie auch Nordamerika erreicht und richtete auf amerikanischen Kartoffelfeldern bereits einen Schaden von 400 Millionen Dollar an. Bedroht sind Kartoffeln auf einer Anbaufläche von 500 000 Hektar, denn diese Sorten besitzen wie die irischen Vorfahren von 1845 kein Widerstandsgen. Hinzu kommen zwei Viren und ein Pilz, die es ebenfalls auf die US-Kartoffeln abgesehen haben. Eine Ernte von drei Milliarden Dollar steht auf dem Spiel.

Die Verwundbarkeit unserer Nutzpflanzen liegt in ihrer Uniformität und ist bei Weitem noch nicht hinreichend erkannt, warnt Professor Calvin O. Qualset vom Agriculture Sustainability Institute der University of California. In seiner Studie »Safeguarding the Future« weist er auf neue gefährliche Angreifer hin, die der Landwirtschaft in den USA in den nächsten Jahren das Leben schwermachen könnten.[12]

»Gray Leaf Spot« und Co.

Zum Beispiel bei Mais. Im Osten und Mittleren Westen der USA greift der »Gray Leaf Spot« nach den Maispflanzen und schwächt ihren Kreislauf bis zum Zusammenbruch. Zusätzlich macht sich ein Pilz breit, der die Maisblätter verfaulen lässt. Er heißt »Anthracnose Leaf Blight«, gegen ihn gibt es bisher kein Rezept, nur eine Hoffnung. Im Anmarsch auf die amerikanischen Felder ist auch »Mal de Río Cuarto«, ein Virus, das sich über Grashüpfer ausbreitet. Bisher hält er sich noch in Argentinien auf, aber Experten befürchten, dass er als blinder Passagier mit dem Flugzeug oder Schiff auch in den Süden der USA gelangen könnte, wo ihn ein ideales Klima erwartet. Auf dem Spiel stehen 30 Milliarden US-Dollar mögliche Ernteverluste bei Mais.

»Verrückte Setzlingskrankheit«

Auch bei Reis warten allein drei Pilzarten auf ihre Chance, darunter die sogenannte »Verrückte Setzlingskrankheit«. Dahinter steckt ein Pilz, der die jungen Reispflanzen unnatürlich schnell austreiben lässt, bis sie ihr Gleichgewicht verlieren, vornüber fallen und absterben. Der Pilz hat in Japan schon seine Kraft bewiesen und fast die Hälfte der Reisernte vernichtet. In die USA kam er 1999. Die Reisfarmer in Kalifornien machten die ersten schlechten Erfahrungen. Heute suchen sie nach einer widerstandsfähigen Reissorte, bisher vergeblich.[13]

Viele Wege stehen neuen oder mutierten Keimen offen und noch mehr Einfallstore. Das Risiko, von ihnen heimgesucht zu werden, ist größer denn je. Denn die Flächen mit homogenen Pflanzen nehmen weltweit zu. Darüber hinaus begünstigt der Klimawandel den schnellen Transport von Keimen durch Wind und Wetter, wie das Beispiel des Asiatischen Sojabohnenrosts schon gezeigt hat. Schließlich bilden die Getreide- und Futtermittelströme, die in immer größerem Umfang um die Welt kursieren, eine ideale Fähre für Viren, Pilze, Bakterien und Insekten. Einmal angekommen, überspringen oder unterlaufen sie die chemischen und biologischen Schranken, die die industrielle Landwirtschaft um ihre Felder gezogen hat. Global gesehen vernichten diese Angreifer heute schon 30 bis 40 Prozent der Ernten in jedem Jahr. Allein in den USA hinterlassen sie, nach Schätzungen des Washingtoner Landwirtschaftsministeriums, Verluste von 20 bis 33 Milliarden Dollar.

Zurück zur Vielfalt

Die Beispiele zeigen, wie dünn der Boden ist, auf dem die angebliche Ernährungssicherheit der Welt steht. Die wenigen Arten und Sorten der modernen Landwirtschaft, die genetische

Uniformität und ihr großflächiger Anbau bilden den idealen Nährboden für neue Angreifer.

Das Mittel der Wahl wäre ein Zurück zur Vielfalt auf den Feldern. Aber das ist derzeit nicht in Sicht, vorläufig beherrscht die industrielle Landwirtschaft noch das Terrain. Wer Vielfalt sichern will, für den gibt es zurzeit nur den Weg zur Bank, zur Genbank. Es gibt ein ganzes Genbankensystem rund um den Globus, das versucht, die Arten zu sichern, die aus der landwirtschaftlichen Produktion herausgefallen sind.

Banken für die Vielfalt

Ihr Erbgut lagert heute in 1460 Banken und Depots weltweit. Dieses Bankensystem für die Schätze der Natur wurde erst nach 1996 richtig ausgebaut, als die FAO feststellte, dass der Genpool der Welternährung in Gefahr ist und dringend gesichert werden muss.

Die wichtigsten Genbanken liegen in den Ursprungsländern unserer Nutzpflanzen, in den Genzentren der Welt, für die Kartoffeln in Peru, für den Mais in Mexiko, für die Getreidearten in Syrien, für Bohnen in Indien und für Reis auf den Philippinen. Dort bewahren sie die genetische Vielfalt von über 500 000 Pflanzensorten auf. Insgesamt lagern dort mehr als fünf Millionen Samenproben, die meisten davon Getreide- oder Futterpflanzen, kaum Gemüse oder Obstsorten. Eine Million der Proben sind jedoch in schlechter Verfassung, sie sind schon zu lange gelagert und müde geworden. Das Bankensystem droht zu verfallen, ganz besonders in den Entwicklungsländern, weil kein Geld mehr für Personal, Kühlschränke und Trockenkammern zur Verfügung steht.

Selbst bei den größten Genbanken der Welt fehlt es an Geld. Bei den Topbanken des Systems, die in den »Future Harvest Centres« der CGIAR (Consultative Group on International Agricultural Research) zusammengeschlossen sind, wurden die Etats in den letzten zehn Jahren um die Hälfte gekürzt. Und dies, obwohl mittlerweile eine ganze Reihe von Vereinbarungen verabschiedet wurden, wie die »Convention on Biological Diversity« (1992) und der »International Treaty for Plant Genetic Resources« (2001), die die Artenvielfalt schützen sollen.

Der Schwachpunkt an diesen Übereinkommen sind die Finanzen. Für die Sicherung der Genreserven gab es nicht genügend Geld, und das hat sich auch nicht geändert. Seit Juni 2004 gibt es zwar einen »Global Crop Diversity Trust«. Der Trust sammelt Geld, um die in Not geratenen Banken und Sammlungen zu unterstützen. Das Stiftungskapital beträgt 260 Millionen Dollar, und aus seinen Zinsen sollten die Schätze der Natur weltweit gesichert werden, und zwar für alle Ewigkeit. Aber der Kapitalstock ist zu gering. Bis 2008 wurde noch nicht einmal die Hälfte des Kapitals eingezahlt.[14]

Das grüne Bankensystem steht auf wackeligem Fundament, das Risiko sollte 2008 mit einer Grünen Weltbank stabilisiert werden. Sie liegt abseits der großen Städte und Konfliktherde der Welt. Sie soll das Rückgrat für die genetische Vielfalt auf den Äckern bilden, eine Art Arche Noah für die Welternährung, in Eis und Fels gehauen.

Die grüne Weltbank

Mai 2008, Spitzbergen, Norwegen: Aus der Flanke eines Bergmassivs ragt das Ende eines eckigen Eingangs, grauer Beton, umgeben von Eis und Schnee. Über eine Art Brücke kommt man zum Eingangstor. Dahinter beginnt die Röhre. Ein Tunnel, der in das gefrorene Gestein geschlagen wurde. Unter greller Neonbeleuchtung geht es 120 Meter hinein in den Fels. Die Baumeister hoffen, dass diese Tiefe ausreicht, um die eingelagerten Samen auf ewig sicher zu lagern. Auch wenn der Strom ausfällt, soll die Kühlung aufrechterhalten bleiben. Am Ende des Tunnels öffnen sich, von Druckluft getrieben, schwere Isoliertüren. Sie geben den Blick frei in zwei riesige Lagerhallen. Reihen von Hochregalen warten hier auf die Schätze der Natur. Die Betriebstemperatur liegt bei minus 18 Grad.

Noch befindet sich das Archiv im Aufbau, aber in einigen Regalen stehen schon Tüten mit Samen, dicht an dicht. Nutzpflanzen und ihre wilden Verwandten. Die Kapazität liegt bei 4,5 Millionen Samenproben, die hier einmal eingelagert werden sollen. 20 Kisten mit Samen aus 36 Ländern Afrikas sind schon da, geschickt vom Internationalen Institut für Tropenlandwirtschaft aus Nigeria.[15]

In Spitzbergen soll besonders auf die Raritäten aus Entwicklungsländern geachtet werden, sie sollen einen Sonderplatz erhalten. In ihren Heimatländern stehen sie häufig vor dem Untergang, weil Regierungen sich nicht um das nationale Erbe kümmern oder Krieg und Unruhen die Lagerstätten gefährden. Im ewigen Eis sind sie sicher. In der Weltbank für das Kapital der Welternährung werden Sicherheitskopien aus allen Genbanken der Welt verwaltet. Für den Fall der Fälle, ob Naturkatastrophe, Atomkrieg oder Seuchen in den Pflanzgärten, könnte immer auf die Kopien in Spitzbergen zurückgegriffen werden. Die Weltgenbank im hohen Norden wäre dann der Erste-, aber vielleicht auch der Letzte-Hilfe-Kasten für die Welternährung.

Nur Mais, Sojabohnen und Baumwolle

Aber die Welt-Genbanker drohen auf ihrem Kapital sitzenzubleiben. Bisher wird es kaum in Anspruch genommen. Was daraus wird für die Weltlandwirtschaft, das bestimmen nur noch wenige. Es sind die drei großen Saatgutkonzerne der Welt Monsanto, Dupont und Syngenta. Sie haben zwar ihre Investitionen in Forschung und Entwicklung zwischen 1960 und 2000 um das 14-Fache erhöht, aber von diesen Mitteln geht der Löwenanteil in die Entwicklung von nur drei Arten: Mais, Sojabohnen und Baumwolle, und nur zwei davon dienen der Ernährung.[16]

Und ob diese beiden und ihre botanischen Geschwister dem Anmarsch neuer Keime widerstehen können, ist mehr als unsicher. Der Angriff des Asiatischen Sojabohnenrosts auf die USA im November 2004 hat einen Vorgeschmack auf das geliefert, was in Zukunft auf die Weltlandwirtschaft wartet. Damals stellten die alarmierten amerikanischen Wissenschaftler fest, dass keine der Sojabohnen, die auf amerikanischen Feldern wuchsen, dem Pilz widerstehen konnte.

9. Die Rache der Turbotiere

Wer diese Bilder gesehen hat, dem werden sie nicht mehr aus dem Kopf gehen. Sie haben sich in das kollektive Gedächtnis der Europäer eingebrannt. Sie erinnern an die Apokalypse, das Ende der Welt.

Lodernde Scheiterhaufen, Tierkadaver brennen, leblose schwarz-weiße Rinder liegen übereinander gestapelt auf Rosten aus Eisenstangen. Sie brennen, und aus den Feuern quillt schwarzer Rauch gen Himmel. Es sieht aus wie ein Opferritus oder wie ein Strafgericht. In den Gesichtern der Bauern spiegelt sich Verzweiflung. Die Feuer brennen nicht nur auf einem Hof, sie brennen im Mai 1990 in ganz England. Die »bovine spongiforme Enzephalopathie« (BSE), die *Mad Cow Disease*, hat die britische Insel heimgesucht. Es herrscht Ausnahmezustand, die Regierung steht einer Epidemie gegenüber, die sie lange versucht hatte zu übersehen.

Im Jahr 1984 meldete ein Tierarzt in West Sussex, dass er ein merkwürdig aggressives Verhalten bei einer Kuh beobachtet habe. Kurz darauf, im Jahr 1985, fiel Milchbauern in der Grafschaft Kent auf, dass ihre Rinder immer häufiger mit einem staksigen Gang in die Melkkarussells stolperten. Auf dem Hof vollführten sie wilde Sprünge, schlugen um sich, brüllten wie von Sinnen, ließen sich schließlich nicht mehr melken und torkelten durch die Stallgasse, bis sie zusammenbrachen und unter wilden Zuckungen und Verrenkungen verendeten.

Als die ersten Tiere von den Veterinären des britischen Ministeriums für Landwirtschaft seziert wurden, kam zum ersten Mal zutage, dass alle Tiere ein schwammartig durchlöchertes Gehirn aufwiesen, das deutlich geschrumpft war.

Was zunächst noch Einzelfälle waren, ging bald über auf ganze Landkreise und schließlich auf ganz England. 1990 waren bereits 13 000 Rinder an der Seuche verendet, und jeden Tag kamen neue hinzu. Der Mikrobiologe Richard Lacey von der Universität Leeds forderte, dass alle britischen Herden, in denen BSE auftrat, sofort notgeschlachtet und verbrannt werden sollten. Es ging um sechs Millionen Rinder, die unter Verdacht standen.

Der britische Landwirtschaftsminister John Gummer versuchte, die aufkeimende Angst der Briten zu beruhigen. Vor laufenden Kameras ließ er seine Tochter Cordelia einen Hamburger aus britischem Rindfleisch essen. Die Kampagne *British beef is safe* sollte die englische Bevölkerung in ihrem Glauben an die Sicherheit des britischen Fleischs bestätigen. Doch die Seuche zog immer weitere Kreise. 1996 wurden allein in Großbritannien 170 000 Rinder von BSE dahingerafft.

Am 20. März 1996 trat der britische Gesundheitsminister Dorrell mit einer erschreckenden Nachricht an die Öffentlichkeit. Es gebe eine neuartige Form einer sonst seltenen Hirnerkrankung beim Menschen mit ähnlichen Symptomen wie bei BSE. Bei dieser neuen Form der Creutzfeldt-Jakob-Krankheit (CJK) müsse von einer Übertragung des unbekannten Erregers vom Rind auf den Menschen ausgegangen werden. Im gleichen Jahr starben zwei Menschen in England an der neuen Variante der Creutzfeldt-Jakob-Krankheit.

Im November 2003 berichtete das Überwachungszentrum für CJK in Edinburgh, dass die Epidemie bis dahin insgesamt 137 Tote in England gefordert habe. Der wissenschaftliche Lenkungsausschuss der Europäischen Kommission fürchtet, dass ein einziges BSE-Rind den Erreger auf bis zu 500 000 Menschen übertragen kann. Die britische Food Standard Agency (FSA) will sich nicht festlegen, sie hält einige hundert Tote für ebenso möglich wie einige hunderttausend.

Auf dem Weg ins Risiko

BSE gehört medizinisch zu den sogenannten Zoonosen, Krankheiten, die von Tieren auf Menschen überspringen. Diese Art der Übertragung kennen wir von Bandwurm, Tollwut und auch Rindertuberkulose. Sie alle konnten bekämpft werden, weil der Erreger bekannt war und ein Gegenmittel zur Verfügung stand. Sie waren lokal begrenzt und konnten lokal bekämpft werden. Das scheint sich mit der Ausbreitung der industriellen Tierzucht geändert zu haben. Die Erreger von neuartigen Zoonosen sind entweder unbekannt, und /oder es gibt kein Gegenmittel. Sie überwinden Arten- wie auch Ländergrenzen und können rasch zu einer globalen Bedrohung werden. So wie das »Schwere Akute Respiratorische Syndrom«, SARS, eine Atemwegserkrankung, die im Frühjahr 2003 die Welt in Angst und Schrecken versetzte.

Wie kommt es, dass diese Seuchen im Schlepptau der industriellen Tierzucht auftauchen? Wie und warum entstehen sie, und welche Rolle spielt dabei die Verarmung der biologischen Vielfalt, welche die industrielle Zucht und Haltung von Rindern, Schweinen und Hühnern in der modernen Landwirtschaft mit sich bringt?

Der Blick zurück zeigt, dass ein solches Risiko früher nicht bestand, weil die Vielfalt der Nutztierrassen auf den Bauernhöfen alles andere als genetisch eintönig war. So existierten bis ins 20. Jahrhundert nach den Erhebungen des »Committee on Managing Global Genetic Resources« in Europa noch 115 Rinderrassen, 105 Schweinerassen und alleine in Deutschland 71 Hühnerrassen. Es waren Tiere, die nicht nur wegen einer Leistung hochgeschätzt waren, sondern wegen einer Vielzahl von Eigenschaften, die sie für ihren Halter nützlich machten. Eine der wichtigsten war, dass sie Wind und Wetter aushalten und auch Dürre und Mangel überleben konnten, also eine stabile Konstitution und Gesundheit besaßen und sich darüber hinaus mit dem zufriedengaben, was jenseits der Getreidefelder wuchs.

Die Nutztiere auf den Bauernhöfen mussten mit der Weide im Wald, auf sumpfigen Wiesen und mit den Abfällen aus Haus und Hof zurechtkommen. Getreide aber bekamen sie nicht, denn das war bis ins 20. Jahrhundert auch in Europa noch Mangelware. Als Rohstoff für Brot war es wichtiger als für den Viehtrog. Darüber hinaus mussten die Nutztiere von früher unterschiedliche Bedürfnisse abdecken.

Rinder hatten traditionell drei Aufgaben. Sie wurden als Zugtiere eingesetzt, sollten Fleisch und zusätzlich Milch liefern, und selbst Haut und Knochen erfüllten einen Wirtschaftszweck. Das Schwein lieferte nicht nur Fleisch, sondern vor allem Speck und auch noch Borsten für die Bürsten. Das Huhn legte nicht nur Eier, sondern lieferte auch noch eine gute Suppe, dazu ein kräftiges Stück Fleisch und Federn für die Bettdecken.

Das Ende dieser Mehrzwecktiere und damit auch der Rassenvielfalt in der Landwirtschaft begann mit den Züchtervereinigungen, die sich um 1930 gründeten und um die Zucht von Pflanzen und Tieren kümmerten. Sie stellten Leistungsziele auf und sortierten die Arten aus, die nicht ins Leistungsspektrum passten. Im Laufe der Jahre stellten sie immer mehr nur noch ein einziges Leistungsmerkmal in den Vordergrund: beim Rind nur noch die Milch, bei Mastschwein und Hähnchen nur noch das Fleisch und bei den Hühnern nur die Eierzahl.

Der starre Blick auf nur ein Merkmal musste in der Zuchtauswahl zwangsläufig andere Eigenschaften übersehen. Mit jeder Entscheidung für ein Merkmal oder eine Rasse fiel auch eine Entscheidung gegen eine andere Eigenschaft und Rasse. So wuchs das Risiko von Fehlentscheidungen, weil Zuchtergebnisse immer erst in der nächsten Generation wahrgenommen werden können. Die Leistungselite der Rinder-, Schweine- und Geflügelzucht hatte immer eine Reihe von unerwünschten Eigenschaften mit im Gepäck, die allerdings erst später auffielen, manchmal zu spät. Und genau hier liegt für Dr. Anita Idel das Problem. Sie arbeitet im Projekt »Animal Health & Agrobiodiversity«, das sich mit der Achillesferse der modernen Hochleistungszucht befasst.

Durch diese Art von Zuchtentscheidungen, stellt sie fest, verlor die Landwirtschaft in Europa den größten Teil ihrer regionalen Tierrassen. Sie werden heute nicht mehr oder kaum noch in der Landwirtschaft genutzt. Das Spektrum ist zusammengeschmolzen auf eine Handvoll Rassen, die den Markt beherrschen. Darin sind Europa und Amerika weiter als der Rest der Welt, wo die Industrialisierung der Tierhaltung noch nicht Einzug gehalten hat. Aber auch die weltweiten Daten der FAO zeigen diesen Trend.[1]

Die Normierung der Produktion hat weltweit in den letzten hundert Jahren dazu geführt, dass mehr als 1000 von insgesamt 6400 registrierten Nutztierrassen verschwunden sind. Davon alleine 190 in den letzten 15 Jahren, beklagt Irene Hoffmann, Leiterin des Animal Production Service der FAO in Rom. Weitere 1500 Nutztierrassen stehen vor dem Aussterben. Allein in den letzten fünf Jahren sind 60 Rinder-, Ziegen-, Schweine-, Pferde- und Geflügelrassen verschwunden. Das entspricht einer Rasse pro Monat. Für Irene Hoffmann ist das ein Rennen gegen die Zeit.

Die Schuld an dieser genetischen Erosion haben für Irene Hoffmann eindeutig die fortschreitende Globalisierung und die Zucht der High-Input-High-Output-Tiere, die den Weltmarkt wegen ihrer niedrigen Produktionskosten erobern konnten. Bei Schweinefleisch bestritten sie 2006 bereits ein Drittel des weltweiten Umsatzes. Bei Eiern kommen 85 Prozent aus wenigen Hochleistungsrassen. Und auch bei den Milchkühen versorgen nur noch wenige Hochleistungsrassen zwei Drittel des Weltmilchmarktes. Das liegt an den Kostenvorteilen der Massenproduktion, führt aber gleichzeitig dazu, dass sich die tierischen Genpools immer weiter verengen. So gehen der Welt wichtige Optionen verloren, die vielleicht in Zukunft dringend gebraucht werden, wenn es um die Anpassung an den Klimawandel geht oder um die Abwehr neuerer Krankheiten, gibt Irene Hoffmann zu bedenken.[2]

Doch bisher findet sie mit ihren Mahnungen wenig Gehör. Die Zucht von Tieren ist ein globales Geschäft geworden, und es entwickelt sich unabhängig von dem, was auf lange Sicht vernünftig wäre. Das Geschäft machen überwiegend kommerzielle Zuchtunternehmen. Ihr Ziel liegt in einem möglichst großen Markt für ihre Zuchtprodukte. Und der ist ihnen sicher, wenn sie mit möglichst hohen Leistungen von sich reden machen können. Der Siegeszug der Rinderrasse Holstein-Friesian, die mittlerweile weltweit das Synonym für »Milchkuh« geworden ist, ist ein Beispiel dafür.

Siegeszug der Holstein-Friesian

Vom Aussehen her ist diese Rasse heute einem Kleiderständer ähnlicher als einem Rind. Das einzig pralle an ihrem Skelett ist das Euter, das mittlerweile die unerhörte Milchmenge von bis zu 15 000 Liter Milch im Jahr produzieren kann. Das entspricht dem Zwanzigfachen ihres Körpergewichtes. 1977 zeichneten sich die Vertreterinnen dieser Rassen noch durch kompakten Bau und ein wohlgeformtes Euter aus, die Züchter sprachen von einem gesunden Fundament und einer robusten Gesundheit. Das Zuchtziel lag damals noch bei einer Milchmenge von 7000 Litern und entsprach dem Zehnfachen ihres Körpergewichts.

Die züchterische Auswahl hat dazu geführt, dass die Hochleistungsrinder mit ihrer Milchproduktion mehr Energie umsetzen und abgeben, als sie durch artgerechtes Futter wieder aufnehmen können. Sie brauchen also zusätzliches Hochleistungsfutter, und das in solchen Mengen, dass ihr Stoffwechsel an die Grenzen der Belastbarkeit gelangt. Der Stress schädigt das Immunsystem. Und so ergibt sich in der Praxis doch nur ein Teil der versprochenen Leistung, dafür aber eine große Anfälligkeit gegen Krankheiten. Die Hälfte der Holstein-Friesian-Kühe, die im Jahr 2000 von den Bauernhöfen zum Metzger gingen, hatten gesundheitliche Probleme. Sie waren unfruchtbar geworden, hatten Euterentzündungen oder Krankheiten an den Beinen, Gelenken und Klauen – Erkrankungen, die meistens auf Überlastung zurückzuführen waren.

Die Zahlen der Bestandsbuchführung sprechen eine deutliche Sprache. Im Schnitt war eine Holstein-Friesian-Kuh nach fünf Jahren »verbraucht« und ging zum Schlachthof. Die Hälfte der Kühe musste schon nach der Geburt des dritten Kalbes aufgeben. Statt der erhofften 55 000 Liter Milch kam das stressgeplagte Rind in seinem Leben nur auf 23 000 Liter.

Schlechte Kondition und Stressanfälligkeit der Holstein-Friesian haben den gleichen Grund, und der liegt in der Zucht. In dieser Zucht bestimmen nur wenige Spitzenbullen das Erbgut ganzer Generationen. Einige der Hochleistungsbullen brachten es bis auf zwei Millionen Kälber. Und selbst die männlichen Nachkommen dieser Spitzenbullen wurden wieder zu »Topbreeders« geweiht.[3]

Eine solche Art der Selektion bringt auch eine so weit verbreitete Rasse wie die Holstein-Friesian der Inzucht gefährlich nahe, klagt Hans Hinrich Sambraus, ehemals Professor für Tierhaltung an der TU München-Weihenstephan. Es schleichen sich Erbkrankheiten ein, und in dieser Hinsicht hat sich bei den Holstein-Friesian schon einiges angesammelt. Zum Beispiel »DUMPS«, eine Erkrankung, die zum frühen Tod des Kalbes und zur Unfruchtbarkeit der Mutter führt, oder »BLAD«, eine fast vollständige Immunschwäche, die ebenfalls zum frühen Tod des Kalbes führt, oder »CVM«, die eine Missbildung der Wirbelsäule und ebenfalls nur tote Nachkommen hinterlässt, wie es 1999 in Dänemark verstärkt beobachtet wurde.

Alle diese Ausfälle sind die Folge von Gendefekten und gehen auf einen Bullen mit dem Namen »Osborndale Ivanhoe« zurück, der 1952 geboren wurde. Sein Erbgut und das seiner Nachkommen wurde durch die Zuchtorganisation der Holstein-Friesian weltweit verbreitet, mit allen Stärken, aber auch mit allen Schwächen.[4]

Auch die Schwäche gegenüber den Erregern von BSE geht auf das Konto der Zuchtfehler. Direkter Auslöser der Krankheit war zwar das Futter, das den Hochleistungsrindern verabreicht wurde. Es war mit Tiermehl aus Kadavern angereichert, die mit einer Form von BSE infiziert waren. Doch ohne eine genetische Disposition der Holstein-Friesian wäre die Krankheit nicht zum Ausbruch gekommen und hätte sich nicht zu einer Epidemie entwickelt.

Den wissenschaftlichen Beweis hierfür lieferte im Jahr 2006 eine Studie, die am Lehrstuhl für Tierzucht an der Technischen Universität München durchgeführt wurde. Die Wissenschaftlerin Katrin Juling stellte darin die Frage, ob es einen Zusammenhang zwischen dem Erbgut eines Rindes und seiner Anfälligkeit für BSE gebe. Eigentlich hatte sie diese Verbindung für ausgeschlossen gehalten. Als sie die Genproben von 650 BSE-Rindern und 850 gesunden Tieren miteinander verglich, kam sie zu einem erstaunlichen Ergebnis. Zu ihrer Überraschung besaßen die gesunden Rinder einen Genbaustein in ihrem Erbgut, der den an BSE erkrankten Rindern fehlte, erklärt sie. Rinder, denen dieser Genbaustein fehlte, hatten ein deutlich höheres BSE-Risiko als Tiere, die diesen »schützenden« Abschnitt in ihrem Erbgut trugen.[5]

Damit wurde der Rinderwahnsinn BSE eine Frage der Vererbung. Die Empfänglichkeit für den BSE-Erreger wird in den Genen bereits festgelegt. Der Schluss drängt sich auf, dass auch die britischen Rinder von der Seuche nicht heimgesucht worden wären, wenn sie diesen genetischen Schutzmantel gegen BSE besessen hätten. Aber sie hatten in ihrem Erbgut diesen

Schutzmantel nicht. Den Grund hierfür fanden die Wissenschaftler in der Rasse, aus der die betroffenen Rinder stammten. Es waren Holstein-Friesian – die Rasse, in der nur wenige Bullen für die genetische Ausstattung der gesamten Herde sorgen und in deren Erbgut der vor BSE schützende Abschnitt fehlt. Katrin Juling empfiehlt aufgrund ihrer Befunde: »Um alle Träger der anfälligeren Variante auszuschließen, müsste man bei der Rinderrasse Holstein-Friesian etwa 80 Prozent der Bullen aus der Zucht herausnehmen.«

Da von einer solchen Radikaloperation am Erbgut der Holstein-Friesian nichts bekannt wurde, ist anzunehmen, dass das genetische BSE-Risiko der Holstein Friesian weiterhin besteht. Diese Rinderrasse ist damit ein Paradebeispiel dafür, welche Risiken entstehen, wenn sich der Genpool einer Rasse immer weiter verengt. Bei den Pflanzen war es »nur« die Anfälligkeit gegenüber Pflanzenkrankheiten. Bei den Tieren ist es nicht nur die Anfälligkeit gegen Tierkrankheiten, bei ihnen kommt eine ganz neue Dimension hinzu, nämlich das Risiko, dass diese Krankheiten auch auf den Menschen übertragen werden können.

Eine ähnliche Disposition wie bei den Rindern scheint auch bei Schweinen und Hühnern vorzuliegen. Sie ist der Grund dafür, dass deren Hochleistungsrassen immer mehr zu Brutstätten von Bakterien werden, insbesondere der Gattung *Salmonella*.

Höchst riskante Salmonellen

»Salmonellen im Schweinefleisch – nach wie vor ein Risiko«, mit dieser Warnung wandte sich das Bundesinstitut für Risikobewertung (BfR) am 12. Februar 2005 an die Öffentlichkeit. Die Wissenschaftler rieten strikt vom Verzehr von rohem Schweinefleisch ab, weil dies für eine Salmonellenepidemie verantwortlich war, die in Deutschland seit Januar 2005 umging und Zehntausende mit Durchfall und Erbrechen, Kopfschmerzen, Fieber und Abgeschlagenheit heimsuchte. Als Erreger wurde *Salmonella bovismorbificans* im rohen Schweinefleisch nachgewiesen.

Das Bundesinstitut für Risikobewertung führt Buch über die Salmonelleninfektionen in Deutschland und registrierte schon im Jahr 2004 insgesamt etwa 60 000 Menschen, die von Salmonellen befallen wurden. Die Salmonellose zählt in Deutschland zur häufigsten Infektionskrankheit. Sie stammt fast ausnahmslos aus Schweine- oder Hühnerställen und endet in schweren Fällen auch tödlich.

Wie stark die Schweine in Europa an dieser Infektion beteiligt sind, legte jüngst eine Studie der Europäischen Gemeinschaft offen. Darin wurde festgestellt, dass im Schnitt jedes zehnte Schlachtschwein mit Salmonellen infiziert ist. Besonders häufig schlugen die Salmonellentests bei Schweinen aus Spanien, Griechenland, Portugal, Großbritannien, Irland, Griechenland, Frankreich und Italien an. Bis zu einem Drittel der untersuchten Tiere erwiesen sich als belastet.[6]

Die Salmonellenbelastung der Schweine stellt schon für sich genommen ein hohes Risiko für den Menschen dar. Aber richtig gefährlich wird es, wenn man diese Salmonellen daraufhin untersucht, in welchem Umfang sie gegenüber Antibiotika resistent sind. Und dazu gehören auch wichtige Antibiotika, die beim Menschen vor allem in Notfällen eingesetzt werden. Hier beginnt dann der eigentliche Skandal. In seinem Bericht über die »Antibiotika-Resistenz in der Fleischproduktion« kommt das Bundesinstitut für Risikobewertung 2003 zu dem Schluss, dass die Zahl der gefundenen Keime, die nicht nur gegen ein, sondern gleich gegen mehrere Antibiotika unempfindlich sind, Anlass zur Sorge gebe. Was wohl mehr eine Untertreibung von Amts wegen ist, wenn man sich die Zahlen ansieht. Die bei Rind und Schwein gefundenen Keime waren »zu über 90 Prozent unempfindlich gegenüber fünf und mehr verschiedenen Antibiotika«.

Es handelt sich dabei um Antibiotika, die in der Humanmedizin gegen schwerste Infektionskrankheiten eingesetzt werden und bei lebensbedrohlichen Salmonelleninfektionen das letzte Mittel darstellen. Und noch eine Entdeckung machten die amtlichen Kontrolleure. Die resistenten Keime konnten ihre Widerstandskraft vererben, nicht nur an die gleiche Art, sondern auch über Artengrenzen hinweg.[7]

Im April 2004 meldete die britische Medizinzeitschrift *The Lancet*, dass auf Taiwan ein 58-jähriger Mann starb, nachdem er mit einer Blutvergiftung ins Krankenhaus eingeliefert wurde. Trotz umfassender Antibiotikatherapie starb er sieben Tage später. In seinem Blut konnte ein Salmonellenstamm entdeckt werden, der sich gegen alle bekannten Antibiotika als resistent erwies. Es handelte sich um das Bakterium *Salmonella choleraesuis*, das vor allem bei Schweinen vorkommt.

Wie konnte es zu solchen Verhältnissen kommen, warum entwickelten sich die Ställe der industriellen Schweinemast zu Brutstätten tödlicher Keime? Vordergründig ist es die Mastpraxis. Antibiotika gehörten zum Fütterungsalltag in den Mastfabriken. Früher wurden sie dem Futter beigemischt. Das ist mittlerweile verboten. Heute geht man andere Wege. Unter dem Stichwort »Prävention« werden die Stoffe per Spritze verabreicht.

Der Grund für diesen Aufwand liegt in dem schlichten ökonomischen Kalkül, dass ohne den Einsatz der Chemie kein schneller Masterfolg und auch kein Gewinn zu machen ist. Und hier kommen wir auf das eigentliche Problem zu sprechen. Es ist die Zucht, die auf der einen Seite höchste Leistungen hervorbringt und auf der anderen Seite eine Konstitution, die jederzeit zusammenbrechen kann. Das industriell erzeugte Turboschwein ist dem Stress der Massenhaltung nicht gewachsen. Auch das jahrelange Herumdoktern mit stressresistenten Tieren hat hieran nichts geändert. Der Stress ist systemimmanent, die Anfälligkeit gegenüber Krankheitskeimen im Erbgut angelegt.

Nicht stressstabil

Das war einmal anders, als die Schweine noch eine Schwarte besaßen und ihr Fett einen Wert hatte. Es war die Zeit, als es noch keine petrochemischen Fette gab, da wurden die Speckschwarten der Schweine zum Schmieren von Wagenrädern benutzt. Und auch die Menschen schätzten den Speck im Essen, weil ihre Arbeit hart und anstrengend war. Erst in den 1960er Jahren wechselte das Zuchtziel, es ging nicht mehr um Speck, sondern um Fleisch. Die Bevölkerung hatte die mageren Nachkriegszeiten noch mit Speck überlebt und die Arbeit des Wiederaufbaus auch, danach waren Herzinfarkt und Übergewicht das Thema. Der Speck wurde aus der Zucht verbannt. Und die Speckschweine, wie das Angler Sattelschwein, das Bunte Bentheimer, das Schwäbisch-Hällische, das Hannoversche Weideschwein und auch das Baldinger Tigerschwein verschwanden aus den Schweineställen.

Heute stammen rund zwei Drittel der Schweine in Europa von nur zwei Rassen ab. Die industrialisierte Schweinezucht setzt auf die Nachkommen aus zwei Hybridzuchtprogrammen. Jährlich werden in Deutschland 36 Millionen Mastschweine auf diesem Wege produziert. Die Zuchttiere kommen ungefähr je zur Hälfte von der Züchtungszentrale Deutsches Hybridschwein mit 155 000 Sauen und der PIC Deutschland mit 140 000 Sauen. Wenn das nicht zu einer genetischen Gleichschaltung führt, dann doch zumindest zu einer gefährlichen Verengung, ähnlich der, die wir schon bei den Holstein-Friesian gesehen haben. Die gesundheitlichen Folgen begegnen uns in ständig neuem Gewand. Wie der jüngste Fall in Sachen Schweine-Zoonose zeigt, sind es längst nicht mehr nur die Salmonellen, die in Schweineställen ausgebrütet werden.

Staphylococcus ST 398

Ende Juni 2008 hat Dr. Alexander Friedrich vom Überwachungsnetzwerk MRSA-Euregio der Öffentlichkeit eine beunruhigende Beobachtung aus dem Schweinemilieu mitzuteilen: »Wir beobachten jetzt den Beginn einer möglicherweise neuen Epidemie bei Tieren und Menschen«, erklärt der Wissenschaftler im Westdeutschen Rundfunk. Was war geschehen?

An der Universität Münster hatte ein Bakterienstamm mit dem Kürzel ST 398 die Aufmerksamkeit der Forscher erregt. Er macht sich über die Menschen her, wird aber erst gefährlich, wenn er auf eine Wunde trifft. Bei einem Patienten an der Universitätsklinik Münster wurde der Befall erst nach einer Operation registriert. Er bekam eine Entzündung am Oberschenkel, die auch mit Antibiotika nicht verschwinden wollte und das ganze Bein anschwellen ließ. Die Ärzte sprachen von Amputation.

Es war das Werk von ST 398, dem »*methicillin-resistenten Staphylococcus Aureus*« (MRSA). Mittlerweile ist er für eine steigende Zahl von Wundinfektionen verantwortlich. Auch seine Heimat liegt in den Schweineställen. In 50 bis 70 Prozent der Betriebe im deutsch-niederländischen Grenzgebiet lässt er sich nachweisen. In den Niederlanden hat er schon ein Viertel der Schweinebauern infiziert. Bisher gilt der Erreger noch als »nicht sehr aggressiv«, doch Experten der Universität Münster halten jede seiner Bewegungen auf einer Karte fest. Auch ST 398 ist gegen Antibiotika immun.[8]

»Antibiotika sind kein probates Mittel, um schlechte Haltungsbedingungen, Managementfehler oder mangelhafte Hygienestandards zu kompensieren.« Damit kritisiert das Bundesamt für Verbraucherschutz und Lebensmittelsicherheit in seinem Bericht zur Lage an der Antibiotikafront eine Praxis, die noch immer in den Ställen der industriellen Landwirtschaft regiert. Allerdings scheint sich diese Praxis wenig um solche Ratschläge zu kümmern. Sie bleibt abhängig von pharmazeutischen Stabilisatoren. Ohne sie würden die genetischen Mängel ihrer Schweine keine profitable Fleischproduktion erlauben. Und so wundert es nicht, wenn der gleiche Report feststellt, dass die Verkaufszahlen für Antibiotika in den deutschen Rinder-, Schweine- und Hühnerställen von 2003 auf 2005 um mehr als acht Prozent gestiegen sind und damit die bis dato höchste Menge von 784 Tonnen Pharmazeutika erreichen.[9]

Dieses massenhafte Doping in der Tierproduktion müsste nicht sein, wenn die Züchter mehr Augenmerk auf die natürliche Widerstandskraft gegenüber Krankheiten gelegt hätten. Das aber haben sie offensichtlich nicht. Der Wissenschaftler Gerald Reiner an der Klinik für Wiederkäuer und Schweine der Justus-Liebig-Universität Gießen unterzog sich dieser Mühe und stellte fest, dass es gegen fast alle Schweinekrankheiten, die durch Viren, Bakterien und Parasiten verursacht werden, in unterschiedlichen Schweinerassen natürliche Widerstandskräfte gibt. Allerdings kommen dabei Rassen zur Sprache wie Pinselohr- oder Warzenschwein, Yorkshire oder Chester White, Duroc oder das Meishan-Schwein aus China, die in der Hochleistungszucht nicht zu finden sind. Gerald Reiner stellt in seiner Untersuchung fest: »Die natürliche Krankheitsresistenz wird bislang nur marginal genutzt.«[10]

Leghorn

Das ist auch bei den Hühnern nicht anders. Die Branche selbst nennt sich Geflügelindustrie, und sie steht dem Fließband am nächsten. Ihre Zuchtprodukte wurden am Reißbrett entworfen und werden massenhaft von nur wenigen Geflügelfabriken hergestellt. Die lebenden Tiere ähneln sich nicht nur wie ein Ei dem anderen, sie sind Kopien von Kopien einer Vorlage. Der Weg der industriellen Tierzucht begann in den 1950er Jahren.

Um diese Zeit gackerten allein in Deutschland noch 71 Hühnerrassen auf den Höfen, vom Bergischen Kräher bis zum Westfälischen Totleger. Doch nur eine Rasse konnte im Käfig leben, und das waren die weißen Leghorns. Sie waren nicht nur käfigtauglich, sondern auch noch legefreudig und machten selbst bei einer Jahresleistung von über 280 Eiern nicht schlapp. Das war der Grund, warum diese eine Rasse die Hühnerställe in aller Welt erobern konnte. Sie steht seither im Zentrum der Hühnerzucht.

Nur drei Unternehmen bestimmen heute, welche Hennen weltweit Eier legen. Hinter der globalen kommerziellen Eierproduktion weltweit steht das genetische Erbe der Leghornhühner und damit von nur einer Rasse. Aus dieser einen Rasse reicht ein Grundbestand von nur 5000 weißen Hennen aus, um den Weltmarkt für weiße Eier zu versorgen, und weitere 5000 braune Hennen reichen für den Weltmarkt bei braunen Eiern.

Das Zuchtverfahren läuft wie beim mechanischen Kopieren. Aus den 10 000 Basis-Hennen werden in den Zuchtunternehmen und Brütereien in drei Zuchtgenerationen 2,5 Milliarden Käfighühner, und die legen in einem Hühnerjahr insgesamt 700 Milliarden Eier. Das reicht für den Weltbedarf an Eiern aus, kann aber auch jederzeit erhöht werden durch weitere Kopien von Hochleistungshennen. Allerdings: Gesund sind diese Fließbandhühner nicht. Wie Wissenschaftler feststellten, ist durch die enge Selektion auf höchste Legeleistung das innere System der Selbstregulierung abhandengekommen. Deshalb legen diese Hochleistungshennen auch dann noch, wenn sie krank werden. Beim Normalhuhn schaltet der Körper dann auf Legepause. Das Hochleistungshuhn aber legt weiter, bis es tot zusammenbricht.

Sowohl bei den Hybridschweinen als auch bei der Hybridhühnerzucht »besteht dringender Handlungsbedarf für die Ausrichtung der Zuchtziele auf die Erfordernisse der Tiergesundheit und des Tierschutzes«, urteilen die Autoren der Studie »Entwicklung der Agrobiodiversität bei Pflanzen und Tieren« im Jahr 2004.[11]

Der agropharmazeutische Komplex

Doch seither hat sich nichts geändert. Die Zuchtziele sind die gleichen geblieben, auch das genetische Profil der Tiere blieb unverändert, ebenso wie die Verhältnisse in den Milch- und Mastanlagen und in den Käfigbatterien der Eierfabriken. Die Profiteure des genetisch-gesundheitlichen Desasters in der industriellen Tierzucht und -haltung sitzen in der pharmazeutischen Industrie. Sie bilden gemeinsam mit den Zuchtkonzernen einen agropharmazeutischen Komplex, in dem alle aufeinander angewiesen sind und voneinander profitieren.

So stiegen die Umsätze der Tiermedizin mit der Spezialisierung der Landwirtschaft auf immer weniger Hochleistungsrassen immer weiter an. Während der Gesamtumsatz der Branche 1992 noch bei neun Milliarden Dollar lag, erreichte er im Jahr 2007, so die Weltbilanz des Verbandes der »Animal Health«-Industrie, schon 18 Milliarden Dollar. Und weiteres Wachstum ist vorprogrammiert durch die steigende Lust der Weltbevölkerung auf Fleisch, Eier und Milchprodukte, die Anfälligkeit der Hochleistungstiere und die Rahmenbedingungen der industriellen Tierhaltung. Denn überall finden sich Lücken im System und Einfallstore für neue Keime.

Invasion der Keime

Der Keimdruck steigt zum einen wegen des Personals, das in der Regel keine Ausbildung in Quarantänefragen besitzt. Es sind meist schlecht ausgebildete Billiglöhner, die häufig den

Arbeitsplatz wechseln. Hinzu kommen die Lastwagen der Zuchtunternehmen und der Schlachtereien, die die Keimflora ihrer Reiserouten mit in die Tierfabriken bringen. Und auch die Importfuttermittel sind nicht frei von Risiken. Sie schleppen aus ihren Herkunftsländern in Südamerika, Afrika oder Asien Krankheitskeime ein oder Insekten, die sich auf den Transport bestimmter Krankheitskeime spezialisiert haben. Auch die Tier- und Fleischtransporte bieten sich als Keimfähren von einem Kontinent zum anderen an. In 2005 wurden etwa 25 Millionen Schweine zwischen Ländern und Kontinenten hin und her geschifft, zwei Millionen Schweine im Monat.

Die krankmachenden Neuankömmlinge treffen in den Mast- und Milchzentren in Westeuropa und Amerika, aber mittlerweile auch in Asien und Indien auf tierische Massen- und Monokulturen, die den idealen Boden für eine Masseninfektion bilden. Hinzu kommen der Klimawandel, der den Sprung von Keimen und Wirten über Tausende von Kilometern ermöglicht, und der wachsende Welttourismus, mit dem Keime im Fluggepäck über Ozeane hinweggetragen werden können. Ebenfalls hinzu kommt der Handel mit lebenden Tieren, insbesondere Exoten: vier Millionen Vögel, 640 000 Schlangen und Reptilien, 40 000 Affen, das ist nur der legale Teil des Handels, der illegale wird auf noch einmal 46 Milliarden Dollar geschätzt, reisen jährlich um die Welt.

Das stellt auch die Tierärzte vor neue Fragen. Denn neben den bekannten Infektionen tauchen bei Grenzkontrollen immer neue, unbekannte Keime auf. Der Amerikaner Lonnie J. King, Direktor des Zentrums für Tierkrankheiten und Krankheitskontrolle in Atlanta, Georgia, präsentierte bei einer Tagung in Brüssel 2008 seine Forschungsergebnisse. Danach hat nicht nur die Zahl der neuen Keime seit den 1940er Jahren immer mehr zugenommen, sondern auch, und das ist besonders bedenklich, die Zahl jener, die gegen die gängigen Tierarzneimittel resistent sind.

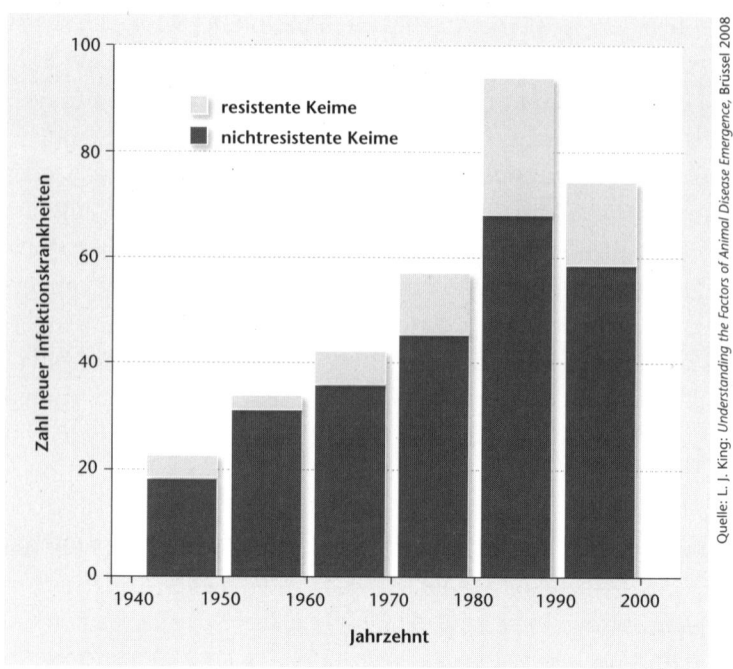

Quelle: L. J. King: *Understanding the Factors of Animal Disease Emergence*, Brüssel 2008

Grafik 9.1: **Resistenzen bei neuartigen Infektionskrankheiten, globale Trends 2008**

Seit 1980 verstärkte sich dieser Trend; ob er gebrochen werden kann, steht in Zweifel. Denn das Klima für neue und aggressive Keime verbessert sich, nicht zuletzt durch immer mehr Mast- und Fleischfabriken. Die Schweine- und Geflügelindustrie wächst und gehört mit über drei Prozent Wachstum jährlich zu den am schnellsten wachsenden Feldern der Weltlandwirtschaft.

Europa hat schon einen kleinen Vorgeschmack davon bekommen, was es heißt, wenn ein Krankheitserreger, der hier nie erwartet wurde und auch im Laufe der Tiergeschichte hier keine Spuren hinterlassen hat, auf einmal auftaucht. Es ist die Geschichte der Blauzungenkrankheit, die seit 2007 innerhalb von wenigen Monaten einen großen Teil der Schafherden und einen Teil der Rinder in Deutschland heimsuchte, ohne dass eine der gängigen Impfungen dagegen etwas ausrichten konnte. Hilfe gab es erst, als nach Monaten ein neues Serum entwickelt war. Aber auch das erwies sich schon nach kurzer Zeit als wirkungslos, weil das Virus seine Gestalt geändert hatte und so vom Impfstoff nicht mehr erkannt werden konnte.

Das aber trifft »nur« Tiere. Anders wird die Lage, wenn durch Neuankömmlinge am Ende auch Menschen in direkte Lebensgefahr geraten. Das Stichwort heißt SARS. Die Vogelgrippe hat schon 2003 versucht, ihre Keime von Asien aus um die Welt zu schicken. Ihre Brutstätten liegen in den Geflügelzentren Asiens. Von dort machte sie sich mit Geflügeltransporten auf den Weg. 2003 traf sie auf die ersten Menschen und forderte in China die ersten Toten. Sie gehört zu den gefürchteten Zoonosen, weil sich ihre Keime, wie die der Grippe, schnell um die Welt verbreiten können. Und weil es kein Gegenmittel gegen ihre Keime gibt, droht die Gefahr einer weltweiten Epidemie mit einem Heer von Kranken und Toten und im schlimmsten Falle dem Ende der industriellen Geflügelwirtschaft.

Im genetisch uniformen Milieu der industriellen Massentierhaltung könnte der Erreger von SARS den idealen Raum finden, um sich nicht nur zu vermehren, sondern auch immer wieder zu verändern. SARS wäre im Jahr 2003 beinahe der GAU, der größte anzunehmende Unfall mit einer modernen Zoonose gewesen. Mittlerweile aber hat ein neues Virus die Schlagzeilen erobert, der Erreger der neuen Schweinegrippe verbreitet sich von Mexiko her über den Globus. Deutlich wurde die Gefahr am 24. April 2009, als sich Meldungen häuften, dass Hunderte von Menschen in Mexiko an einer neuartigen Grippevariante erkrankt und Dutzende bereits gestorben seien. Das ursprüngliche Schweinegrippe-Virus kann sich von Mensch zu Mensch verbreiten.

Die WHO warnte vor einer Pandemie, der weltweiten Ausbreitung der Seuche. Vermutlich stamme das Virus aus dem

Geflügel- und Schweinezuchtgürtel des Landes und könnte
dort von Tagelöhnern, die zwischen Schweine- und Geflügelfarmen hin- und herpendeln, in Umlauf gebracht worden
sein.[12]

In den folgenden Tagen erlosch das öffentliche Leben in Mexiko-Stadt. Fußballspiele fanden vor leeren Rängen statt. Bitt-
prozessionen zogen um die Kirchen der Hauptstadt. Die Armee
verteilte Atemschutzmasken. Flüge von und nach Mexiko wurden storniert. Die Europäische Gemeinschaft beriet, ob alle
Flüge gestrichen werden sollten.

Am 5. Mai meldete das Europäische Zentrum für Seuchen-
kontrolle, dass insgesamt 21 Länder von der Seuche betroffen
seien, elf davon in Europa. Die Zahl der nachgewiesenen
Grippefälle sei weltweit innerhalb eines Tages um mehr als 200
auf 1269 gestiegen. Am 11. Juni rief die WHO die höchste
Alarmstufe der Pandemie aus, in 74 Ländern hatte die Grippe
offiziell 29 669 Menschen infiziert, 145 waren an der Infektion gestorben. Anfang August war die Zahl der Infizierten auf
185 000 (davon 6000 in Deutschland) gestiegen, die der Toten
auf 1120.

Die Schweinegrippe steht im Sommer 2009 auf dem Sprung.
Es besteht die konkrete Gefahr, dass sie weltweit immer schneller um sich greifen und damit weit mehr Menschenleben fordern könnte als SARS 2003. SARS hatte nach den Erhebungen
der WHO weltweit über 8000 Menschen infiziert, über 900 waren daran gestorben.[13]

Die Gefahr durch Zoonosen wächst, weil sich die Tiere durch
die Zuchtauswahl genetisch immer ähnlicher werden und damit ähnliche Anfälligkeiten besitzen. Und weil sie sich mit immer größeren Herden auf immer kleinerem Raum konzentrieren und damit ein riskantes Ansteckungsmilieu bilden. Und
schließlich, weil diese konzentrierten Viehbestände als Brutstätten für Krankheitskeime immer näher an die Ballungszentren der Menschen heranrücken.

Das beunruhigte auch die FAO. Ihr Nutztierexperte Joachim Ott warnte am 19. September 2007 in der *Medical News Today* davor, immer mehr Tiere auf engem Raum und in einer Region zusammenzupferchen, ohne in mehr biologische Sicherheit zu investieren. Und er meinte damit nicht nur die Massenställe, sondern auch ihre Umgebung. Denn dort landen die Abfälle und Kot, Tierkadaver und Futterreste auf den Feldern und machen dann diese zu Brutstätten für neue Keime jeder Art.

Die FAO fordert als erste Vorsichtsmaßnahme, dass Tierfabriken nicht in der Nähe von Ballungszentren oder Vogelrastplätzen gebaut werden dürfen – bisher aber ohne Erfolg. Die Krankheitsrisiken der industriellen Zucht- und Mastkomplexe, stellt der Chefveterinär der FAO Joseph Domenech fest, sind von der Politik noch nicht erkannt.[14]

10. Das Ende der Grünen Revolution

Wir schreiben das Jahr 1967. Ein Reisfeld im Süden Indiens im Cauvery-Delta im Dorf Srirangarajapuram. Im Hintergrund ragen Palmen in den Himmel, davor steht eine Gruppe von Menschen. Sie zeigen auf das, was sich gerade durch das Reisfeld wühlt. Es ist ein Traktor, etwas ganz Neues im Dorf. Bisher hatte jeder mit seinem Ochsen sein Reisfeld gepflügt. Die Menschen staunen, und noch mehr wundern sie sich über das Wasser, das zu dieser Zeit schon im Reisfeld steht. Aus den Bewässerungskanälen, die sich durch das Dorf ziehen, kommt es nicht, denn die führen zurzeit noch gar kein Wasser. Dazu ist es noch zu früh im Jahr.

Das Wasser im Feld kommt aus dem Untergrund. Eine starke Pumpe saugt es aus acht Metern Tiefe aus dem Grundwasser empor und drückt es durch eine neue Leitung direkt auf die Felder des reichsten Bauern im Dorf. Der baut jetzt Reis an, der nicht nur eine, sondern zwei Ernten im Jahr bringen soll. Dieser Reis muss früh gepflanzt werden, und er braucht viel Wasser, damit er sein volles Potenzial zeigen kann. Der rote Traktor, der durch das Feld pflügt, manövriert auf Gitterreifen von einem Feldrand zum anderen. Mit ihm ist eine neue Zeit angebrochen. Die Grüne Revolution ist in Indien angekommen.

Grüne Revolution als Antwort

Die Grüne Revolution war die Antwort auf die katastrophale Ernährungslage der Menschen in Asien in den 1960er Jahren. Ihr Kernstück waren die Züchtungserfolge des Forschers Norman Borlaug und seiner Kollegen vom »International Maize and Wheat Improvement Center« in Mexiko. Ihnen war es gelungen, Weizen, Mais und Reissorten zu erzeugen, die wesentlich höhere Erträge erbrachten als die herkömmlichen Sorten. Außerdem reagierten sie deutlich besser auf Bewässerung und Stickstoffdünger. Diese Erzeugnisse sollten in Zukunft das Bild auf den Feldern weltweit bestimmen und den massenhaften Hunger besonders in Asien bekämpfen.

Es war der Glaube an den biologisch-technischen Fortschritt, der die Rockefeller- und die Ford-Stiftung bewog, dieses Konzept zu finanzieren. Allerdings stand nicht nur Mildtätigkeit dahinter, sondern auch die Erwartung, dass weniger Armut auch mehr Konsum bedeuten könnte und damit mehr Absatz für die amerikanische Industrie. Und so fanden die Hochleistungspflanzen ihren Weg auf 75 Prozent der Reisfelder in Asien, auf die Hälfte der Weizenfelder Afrikas und mehr als zwei Drittel der Maisfelder Südamerikas. Der Agrarökologe Peter Rosset schätzt, dass die Supersaaten aus der Zucht des Norman Borlaug auf 40 Prozent der Äcker in der Dritten Welt Fuß fassen konnten.

Zunächst galt dies als bahnbrechender Erfolg. Die Ernten in Indien verdoppelten sich fast über Nacht. Der neue Reis wuchs zügiger als die alten Sorten im Dorf und wurde viel schneller reif. Statt 1500 Kilo Reis pro Hektar brachte er es auf 2000 Kilo und das gleich zweimal im Jahr. Die Produktion im Lande wuchs von 60 auf 150 Millionen Tonnen pro Jahr. Die nationalen Getreidelager füllten sich durch die neuen Ernten reichlich. Indien wurde vom Reiseinfuhrland zum Exporteur. In den 1980er Jahren konnte das Land sechs Millionen Tonnen Weizen auf dem Weltmarkt verkaufen.

Das erweckte für die Welt den Eindruck, dass das Konzept der Grünen Revolution ein Erfolgskonzept sein müsste. Und als solches war es auch von Anfang an verkauft worden. Aber schon während die Revolution in den indischen Dörfern anlief, machten sich auch die Schattenseiten bemerkbar.

So mussten die Bauern im Süden Indiens im Cauvery-Delta feststellen, dass sie nicht mehr wie früher einen Teil der Ernte als Saatgut für das nächste Jahr einsetzen konnten, denn bedauerlicherweise trugen die Pflanzen der Grünen Revolution nur einmal ihren Höchstertrag. Für die nächste Ernte musste also eine neue Saat gekauft werden. Hinzu kam, die Pflanzen wuchsen nicht von alleine. Sie brauchen Unterstützung und Zutaten, die bisher im Dorf Srirangarajapuram unbekannt waren. Zum einen waren dies starke Pumpen, mit denen der neue Reis rechtzeitig bewässert werden konnte, wenn die Kanäle im Dorf noch kein Wasser führten. Zum anderen brauchte der Reis künstlichen Dünger für seine zweifachen Ernten, denn dafür reichten die im Boden gespeicherten Nährstoffe nicht aus. Und schließlich brauchte er zusätzlich chemische Unterstützung gegen Pilze, Bakterien und Insekten, die sich leichter durch die dünnen Zellwände der schnell wachsenden Kulturen bohren konnten und ihm die Leistungskraft raubten.

Und noch etwas war gänzlich anders als zuvor: Wer an der Grünen Revolution teilhaben wollte, musste lesen können, um zu wissen, wann die Pflanzen zu bewässern, zu düngen, zu spritzen und zu ernten waren und wann die Felder zum zweiten Mal zu bestellen wären. Und er brauchte Geld, um Saatgut, Technik und chemische Zusätze zu kaufen. Dies schränkte die Zahl der Nutznießer erheblich ein

Pumpenrevolution

In einer Untersuchung über die Wirkung der Grünen Revolution im Süden Indiens kam Professor Hans-Georg Bohle vom Institut für Kulturgeographie der Universität Freiburg 1988 zu dem Schluss, dass die meisten Bauern im Dorf solche Voraussetzungen nicht besaßen. Gerade die Ärmsten unter ihnen konnten an der Grünen Revolution nicht teilhaben. Wenn sie es trotzdem versuchten, hatten sie bei weitem nicht so viel Erfolg wie ihre reicheren Nachbarn.

Ihr Nachteil begann schon mit der Pumpe, die sie brauchten, um den Reis rechtzeitig zu bewässern. Sie kostete 10 000 Rupien, ein unerschwinglicher Preis für die kleinen Bauern im Dorf. Denn sie verdienten am Tag nicht mehr als vier Rupien und konnten sich damit keine Pumpe leisten. Sie mussten das Wasser für teures Geld bei dem Nachbarn kaufen, der eine Pumpe besaß. Deshalb wurde die Grüne Revolution auch schon bald die »Pumpenrevolution« genannt, denn von ihr profitierten nur die, die sich eine Pumpe leisten konnten.

Die kleinen Bauern hatten nicht nur in dieser Hinsicht das Nachsehen. Auch beim Einkauf des Düngers bekamen sie nicht den Rabatt, den die Großen erhielten. Und beim Verkauf der Ernte erhielten sie nicht den Preis, den die Großen aushandeln konnten. So waren die Nutznießer der Grünen Revolution am Ende nur wenige. Sie feierten ihren frisch erworbenen Reichtum in schönen neuen Häusern aus Stein und mit reich verzierten Fassaden und Balkonen in den neu entstandenen feineren Straßen des Dorfes, wo bisher nur die Reichen und Mächtigen wohnten.

Die alte soziale Balance im Dorf war mit der Grünen Revolution einer neuen Hierarchie gewichen. Die Profiteure auf der einen Seite und die Verlierer auf der anderen.

Mythos von der Grünen Revolution

Doch von den Verlierern ist selten die Rede. Sie hatten keinen Platz im Mythos von der Grünen Revolution als Rettung von Hunger und Armut. Dabei hält der Mythos einer genauen Betrachtung nicht stand. Die Geschichte von den Supererknten stimmt zwar, aber das Versprechen, dass damit auch Hunger und Armut zu besiegen seien, trifft nicht zu.

Der sogenannte »Trickle down«-Effekt, der eigentlich dafür sorgen sollte, dass vom steigenden Wohlstand der Reichen auch die Armen etwas abbekamen, in Form von Arbeitsplätzen und Einkommen, hat im Land der Grünen Revolution nicht stattgefunden. Im Gegenteil, der Council for Social Development (CSD) in New Delhi kommt in seinen Erhebungen zu dem Schluss, dass die Armut das Land nie verlassen hat. »Von den 1,1 Milliarden Indern leben im Jahr 2006 zwischen 280 und 300 Millionen Menschen in menschenunwürdiger Armut«, erklärt der Soziologe Amit Bhaduri und macht dafür die »vorherrschende Entwicklungsstrategie« verantwortlich, die einen Teil der Menschen einfach ausschließt, und zwar ausgerechnet die, die in der indischen Gesellschaft traditionell zu den unteren Kasten, zu den Armen gehören.[1]

Aber nicht nur bei den Menschen ist die Grüne Revolution ihre versprochenen Wohltaten schuldig geblieben. Auch die Natur blieb gezeichnet zurück. Die Böden zeigen Anzeichen von erheblicher Verarmung. Bis in die 1980er Jahre hatten sie sich als äußerst leistungsfähig erwiesen, aber je mehr Ernten eingefahren wurden, desto mehr ließ ihre Leistungskraft nach. Das internationale Reisforschungsinstitut (IRRI) stellte dies zunächst auf den Philippinen fest, dann aber auch in Indien. Mindestens sechs Prozent des Reislandes gilt heute als ausgelaugt oder leidet an steigendem Salzgehalt durch die intensive Bewässerung. Und wo die Erträge noch nicht zurückgehen, da verringert sich doch ihr Zuwachs, stellte der Agrarökologe Peter Rosset 1998 fest. Sein Resümee: Die Böden ermüden, der Hochleistungsstress scheint sich auf Dauer nicht auszuzahlen.[2]

Hinzu kommt, dass das Grundwasser durch die Pumpen der Grünen Revolution schneller absinkt, als es vielerorts von den Regenfällen wieder aufgefüllt werden kann. Lester R. Brown, der Direktor des Earth Policy Institute in Washington, kommt in seiner Bilanz der indischen Grünen Revolution zu dem

Schluss, dass die Pumpen sich bereits selbst das Wasser abgegraben haben. Die Hälfte der herkömmlichen Brunnen in Indien, die von Hand gegraben wurden, liegt bereits trocken. Bei den Bauern, die keine Pumpen besitzen und auf diese Brunnen angewiesen sind, hat dies bereits eine Selbstmordwelle ausgelöst. Tushaar Shah, Chef der Grundwasserforschungsstation des International Water Management Institute in Gujarat, befürchtet sogar, dass der Wassermangel, der durch die Tiefbrunnen und die Bewässerung der Hochleistungskulturen in der indischen Landwirtschaft ausgelöst wird, in einer politischen Katastrophe enden könnte. Er warnt: »Wenn die Blase platzt, wird im ländlichen Indien eine unbeschreibliche Anarchie ausbrechen.«[3]

Schließlich droht auch der Treibstoff der Grünen Revolution, das Rohöl, auf Dauer auszugehen. Das zeigt die Preisentwicklung bereits an. Als das Konzept in den 1960er Jahren entwickelt wurde, lag der Ölpreis bei weniger als drei Dollar pro Barrel. Seit er im Jahr 2008 aber in der Spitze 140 Dollar erreichte, verliert die Grüne Revolution einen Teil ihrer Basis. Sowohl der Treibstoff für Pumpen und Traktoren als auch der Grundstoff für den Stickstoffdünger, der pro Tonne zwei Tonnen Rohöl verschlingt, als auch die Ausgangsstoffe für Agrarchemikalien hängen alle direkt vom Ölpreis ab. Der Preisschub in 2008, der die Preise für petrochemische Produkte explodieren ließ, zeigt auf welch dünnem Boden das Konzept der Höchstleistungspflanzen mittlerweile steht.

Auf der Negativseite der Grünen Revolution müssen auch die alten Nutzpflanzen verbucht werden, die mittlerweile von den Äckern verschwunden sind. Mit ihnen verschwand ein Teil der biologischen Vielfalt, die an das jeweilige Klima der Region angepasst war.

Modell Grüne Revolution gescheitert

Die Grüne Revolution hat die Erwartungen, die in sie gesetzt wurden, nicht erfüllt, das bestätigt auch die Statistik. Von ihren Protagonisten wird zwar gerne ins Feld geführt, dass ihr zu verdanken sei, dass das Nahrungsangebot pro Kopf zwischen 1970 und 1990 um elf Prozent gestiegen und die Zahl der Hungernden weltweit gleichzeitig um 16 Prozent (von 940 auf 790 Millionen Menschen) gesunken sei, aber der Agrarökologe Peter Rosset hält dies nur für einen Zahlentrick.

Wirkliche Erfolge im Kampf gegen den Hunger seien in der Zeit der Grünen Revolution nur in China zu verzeichnen gewesen. Nach seinen Berechnungen sank nur dort die Zahl der Hungernden deutlich von 400 auf 180 Millionen. Peter Rosset sieht darin keinen Zufall, sondern die Folge einer anderen Politik. Nur in China seien die Erfolge der Hochleistungskulturen gerecht unter der Bevölkerung verteilt worden und nicht nur wenigen zugeflossen. Darin unterscheidet sich die Wirkung im Vergleich zu anderen Ländern Asiens, wo nur die Wohlhabenderen die Erfolge ernten durften. Ohne Berücksichtigung Chinas sei der Hunger in der Zeit der Grünen Revolution weltweit nicht gesunken, sondern um elf Prozent gestiegen.[4]

Das hat sich offensichtlich noch nicht herumgesprochen, denn immer noch wird das Konzept der Grünen Revolution als Lösung für die Ernährungsprobleme der Entwicklungsländer gehandelt. So auch von Kofi Annan, dem ehemaligen Generalsekretär der Vereinten Nationen. Er fordert eine neue Grüne Revolution für Afrika – nach den Erfahrungen mit der Grünen Revolution in Indien keine gute Wahl. Es sei denn, die Verhältnisse in Afrika wären grundlegend anders als in Indien. Das aber ist nicht der Fall. Ebenso wie in Indien besitzt die Mehrheit in den Hungerländern Afrikas kein Geld, um Hochleistungssaatgut zu kaufen, Bewässerungssysteme zu installieren oder in Kunstdünger und Agrarchemie zu investieren. Es gibt auch nicht genügend fruchtbaren und belastbaren Boden, der den Stress der Höchstleistungspflanzen aushalten könnte, und nicht genügend Wasser, um diese Pflanzen hinreichend zu bewässern. Schließlich fehlt ebenso wie in Indien die Ausbildung, um mit dem anspruchsvollen Anbausystem umzugehen.

Mehr als die Hälfte der Landbewirtschafter sind Frauen, die bisher weder über Zugang zu Landeigentum noch zu Krediten verfügen. Die Mehrheit existiert auf Kleinstlandwirtschaften, die gerade eine Familie ernähren und weit entfernt von den Märkten liegen, auf denen sie Saatgut und Chemikalien kaufen oder die Produkte ihrer Landwirtschaft verkaufen könnten. Hinzu kommt, dass die Mehrheit der Betroffenen südlich der Sahara lebt und damit in Regionen, die im Klimawandel mit vermehrter Hitze, Dürre und Überschwemmungen rechnen müssen. Dies alles sind keine Voraussetzungen, die in Afrika ein besseres Gelingen einer Grünen Revolution erwarten lassen als in Indien.

Wege aus der Sackgasse

Wenn die Grüne Revolution nicht den Hunger von sechs Milliarden Menschen stillen konnte, weil ihre Gewinne ungerecht verteilt wurden, wie soll sie da mit der Herausforderung von neun Milliarden bis Mitte des Jahrhunderts fertig werden?

Auch die Welternährungsorganisation FAO traut diesem Weg zur Hungerbeseitigung offensichtlich nicht mehr viel zu. Sie hat den künftigen Getreidebedarf kalkuliert und zeigt zumindest für eine Übergangszeit ein anderes Konzept gegen den Welthunger auf. Dabei setzt sie auf die reichen Agrarexportländer, bei denen noch mit einer Steigerung der Ernten gerechnet werden könnte. Das Übergangskonzept heißt: Der Westen produziert, der Süden und Osten importieren.

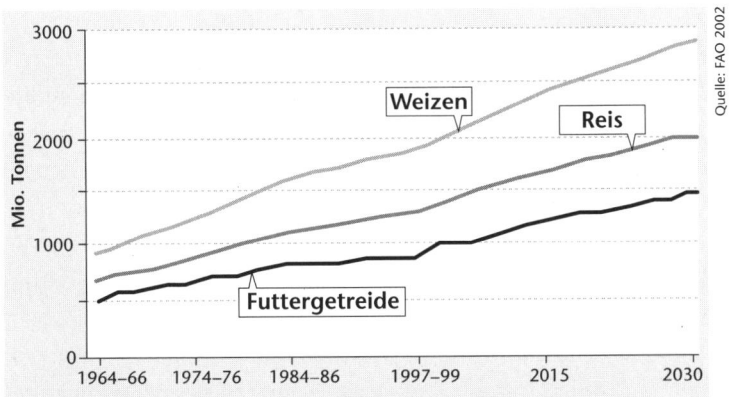

Grafik 10.1: **Nachfrage nach Getreide weltweit 1964 bis 2030**

Rechnet man nur bis 2030, dann ist vorauszusehen, dass für die wachsende Weltbevölkerung eine zusätzliche Menge von jährlich 265 Millionen Tonnen Getreide zur Verfügung stehen müssen. Das entspricht einer Menge, wie sie in der Ernte 2008 in ganz Europa eingefahren wurde (293 Millionen Tonnen). Diese zusätzlichen Mengen stellen keine Überforderung für die großen Agrarexporteure der Welt dar. Auf den Äckern in Europa, Nord- und Südamerika und Australien gibt es nach Erkenntnissen der FAO-Experten noch genügend Reserven, um den Ausgleich zwischen steigender Nachfrage und stagnierender Produktion in den Ländern der Dritten Welt zu schaffen. Alleine in Europa und den USA könnten die Bauern noch erheblich mehr aus ihren Äckern holen als bisher. Zumindest laut Erntestatistik haben die französischen Landwirte die Leistungskraft ihrer Weizensorten erst zu 80 Prozent ausgeschöpft und die USA sogar erst zur Hälfte.

Wenn sich nur elf der Exportstaaten zusammenfänden und ihre Weizenfelder nach dem Stand der Technik bestellten, könnte das schon ausreichen, um die Erntemenge um ein Viertel zu erhöhen, das heißt um 300 Millionen Tonnen. Das ist das biologisch-technische Mögliche. Und zumindest in Ansätzen ist dieser Ausgleich zwischen Weltbedarf und Nachfrage schon Realität. So meldet der Internationale Getreiderat im Dezember 2008, dass sich der Weizenexport der EU von elf auf rund 17 Millionen Tonnen im Jahr gesteigert habe.

Das Konzept Ausgleich durch Importieren hat allerdings einen Haken: Es lässt sich nur dort anwenden, wo ein laufendes Einkommen zur Verfügung steht, um die Importrechnung zu bezahlen, wie in den Öl exportierenden Staaten. Ein solches Einkommen steht jedoch der Mehrheit der 82 Low-Income Food-Deficit Countries (LIFDC) nicht zur Verfügung. Sie haben keinen Puffer, um den Hunger ihrer wachsenden Bevölkerung bei steigenden Weltmarktpreisen durch Einfuhren abzufedern. Sechs dieser Staaten sind schon heute hochgradig von Importen abhängig, sie führen über 40 Prozent ihrer Nahrungsmittel

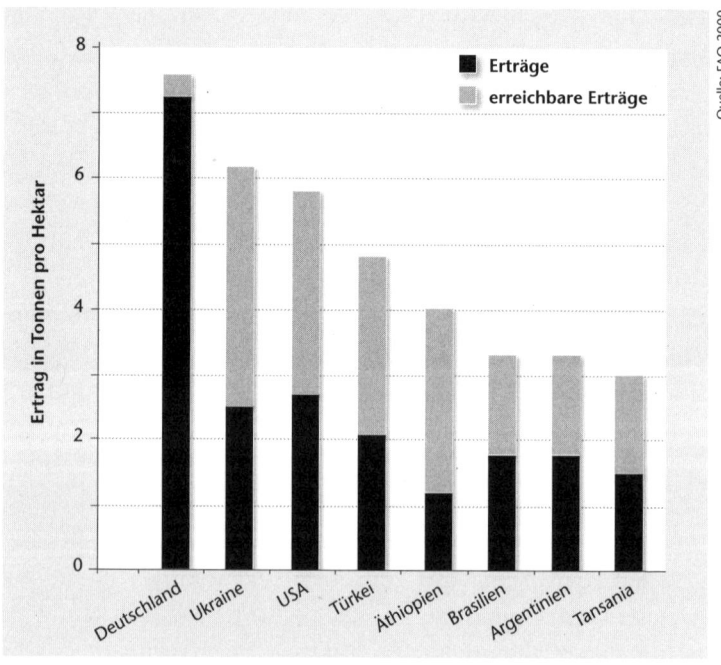

Grafik 10.2: **Ertragsreserven bei Weizen nach Ländern 2000**

ein. An der Spitze steht Eritrea. Das Land importiert 87 Prozent seines Getreidebedarfs, die Hälfte des Speiseöls und den gesamten Zucker, und dennoch hungert die Bevölkerung, weil deren Einkommen nicht reicht, um von den Importlebensmitteln genügend einzukaufen.[5]

Hier zeigt sich, dass dem FAO-Konzept, den wachsenden Bedarf kurzerhand durch Importe aus anderen Erdteilen zu befriedigen, Grenzen gesetzt sind. Ein Weltausgleich ist zwar agrartechnisch denkbar, aber wirtschaftlich auf Dauer untragbar.

Die Lösung des Problems muss in einer anderen Art von Grüner Revolution gesucht werden. Der Weltagrarrat, ein Zusammenschluss der führenden Wissenschaftler im Bereich Ernährung und Landwirtschaft, schlägt in seinem Gutachten über die Zukunft der Weltlandwirtschaft einen neuen Weg vor. Die Wissenschaftler fordern einen radikalen Paradigmenwechsel der Weltagrarpolitik. Demnach muss die Landwirtschaft der Zukunft in einen grundsätzlich anderen sozialen, ökologischen und ökonomischen Rahmen gesetzt werden als bisher. Das industrielle System der Industrieländer hat darin keinen Platz mehr. Die »neue« Landwirtschaft darf nicht mehr an das endliche Rohöl gebunden sein. Sie darf die Böden nicht mehr belasten, sondern muss sie sanieren. Sie muss den Regen so nutzen, wie er fällt, und darf nicht auf Bewässerung bauen. Die Vielfalt der regionalen und angepassten Nutzpflanzen und Nutztiere muss so eingesetzt werden, dass dadurch das Risiko von Krankheiten und Missernten entfällt.

Diese andere Grüne Revolution, die den Experten vorschwebt, greift auf das zurück, was zum Erfahrungswissen der Welt gehört. Hier muss nichts neu entwickelt, sondern nur Altbekanntes wiederbelebt und durch die Wissenschaft verbessert werden. Beispiele dafür sind die kleinbäuerliche Landwirtschaft und die Agroforstwirtschaft, wie sie uns heute noch oder schon wieder in einigen Teilen der Welt begegnen.

Neue Gärten auf Haiti

Als Kolumbus im Jahr 1492 die Insel Haiti betrat, schrieb er noch in seinem Tagebuch von einem grünen Paradies mit tiefen Urwäldern, üppiger Vegetation und einer reichen Tierwelt. Seither hat sich viel, wenn nicht alles auf der Insel geändert. Die Wälder in den Bergen sind fast abgeholzt, die Hänge wurden von den tropischen Unwettern abgeschwemmt. Jährlich werden weitere 50 Millionen Bäume gefällt. Inzwischen ist der ehemals mächtige Wald auf nur noch drei Prozent seiner Ursprungsfläche zusammengeschrumpft. Ganze Regionen drohen vollständig zu verkarsten. Und obwohl die Insel reichlich mit Regen versorgt wird, leiden die Bewohner unter Dürre, weil sich das Wasser nicht an den kahlen Hängen hält. Die Menschen sind verarmt, viele Bauernfamilien hungern. Haiti ist das ärmste Land Lateinamerikas. 90 Prozent der Bevölkerung leben als Kleinbauern oder in Slums am Rande des Existenzminimums.

So auch der Bauer George Debleds und seine Nachbarn. Ihre Hütten liegen im Bergland der Insel. Irgendwann konnten sie nicht mehr genug ernten, um ihre Familien sattzumachen. Doch sie hatten Glück und fanden Unterstützung bei den Mitarbeitern des katholischen Hilfswerkes Misereor. Was die Entwicklungshelfer zu bieten hatten, waren keine Traktoren und keine Düngerstreuer, kein Hochleistungssaatgut und auch keine Pestizide. Sie hatten eine ganz andere Idee. Sie wollten die landwirtschaftliche Tradition der Insel wiederbeleben und damit einen Neuanfang versuchen.

Zunächst galt es, das Regenwasser so zu lenken, dass es nicht mehr direkt in die Täler schoss, sondern den Weg auf die Felder und in die Gärten finden konnte. Sie halfen den Bauern, Gräben anzulegen, die das Wasser entlang den Höhenlinien abfangen und ihm Zeit lassen, in den Boden einzusickern. Hinter Bruchsteinmauern entstanden Terrassen, auf denen jetzt

Gemüse, Heilpflanzen und Kaffee wachsen. Zahlreiche Hecken aus Sträuchern und Bäumen lockern den Boden und halten das Vieh in Schach. Aus ihnen können Viehfutter und Holz gewonnen werden. Obstbäume versorgen die Familien mit frischen Früchten.

Dies alles haben die Nachbarn gemeinsam geschaffen, auch wenn sie es jetzt jeder für sich nutzen. Seither spricht keiner mehr von Hunger und auch nicht mehr von Armut, denn ein Teil der Produkte kann auf dem Markt zu Geld gemacht werden.

George Debleds hat es geschafft, seinen Kindern die Schule aus eigener Kraft zu finanzieren. Sein Erfolg wirkt ansteckend und findet viele Nachahmer. »Nun kann es bei uns auf dem Land langsam wieder aufwärtsgehen«, hofft er.[6]

Die Hoffnung des George Debleds ist auch der Ratschlag des Weltagrarrates für die Zukunft der Weltlandwirtschaft. Sie soll wieder zurückfinden zu den vielfältigen Leistungen, die die Landwirtschaft früher, vor Beginn der industriellen Revolution, auf dem Lande übernommen hat. Sie soll wieder die Grundlage der ländlichen Gemeinschaft werden, Boden und Wasser schützen und aus der Vielfalt der Nutzpflanzen und Tiere den Lebensunterhalt sichern.

Agroforstwirtschaft in Indien

In anderer Form findet man diese Idee auch in Indien, in den Regionen, an denen die erste Grüne Revolution vorbeigegangen ist. Deep Narayan Pandey vom Forestry Training Institute in Jaipur hat sich in den ländlichen Gebieten im zentralindischen Hochland umgesehen. Dort gehört *Agroforestry* noch zum landwirtschaftlichen Alltag. Im Mittelpunkt steht *Acacia nilotica*, ein Baum, der ein wahres Versorgungswunder darstellt.

Zum einen holt er sich den Stickstoff für sein Wachstum selbst aus der Luft und lagert ihn in Knöllchen in der Wurzel ab. Dann kann er sich mit seinen Wurzeln auch in tiefste Grundwasserschichten vorkämpfen. Er besitzt ein Selbstverteidigungssystem gegen Fraßfeinde: Er schreckt sie ab oder vergiftet sie sogar, indem er in seinen Blättern den Gehalt an Gerbstoffen drastisch erhöht. Die Bäume können sich untereinander vor Feinden warnen, indem sie Ethylen ausstoßen. Ihre Blüten sind eine hervorragende Bienenweide. Ihre Samen und Blätter können als Viehfutter genutzt werden, ihr Holz wird zum Heizen und Bauen verwandt, und ihre Rinde, Wurzeln und Früchte kommen als Arzneimittel gegen eine ganze Palette von Übeln zum Einsatz, vom Brechdurchfall bis zur Tuberkulose.

Diese Bäume bilden die Basis der Waldlandwirtschaft im Hochland Zentralindiens. Im Schnitt wachsen zwanzig von ihnen auf den Höfen der Kleinbauern. Ihre Lebenszeit liegt bei zehn Jahren, dann werden sie abgeholzt. Die Akazie ist ein hartes Holz und deshalb für vieles zu gebrauchen. Unter den Bäumen wachsen Reis und Gemüse, gackern Hühner, schnattern die Enten. Die Höfe sind nicht größer als zwei Hektar, und sie wirtschaften höchst profitabel, hat Deep Narayan Pandey errechnet. Ihr Gewinn liegt dreimal so hoch wie der Aufwand. Die Verzinsung des eingesetzten Kapitals beträgt 33 Prozent, was jeden Banker vor Neid erblassen ließe.

Die Rolle der Akazien kann auch von anderen Bäumen übernommen werden. So pflanzt man im Bundesstaat Assam Zitrusbäume und Guaven. Die Kombination von Bäumen und Ackerbau lässt dort den Gewinn pro Hektar um das Zwei- bis Dreifache höher ausfallen als bei normalen Farmen. So wächst der allgemeine Wohlstand der Dörfer und die Armut verschwindet. Auch für die Zukunft bescheinigt die Wissenschaft der Agroforstwirtschaft gute Aussichten, weil sie nicht nur die Nahrung, sondern auch noch den Brennstoffbedarf sichern kann.

Bauli, *Wasserlöcher mit Tradition*

Allerdings bedarf es einer wichtigen Voraussetzung: Die Agroforstwirtschaft funktioniert nur dort, wo die Bauern das Recht auf eigenes Land besitzen. Wobei es schon ausreicht, wenn die Dorfgemeinschaft das Eigentumsrecht innehat, wie in Burkina Faso, wo die Dorfbewohner gemeinsam begonnen haben, die Dürre von ihrem Land zu vertreiben. Das Wasser war dort verschwunden, nachdem der Wald abgeholzt worden war, um Feuerholz daraus zu machen. In der Folge wuchs kaum noch Gras, und die wenigen Weiden, die es noch gab, wurden überweidet. Das hat die Region fast unbewohnbar gemacht. Heute glänzen große Teiche zwischen Baumgruppen. Es gibt wieder Wasser, weil die Anwohner gemeinsam und mit Geldern der Entwicklungsorganisation Misereor die alte Tradition der Wasserlöcher wiederbelebt haben. Sie heißen *Bauli*, haben von Ufer zu Ufer einen Durchmesser von hundert Metern und reichen bis sieben Meter in die Tiefe. Die Dorfgemeinschaft hat sie gegraben und nutzt sie nun gemeinsam für ihre Äcker und Gärten.

Zwischen Juni und Oktober fällt der Regen, er liefert Wasser genug für den Rest des Jahres. »Meine Mutter und meine Großmutter konnten nicht glauben, dass man auch außerhalb der Regenzeit säen und ernten kann«, strahlt die Bäuerin Ayshe, die mit ihrem Mann und drei Kindern im Dorf lebt. In ihrem Garten wachsen jetzt Zwiebeln, Tomaten, Lauch und Möhren, Kohl und Kartoffeln. Vor fünf Jahren hatte sie mit den anderen Frauen im Dorf angefangen, für das Rückhaltebecken zu kämpfen. Heute kann sie den Erfolg ernten, nicht nur im Garten, sondern auch in der Landschaft.

Das Land ist jetzt wieder grün, so wie 1850, als der Afrikaforscher Heinrich Barth dichte Baumkronen, Finken, Tauben, Affen und Löwen beschrieb, die hier reichlich Wasser fanden. Heute hat sich schon so viel Grundwasser neu gebildet, dass

der Dorfbrunnen wieder fließt und das ganze Jahr wieder Trinkwasser vorhanden ist. Auch der Boden fliegt nicht mehr mit
dem Wind davon. Die Bäume bremsen die Stürme, und die
Menschen im Dorf achten darauf, dass der Boden immer eine
grüne Decke trägt.

Eine Tankstelle, ein Düngerlager, einen Verkäufer für Pestizide aller Art findet man nicht in diesem Dorf in Burkina Faso,
hier ist das petrochemische Zeitalter gar nicht angekommen,
und trotzdem sind Armut und Hunger verschwunden.

Ob in Haiti, in Zentralindien oder in Burkina Faso, die Erfahrung scheint eine bessere Revolution zu kennen als die Grüne
Revolution der 60er und 70er Jahre des letzten Jahrhunderts.
Auch der Weltagrarrat setzt auf solche traditionellen und regionalen Vorbilder für die Zukunft der Landwirtschaft. Die Zeit
der Grünen Revolution ist vorbei. Als Vorbild hat sie ausge-
dient.

11. Voller Tank und leere Teller – Biosprit

Tortillarevolte

Mexiko City. Der 31. Januar 2007 wird als Tag der Tortillarevolte in die Geschichte Mexikos eingehen. Mehr als 100 000 Arbeiter und Bauern zogen durch die Straßen. Sie alle demonstrierten gegen die dramatisch gestiegenen Tortillapreise: Innerhalb weniger Wochen kletterten sie von fünf auf zehn Peso pro Kilo, teilweise mehr. Viel Geld für einen mexikanischen Arbeiter, der im Schnitt nicht mehr als 50 Peso pro Tag verdient. Die Wut der Demonstranten richtete sich vor allem gegen die USA. Denn für sie sind die USA Schuld an dem Preissprung ihrer Tortillas. Es ist der amerikanische Durst auf Biosprit, der den Maismarkt leergefegt hat. Doch der Mais liefert auch das Mehl für mexikanische Tortillas. Und weil der Maispreis explodierte, zogen die Tortillapreise nach, das ist den Demonstranten klar. Für viele von ihnen ist der Preis nun einfach zu hoch. Es ist keine Frage von Leben und Tod, aber es ist die Frage von Armut und Not. Es ist die Angst vor dem sozialen Abstieg, die die Menschen auf die Straße treibt.

Mais, der amerikanische Traum

Die Prärie im Mittleren Westen der USA streckt sich unendlich von Horizont zu Horizont. Es ist Maisland. Hier wächst der Rohstoff, der die Abhängigkeit Amerikas vom Erdöl lockern soll. Der Farmer John Mitchell in Lockridge, Nebraska, hofft für seine Maisfarm auf eine goldene Zukunft, nachdem er über Jahre hinweg unter den mäßigen Preisen gelitten hat. Es geht aufwärts im Westen. Der Boom steht noch bevor, aber die Stimmung steigt jetzt schon, die Maispreise auch. Und das füllt die Kasse.

Nicht nur John Mitchell, auch seine Nachbarn profitieren vom »Spritrausch« auf dem Acker. Sie kaufen neue Maschinen für ihre Maisfelder. John Mitchell fährt einen nagelneuen John-Deere-Traktor, er ist sein ganzer Stolz. Dafür hat er Kosten von rund einer viertel Million Dollar auf sich genommen, aber es musste sein, ein Symbol des Aufstiegs nach den vielen Jahren sinkender Farmpreise. Es ist ein Stück Hightech, satellitengesteuert, da wird Pflügen zum Traum, schwärmt John. Seine Farm hat sich gewandelt. Sie ist nicht mehr der glanzlose Maisbetrieb früherer Zeiten. Heute ist sie ein Kraftpaket, ein Teil der nationalen Energieversorgung. Für John Mitchell ist es der Beginn eines neuen Zeitalters. Er fühlt sich als Teil der Kraftstoffindustrie, die Landwirtschaft der alten Art hat er hinter sich gelassen. Der Ölpreis ist jetzt sein Barometer. Jahrelang stieg er unablässig, das machte gute Laune.

Auch wenn der Preis seit Mitte 2008 wegen der Banken- und Wirtschaftskrise wieder gefallen ist, für John ist das nur ein Übergang. Wenn die Wirtschaft wieder Fuß fasst, dann wird auch der Ölpreis wieder anziehen.

Amerika setzt auf Ethanol aus Mais. Ein Viertel der Ernte ging 2008 schon in die Raffinerie, und bald könnte es noch mehr sein. Ein Drittel ist das vorläufige Etappenziel. Die Bundesstaaten laufen sich gegenseitig den Rang ab, wer der größte Biosprithersteller ist. Allein die Maisfelder in South Dakota entsprechen der Fläche Sachsens. Auch Frank Normann aus South Dakota steht die Freude ins Gesicht geschrieben. Für ihn stimmt die Welt, alles perfekt! Aber er weiß auch, dass der Biospritboom nicht vom heiteren Himmel gefallen ist, er wird aus Washington gesteuert und von staatlichen Subventionen angefeuert. Die US-Regierung zahlt nach Berechnungen der FAO pro Liter Ethanol durchschnittlich 28 US-Cent zu, bei exportiertem Biodiesel sind es sogar bis zu 55 US-Cent. Zusätzlich erlässt sie den Ölkonzernen 13,5 Cent an Steuern auf jeden verkauften Liter Ethanol.

Biospritraffinerie

Ethanolfabriken erleben deshalb in den USA einen Boom. Sie sind das technische Rückgrat für Amerikas Weg in das Biosprit-Zeitalter. Und sie sind auf höchste Ausbeute der Rohstoffe vom Acker ausgelegt. In Oregon arbeitet das Neuste vom Neuen, eine Raffinerie, die den Mais bis auf den letzten Krümel verwerten kann. Die Anlage hinterlässt keine Rückstände. Was verkäuflich ist, geht per Schiff in den Export, vom Ethanol bis zum ausgelaugten Schrot, der als Viehfutter verkauft wird.

Die Firma heißt Cascaide Grain. Ihre Raffinerie liegt direkt am Columbia River und besitzt einen eigenen Anschluss an den Highway und die Eisenbahn. Dem Besucher eröffnet sich der Blick auf eine chromglänzende Landschaft aus Rohren, Tanks und Silos. Alles blitzblank, alles ganz neu. Charles Carson ist der Manager. Vor drei Monaten konnte er sich noch nicht vorstellen, dass hier einmal eine Ethanolraffinerie stehen würde. Aber er hat einen Finanzier gefunden, Wagniskapital, davon gab es in der Branche genug. 400 Millionen Liter Ethanol wollen Carlson und seine achtzig Mitarbeiter jährlich aus Mais destillieren. Eine Lawine von Mais ist zu ihnen unterwegs. Tag und Nacht rollen Lkws und Güterzüge aus dem Mittleren Westen heran. Auch die Ernte von John Mitchell aus Nebraska und Frank Normann aus South Dakota ist dabei.

Das kurbelt zwar die Produktion an, reicht aber noch lange nicht, um den amerikanischen Way of Life sicherzustellen. Selbst wenn die gesamte US-Maisernte in Ethanol verwandelt würde, würde dies höchstens zehn Prozent des US-Spritverbrauchs decken.[1]

Biodiesel, der europäische Traum

Auch in Europa hat man den Biosprit als mögliche Alternative zu den fossilen Brennstoffen entdeckt. Aber anders als in den USA setzen die Europäer anstelle von Ethanol vor allem auf Biodiesel, der nicht aus Mais, sondern aus Ölpflanzen wie Raps und Sonnenblumen gewonnen wird. Bis 2020 sollen die europäischen Bauern nach dem Willen der Europäischen Kommission zehn Prozent des europäischen Spritbedarfs decken. Die europäische Agrarkommissarin Fischer Boel geht davon aus, dass 15 Prozent der EU-Ackerflächen für Kraftstoffe eingesetzt werden können. Bis zur Mitte des Jahrhunderts soll die Hälfte des Kraftstoffs aus erneuerbaren Quellen stammen, allerdings zu erheblichen Kosten. Die Europäische Gemeinschaft zahlte in 2006 rund 3,7 Milliarden Euro Subventionen, je Liter Biodiesel 50 Cent und für Ethanol 74 Cent.[2]

Biotreibstoff-Rallye

Die Biotreibstoff-Rallye wird in Zukunft weiter an Geschwindigkeit gewinnen. Die US-amerikanische Bioethanol-Produktion soll sich zwischen 2006 und 2016 verdoppeln, die gleiche Steigerung sieht die FAO in ihrem Outlook für 2016 auch für Biodiesel in Europa vor.[3]

Doch der Traum, der der Biosprit-Euphorie zugrunde lag, der Traum, vom Rohöl unabhängig zu werden und trotzdem weiterhin ungebremst mobil zu bleiben, und dies klimaschonend und preiswert, dieser Traum sollte keinen Bestand haben. Der plötzliche Preisschub auf dem Lebensmittelmarkt 2007 führte zu einem bösen Erwachen. Innerhalb von nur wenigen Monaten waren die Preise für Nahrungsmittel auf dem Weltmarkt bis auf das Doppelte gestiegen. Unruhen, nicht nur in Mexiko, sondern weltweit, waren die Folge. Demonstrationen,

Barrikaden, Gewalt und Tote schreckten die Welt auf. Was war passiert?

Für die Wissenschaftler ist die Sachlage mittlerweile klar. Ein Großteil der Schuld an den rapiden Preissteigerungen auf dem Nahrungsmittelmarkt trug die wachsende Produktion von Biosprit in den Industrieländern. Wo Pflanzen für Biosprit angebaut werden, können keine Nahrungsmittel wachsen. Das schuf die Knappheit, aus der sich die rasanten Preissteigerungen entwickeln konnten.

Diese Knappheit könnte weiter wachsen, wenn der Biosprit-kurs in den Industrieländern fortgesetzt wird, und alles deutet darauf hin. Der Bodenbedarf für Biosprit steht jetzt schon fest: Für das Jahr 2030 rechnen die Experten der FAO damit, dass weltweit bis zu 58 Millionen Hektar Ackerland für den Anbau der Spritpflanzen benötigt werden. Besonders groß ist der Bedarf in den USA mit 22 Millionen Hektar, gefolgt von Europa mit 17 Millionen. Zum Vergleich: Die Ackerfläche Deutschlands liegt bei zwölf Millionen Hektar. Der Landbedarf ist also beträchtlich. In Europa wären es 16 Prozent und in den USA zehn Prozent des Ackerlandes.[4] Da das Ackerland nicht doppelt genutzt werden kann, geht dies zwangsläufig auf Kosten der Nahrungsmittelproduktion. Und hier liegt auch der Grund für den brisanten Konflikt – die Konkurrenz zwischen Tank und Teller.

Zwischen Tank und Teller

Dieser Konkurrenzkampf wird zunächst vor allem in den USA und in Europa ausgetragen. Doch heute ist schon absehbar, dass er auf andere Teile der Welt überspringen wird. Denn die ehrgeizigen Biosprit-Ziele der Industrieländer lassen sich weder diesseits noch jenseits des Atlantiks auf den eigenen Äckern verwirklichen. Auch wenn Europa bereit wäre, ein Drittel seines Ackerlandes für Bioenergie zur Verfügung zu stellen, so könnten damit nur neun Prozent des europäischen Bedarfs gedeckt werden, rechnet der Umweltbeirat der Bundesregierung (WBBGU) vor.

In ihrem Gutachten »Zukunftsfähige Bioenergie und nachhaltige Landnutzung« im Oktober 2008 ziehen die Wissenschaftler ein eindeutiges Fazit: Bioenergie ist für sie keine Lösung, weder für Klimaprobleme noch für die Energieabhängigkeit. Im Gegenteil, sie wirft nur ein ganzes Bündel neuer Probleme auf, zum Beispiel den weltweiten Preisschub für wichtige Grundnahrungsmittel wie Soja und Palmöl. Ihre Preise stiegen 2008 um fast 200 Prozent.

Die FAO geht davon aus, dass etwa die Hälfte der Preiserhöhungen vom Biospritboom angetrieben wurde. Die Weltbank rechnet mit bis zu 75 Prozent.[5] Die Last der Preisschübe müssen die Entwicklungsländer tragen. 2007 mussten sie 13 Prozent mehr für Lebensmittelimporte ausgeben, 2008 stieg ihre Lebensmittelrechnung im Schnitt sogar um 33 Prozent.[6]

Hier zeigt sich, was es bedeutet, wenn der Lebensmittelpreis über den Biosprit direkt mit dem Rohölpreis verknüpft wird. Was hier entsteht, ist eine Preisspirale, die vom Rohöl angetrieben wird. Denn wenn der Rohölpreis steigt, wird es lukrativ, in die Produktion von Biosprit einzusteigen, also das knappe Ackerland vom Brotgetreide in die Biospritproduktion umzulenken. Wenn die Entscheidung zusätzlich noch durch Subventionen wie in den USA und Europa beflügelt wird, ist das Ergebnis vorhersehbar. So vergrößerte sich die Maisfläche in den USA alleine in 2007 um 23 Prozent. Das blieb nicht ohne Folgen, die Fläche für Sojabohnen schrumpfte um 16 Prozent. Das verringerte die Sojaernte, und dies führte am Ende zu Preissteigerungen bei Soja um 75 Prozent.

Gleiches passierte in Europa, wenn auch mit anderen Früchten. Hier verdrängten Raps und Sonnenblumen, die für Biodiesel wichtig sind, den Weizen. Und nicht nur hier, auch in Ka-

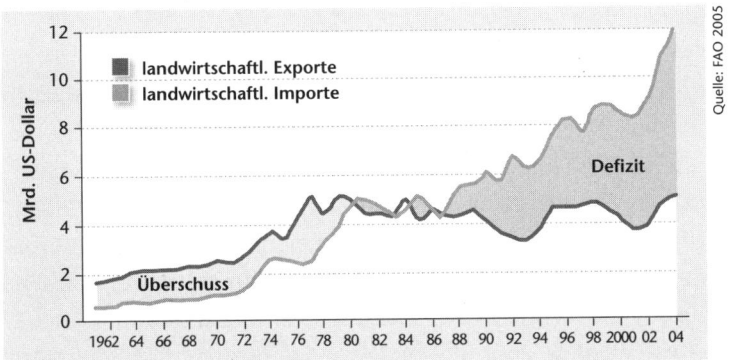

Quelle: FAO 2005

Grafik 11.1: Landwirtschaftliche Handelsbilanz der »Least-developed Countries«

nada, Russland und der Ukraine hinterließ der Verdrängungswettbewerb seine Spuren. So wuchsen die Felder für Biodiesel um 26 Prozent auf mehr als acht Millionen Hektar, während die Weizenfelder verschwanden. Nach den Berechnungen der Weltbank hätte diese Fläche ausgereicht, um die Knappheit von Weizen auf dem Weltmarkt zu verhindern, und damit auch den Preissprung. Aber der Wechsel vom Brot zum Biosprit gehörte zum politischen Konzept.[7]

Hinter dieser Entwicklung steht jedoch eine Gleichung, die an der Zapfsäule gerne übersehen wird, denn sie beschreibt eine unangenehme Wahrheit: 100 Kilo Getreide reichen aus, um 40 Liter Biosprit zu destillieren oder um 100 Brote zu backen. Und dennoch entschieden sich die USA und Europa für 40 Liter Biosprit. Angesichts dieser Tatsache konnte auch Weltbankpräsident Robert Zoellick nicht an sich halten und machte sich ganz undiplomatisch Luft: »Während sich Europäer und Amerikaner Sorgen machen, wie sie ihren Benzintank füllen, kämpfen andere im Rest der Welt darum, ihre Mägen zu füllen.«[8]

Der Zorn des Weltbankpräsidenten verändert jedoch die Lage nicht. Und der Rest der Welt muss sich auf einen Kampf an zwei Fronten einstellen. Zum einen beim Ölpreis und zum anderen bei den Getreidepreisen. Am härtesten wird der Kampf für die Länder, die von beiden abhängig sind. Das sind die Staaten, die kein Öl besitzen und weder genügend ernten, um ihre Bevölkerung ernähren zu können, noch in der Lage sind, über andere Güter Devisen für Öl- und Getreideeinfuhren zu erwirtschaften. Nach den Zahlen der FAO wächst das Defizit durch Nahrungsmittelimporte in den ärmsten der armen Länder, den Low-Income Food-Deficit Countries, schon seit 1988 und erreichte 2004 bereits einen Schuldenberg von sieben Milliarden Dollar.

Ein Prozent Preisplus – 16 Millionen Hungernde

Der auf das Doppelte gestiegene Ölpreis und die um mehr als zwei Drittel gestiegenen Nahrungsmittelpreise verschärfen die Lage weiter. Durch die Preisexplosion 2007 müssen die »Least-developed Countries« (LDC) und die Länder, die nicht genug Lebensmittel produzieren können, um ihre Bevölkerung zu ernähren, viermal mehr für ihre Lebensmittelimporte aufbringen als noch im Jahr 2000.

Schon vor der Preisexplosion hatte, nach den Statistiken der FAO, ein Drittel der Menschen in 22 Ländern nicht genug Geld, um sich ausreichend zu ernähren, und in einigen davon, in Eritrea, den Komoren, Sierra Leone, Liberia und Haiti, hungerte sogar mehr als die Hälfte der Bevölkerung. Es sind Menschen, die pro Tag mit weniger als einem Dollar auskommen müssen. Sie besitzen keine Puffer, kein Erspartes, auf das sie zurückgreifen könnten, um der Teuerung zu entgehen. Wenn das Geld gerade für die Ernährung reicht, dann bedeutet jede Preissteigerung einen weiteren sozialen Abstieg und damit weniger oder schlechtere Ernährung.

Dieses Schicksal teilen im Jahr 2007 fast eine Milliarde Menschen, vor allem in Südasien und im Sub-Sahara-Afrika. Am härtesten trifft dies alleinerziehende Frauen und ihre Kinder, stellt die FAO fest, weil sie weder Zugang zu Land erhalten noch Zugang zu Geld, mit dem sie Saatgut und Dünger bezahlen könnten. Wie hoch wird künftig die Zahl der Menschen sein, die nach einem Preisschock vor leeren Schüsseln sitzen?

Die US-Ökonomen Ford Runge und Benjamin Senauer haben hierauf eine Antwort. Sie kommen zu dem Ergebnis, dass rein rechnerisch jedes Prozent Preissteigerung bei Nahrungsmitteln dafür sorgt, dass zusätzlich 16 Millionen Menschen mehr in Armut und Hunger leben müssen.

Viele Regierungen versuchen allerdings, die Folgen abzupuffern. Das gilt besonders für Reis, als Hauptnahrungsmittel der asiatischen Welt, weniger für Mais, der vor allem als Viehfutter verwendet wird. Und es gilt mehr für Asien als für Afrika. Hier bekommt die Bevölkerung die Preissteigerungen am stärksten zu spüren.

Und für sie ist noch lange keine Entspannung in Sicht. Denn der Rohölpreis, der über den Biosprit auch das Preiskarussell bei Nahrungsmitteln treibt, hat längst noch nicht seinen Höhepunkt erreicht. Die Bundesanstalt für Geowissenschaften und Rohstoffe (BGR) sieht den Scheitelpunkt für die Rohölförderung erst kommen. 2020 wird die Welt den »Peak Oil«, die höchstmögliche Fördermenge, erreicht haben. Von da ab geht die Menge bergab, aber der Preis bergauf.[9]

Wohin er dann steigen könnte, mag kein seriöser Wissenschaftler vorhersagen. Aber es gibt Anhaltspunkte, zum Beispiel das Jahr 2008. Da erreichte der Ölpreis sein bisheriges Allzeithoch mit 147 Dollar pro Barrel. Dieses Niveau könnte sich schnell wieder einstellen, wenn die Weltwirtschaft die Krise überwindet und einen neuen Aufschwung nimmt.

Die Unbeherrschbarkeit des Ölpreises und seine Verknüpfung mit dem Brotpreis über den Preis für Biosprit sind auch der Grund, warum der Umweltbeirat der Bundesregierung

(WBBGU) in seinem Gutachten über zukunftsfähige Bioenergie und nachhaltige Landnutzung zu dem Schluss kommt, dass der jetzt eingeschlagene Weg so nicht weiterverfolgt werden dürfe. Das derzeitige Konzept führe zwangsläufig zur Kopplung von Energie- und Nahrungsmärkten und bedeute für eine Milliarde Hungernde eine Katastrophe.

Auch für die FAO führt dieser Weg in die falsche Richtung. Nach Ansicht ihrer Experten wird im Biospritgeschäft zu viel Kapital in die falschen Kanäle gelenkt. Profitieren würden außer einer Handvoll von Rohstofflieferanten nur die Industriestaaten. Entwicklungsländer hätten keine Chance, am Biospritmarkt Devisen zu verdienen, weil den meisten Menschen dort weder Land noch Geld für den Anbau zur Verfügung stehen.

Und selbst wenn diese Staaten auf den Biospritanbau setzen, ist es mehr als fraglich, ob dies zum Vorteil der Bevölkerung ist. Wie die Umwelt- und Entwicklungsorganisation *Action Aid* berichtet, wird im Senegal gerade ein Biokraftstoff-Ministerium gegründet. Die Regierung ist dabei, Verträge mit europäischen Investoren über 10 000 Hektar im Süden des Landes abzuschließen. Dort soll künftig Biotreibstoff anstelle von Nahrung produziert werden. Und dies, obwohl der Senegal schon heute 60 Prozent seiner Lebensmittel einführen muss.

Schlechte Klimabilanz

Auch gegen die viel gepriesenen Klimawirkungen des Biosprits gibt es mittlerweile immer lautere Bedenken. Immer mehr Wissenschaftler belegen, dass es mit der Klimabilanz der Spritpflanzen schlechter steht, als ihre Förderer behaupten.

Die Cornell University im Staate New York veröffentlichte im Journal *Natural Resources Research* eine Untersuchung, nach der für den Anbau von Spritpflanzen in den USA mehr Energie eingesetzt wird, als bei ihrer Verbrennung als Sprit wieder herauskommt. Die Forscher David Pimentel von der New Yorker Cornell University und sein Kollege Tad W. Patzek, Professor für Umwelt-Engineering an der Universität in Berkeley, kommen zu dem Schluss: »Biotreibstoffe sind nicht nur ineffizient, sondern auch ökonomisch und ökologisch teuer und bei Weitem nicht so produktiv, wie früher angenommen.«

Die Energieausbeute bei Ethanol aus Mais liegt bei nur 46 Prozent, bei Biodiesel aus Sojabohnen bei 63 Prozent, und Raps kommt auf 58 Prozent, sagen die Forscher. Berücksichtigt werden müsse zudem die Wasserverschmutzung durch Düngemittel und Pestizide, die stärkere Erosion des Bodens und die Luftverschmutzung. Unter dem Strich würde Biotreibstoff die Abhängigkeit der USA von fossilen Brennstoffen weiter steigern, statt sie zu senken.[10]

In Europa ging man bisher von einer günstigeren Rechnung aus. Aber bei genauerem Hinsehen ist auch diese Kalkulation geplatzt. Unter der Schlagzeile: »Biosprit schädlicher als herkömmliches Benzin« veröffentlichte das Team des ehemaligen Direktors des Mainzer Max-Planck-Instituts für Chemie, Paul Crutzen, seine Forschungsergebnisse. Die Untersuchung kommt zu dem Ergebnis, dass Biodiesel aus Raps bis zu 1,7-mal schädlicher für das Klima sei als herkömmliches Benzin. Im besten Fall sei der Treibhauseffekt gleich groß. Verantwortlich hierfür sei das Lachgas, das aus dem Stickstoffdünger in die Atmosphäre entweicht. Es besitzt eine Treibhauswirkung, die um das 300-Fache stärker ist als die von Kohlendioxid.[11]

Der Biotreibstoff der ersten Generation erntet immer mehr Ablehnung. Die FAO beklagt, dass durch den Bioboom Gelder gebunden werden, die eigentlich dringend benötigt würden, um die Weltlandwirtschaft für den Klimawandel und die wachsende Weltbevölkerung fit zu machen. Die Angst vor einem bösen Erwachen macht sich langsam breit. Die Biospritblase könnte platzen wie andere Blasen vor ihr. Am Kapitalmarkt sind diese Bedenken allerdings noch nicht angekommen.

Weltwirtschaftsforum 2009 in Davos

Im Gegenteil. Für die Wirtschaft zählen Investitionen in Bioenergie zu den zentralen Hoffnungsträgern der Zukunft. Auf dem Weltwirtschaftsforum in Davos wurden im Winter 2009 die Visionen hoch gehandelt. Michael Liebreich, Chairman der Agentur New EnergyFinance, legte seinen nach Orientierung lechzenden Zuhörern acht Schlüsselbereiche vor, die künftig saftige Gewinne versprechen. An die Spitze seiner Empfehlungen setzte er Biosprit und Bioenergie. Das gelobte Land für Investoren sei jedoch weder in Amerika noch in Europa zu finden. Brasilien sei die Quelle für den Rohstoff des 21. Jahrhunderts, als Weltproduzent für Ethanol aus Zuckerrohr.[12]

Die Geschäftsaussichten für Brasilien sind bestens. Die Kundschaft wächst vor allem in den USA heran, denn Amerika wird seine Biospritpläne nicht voll im eigenen Land umsetzen können. Es bleibt eine Lücke, die noch kräftig wachsen könnte, wenn in den USA der Widerstand gegen den Treibstoff von den eigenen Maisäckern politischen Einfluss gewinnt und die Milliardensubventionen gestoppt werden. Präsident Obama könnte auch hier durchaus für »Change« sorgen. Das wäre dann die Chance für Brasilien, das Land träumt davon, die Biosprit-Tankstelle der USA zu werden. Und die Voraussetzungen dafür wären zumindest technisch gegeben.

Biosprit-Tankstelle der USA

Brasilien setzt dabei auf Zuckerrohr und spricht von gigantischen Reserven, die noch kostengünstig mobilisiert werden können. Die Sonne des Äquators macht es möglich. Sie speichert im Zuckerrohr so viel Zucker, dass der Treibstoff daraus schon für 51 Dollar pro 1000 Liter angeboten werden kann. Das macht ihn auch für die USA interessant. Ab 55 Dollar pro

Barrel Rohöl ist er günstiger als herkömmliches Benzin. Das macht Brasilien Mut.

Bis 2026 möchte das Land zehn Prozent des weltweiten Treibstoffmarktes mit Ethanol aus Zuckerrohr versorgen. Die Fläche soll auf das Fünffache von sechs auf 30 Millionen Hektar anwachsen. Von diesem Goldrausch werden vor allem die Investoren profitieren, die auch bisher vom Zuckerrohr gut leben konnten. Dazu gehört auch der Geldadel des Landes, die Großgrundbesitzer, die über genügend Land verfügen.

Das allerdings wird häufig von Kleinbauern und indigenen Gruppen bewohnt, die darauf ihre Existenz gegründet haben. Das deutsche Hilfswerk Misereor fürchtet um diese Menschen und um ihre Rechte. Sie könnten von den Investoren und ihren Großbetrieben schnell vertrieben werden. Vor Terror und Gewalt schrecke in der Weite Brasiliens keiner zurück, auch Mord sei ein Mittel der Wahl. Im Nordosten des Landes seien in den letzten 15 Jahren bereits 35 000 Familien von ihrem Land vertrieben worden. 150 000 Menschen verloren ihre Existenz und flüchteten in die Armenviertel der Städte.[13]

Der Biospritboom werde den Boden Brasiliens noch stärker als bisher in den Händen der wenigen Zuckerrohrbarone konzentrieren und gleichzeitig die Nahrungsmittelpreise in die Höhe treiben. Die Produktion von Grundnahrungsmitteln wurde bereits seit Jahren vernachlässigt. Misereor belegt dies mit Zahlen aus dem brasilianischen Landwirtschaftsministerium. So sei die Anbaufläche für Bohnen zwischen 1990 und 2005 um 20 Prozent gefallen, für Weizen um zwölf Prozent und für Tomaten um zehn Prozent, während die Zuckerrohrplantagen um 36 Prozent und die Sojafelder um 100 Prozent gewachsen seien.

Zwar entstehen hier auch neue Arbeitsplätze. Seit 2001 sind eine Million Jobs dazugekommen, doch die Arbeitsbedingungen auf den Plantagen sind vielfach miserabel. Das Schneiden des Zuckerrohrs in sengender Hitze ist nach wie vor Knochenarbeit, ebenso wie das Verladen auf die Wagen in Richtung Zuckerfabrik. Im Bundesstaat São Paulo starben in der Saison 2005/2006 mindestens 19 Zuckerrohrarbeiter vor Erschöpfung, beklagt Misereor. Hinzu kommen die negativen Folgen für die Umwelt. Die zukünftigen Plantagen sollen nach den Plänen der Regierung auch vor Naturschutzgebieten nicht haltmachen. Die Cerrado-Savanne, der Amazonasregenwald und das Feuchtgebiet Pantanal werden nach und nach dem Zuckerrohr weichen. Bodenerosion und verschmutzte Gewässer durch Dünger und Agrarchemie seien zu befürchten, und da Zuckerrohr besonders viel Wasser benötigt, muss auch mit Wasserknappheit in den Trockengebieten Brasiliens gerechnet werden.

In Anbetracht der Gefahren einer nur durch den Markt gesteuerten, unreglementierten Ausweitung der Biospritproduktion fordert der Umweltbeirat, die Weichen neu zu stellen. Demnach soll Bioenergie künftig nur dort produziert werden, wo die Ökobilanz stimmt, und nur so, dass die Welternährung gesichert bleibe. Dies müsse erst recht dann gelten, wenn die Weltbevölkerung um weitere Milliarden wachse. Wenn der Nahrungsmittelbedarf, wie von der FAO angenommen, bis 2030 um 50 Prozent wachse, werden dafür weltweit entsprechend höhere Erträge pro Hektar und zusätzliche 13 Prozent mehr Ackerflächen benötigt. Unter diesen Voraussetzungen, so folgert der Beirat, dürfe von der vorhandenen Fläche nichts für die Treibstoffproduktion abgezweigt werden.[14]

Vor diesem Hintergrund sollte das Abenteuer Biosprit eigentlich beendet sein. Ist es aber nicht, denn in der politischen Realität verhallte diese Botschaft bisher ungehört. Die Bundesregierung gibt zwar dem öffentlichen Druck ein wenig nach. So nahm sie zum 1. Januar 2009 den Anteil, den Biokraftstoff am Kraftstoffmarkt haben soll, von 6,25 auf 5,25 Prozent zurück. Aber grundsätzlich weicht sie vom einmal eingeschlagenen Kurs nicht ab. Und damit geht der Weg weiter, mit Biosprit in die Welternährungskrise.

12. Ausgezehrt – Agrarforschung gegen den Hunger

Eigentlich ist Manfred Zeller, Professor an der Universität Hohenheim, ein friedlicher Mann. Aber wenn der Experte für internationale Agrarpolitik über die Ergebnisse des Welternährungsgipfels 2008 in Rom spricht, steht ihm der Ärger ins Gesicht geschrieben. Weltweit reichten die Nahrungsmittelvorräte gerade mal für 54 Tage. Gleichzeitig werde aber die Agrarforschung als Stiefkind behandelt. Bereits in den 1990er Jahren seien entsprechende Budgets um mehr als die Hälfte gekürzt worden. Und auch diesmal sei eine »dringend notwendige Trendwende« in Rom nicht in die Wege geleitet worden.[1]

Mit seiner Klage steht der Professor nicht allein. Seit Mitte der 1980er Jahre musste die landwirtschaftliche Forschung bundesweit schmerzhafte Streichungen hinnehmen. Schuld daran war die europäische Landwirtschaftspolitik jener Jahre, die mit ihren gewaltigen Milchseen und Getreidebergen zum politischen Störfaktor geworden war. In den Zeiten der Überproduktion war landwirtschaftliche Forschung nicht gefragt. Forschungseinrichtungen wurden geschlossen, die verschiedenen Disziplinen an einzelnen Standorten konzentriert und schließlich im europäischen Verbund zusammengefasst. Insgesamt sanken die Mittel des Bundes im Zeitraum von 1998 bis 2002 von 205 auf 177 Millionen Euro. Das geschrumpfte Budget musste die landwirtschaftliche Forschung zudem mit neuen Konkurrenten teilen. Denn das Agrar- und Industriemodell Deutschland hatte mittlerweile seine Kehrseite offenbart, mit überdüngten Bächen und Seen, Pestizidrückständen im Wasser und im Gemüse, mit Artenschwund, BSE und Treibhauseffekt. Die alten Forschungsziele im Bereich Leistungsmaximierung wurden deshalb zurückgestellt. 22 Millionen vom Budget flossen stattdessen in die Bereiche Ökologie und Umweltforschung. Und auch die angebliche »Schlüsselindustrie für das nächste Jahrhundert«, die Bio- und Gentechnik, bekam ihren Batzen ab. Ihre Heilsversprechungen waren den Politikern ebenfalls 20 Millionen Euro wert (2002).

Kritische Masse unterschritten

In die eigentliche konventionelle Agrarforschung mit den Bereichen Produktion und Technik flossen, laut einer Studie im Auftrag des Bundesernährungsministeriums, unter dem Strich nur noch etwa 20 Prozent der Fördermittel. Die Folge war, dass allein bei den Bundesforschungsanstalten zwischen 1996 und 2007 900 Stellen eingespart werden mussten. Die Zahl der Forschungsanstalten wurde von sieben auf vier verringert, die Zahl der Institute von 71 auf 49. Über die Zukunftsfähigkeit der eigenen Forschung angesichts dieser Sparmaßnahmen fanden die Wissenschaftler deutliche Worte: Eine »exzellente Forschung« sei bei vielen Instituten nicht mehr gewährleistet, weil die »kritische Masse« unterschritten sei.[2]

Die entkräftete deutsche Forschung kann zu den eigentlichen Problemen des 21. Jahrhunderts kaum noch etwas beisteuern. »Wir brauchen eine Landwirtschaft, die auf der bestehenden Fläche bei zunehmend knappem Wasser mehr Lebensmittel erzeugt«, fordert der Hohenheimer Agrarwissenschaftler. Doch für eine entsprechende Forschung fehlt ihm das Geld, und er ist nicht der Einzige.

In der Klimakammer der Technischen Universität München, in Freising, brummt die Klimaanlage. Sie steht auf Wüstenklima. Niedrige Luftfeuchtigkeit, hohe Temperaturen. Hier wachsen Weizenschösslinge nicht mit Regenwasser, sondern mit Salzwasser auf. Dr. Yuncai Hu erforscht seit 17 Jahren, ob

und wie Getreidepflanzen auf versalzten Böden wachsen können. Die Lösung fand er in Australien. Von dort hat er vier Arten mitgebracht, die auf salzhaltigen Böden wachsen können.
Ihr Trick ist, sie verringern den Wasserverbrauch, indem sie
weniger verdunsten, ähnlich wie Kakteen. Und sie sind in der
Lage, bei steigendem Salzgehalt in der Pflanze den Überschuss
durch spezielle Drüsen auszuscheiden.

Wenn es nach Yuncai Hu ginge, könnte er mit dem neuen
Wissen in kurzer Zeit eine marktreife, salztolerante Weizensorte
züchten. Sie würde weniger Wasser verbrauchen und trotzdem
einen ordentlichen Ertrag bringen. Gentechnologie braucht er
dafür nicht, bei ihm reicht die ganz traditionelle Pflanzenzüchtung. Doch Dr. Hu winkt ab, so schnell wird es nicht gehen,
denn für weitere Forschung bekommt er kein Geld.[3]

Die Agrarforschung ist, gemessen an den Problemen, die auf
uns zukommen, unterfinanziert und falsch aufgestellt, und das
nicht nur in Deutschland.

Die Wachstumsraten der öffentlichen Forschungsgelder in
den Industrieländern lagen bis 1981 noch bei fast drei Prozent
jährlich. Seither gehen sie kontinuierlich zurück und sind ab
dem Jahr 2007 ganz bei null angekommen oder liegen sogar
schon im Minus. Zu diesem Ergebnis kommt das International
Food Policy Research Institute (IFPRI) in Washington. Besonders hart trifft dies die Budgets, die eigentlich für Forschungseinrichtungen in den Entwicklungsländern bestimmt sind.
Wie die *New York Times* im Mai 2008 berichtete, sind diese Mittel seit 1981 von sechs auf 2,8 Milliarden Euro gesunken.

Kein Geld für Rice-Hopper

Die Konsequenzen solch drastischer Sparmaßnahmen treffen
die Forschungsinstitute in aller Welt. Ein Beispiel ist das Internationale Reisforschungszentrum auf den Philippinen. Das

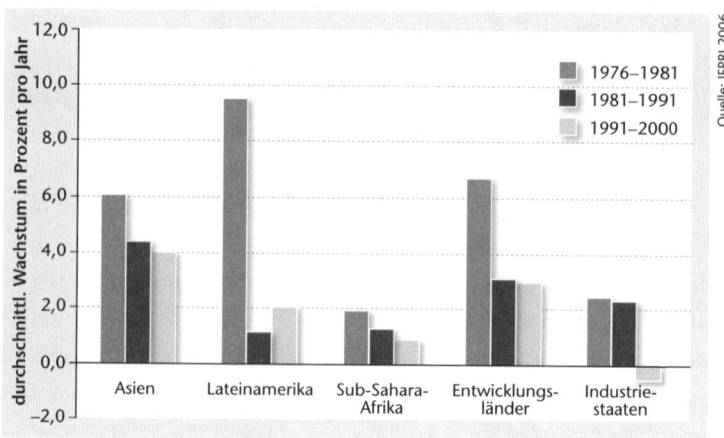

Quelle: IFPRI 2006

Grafik 12.1: Öffentliche Mittel für landwirtschaftliche Forschung und Entwicklung nach Regionen

Institut ist unter anderem auf Resistenzforschung spezialisiert. Einen Schädling hat Institutsleiter Robert S. Zeigler ganz besonders im Visier: Es ist der braune *Rice-Hopper*, ein Insekt, das den Reispflanzen den Lebenssaft raubt. Dieser Räuber macht sich auf den Reisfeldern Asiens immer breiter, und er ist mittlerweile auch gegen eines der Standardinsektizide unempfindlich geworden. Selbst die hundertfache Dosis steckt er einfach weg. Robert S. Zeigler weist auf ein auffallend grün leuchtendes Reisfeld, auf dem sich der Rice-Hopper, im Gegensatz zu den umliegenden Feldern, nicht angesiedelt hat. Hier wachsen 14 Sorten Reis, die dem Hopper nicht schmecken, warum auch immer. Diese 14 Reissorten könnten die Lösung des Problems sein.

Doch das Forschungsprojekt liegt zurzeit auf Eis. Das Hindernis auf dem Weg vom Forschungslabor in die Praxis ist das Geld. Dem Reiszentrum fehlen einige hunderttausend Dollar, um die gesuchte Resistenzkreuzung herzustellen und sie in die gängigsten Reissorten zu übertragen. Das könnte den Reisbauern in Asien helfen, aber solange das Geld fehlt, wird die Hilfe auf sich warten lassen.

Auch das Internationale Mais- und Weizenzentrum in Mexiko klagt über Geldmangel. Thomas Lumpkin, der Direktor, beschwert sich darüber, dass ihm keiner zugehört habe. Nun stehe er da mit seinem Mais, der gegen Trockenheit gewappnet ist und größere Ernten für Afrika verspricht, und einem Weizen, der gegen eine asiatische Pflanzenkrankheit immun ist. Aber er könne keine von beiden so weit entwickeln, dass die Bauern in Asien und Afrika etwas davon hätten. Auch beim ihm fehle es an Geld.

Die beiden internationalen Forschungszentren in Mexiko und auf den Philippinen sind Teil eines weltumspannenden Forschungsverbundes, der in der »Consultative Group on International Agricultural Research« (CGIAR) zusammengeschlossen ist. Es ist ein Verband von insgesamt 15 Forschungszentren, der 1971 im syrischen Aleppo errichtet wurde, dort, wo die Wiege unserer Nutzpflanzen steht, die natürliche Basis der Welternährung. Die Gründungsidee zu diesem weltweiten Netz von Forschern geht auf die Zeit nach dem Zweiten Weltkrieg zurück, in der dem Kampf gegen den Hunger oberste politische Priorität eingeräumt wurde. Die Zentren sollten das Kapital unserer Nutzpflanzen weltweit erfassen, bewahren und für die Pflanzenzucht erschließen. So gehen auch die Hochleistungssorten, die die Grüne Revolution auf die Äcker der Entwicklungsländer bringen sollte, auf ihre Forschung zurück.

Zunächst konnten die Forscher auf breite Unterstützung setzen. Die Ford- und Rockefeller-Stiftungen gaben Geld, später auch die Weltbank und weitere 63 Staaten, Stiftungen und internationale Organisationen wie die FAO. Zwei Drittel der Mittel stammen aus den Industrieländern.

Doch die Zeiten sprudelnder Geldquellen sind vorbei, seit den 1990er Jahren versiegt der Zufluss. Heute klagt das wissenschaftliche Netz für die Welternährung über Geldmangel. Im Jahr 2000 bekam die Consultative Group nicht einmal mehr so viel Mittel wie 1990, als sie noch über 334 Millionen US-Dollar verfügen konnte. Nur noch 305 Millionen US-Dollar standen für ihre Forschungsprojekte zur Verfügung. Auch die Zahlungsmoral der Geldgeber scheint zu bröckeln, so behielt die Europäische Union in 2006 ihren Beitrag von 30 Millionen Dollar einfach zurück.[4]

Kapitalstock schrumpft

Die offizielle Sparsamkeit in den Agrarwissenschaften gefährdet mittlerweile die Substanz der Forschung, das Vermögen der grünen Wissenschaft, das im Verlauf der letzten 120 Jahre zusammengetragen wurde. Zum einen besteht es aus den wissenschaftlichen Erkenntnissen, die in Forschungsarbeiten niedergeschrieben sind. Zum anderen sind es aber auch handfeste Produkte, zu deren Entwicklung die Forschung beigetragen hat. Prominentes Beispiel ist die weltweit verbreitete Weizensorte *Pioneer 2375*.

Sie wäre nie ans Licht der Welt gekommen, wenn nicht Forscher vor 150 Jahren die Voraussetzungen dafür geschaffen hätten. Ihre Vorfahren *Turley Red* und *Norin 10* stammen aus Forschungen, die bereits in den Jahren 1873 beziehungsweise 1935 durchgeführt wurden. Aus dem genetischen Kapital beider Sorten wurde schließlich die Sorte *Pioneer 2375* gezüchtet, die bis heute hervorragende Erträge bringt.

In Ergebnissen wie diesen liegt das eigentliche Kapital der Agrarforschung, und es verzinst sich gut, wie die Wissenschaftler Philip Pardey und Nienke Beintema berechnet haben. In den USA liegt die jährliche Verzinsung in Form von neuen Pflanzen mit höheren Erträgen und effizienterer Technik bei etwa zehn Prozent des eingesetzten Forschungsaufwandes.[5] Doch bei weiterer Auszehrung der Agrarforschung drohen diese Erträge zu sinken. Bereits heute schlagen die Sparmaßnahmen in der Forschung ganz konkret auf die Ernten durch.

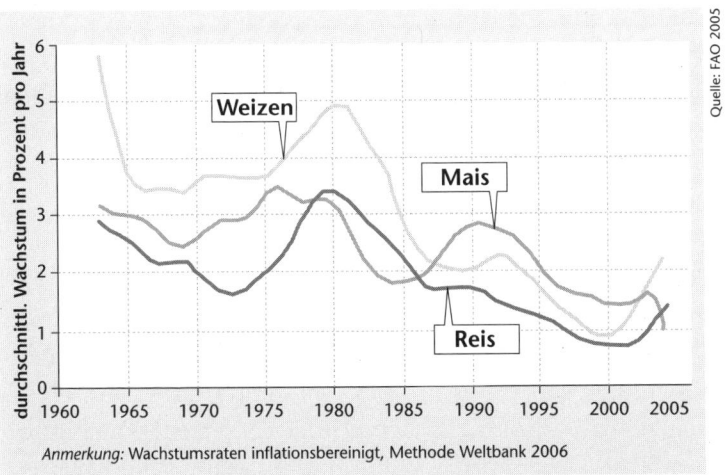

Quelle: FAO 2005

Anmerkung: Wachstumsraten inflationsbereinigt, Methode Weltbank 2006

Grafik 12.2: Wachstumsraten für Getreideerträge in Entwicklungsländern

Zuwachs sinkt

Während die FAO in den Jahren 1960 bis 1980 noch jährliche Zuwachsraten je nach Getreideart von zwei bis fünf Prozent verzeichnen konnte, fiel das Wachstum bis zum Jahr 2000 bis auf unter ein Prozent zurück. Die Kurve bei Weizen, Mais und Reis zeigt, dass kaum noch wissenschaftlicher Fortschritt auf den Äckern ankommt.

Auch die Stabilität der Ernten, auf die früher Verlass war, knickt ein. Im Oktober 2003 meldete der hessische Bauernverband, die hessischen Bauern hätten im Jahr 2003 rund zehn Prozent weniger Getreide und 25 Prozent weniger Raps geerntet als im Durchschnitt der letzten sechs Jahre. Die Beobachtung trifft nicht nur auf Hessen zu. In ganz Europa hatte es 2003 Missernten gegeben. Und das Jahr sollte keine Ausnahme bleiben.

2007 fuhr Europa die zweite Missernte ein. Die Erträge lagen wieder deutlich unter dem langjährigen Durchschnitt. Die Ursachenforschung ließ keinen Zweifel daran, dass es das veränderte Klima war, mit dem die bisher entwickelten Hochleistungssorten nicht mehr zurechtkamen. Sie konnten vor allem die Trockenheit im Frühjahr nicht abpuffern. Von »Schönwetterzüchtungen«, die nur noch unter optimalen Bedingungen durchhalten, will Jutta Ahlemeyer, Pflanzenzüchterin an der Universität Gießen, nicht reden. Aber bei der Klimastabilität hapert es immer mehr. Dass hier eine Forschungslücke entstanden ist, hat die deutsche Pflanzenzüchtung zwar erkannt. Ferdinand Schmitz vom Verband Deutscher Pflanzenzüchter sieht, dass sich das Anforderungsprofil der Zuchtpflanzen ändern muss. Es muss mit dem Auf und Ab des Klimawandels, mit Trockenheit, Nässe, Kälte und Hitze umgehen können, ohne Ertrag einzubüßen.[6]

Die Wissenschaft ist alarmiert. Aber es ist fraglich, ob sie, in Anbetracht ihrer zusammengestrichenen Etats, mit neuen klimastabilen Sorten rechtzeitig auf den Markt kommen kann, bevor die nächsten Dürre-, Hitze-, Kälte- oder Flutwellen über Europa ziehen. Auch dieses Beispiel zeigt: Gemessen an den Anforderungen, die die Landwirtschaft in Zukunft zu bestehen hat, ergibt sich ein gewaltiger Forschungsbedarf.

So fordert die FAO angesichts der wachsenden Weltbevölkerung eine Verdoppelung der Ernten bis 2030. Der Klimawandel erfordert Pflanzen und Tiere, die mit Wassermangel und Hitzewellen genauso umgehen können wie mit Kälte und Überschwemmungen. Die Verringerung der Erdölvorräte verlangt Pflanzen, die ohne Petrochemie aufwachsen können, also ohne Stickstoffdünger und Agrarchemikalien. Der rapide Schwund der Arten verlangt mehr Vielfalt auf den Äckern. Die Erosion der landwirtschaftlichen Flächen kann nur mit bodenschonender Bewirtschaftung aufgehalten werden. Und der Zuwachs der Weltbevölkerung verlangt mehr Arbeit und Einkommen auf dem Lande und in der Landwirtschaft. Und dies alles muss mit einem möglichst geringen Einsatz an Kapital realisiert werden, da die Mehrheit der wachsenden Weltbevölkerung arm sein wird.

Gegenüber diesem Anforderungskatalog sieht die öffentliche Forschungslandschaft des Jahres 2009 in den Industrieländern und in vielen Staaten der Dritten Welt deprimierend aus. Bleibt die Frage, wie es um die private Forschung bestellt ist. Immerhin verfügen die großen Chemiekonzerne über beträchtliche Mittel, und ein Forschungsinteresse haben sie auch, jedenfalls in eigener Sache.

Agrarforschung der Chemiekonzerne

In 2008 meldete der Agrarkonzern Monsanto einen Gewinnsprung. Dank guter Geschäfte mit Soja-, Baumwoll- und Maissaatgut und seinen Herbiziden hat sich der Gewinn im Vergleich zum Vorjahresquartal fast verdreifacht, auf 256 Millionen Dollar. Seine Forschung hat sich ausgezahlt. Im Gegensatz zu den öffentlichen Etats mit nur 14 Milliarden lag der Forschungsaufwand der privaten Agrarkonzerne im Jahr 2000 mit rund 17 Milliarden Dollar schon deutlich höher.[7] Allerdings investieren die Konzerne lediglich in Produkte, die wirtschaftlich lukrativ sind. Ihre Kundschaft ist die kapitalkräftige Landwirtschaft der Industrie- und Schwellenländer. Für die armen Bauern in einkommensschwachen Entwicklungsländern sind ihre Forschungen kaum zu nutzen.

Dass sich die Konzerne überhaupt auf das Geschäft mit der Landwirtschaft eingelassen haben, hat seine Ursache in einem äußerst gewinnbringenden Kombieffekt: So haben sie sich einerseits durch Patente und Sortenschutz Eigentumsrechte an ihren Forschungsprodukten sichern können. Zum anderen haben sie, im Regelfall über ihre Chemieschiene, Produkte entwickelt, die als Paket mit ihren Pflanzen verkauft werden können und so einen doppelten Nutzen versprechen.

Bestes Beispiel ist der Agrarkonzern Monsanto, der auf diese Weise sein Uraltherbizid *Roundup* wieder ins Geschäft bringen konnte. Es gelang ihm, Mais, Soja und Baumwolle durch gentechnische Eingriffe so zu verändern, dass sie fortan gegen den Wirkstoff des Herbizids widerstandsfähig sind. So konnte er sich als Marktführer etablieren. Seine herbizidresistenten Kombiprodukte aus Saatgut und Unkrautvernichter gehören weltweit zu den Rennern, zumindest in den Ländern, die sich diese Produkte leisten können.

Herbizidresistenz ist denn auch die Eigenschaft, in die die private Agrarforschung das meiste Geld steckt. Wie im 8. Kapitel erwähnt, steigerten die drei großen multinationalen Konzerne ihre Investitionen in die Pflanzenzüchtung zwischen 1950 und 2000 insgesamt um das Vierzehnfache. Doch im Zentrum ihrer Bemühungen stand vor allem die technische Veränderung des Pflanzenerbguts mit dem Ziel, Nutzpflanzen gegen ein Herbizid des Unternehmens widerstandsfähig zu machen oder das Gen eines Erdbakteriums, des *Bazillus Thuringiensis*, als natürliches Insektizid in der Pflanze selbst wachsen zu lassen.

Resistente Wildpflanzen

Auch der Bayerkonzern spielt in dieser Liga mit, wenn auch eher am Rande. Aber er hat gentechnisch eine vielversprechende Herbizidtoleranz in Baumwoll- und Sojapflanzen eingeführt. Dies wäre eine Alternative zu den Produkten seines Konkurrenten Monsanto, der mittlerweile feststellen muss, dass die Herbizidtoleranz seiner Produkte an Wirkung verliert. Immer mehr Farmer in den USA melden, dass neben den Nutzpflanzen zunehmend auch Wildpflanzen gegen das Allround-Herbizid *Roundup* Widerstand zeigen. Bill Wenzel von der National Family Farm Coalition, einer Organisation der bäuerlichen Landwirte in den USA, berichtet von mindestens einem Dutzend resistenter Wildpflanzen. Nun kann Bayer in diese Marktlücke stoßen, seine Forschung hat sich gelohnt.[8]

Insgesamt will der Konzern zwischen 2008 und 2013 rund 3,4 Milliarden Euro in die Erforschung seiner Agrarchemikalien und gentechnischen Pflanzen stecken. Das übersteigt den Forschungsetat der öffentlichen Agrarförderung in Deutschland von 77 Millionen jährlich um ein Vielfaches.[9]

Allerdings sind auch in den Konzernen die Zeiten des großen Wachstums bei den Forschungsinvestitionen vorbei. Die amerikanischen Forscher Jorge Fernandez-Cornejo und David Schimmelpfennig stellten fest, dass nach einer Konzertrationswelle in den 1990er Jahren die Budgets stagnieren. Sie führen dies darauf zurück, dass der Druck, sich durch neue Forschung am Markt zu profilieren, gewichen ist. Die Märkte sind weitestgehend aufgeteilt und ausgeschöpft. Und neue lukrative Forschungsziele, die die alte Kombination Gentechnik und Agrarchemie neu beleben könnten, sind nicht in Sicht. Zwar beginnt sich die private Forschung in den Konzernetagen mittlerweile auch für Klimastabilität zu interessieren. So dachte der Chef von Monsanto, Hugh Grant, im März 2009 öffentlich über neue Forschungsfelder nach und kam zu dem Schluss, er sehe »durchaus Chancen, vor allem für Weizensorten, die weniger Wasser benötigen«. Doch noch ist davon nichts am Ende der Forschungspipeline angekommen.[10]

Fazit: Der Ansatz der Industrieforschung reicht nicht aus. Er ist auf zu wenige Pflanzen konzentriert. Und er setzt für den Erfolg eine industriell arbeitende Landwirtschaft voraus, die ihre Produkte in den Kreislauf der internationalen Lebensmittelindustrie einspeist, und deshalb mit hohem Input an Kapital, Chemikalien und Technik arbeiten kann. Genau dies ist aber nicht die Lösung, um den Hunger der wachsenden Weltbevölkerung in den Griff zu kriegen (siehe *Grafik 12.3* im Farbteil in der Buchmitte).

Eine Agrarforschung, die den Anforderungen des 21. Jahrhunderts entsprechen will, muss deutlich andere Ergebnisse hervorbringen. Die Neuerungen für diese Klientel müssen in kleinen Landwirtschaften, mit wenig Kapital, ohne große Mechanisierung und Ausbildung anwendbar sein. Ihre Produkte müssen direkt und ohne den Umweg über internationale Märkte beim Verbraucher ankommen. Sie müssen die Wasservorräte schonen und durch Vielfalt auch Missernten bei einzelnen Kulturen abfedern. Sie müssen den Menschen vertraut sein, damit sie ihr hergebrachtes Wissen darauf anwenden können.

Forschung in den Entwicklungsländern

Forschung mit diesem Fokus findet vor allem in den Entwicklungsländern selbst statt, allerdings nicht selten unter miserablen Bedingungen und mit minimalen Etats. Besonders übel ist es um Afrika bestellt. Nicht nur durch Geldmangel, sondern auch durch politische Unruhen wird dort das wissenschaftliche Vermögen der Landwirtschaft vernichtet, wie beispielsweise in Uganda. Einst war das Land anerkannt in der afrikanischen Wissenschaftswelt. Aber der Bürgerkrieg in den 1980er Jahren hat alle Forschungseinrichtungen zunichte gemacht. Das Gleiche gilt für den Kongo, der einst die bestausgebaute Wissenschaftslandschaft Afrikas besaß.

Agrarforschung ist in den Entwicklungsländern zum größten Teil Sache des Staates; private Geldgeber für Forschung gibt es ebenso selten wie private Forschungsinstitute. Aber in Afrika ebenso wie in Südamerika liegt das Engagement der Staaten weit unter dem der Industrieländer und erreicht noch nicht einmal ein Zehntel der Mittel, obwohl sich gerade hier die größten Herausforderungen für die Zukunft stellen, vom Klimawandel bis zum Bevölkerungswachstum.

Allerdings gibt es auch Ausnahmen, die hoffen lassen. Indien, China und in geringerem Umfang auch Brasilien bestreiten gemeinsam mehr als die Hälfte der Agrarforschung der Dritten Welt. So stiegen die Aufwendungen in China zwischen 1981 und 2000 von rund 700 Millionen auf 1,9 Milliarden Dollar und in Indien von 400 Millionen auf 1,3 Milliarden. Die beiden Länder sind nach dem Urteil des International Food Policy Research Institute in Washington bestens für die Zukunft gerüstet.[11]

An ihren Universitäten, in ihren Forschungsinstituten entsteht das, was für die Zukunft der Welternährung von Bedeutung ist. Wie zum Beispiel im Labor für Pflanzenkrankheiten an der Universität von Yunnan in China. Hier konnte erst kürzlich ein Forschungserfolg gefeiert werden, der die Reisernten weltweit auch unter verschärften klimatischen Bedingungen mit mehr Dürren und Überschwemmungen sichern könnte.

Was Youyong Zhu stolz macht

Der Forscher Youyong Zhu und seine Kollegen haben sich einem Schadpilz zugewandt, der schon in 85 Ländern der Welt sein Unwesen in den Reisfeldern treibt und die Ernte bis zu 50 Prozent schmälern kann. Die Methode, die sie fanden, um den Pilz in Schach zu halten, ist ebenso simpel wie effektiv. Auf ihren Versuchsfeldern mischten sie beim Anbau krankheitsanfällige Reissorten mit solchen, die resistent sind. Das Ergebnis: Die Ernte fiel um 89 Prozent höher aus, als wenn nur eine Sorte angepflanzt worden wäre. Durch den Mehrertrag können die Bauern auf etwa 20 Prozent der Anbaufläche verzichten und trotzdem die gleiche Menge ernten. Und das Beste ist: Sie können auch auf das sonst notwendige Fungizid verzichten, weil die resistenten Sorten den Pilz in Schach hielten.

Was Youyong Zhu besonders freut, ist die Tatsache, dass seine Reismischkultur fast zehn Tonnen pro Hektar erbringt und damit weit über den besten Ergebnissen der Region liegt. Die Mischung kann aus unterschiedlichen regionalen Sorten bestehen, ist damit in anderen Regionen anpassungsfähig und sorgt für Sortenvielfalt. Sie hält sowohl Dürren als auch Überflutungen aus. Sie kann an Hängen angepflanzt werden und verhindert so Bodenerosion, und sie hält das Regenwasser fest, was der Dürre vorbeugt. Schließlich erhöht die Pflanzenmischung auch noch die organische Masse im Boden, bindet damit Treibhausgase und nützt dem Klima. Und letztlich bereichert die Reismischung den Speisezettel der chinesischen Bauern, was ihrer Gesundheit nützt.[12]

Magic Pea

Das Beispiel Chinas zeigt, wie sich Investition in die Forschung auszahlen kann, wenn sie in die richtige Richtung geht. Ähnliches ist auch aus Indien zu berichten. Dort freut sich Doktor William Dar im Hauptquartier des Internationalen Agrarforschungszentrums für Tropenlandwirtschaft in Patancheru, Südostindien, über seine neuste Erfindung, eine Erbse, die 40 Prozent mehr Ertrag bringt als ihre Vorfahren und zudem wesentlich mehr Eiweiß anreichert. Sie kann Dürren aushalten und ist gegen fast alle Krankheiten widerstandsfähig. Man kann ihre Sprossen als grünes Gemüse essen oder als ein traditionelles indisches Curry zubereiten. Sie kann aber auch als Futter für Schweine und Hühner dienen und bindet zudem mit ihren Wurzeln Luftstickstoff als Dünger. Aufgrund ihrer Eigenschaften ist sie vor allem für die afrikanische Landwirtschaft geeignet. »Afrikanische Bauern werden hiervon profitieren, es wird ihre Versorgung sichern und ihr Einkommen verbessern«, strahlt William Dar und hält ein paar der Prachtexemplare aus

Patancheru in die Höhe. Und dann kommt das Beste: Die Erbse kostet die Bauern fast nichts, denn die Forscher verlangen keine Nutzungsgebühren. William Dar nennt sie *Magic Pea*, ihr wirklicher Name ist *Pushkal*, man wird von ihr hören. Es sind diese Qualitäten, mit denen die Forschung die Welternährung ein Stück sicherer machen kann. Doch leider sind diese Ansätze noch die Ausnahme.

Joachim von Braun, Direktor des International Food Policy Research Institute in Washington, verlangt deshalb eine weltweite Initiative zur Ankurbelung der Agrarforschung unter Führung der Industrienationen, allen voran der USA. Und er erinnert noch einmal daran, wie groß die Verzinsung ist, die eine Investition in Agrarforschung bringt. So reichen in Indien eine Million Rupien (rund 15 000 Euro) für die Agrarforschung, um 323 Menschen aus Hunger und Elend zu befreien. Die Früchte der Etatkürzungen für die Forschung haben die Welt schon gesehen. Sie zeigen sich in sinkenden Zuwachsraten bei den Ernten weltweit. Durch sie sei in vielen Teilen der Welt die Produktion hinter dem Bedarf zurückgeblieben. Die Kürzung der Forschungsetats weltweit hätte den Boden bereitet, auf dem 2007 dann die Lebensmittelpreise explodieren konnten.[13]

13. Überfordert – Welternährungspolitik

»High Level Conference on Food Security«

Rom, 3. Juni 2008. Die Luft flirrt vor Hitze. Die Sonne brennt auf die Arena des Circus Maximus. Dies war ein Schicksalsort. Hier jubelten die Massen, hier mahlten sich die Räder der Kampfwagen durch den Sand, Schwerter hieben aufeinander. Von der Tribüne verfolgte die römische Machtelite das Rennen. Es ging für die einen um Brot und Spiele, für die anderen um Leben und Tod. 2000 Jahre später ruht die Arena ruhig in der Mittagshitze. Die einzigen Gäste lagern im Schatten der knorrigen Pinien; der Kampf um den Sieg, um Leben und Tod, wird hier nicht mehr ausgetragen. Er findet einen Steinwurf weiter statt, im großen Sitzungssaal der FAO, der Welternährungsorganisation.

Die Herrscherelite der Welt ist schon vor Stunden vorgefahren: 160 Regierungschefs und Minister in schwarzen Limousinen im 2-Minuten-Takt. Mindestens 200 Pferdestärken unter der Kühlerhaube, nicht im vollen Galopp, im diplomatischen Schleichtempo. Auf dem roten Teppich, der hier grün ist, warten der Hausherr, der Generalsekretär der Vereinten Nationen, Ban Ki-moon, und der Direktor der FAO, Jacques Diouf. Es geht um den Welthunger, das Protokoll verlangt freundliches Lächeln. Es ist ihr Tag. Sie haben Großes vor. Die angereisten Regierungen sollen einen Fahrplan gegen den Welthunger unterschreiben.

Der Hunger zu Gast

Die FAO, die Ernährungs- und Landwirtschaftsorganisation der UNO, hat Erfahrung. Der Hunger war seit ihrer Gründung 1945 ihr ständiger Gast, ein ungeliebter, aber einer, an dem die Welt direkt nach dem Zweiten Weltkrieg nicht vorbeigehen konnte. Europa lag in Schutt und Asche, die Schlachtfelder im Osten trugen keine Ernten, Indien und Asien litten schwer. Die Vorräte waren vernichtet. Der Hunger lähmte die Nachkriegswelt. Die überlebenden Frauen, Kinder und Greise, Millionen Flüchtlinge, hatten nichts außer Hunger.

In dieser Zeit wurde die Idee einer Welternährungsorganisation, die FAO, geboren. Sie fand ihren Sitz in Rom. Der Größenwahn des faschistischen Italiens hatte ein klotziges Bauwerk hinterlassen, groß genug, um von dort einen Kontinent zu regieren. Es war das ehemalige Afrikaministerium des Diktators Benito Mussolini mit einer monumentalen Fassade, eine Machtdemonstration aus einer anderen Zeit. Heute wird hier nicht mehr geherrscht, hier wird der Hunger der Welt verwaltet. Hier werden die Strategien gegen leere Reisschalen und Fleischtöpfe entwickelt. Von hier kommen die Ratschläge für die Entwicklung der Weltlandwirtschaft und der abgelegenen ländlichen Gebiete. Hier wird der Brotkorb der Weltbevölkerung überwacht und der grüne Teil der Weltwirtschaft gesteuert.

Hinter der Marmorfassade sitzen 3700 Experten, ein Brainpool für die Welternährung. In den letzten fünfzig Jahren haben sie mit Erfolg den Hunger, die Geisel des 20. Jahrhunderts, bekämpft. Indien und Asien konnten sich in den 1950er Jahren nicht aus eigener Kraft ernähren. Heute exportieren China und Indien Lebensmittel. Das ist die Erfolgsgeschichte der FAO.

Doch gewonnen hat sie den Kampf noch nicht. 800 Millionen Frauen, Kinder, alte Menschen stehen noch in der Hungerstatistik der FAO. Zu ihrem fünfzigsten Geburtstag 1995 beschlossen die über 190 Mitgliedsstaaten der FAO, bis 2015 solle der Welthunger halbiert sein, statt 800 Millionen nur noch 400 Millionen leere Töpfe und Schüsseln. Der Sieg schien zum Greifen nah. Bis zum Dienstag, den 3. Juni 2008, als der Generaldirektor der FAO einräumen musste, dass es ein Problem gab: Die Welt stehe vor einer Krise, vor einer großen Welternährungskrise.

Fehlschlag – die FAO-Weltkonferenz Hunger, Klima, Biosprit im Juni 2008

Die roten Sessel im Plenarsaal leuchten, die schwarzen Anzüge der Minister und Delegationen dämpfen das Licht. Am Rednerpult, im weißen Gewand und weißen Barett, der Generaldirektor der FAO in der Festtagstracht seines Landes. Er bebt vor Empörung über die Ignoranz der Welt, seine Augen funkeln vor Zorn über die Ungerechtigkeit, die den einen erlaubt, Milliarden für ihren extravaganten Lebensstil zu verschwenden, und den anderen nicht einmal einen Sack Reis übrig lässt, um die Familie sattzumachen. Jacques Diouf ist im Senegal geboren. Auf den Äckern seines Vaterlandes wuchsen einst genügend Lebensmittel, um das Land zu ernähren und sogar noch in andere Länder zu exportieren. Es gab keine Armut, der Senegal war ein reiches Land. Heute steht es am Abgrund und gehört zu den Ländern der Welt mit dem geringsten Einkommen. Ein Land, das Lebensmittel einführen muss, um seine Menschen zu ernähren, das Öl einführen muss, um seine Busse und Lastwagen in Fahrt zu halten.

Wie soll es weitergehen, wenn der Preis für einen Sack Reis heute auf das Dreifache gestiegen ist und der Ölpreis den Staatshaushalt auffrisst? Solche Verhältnisse kann die Welt nicht wollen, dulden oder gar hinnehmen. Eine andere Politik müsse her, mit der den Menschen wirklich geholfen werden könne, mit der die Landwirtschaft wieder in Gang gebracht werden könne. Die kleinen Bauern sollen vom Rand ins Zentrum der FAO-Politik gerückt werden. Um sie müsse es bei dieser Weltversammlung gehen.

30 Milliarden Dollar sei der Preis für eine neue Weltagrarpolitik, mit der die Krise der Welternährung bewältigt werden könne. Wenn die Welt im Jahr 2006 200 Milliarden Dollar für Waffen ausgeben konnte und Nahrung im Werte von 100 Milliarden Dollar weggeworfen wurde, wie wollten die Politiker dann den Menschen erklären, dass es nicht möglich sein soll, 30 Milliarden Dollar zusammenzubekommen, um den 862 Millionen hungrigen Menschen ihr Recht auf Ernährung und ihr Recht auf Leben zu garantieren.

Der Generaldirektor der FAO steht im grellen Scheinwerferlicht, er wirkt wie ein Prediger. Er beschwört die Versammlung, dass nur der Einsatz dieser Mittel und in dieser Höhe die Konflikte um Nahrung verhindern könnte, die sich am Horizont bereits abzeichnen.

Der Applaus ist verhalten, die Tagesordnung geht weiter. Nun reden die Regierungschefs und ihre Vertreter, jeder hat für sein Statement fünf Minuten Zeit, es wird Stunden dauern, bis »His Excellency« Walter Balzan, der ständige Vertreter Maltas, mit seinen Worten den Abschluss macht.

Der Anfang gebührt »His Excellency« Erik Solheim, dem Landwirtschaftsminister Norwegens. Die eigentlichen Beratungen über den neuen Kurs in der Welternährung finden im sogenannten *Red Room* der FAO statt.

Weltagrarrat

Hinter dem geforderten Kurswechsel steht die wissenschaftliche Analyse des »International Assessment of Agricultural Knowledge, Science and Technology for Development« (IAASTD). Der Plan dazu wurde im August 2002 geboren, als sich die

Weltbank und die FAO fragten, ob es nicht an der Zeit sei, zu klären, mit welchem Wissen und welchen Techniken die Zukunft der Weltlandwirtschaft angegangen werden sollte. Das endete an einem riesigen runden Tisch, an dem alle, die zur Zukunft der Landwirtschaft etwas beizutragen hatten, einen Platz finden sollten. Platz nahmen fast alle UN-Institutionen, von den Finanzen über Umwelt, Erziehung, Gesundheit, die Weltbank ebenso wie die FAO. Zusätzlich dreißig Regierungen, dreißig Vertreter der Zivilgesellschaft, Bauern, Konsumenten, NGOs.

Dieser illustre Kreis wählte aus der Wissenschaftsgemeinde der Welt 400 Experten, die einen umfassenden Auftrag bekamen. Zum einen sollten sie die Millenniumsziele der UN berücksichtigen, die den Hunger bekämpfen, die Lebensumstände und die Gesundheit verbessern und die Nachhaltigkeit und Gerechtigkeit fördern wollen. Bei ihren Untersuchungen sollte aber nicht nur das Wissen der Wissenschaft, sondern auch das der Zivilgesellschaften zusammengetragen werden, und zwar nicht nur das aus der Vergangenheit, sondern ebenso das für die Zukunft.

Landwirtschaft sollte nicht nur als Acker- und Viehwirtschaft, als Produktionsstätte und Wirtschaftseinheit gesehen werden, sondern auch als Lebensgemeinschaft und aktiver Teil einer Gemeinde. Nicht nur die Agrarwissenschaften waren gefragt, auch die Sozialwissenschaften, die Historiker und Regionalwissenschaftler. Die Ergebnisse ihrer Arbeit wurden dann dem Plenum vorgelegt und so lange geklärt und verbessert, bis ein zustimmungsreifes Paket vorlag, das alle mittragen konnten, die bei der Verabschiedung dabei waren.

Die chemische Industrie hatte sich auf dem Weg dahin verabschiedet, Amerika und einige andere Staaten äußerten abschließende Bedenken, aber im April 2008 lag dann die »Globale Abschätzung von Erfahrungswissen, von wissenschaftlichen Erkenntnissen und von technischen Möglichkeiten für die Zukunft der Weltlandwirtschaft« vor. Aus den Erkenntnissen wurden Empfehlungen für die Regierungen und die Vereinten Nationen formuliert, die politische Wellen schlagen sollten. Und der erste Ort, an dem das geschah, war die Welternährungskonferenz der FAO im Juni 2008 in Rom. »Landwirtschaft an einem Kreuzweg« hatten die Autoren ihr Werk genannt. Es sollte den Weltagrarpolitikern klarmachen, dass sie im Jahr 2008 an einem Punkt angekommen waren, an dem über eine neue Richtung entschieden werden musste.

High-Level Taskforce

Der Generalsekretär der Vereinten Nationen, Ban Ki-moon, hatte schon vor der Konferenz in Rom die Welternährung zur Chefsache gemacht. Er hatte sich eine Eingreiftruppe, eine High-Level Taskforce, zugelegt, die die globale Ernährungskrise in den Griff kriegen sollte. Es ging vor allem darum, das Gewirr von Interessen im eigenen Haus zu entflechten und auf einen Nenner zu bringen. Die Weltbank, die Welternährungsorganisation FAO, der Internationale Währungsfonds IWF, das Welternährungsprogramm WFP, die Welthandelsorganisation WTO, der Internationale Agrarfonds IFAD, die Weltgesundheitsorganisation WHO, sie alle haben ein Interesse an der zukünftigen Entwicklung der Welternährung und an der Art von Landwirtschaft, die sie hervorbringen soll.

Im April 2008 begann die Taskforce mit ihrer Aufgabe, einen kurzfristigen Hilfsplan für die akuten Opfer der Nahrungsmittelkrise zu entwickeln. Und einen Aktionsplan, der der Landwirtschaft in den Entwicklungsländern möglichst schnell auf die Beine helfen sollte. Ihr wurde die Schlüsselrolle zur Lösung des Welternährungsproblems zugesprochen.

Zum einen waren rund 70 Prozent der Armen in den Entwicklungsländern Kleinbauern, und zum anderen traute man diesen Bauern zu, innerhalb kürzester Zeit ihre Ernten zu verdoppeln. Nach einem Monat lag ein Aktionsplan auf dem Tisch des Generalsekretärs, der in Rom im Juni 2008 eigentlich verabschiedet werden sollte. Dafür versuchte der Generalsekretär den Boden zu bereiten, zumindest bei der angereisten Weltpresse.

Mittwoch, 4. Juni 2008, der Pressesaal der FAO ist überfüllt. In den Objektiven der Weltpresse spiegelt sich das Gesicht von Jacques Diouf, dem Direktor der FAO, heute ohne Nationaltracht, ohne Kopfbedeckung, dafür in einem cremefarbenen Anzug mit Krawatte, die Brille funkelt golden. Neben ihm sitzt Ban Ki-moon, der Generalsekretär der Vereinten Nationen, lächelnd. Ihm zur Seite der Chef der Weltbank mit entschlossenem Gesicht. Die Botschaft der UN-Manager heißt: Schluss mit den Resolutionen. Wer den Hungernden helfen will, muss die Menschen nicht nur sattmachen, sondern zu Sattmachern machen, zu Bauern auf dem eigenen Land, die sich und ihre Nachbarn in den Städten ernähren können. Hilfe zur Selbsthilfe, der Spruch von den Armen, die fischen lernen, macht die Runde: Wer einem Hungernden einen Fisch schenkt, der macht ihn für einen Tag satt, wer ihn aber lehrt, einen Fisch zu fangen, der macht ihn für immer satt.

Die Weltpresse notiert und sorgt dafür, dass die Worte des Generalsekretärs in der Welt Gehör finden. Nur in den Verhandlungen der Welternährungskonferenz scheinen sie achtlos zu verhallen. Sie gehorcht anderen Signalen und Interessen, die sich im Halbdunkel der Wandelgänge, in der Lobby, Einfluss auf den Gang der Dinge verschaffen. Es sind die politischen und wirtschaftlichen Lobbyisten, die den Kurs der FAO aus dem Hintergrund mitsteuern.

Verdeckte Steuermänner

Ihren Einfluss erkennt man in den Beschlüssen der Weltorganisation. Hinter den Kulissen geht es um eine Richtungsentscheidung. Es geht um die Frage, ob die Weltorganisation den Kampf gegen Hunger und Armut in Zukunft mithilfe der Kleinbauern der Welt führen soll oder ob sie das Geschäft der Welternährung weiter nur in die Hände der industriellen Landwirtschaft legt. Es geht um einen politischen Kurswechsel und einen Machtkampf, um Gewinnerwartungen und Verlustängste.

Ganz oben stehen die »Global Players« der Agrarwirtschaft, die Agrokonzerne. Sie verstehen sich als die eigentlichen Ernährer der Welt. Einer der Großen der Branche ist der Agrarchemiekonzern Syngenta. Für den Chef Michael Mack steht fest: »Ohne Pflanzenschutzmittel würden wir 2,5 Milliarden Menschen weniger ernähren.«[1]

Die Branche produziert nicht nur die Chemikalien, die aus ihrer Sicht die Welt ernähren, sie liefert auch das Hochleistungssaatgut, das Rekordernten verspricht, am liebsten gentechnisch veränderte Pflanzen. Denn sie versprechen besonderen Profit, wenn neben dem Saatgut auch noch die Chemikalien im Paket verkauft werden können, die der grünen Gentechnik einen optimalen Start auf dem Acker erlauben. Dieses Kombipaket ist der Marktrenner dort, wo die Landwirtschaft nach industriellen Maßstäben betrieben wird. Syngenta kann für 2008 einen Reingewinn von 1,4 Milliarden Dollar einstreichen, ein Viertel mehr als im Vorjahr. Insgesamt setzte die Sparte weltweit mehr als 50 Milliarden Dollar um, und sie will weiter wachsen. Dazu braucht sie mehr industrielle Landwirtschaft, und damit rechnet sie auch fest. So gibt Prof. Friedrich Berschauer, Vorstandsvorsitzender der Bayer CropScience AG, auf seiner Jahrespressekonferenz 2008 bekannt, dass sich die Nachfrage nach Wirkstoffen und Saatgut des Unternehmens im ersten Halbjahr 2008 erheblich gesteigert habe. Mit einem Umsatz von 3,8 Milliarden Euro verzeichnete das Unternehmen einen Zuwachs von 19 Prozent. Bayer CropScience plant, bis 2012 mehr als drei Milliarden Euro in seine Forschung zu stecken.

Das Wachstum der Weltbevölkerung eröffnet große Märkte. Wenn für zusätzliche drei Milliarden Menschen Getreide geerntet werden soll, dann geht es um maximale Ernten pro Hektar. Das bedeutet maximalen Einsatz von Agrarchemie. Und dies vor allem in den Entwicklungsländern, das ist die Hoffnung in den Führungsetagen der Agrokonzerne. Sie erfüllt sich aber nur, wenn diese Länder auch den Weg der industriellen Landwirtschaft gehen. Kleinbauern wären da kein Gewinn. Damit ist die Interessenlage klar.

Der andere Interessenvertreter in der Lobby der FAO ist der internationale Agrarhandel. Er ist höchst konzentriert. Nur noch drei Konzerne kontrollieren rund 90 Prozent des Weltgetreidehandels, nämlich Cargill, Archer Daniels Midland and Bunge.[2] Der Größte unter diesen Dreien heißt Cargill mit 98 000 Mitarbeitern in 61 Ländern.

Cargill betreibt seine Geschäfte auf allen landwirtschaftlichen Märkten. Weizen, Mais, Ölsaaten, Soja, Baumwolle, Früchte, Erdnüsse, Palmöl, genauso wie Hähnchen, Puten, Schweine- und Rinderhälften, alles gehört zum Reich der Nummer eins des Agrobusiness. Cargill produziert Viehfutter und Dünger, die Firma ist der größte Getreidehändler der Welt, der größte Ölverarbeiter und der größte Brauweizenproduzent. Nur als Phosphatdünger-Produzent muss er sich mit Platz zwei begnügen. Cargill erzielte im Jahr 2003 einen Gewinn aus seinen laufenden Geschäften von einer Milliarde Dollar.[3]

Der Haushalt der FAO betrug im gleichen Jahr 650 Millionen Dollar. Auch Cargill und seine Konkurrenten hätten keinen Vorteil von einer neuen Kleinbauernstrategie der FAO, im Gegenteil, dies würde ihnen einen Teil ihres erhofften Wachstums im Welthandel nehmen. Von hier kann keine Zustimmung zum Kurswechsel der FAO erwartet werden.

Auch die großen Lebensmittelkonzerne, wie Nestlé, Philip Morris, Unilever, Pepsi, CocaCola, und ihre Branche sehen sich gern als Welternährer. Mit Kindernahrung für den Nachwuchs der Weltbevölkerung haben sich Einzelne zwar keinen guten Namen gemacht, aber auf allen anderen Geschäftsfeldern, von Limonade, Schokoriegeln, Cornflakes und Kleingebäck bis zu H-Milch, Milchpulver und Geflügelteilen, wächst der Markt, und dies besonders gut in den Entwicklungsländern. Eine Offensive für die Kleinlandwirtschaft könnte einen Teil des möglichen Wachstums kosten, Selbstversorger sind keine guten Supermarktkunden.

Auf der Lobbyliste für die Industrielandwirtschaft stehen auch die großen Agrarexportländer für Getreide wie die USA, Brasilien, die EU und Argentinien. Sie haben ein Interesse, ihre Ernten in den Entwicklungsländern auf den Markt zu bringen. Und für die Zukunft rechnen sie mit mindestens 200 Millionen Tonnen mehr an Umsatz.

Auf dieses Geschäft hoffen sie und mit ihnen auch die multinationalen Konzerne, die diese Warenströme aufkaufen, lenken, überwachen und ihr Geld daran verdienen. Nach Erkenntnissen der Weltbank machen sie damit ein glänzendes Geschäft, das in den letzten Jahrzehnten weiter an Glanz gewonnen hat.

Der World Development Report 2008 kommt zu dem Schluss, dass sich der Abstand zwischen Einkaufs- und Verkaufspreisen bei Weizen, Reis und Zucker zwischen 1974 und 1994 verdoppelt hat und zwar auf Kosten der Entwicklungsländer, deren Anteil an der Wertschöpfung von 60 (1970–1972) auf 28 Prozent (1998–2000) gesunken ist. Dafür ist die Gewinnspanne der Händler gestiegen. Wenn der Welthandel sich so lohnt, dann können mehr als eine Milliarde Kleinbauern, die nur für den Markt vor der eigenen Haustür produzieren, nur stören. Das spricht gegen einen Politikwechsel der Weltgemeinschaft.

Auch das internationale Bankensystem und die gesamte Geldwirtschaft profitieren von zusätzlichen Waren- und Geldströmen, die vorfinanziert und abgewickelt werden müssen. Hinzu kommen neue Finanz- und Anlageprodukte aus der Landwirtschaft, die jetzt schon viel Interesse auf sich ziehen. Es sind zum einen Produktfonds, hinter denen Getreide-, Zucker-, Kaffee- und Speiseölspekulanten stehen. Zum anderen Bodenfonds, die Geld einsammeln, um rund um den Globus Boden aufzukaufen, der in Zukunft besondere Rendite verspricht, weil er ja immer knapper werden wird. Und Rendite verspricht er vor allem dort, wo er großflächig bewirtschaftet werden kann.

So wirbt die AGRARIUS AG mit einem Engagement in »erstklassiges EU-Agrarland mit überdurchschnittlichem Wertsteigerungspotenzial«. Banken vermitteln große Bodengeschäfte zwischen Staaten, die bereit sind, den knappen Boden ihres Landes gegen Bargeld zu verkaufen. Kleinbauern sind bei diesen Strategien störend, denn sie könnten auf die Idee kommen, dass es vielleicht ihr Land ist, das da in anderen Händen landet.

Das ist der Interessenmix, der in Rom zwar nicht das Wort führt, aber doch die Gerüchte streut, die Delegierten impft und ihnen auch die richtigen Ratschläge für das eigene Fortkommen mit auf den Weg in den Verhandlungssaal gibt.

Hinzu kommt, dass auch die Vertreter der UN-Institutionen, die sich um die Zukunft der Welternährung sorgen, nicht vom Himmel fallen, sondern von ihren Regierungen in den Personalplan manövriert werden. Seilschaften nützen im politischen Hochgebirge, wenn es darum geht, Gehaltsklassen zu überwinden und die richtige Botschaft im richtigen Ohr zu platzieren. Das ist kein Sumpf von Vetternwirtschaft und Korruption, das ist Dankbarkeit und innere Verpflichtung den Interessen gegenüber, die einen ins Amt gebracht haben, dort halten oder zu Höherem befördern. Und diese Interessen dürften dem Mix entsprechen, der auch um den Verhandlungstisch in Rom versammelt ist.

Schließlich gibt es noch ein Instrument, mit dem die Weltorganisation vor allzu forschen Kurswechseln gezügelt werden kann, das ist ihr Haushalt. Er wird von den über 190 Regierungen getragen, die Mitglieder der FAO sind. Zu drei Vierteln wird er von den Industriestaaten aufgebracht. Nach den USA und Japan ist Deutschland drittgrößter Beitragszahler. Die Zahlmeister bestimmen nicht den Kurs, aber sie versuchen zumindest einen Kurs zu verhindern, der gegen ihre Interessen gerichtet sein könnte, und dazu zählen auch die Interessen ihrer Industrien.

Um Korrekturen in der Politik der FAO zu erreichen, haben die Mitglieder schon in der Vergangenheit den Etat als Bremse genutzt. Der FAO-Haushalt wurde nicht nur kurzgehalten, sondern immer weiter gekürzt. Wenn nicht real, dann doch nach Abzug der Geldentwertung und der Wechselkursschwankungen. 1994 wurde das Budget der FAO eingefroren auf 650 Millionen Dollar. Erst 2004 sollte es wieder einen Zuschlag geben, aber der reichte nicht einmal aus, um die zwischenzeitliche Geldentwertung aufzufangen. 2004 genehmigten die Regierungen 719 Millionen Dollar, was einer realen Kürzung um 51 Millionen Dollar entsprach. Auch für die kommenden Jahre wurde bestenfalls ein Inflationsausgleich gewährt. 2007 war die Weltagrarorganisation ihren Mitgliedern 766 Millionen Dollar wert. Mit einer finanziell so weit geschwächten Institution geht die Welt im Jahr 2008 in die schärfste Krise, der sie seit 60 Jahren gegenübergestanden hat.

Die Schwäche lässt keine großen Bewegungen erwarten, schon gar keinen Richtungswechsel der Politik. Das alles drängt in eine Richtung, und die heißt: »Business as usual.« Also: weiter mit der industriellen Landwirtschaft.

Als Bremser beteiligen sich schließlich auch noch Regierungen von Entwicklungsländern. Es sind die, die unter Hilfe vor allem die Hilfe für die eigene Tasche verstehen. Für die die Armut in ihren eigenen Ländern keine Herausforderung, sondern eine Bestätigung ihrer Auserwähltheit ist. Sie beziehen ihre Macht aus der Machtlosigkeit ihrer Untertanen. So wie auf Madagaskar, wo sich der Präsident im Februar 2009 bereit erklärt, 1,3 Millionen Hektar fruchtbares Ackerland an den südkoreanischen Konzern Daewoo zu verkaufen, obwohl zwei Drittel der Madagassen nicht genug zu essen haben. Diese Herren haben kein Interesse an einer Kräftigung ihrer Kleinbauern.

Zu dieser Clique gehört auch Robert Mugabe, einst Herr über die Kornkammer Afrikas, heute Diktator im Armenhaus des Kontinents. Auf der Konferenz der Welternährungsorganisation FAO in Rom besteigt dieser Robert Mugabe, der sein Land zugrunde gerichtet hat, am Mittwoch, dem 4. Juni 2008 das Rednerpult, ein denkwürdiger Auftritt.

Er ist nicht erschienen, um sich dafür zu entschuldigen, dass der größte Teil seines Volkes im Elend lebt und dass er es dahin gebracht hat. Er ist gekommen, um die Welt anzuklagen. Die kolonialen Ausbeuter seien es gewesen, sie seien Schuld am Niedergang von Simbabwe, am Niedergang der einst blühenden Landwirtschaft, am Elend seines Volkes, das heute nicht mehr ohne Hilfe von außen leben kann. Dieser Mann kennt keine Selbstzweifel, er kennt nur seine Interessen. Muss sich eine Konferenz der Vereinten Nationen diese Mischung aus Anmaßung und Ignoranz anhören?

Robert Mugabe ist Mitglied im Club. Keiner kann ihn vor die Tür setzen, so wollen es die Statuten der Völkergemeinschaft. Sie hat beschlossen, auch solche Mitglieder zu ertragen, und davon gibt es noch mehr. Schurken, die ihre Völker ausnehmen und Not und Elend hinterlassen. Früher, in den Zeiten des Kalten Krieges, konnten sie sich darauf verlassen, auf der einen oder anderen Seite des damaligen Eisernen Vorhangs zwischen der ehemaligen UdSSR und den USA einen Gönner zu finden, der die Augen fest zumachte. Und auch heute findet sich immer einer, der die Hand über die Schurken hält. Politische Interessen, wirtschaftliche Gewinne gehen vor Hunger und Moral. Die Versammlung ist peinlich berührt. Die Rednerliste geht weiter.

In der Eingangshalle der FAO vor dem Konferenzsaal übt ein kleiner untersetzter Delegierter seinen Redetext, Schweißperlen stehen ihm auf der Stirn, im Manuskript ist das Wichtigste grün unterstrichen, eigentlich ist fast alles grün. Was will da betont werden?

Minuten später steht er am Rednerpult in der Tracht seines Landes und trägt vor, wie sich sein Staat, der Sudan, die Zukunft der Welternährung vorstellt. Ein Schurkenstaat. In seinem Westen liegt die Region Darfur, ein Landesteil so groß wie Frankreich, in dem Machtkämpfe zwischen Stämmen, Rebellen und der islamischen Militärregierung in der Hauptstadt Khartoum toben. Es geht um Bodenschätze und Macht über die Region, mittlerweile ist der Krieg über die Grenzen des Nachbarstaates Tschad hinübergeschwappt. Bisher gibt es nach UN-Schätzungen 200 000 Tote, zwei Millionen Menschen befinden sich auf der Flucht. 20 000 Blauhelme, die Soldaten der Vereinten Nationen, versuchen Mord, Totschlag, Vertreibung und Vergewaltigung in den Griff zu bekommen, aber ihre Macht reicht nicht aus, und auf die Unterstützung des Regimes in Khartoum können sie nicht rechnen.

Hier bestellt kein Bauer sein Feld, und sollte er es doch versuchen, muss er damit rechnen, dass es morgen verwüstet ist und er ein toter Mann. Keiner soll hier sesshaft werden, solange die Landansprüche der widerstrebenden Parteien nicht geregelt sind. Doch diese Regeln sind nicht in Sicht. An einem Kleinbauernprogramm zur Sicherung der Ernährung hat auch hier keiner ein Interesse.

Die Taskforce des Generalsekretärs, die die Weltversammlung mit ihrem Papier wachrütteln und die Weltagrarpolitik auf einen neuen Kurs bringen wollte, dringt mit ihrem Anliegen nicht durch. Dort, wo sie einen Wechsel der Politik fordert und die Kleinbauern der Welt zu den Hoffnungsträgern im Kampf gegen Hunger und Armut machen will, wird sie von den Verteidigern der industriellen Landwirtschaft ausgebremst. Das alles passiert nicht vor laufenden Kameras, sondern hinter verschlossenen Türen und in den Wandelgängen der FAO, nicht in wild zusammengewürfelten Gruppen von Lobbyisten und Diplomaten. Die angestrebte Wende in der Weltagrarpolitik wird auf dem Wege der leisen Diplomatie verhindert. Kein Aufsehen, kein lauter Wortwechsel, business as usual.

Und vor abrupten Mehrheitswechseln muss man bei einer UN-Konferenz auch keine Angst haben, hier gilt das Prinzip des Entschärfens durch Konsens. Erst wenn keine Einwände mehr erhoben werden, gilt die Resolution als beschlossen. Akklamation statt Abstimmung heißt auch das FAO-Prinzip. Und damit bekommen die Bremser und Verhinderer die Macht, jede Veränderung abzuwehren oder aufzuhalten, auch die einer neuen Welternährungspolitik, die die Kleinbauern ins Zentrum rücken will.[4] Selbst die Unterstützung prominenter und erfahrener UN-Strategen läuft ins Leere.

Grüne Revolution für Afrika

Im Pressesaal der FAO in Rom. Ein alter Bekannter lächelt in die Kameras. Es ist Kofi Annan, der ehemalige Generalsekretär der Vereinten Nationen. Er will sich einmischen in die Hungerdebatte. Wenn Afrika das Zentrum des Problems ist, dann will der Afrikaner Kofi Annan Teil der Lösung sein. Er will den großen Wurf, eine neue »Grüne Revolution« für Afrika, einen Marschallplan für seinen Kontinent.

Ruhig und besorgt erzählt er vom Absturz der afrikanischen Landwirtschaft. Noch vor dreißig Jahren konnte sie ihre Früchte auf den Weltmarkt exportieren. Afrikanische Farmer konnten ihre Bevölkerung ernähren. Heute ist die Kraft der Landwirtschaft südlich der Sahara um 60 Prozent gesunken. Die Kornkammern des Kontinents liefern nicht einmal mehr das Nötigste. Das will Kofi Annan nicht hinnehmen. Die Vereinten Nationen können und dürfen dem Niedergang Afrikas nicht tatenlos zusehen. Sie müssen mit allen Kräften die afrikanischen Bauern wieder mobilisieren, die Ernten steigern, Straßen zu den Märkten bauen, die Bewässerungssysteme wieder flottmachen.

Nein, die Fehler der ersten »Grünen Revolution« will er in Afrika nicht wiederholen. Keine Hochleistungssorten, die nur mit Dünger und Agrarchemie zu vernünftigen Ernten gebracht werden können, für die Traktoren und Mähdrescher angeschafft werden müssen, nein, so stellt sich Kofi Annan seine Grüne Revolution nicht vor. Er will die alten Sorten wiederbeleben, Hirse und Sorghum. Es will Kleinkredite für die Bauern, damit sie sich gutes Saatgut kaufen können und Vorratshäuser bauen, die die Ernte vor Ratten und Vögeln, vor Pilzen und Insekten schützen. Er will eine Kleinlandwirtschaft in Gang bringen, die ihren Mann ernährt und die es den Familien ermöglicht, etwas mehr zu ernten, um es auf dem Markt zu verkaufen, damit auch andere vom Überschuss satt werden können. Die Botschaft heißt: den Mut nicht verlieren, Operation Hoffnung läuft an für Afrika. Kofi Annan hat einen Traum, und er heißt »Allianz für eine Grüne Revolution in Afrika, AGRA«.

Und dann gibt er noch einmal den Staatsmann und tröstet die Welt mit dem Satz: »Today's crisis shall be tomorrow's triumph«, die Krise von heute soll der Sieg von morgen sein. Auf der offenen Bühne erhält er kopfnickende Zustimmung, aber wird er auch die Milliarden bekommen, die er dafür braucht, 30 Milliarden pro Jahr?

Der wunde Punkt

FAO-Journalistenzentrum. Auf den Bildschirmen flimmern die Redner aus den Arbeitsgruppen auf, die sich mittlerweile über das Schlussprotokoll in die Haare geraten sind. Ein schwedischer Akzent verrät die Herkunft des Redners, kein Politiker, diesmal ist es einer aus der Riege der Sachverständigen. Man solle hier nicht so tun, als sei Geld die Lösung. Solange keiner dafür geradestehen will, dass auch kontrolliert wird, wo es ankommt, und dass es dorthin gelangt, wo es den Hunger wirklich trifft, so lange sei es blauäugig, anzunehmen, mit den geforderten Milliarden einen Erfolg im Kampf gegen den Hunger erzielen zu können. Mit geschlossenen Augen kann man kein Ziel erreichen, das müsse auch hier gelten.

Das ist der wunde Punkt. Das ist der alte Vorwurf gegen die FAO. Mit anderer Leute Geld Vetternwirtschaft betreiben, wenn schon nicht korrupt, dann doch ineffizient. Ein UN-interner Prüfbericht attestiert der FAO eine finanzielle und programmatische Krise. Der Apparat sei zu schwerfällig, veraltet und zu aufgebläht. Eine Organisation zur Versorgung alter Freunde und Seilschaften in den Entwicklungsländern. Vermutungen, Verleumdungen, üble Nachrede, halsabschneiderische Absichten, alles ist möglich.

Die internationale Politik ist kein Bibelkreis. Es geht um Einfluss, Geld und Positionen, auch in der FAO, und da ist vieles recht.

Via Campesina

In der Eingangshalle sitzen drei Gipfelbesucher etwas verloren herum, keine Regierungsvertreter, kein gedeckter Anzug, Straßenkleidung. Rita aus Sri Lanka, Juana aus Kolumbien und Henry aus Indonesien, sie vertreten hier die Kleinbauernbewegung *Via Campesina*. Auf sie richten sich keine Kameras, sie wollen dennoch ihre Botschaft in der Welt der FAO unterbringen. Henry Saragih ergreift das Wort und versucht, die Aufmerksamkeit der Herumstehenden auf sich und sein grünes Halstuch zu lenken. Er erlebe gerade, was es heißt, wenn die Weltmarktpreise steigen. Der Reispreis in seinem Land sei jetzt auf drei Dollar das Kilo geschnellt, und das von nicht einmal 50 Cent vor einem Jahr. Das sei nicht zu bezahlen von den Menschen in den Städten. Der Bauer habe nichts vom hohen Preis, denn der komme auf dem Land gar nicht an, den kassieren nur die Zwischenhändler und Spekulanten. Was aber ankomme, seien die Preise für Öl, Benzin und Diesel, für Dünger und für Futtermittel, alles doppelt so teuer wie vor zwölf Monaten. Da bleibe nichts mehr übrig für die Familien, womit solle man da noch Landwirtschaft betreiben?

Er dringt nicht durch mit seiner Botschaft, bis ein Tross Anzugträger an ihm vorübereilt, einer bleibt stehen, Jacques Diouf, der Direktor der FAO, im hellen Sommeranzug mit Goldrandbrille. Das ist die große Chance für Henry Saragih, den Kleinbauernvertreter aus Indonesien, er rückt das grüne Tuch über der braunen Joppe zurecht. Doch der Direktor hat es eilig, Händeschütteln, das war's. Ein Treffen in Jakarta bei der großen Tagung der kleinen Bauern? Man wird sehen. Ende der Audienz. Später wird einer von ihnen dann doch noch im großen Saal seine Botschaft an die Welt los, doch da hat sich die Welt schon verabschiedet, Abreisestimmung.

Der Hunger siegt

Donnerstagabend, Ende der Welternährungskonferenz 2008. Die ersten Delegationen steigen schon wieder in ihre schwarzen Limousinen. Für sie ist die Konferenz gelaufen, das Wichtigste ist erreicht, es gibt frisches Geld gegen den Hunger. Die islamische Entwicklungsbank aus Dschiddah hat eine Millarde Euro versprochen, die Weltbank 800 Millionen, das ist mehr als erwartet, aber nur für die Soforthilfe, nichts für die Zukunft. Die Industrie hat ihre Interessen nach mehr Umsatz durchgesetzt, mit Subventionen für Saatgut und Düngemittel, und sogar der Gentechnik wurde zum Abschluss ein Platz in der FAO-Politik gegen den Hunger gesichert. Im Streit um den Biosprit, um volle Tanks oder volle Teller, wurde nichts entschieden, sondern nur aufgeschoben.

Und das Entscheidende zum Schluss: Die Forderung nach 30 Milliarden pro Jahr für die Entwicklung der Kleinlandwirtschaft, für Forschung und Beratung wurde abgelehnt.

Die Sonne geht unter über dem Circus Maximus, im Sitzungssaal der FAO ist das diplomatische Wagenrennen gegen den Welthunger entschieden. Die Lobby hat gesiegt, auf der ganzen Linie. Der geforderte Paradigmenwechsel in der Welternährungspolitik fand nicht statt. Als Gewinner verlässt die industrielle Landwirtschaft das Feld der FAO in Rom.

In römischer Zeit hätte sich jetzt in der Arena des Circus Maximus der Daumen des Cäsaren gesenkt. Nach drei Tagen Verhandlungsmarathon haben die Kleinbauern der Welt den Kampf verloren.

Ein mulmiges Gefühl

Rom, 7. Mai 2009, im Hauptquartier der FAO. Fast ein Jahr ist vergangen seit der letzten Welternährungskonferenz. Nichts erinnert mehr an ihren enttäuschenden Ausgang im Juni 2008. Der Circus Maximus döst in der Ruhe der Maisonne. Das Fahnenmeer des Gipfels ist verschwunden, nur die blaue Flagge der FAO weht an ihrem Mast. In den Büros und Sitzungssälen herrscht wieder »business as usual«. Das gilt auch für Josef Schmidhuber. Als Leiter der »Global Perspectives Studies

Unit« sitzt der promovierte Ökonom sozusagen im Lotsenstand der Welternährung. Sein Alter könnte es ihm erlauben, den Wahrheitsgehalt seiner Prognosen 2050 noch selbst zu erleben.

Danach sieht es eigentlich gar nicht so schlecht aus. Nach den derzeitigen Berechnungen wird es auch 2050 noch Hunger geben, aber weniger als heute. Die Produktion von Lebensmitteln für neun Milliarden Menschen ist nach Schmidhubers Statistik zumindest theoretisch kein Problem. Und was den Zuwachs der Weltbevölkerung von knapp drei Milliarden bis Mitte des Jahrhunderts betrifft, ist nach seinen Analysen das Ärgste schon überstanden.

»Die Zahl der Mägen wächst nicht mehr so schnell wie zuvor und die, die da sind, sind schon relativ voll.« Im Rahmen seiner Modelle läuft die Welt im grünen Bereich. Aber seine Analysen haben eine Schwäche, und die bereitet Josef Schmidhuber in letzter Zeit ein mulmiges Gefühl. Anlass für sein Unbehagen sind der Ölpreis und dessen Verbindung zu den Nahrungsmittelmärkten. Seit durch die wachsende Produktion von Biosprit das Interesse an Zucker, Stärke und Öl, also an Lebensmitteln, wächst, wächst auch die Unruhe auf den Märkten. Das irritiert den Ökonomen, denn er weiß, dass diese neue Konkurrenz auf den Agrarmärkten die Kräfteverhältnisse verändern wird. Das wäre für den Bayern Schmidhuber ein düsteres Szenario, und im Dialekt seiner bayrischen Heimat stellt er fest: »Dann haben wir ein echtes Problem.«

Unkalkulierbares Risiko

Wie sich das Problem auswirkt, zeigt sich heute schon in den Entwicklungsländern. Denn während die Nahrungsmittelpreise an den Weltbörsen gefallen sind, blieben sie ausgerechnet in den Hungerländern auf überdurchschnittlich hohem

Niveau. Für den Experten ist dies die Folge einer großen Unsicherheit über die künftige Preisentwicklung, nicht nur auf dem Nahrungsmittel-, sondern auch auf dem Weltenergiemarkt.

Wenn erst die Weltkonjunktur wieder anspringt und gleichzeitig der Rohstoffhunger der Energiewirtschaft weiter wächst, könnte dies zu einer neuerlichen Preisexplosion auf den Lebensmittelmärkten führen, mit unabsehbaren Folgen, vor allem für jene Staaten, die hohe Lebensmittelpreise weder durch Öl- noch durch Agrarexporte oder Tourismus ausgleichen können. Der Energiepreis als Grundlage für die Lebensmittelmärkte bedeutet eine Katastrophe, vor allem für die Staaten Afrikas südlich der Sahara, in denen die Bevölkerung massiv wächst. So wie zum Beispiel im afrikanischen Staat Niger.

Hier entwickelt sich für Josef Schmidhuber eine schier aussichtslose Lage. Die Bevölkerung in Niger werde bis zur Mitte des Jahrhunderts von 15 auf 60 Millionen Einwohner anwachsen, sich also vervierfachen. Heute besitzt Niger eine der höchsten Geburtenraten weltweit und kaum noch eine Möglichkeit, mehr Boden in die Produktion zu bringen. Die Produktivität könne zwar noch steigen, aber nicht im gleichen Tempo, wie die Bevölkerung wächst. Hier werde sich eine Lawine von Menschen vom Land in die Städte ergießen.»Das sind«, so betont der FAO-Experte für Zukunftsfragen, »Worst-Case«-Szenarien, zwar nicht für die Welt insgesamt, aber durchaus für zwölf bis 18 Staaten. Für Josef Schmidhuber entsteht hier ein weiteres Problem, das bisher so gut wie unbeachtet geblieben ist.

Durch die Landflucht wird der Hunger, der auf dem Land herrscht und damit bisher weitestgehend unsichtbar blieb, sichtbar. Und nicht nur das, er wird in den Slums der Städte zu einem unkalkulierbaren politischen Risiko.

Von Ernährungs- zum Sicherheitsproblem

Hier lauert ein soziales und politisches Gemenge, bei dem schon ein Funke reicht, um es zu zünden. Das haben bereits die Aufstände und Gewaltdemonstrationen vor dem letzten Ernährungsgipfel 2008 gezeigt. Ein Ölpreishoch, gefolgt von einer Preisrallye auf den internationalen Agrarmärkten, und zusätzlich noch eine Missernte wie in Australien 2007, das wär's. »Dann«, so Schmidbauer, »haben wir nicht nur ein Ernährungs-, sondern ein Sicherheitsproblem.«

Ölpreis und Klimawandel könnten zu Preisschwankungen auf den Lebensmittelmärkten führen, die die Ausschläge von 2007/2008 noch in den Schatten stellen. Dann könnte, mahnt Josef Schmidhuber beim Blick nach vorn, der soziale und politische Sturm aus Unmut und Verzweiflung durchaus Orkanstärke erreichen.

Eine Lösung wären Puffer, die das Problem entschärfen würden, ein effizientes System der Vorratshaltung für Getreide, das Missernten ausgleichen und Preise stabilisieren könnte. Doch das ist bislang nicht in Sicht, eine globale Reserve gilt einfach als zu teuer. Für den FAO-Ökonomen liegt die Lösung der Sicherheitsfrage eher auf dem Acker. Seine Puffer sind die Millionen von Kleinbauern in der Dritten Welt. Sie könnten den Druck von den Märkten nehmen, Preisschwankungen abfangen, die Landflucht dämpfen und Geld verdienen, mit dem sie dann auch die Wirtschaft auf dem Lande in Gang bringen würden.

Doch auch dafür ist kein Geld da. Runde 30 Milliarden Dollar wären erforderlich. An dieser Forderung hat sich nichts geändert. Beim Gipfel 2008 war sie schon einmal gescheitert. Heute besteht sie immer noch.

Im November 2009 wird der nächste Welternährungsgipfel stattfinden. Dann werden Schmidbauer und seine FAO-Strategen einen neuen Anlauf unternehmen.

14. Neue Ernten braucht die Welt

Kann die Krise abgewendet werden? Die Ernährungskrise schwelt weiter. Neue Ernten sind nicht in Sicht. Die Kräfte, die die Nahrungsgrundlagen der Welt gefährden, machen nicht halt, sondern entfalten sich weiter und bündeln sich zu einer massiven Bedrohung.

Der Klimawandel läuft

Die stärkste Kraft ist sicherlich der Klimawandel. Er wirkt weltweit und ist kaum noch abzubremsen. Er verschiebt die Klimazonen. Der Regen wandert weiter nordwärts. Extremwetterlagen gefährden zunehmend die Ernten. Die steigende Erdtemperatur droht in weiten Teilen Asiens und Afrikas zu dauerhaften Ertragseinbußen zu führen. Schon bei einer Erderwärmung von zwei Grad verringern sich die Reisernten, Weizen wird es auf den Feldern Asiens dann kaum noch geben. Bei höheren Temperaturen, und die sind nach dem bisher mehr als schleppenden Verlauf der Klimaverhandlungen nicht mehr auszuschließen, stehen Ernteausfälle von bis zu 40 Prozent in Afrika, Asien und Südamerika ins Haus. Die Preise für Getreide drohen dann um ein Drittel zu steigen. Der aufkommende Mangel könnte nur dann ausgeglichen werden, wenn die Importe in die Dürreländer um 40 Prozent gesteigert werden könnten. Doch solche Reserven gibt es nicht, und es ist fraglich, ob es sie in Zukunft überhaupt geben kann.

Besonders Afrika südlich der Sahara wird unter den Klimafolgen leiden. Die Zahl der Hungernden könnte bei steigender

Erderwärmung weit über die Milliardengrenze anwachsen. Selbst wenn die Welt-Klimaverhandlungen zu einer Kehrtwende beim Ausstoß an Treibhausgasen führen sollten, wird sich die Zwei-Grad-Grenze kaum halten lassen. Der Weltklimawandel wird alle Probleme und Konflikte, die bisher schon die Ernährungssicherheit der Welt infrage stellen, weiter verschärfen.

Fruchtbarer Boden schrumpft

Die Probleme beginnen beim Boden, der durch Wind- und Wassererosion schwindet und immer stärker zunehmender Versalzung zum Opfer fällt, weil immer mehr Felder nur noch mit künstlicher Bewässerung bewirtschaftet werden können. Bei steigender Weltbevölkerung bedeutet das, dass die Fläche die pro Kopf für Nahrungsmittel zur Verfügung steht, auch immer kleiner wird. Nach Expertenmeinung sollten es mindestens 1400 Quadratmeter sein. In vielen Entwicklungsländern ist diese Grenze schon längst unterschritten und wird in Zukunft noch weiter unterschritten werden.

Um die wachsende Weltbevölkerung in Zukunft ernähren zu können, müssten die Äcker der Welt wachsen. Bis 2030 um 120 Millionen Hektar. Das entspräche dem Zehnfachen der deutschen Ackerfläche. Doch das ist nicht zu erwarten. Die wachsende Knappheit hat Boden mittlerweile zu einem Spekulationsobjekt gemacht. Kapitalkräftige Fonds und Staaten in Landnot wie China, Japan, Indien, Korea, Ägypten, die Vereinigten Emirate, Saudi-Arabien und Libyen sichern sich die Filetstücke in Ländern wie Uganda, Brasilien, Kambodscha, Pakistan, Mali, Sudan, Madagaskar, der Türkei, in der Ukraine und Rumänien. Das Nachsehen hat die Bevölkerung in den betroffenen Ländern. Verhängnisvollerweise droht vielen dieser Länder neben zunehmendem Bodenmangel zusätzlich ein Wassernotstand.

Wasserreserven überstrapaziert

42 Staaten der Welt leben, was das Wasser betrifft, bereits heute über ihre Verhältnisse. Sie werden die zukünftigen Hotspots einer Weltwasserkrise werden. Neben dem Nahen Osten gehören auch Indien und China dazu. In Indien drohen interne Konflikte. Die unkontrollierte Ausbeutung des Grundwassers führt heute schon teilweise zum Zusammenbruch der Wasserversorgung. Die Wasserreserven haben den Mindestwert von 1750 Kubikmeter pro Kopf bereits unterschritten. Wenn die Bevölkerung Indiens in den kommenden Jahrzehnten von derzeit ein auf rund zwei Milliarden Menschen wächst, droht weitere Verknappung. Damit dürften die inneren Spannungen in Indien zunehmen, ebenso wie in China.

80 Prozent dieser Wasserreserven verschwinden auf den Feldern einer verschwenderischen Bewässerungslandwirtschaft. Ein Großteil davon versickert durch marode Leitungen ungenutzt im Boden, und nur zehn Prozent kommen wirklich bei den Pflanzen an.

Artenschwund auf den Feldern

Benötigt wird das Wasser vor allem, um Hochleistungspflanzen großzuziehen, die auf viel Wasser angewiesen sind. Sie haben ihren Siegeszug noch lange nicht beendet. Wenn es nach den Saatgutkonzernen der Welt geht, sollen sie sich auf den Feldern weltweit noch weiter ausbreiten. Die Kehrseite ihres Sieges ist der Verlust von immer mehr Arten und Sorten. Nur noch zwei Getreidearten, Weizen und Reis, tragen heute die Welternährung, und innerhalb der Arten verschwinden immer mehr Sorten und damit die Vielfalt auf den Äckern, die einen Teil unserer Ernährungssicherheit bedeutet. Bei Reis und Weizen betragen die Verluste schon mehr als 80 Prozent der alten

Landsorten. Die Resistenzen gegen Pestizide wachsen und drohen den Vorsprung der Chemie vor den Krankheitserregern aufzuholen. Das erhöht das Risiko von Ernteausfällen und verringert die Ernährungssicherheit.

Auch die Konzentration in der Tierhaltung führt zu größeren Sicherheitsrisiken. BSE als Tierseuche, die auf die Menschen überspringen kann, war nur der Vorläufer für eine Vielzahl von Krankheiten und Keimen, die sich in den Ställen der Massentierhaltung auf den Sprung zum Menschen vorbereiten. Die Schweinegrippe, die ihren Ursprung in den Schweine- und Geflügelfarmen Mexikos hat und sich als Pandemie weltweit verbreitet, ist ein weiteres Warnsignal.

Hunger auf Fleisch

Der Hunger auf Fleisch wird auch in Zukunft weiter wachsen. Die FAO rechnet bis 2030 mit einer Steigerung von derzeit 25 auf 45 Kilo pro Kopf und Jahr weltweit. Wie im 6. Kapitel ausgeführt, müssten für diese Fleischmengen die Rinderherden um 390 Millionen Tiere, die Schaf- und Ziegenherden um 560 Millionen und die Schweineställe um 190 Millionen Tiere aufgestockt werden. Zugleich müsste die Fischmast auf mehr als das Doppelte gesteigert werden. Ein solches Wachstum ist nur in Massenhaltung zu erzielen und nur mit viel Getreide. Es geht um eine zusätzliche Menge von einer Milliarde Tonnen bis 2030. Doch es ist vollkommen unklar, wo diese Getreidemengen wachsen sollen. Im Zweifel werden sie auf dem Weltmarkt gekauft und dort die Mengen reduzieren, die sonst für die menschliche Ernährung zur Verfügung ständen. Schon heute ist klar, dass diese Konkurrenz zwischen Trog und Teller zu Lasten der Teller ausgehen wird, was die Preise an den Lebensmittelmärkten weiter in die Höhe treiben wird.

Durst auf Biosprit

Verschärfend hinzu kommt der Durst auf Biosprit, der bei steigenden Ölpreisen immer mehr Grundstoffe von den Lebensmittelmärkten absaugen und immer mehr Äcker vom Nahrungsmittel- zum Energiemarkt herüberziehen wird. Wie im 11. Kapitel erwähnt, rechnen die Experten damit, dass bis 2030 weltweit bis zu 58 Millionen Hektar Ackerland für den Anbau der Spritpflanzen genutzt werden, 22 Millionen davon in den USA, gefolgt von Europa mit 17 Millionen. In Europa wären das 16 Prozent, in den USA zehn Prozent des Ackerlandes. Hier entsteht zwangsläufig ein Konflikt zwischen Tank und Teller, mit einem verhängnisvollen Effekt: Wenn die Energiepreise anziehen, werden die Preise für Lebensmittel, parallel zur Preiskurve des Energiemarktes, ebenfalls ansteigen.

Die Weltbevölkerung verslumt

Weiter verschärft wird die Entwicklung durch den Zuwachs der Weltbevölkerung um fast zwei Milliarden Menschen bis 2030. Das prognostizierte Wachstum wird sich in Zukunft ausschließlich in den Entwicklungsländern abspielen, und dort vor allem in den Städten (vergleiche 7. Kapitel). Der Bevölkerungsbericht der Vereinten Nationen sagt voraus, dass sich die städtische Bevölkerung der Welt von 3,3 Milliarden in 2008 bis auf fünf Milliarden im Jahr 2030 vermehren wird. In Asien verdoppelt sich die städtische Bevölkerung bis 2030, in Afrika verdreifacht sie sich sogar. Dann werden weltweit fast zwei Milliarden Menschen in Slums vegetieren, ein Viertel davon junge Männer unter 18 Jahren. 500 Millionen männliche Jugendliche ohne Arbeit und ohne Perspektive, konfrontiert mit steigenden Lebensmittelpreisen, das bedeutet eine große Gefahr für die Sicherheit der betroffenen Länder und für den Weltfrieden.

Keine Grüne Revolution

Entlastung durch eine neue Grüne Revolution ist nicht zu erwarten. Schon die alte Grüne Revolution in Asien hat sich nur dort bewährt, wo ihre Vorteile gerecht verteilt wurden, wie in China. Wo die Gewinne aber nur in die Taschen der Reichen flossen, wie in Indien, erwies sie sich für die große Masse als wirkungslos gegen Armut und Hunger. Die FAO hat zwar noch Potenzial auf den Äckern der Industriestaaten ausgemacht. Aber dies wäre nur zu mobilisieren mit deutlich höherem Einsatz an Dünger und Chemie, also um den Preis einer weiteren Belastung von Klima, Boden und Wasser. Zuwachs auf den bestehenden Flächen ist nach bisherigem Stand der Forschung kaum noch zu erwarten. Dagegen sprechen die Ertragskurven der Hochleistungssorten, der Zuwachs tendiert gegen null.

Kein Geld für die Forschung

Für Experten ist dies die Folge einer Forschungspolitik, die sich schon vor Jahrzehnten von der Landwirtschaft verabschiedet hat (siehe 12. Kapitel). Die Wachstumsraten der Forschungsgelder in den Industrieländern lagen bis 1981 noch bei fast drei Prozent. Seither gehen sie kontinuierlich zurück und sind inzwischen ganz bei null angekommen oder liegen sogar schon im Minus. Besonders hart trifft dies die Forschungseinrichtungen in den Entwicklungsländern. Ihre Mittel haben sich seit 1981 von sechs auf 2,8 Milliarden Euro verringert. Wachstum verzeichnen lediglich die Etats der Industrieforschung, die aber konzentrieren sich nur auf drei Früchte und die Frage, wie Saatgut und Chemikalien im lukrativen Doppelpack vermarktet werden können. Die Produkte dieser Forschung sind als Hochleistungsträger auf hohen Input an Chemie und Wasser angewiesen, also auch keine Lösung für Kleinbauern in Entwicklungsländern, die darüber nicht verfügen. Auch die offizielle Weltagrarpolitik, so wie sie in der FAO beschlossen wird, erweist sich als unfähig, die Sicherheit der Welternährung zu garantieren, heute nicht und erst recht nicht in Zukunft. Sie wird von den Interessen der Industriestaaten und der Lobby ihrer Agrarkonzerne gelenkt, wie der Ernährungsgipfel 2008 der Welt eindrücklich vor Augen geführt hat.

Milliarden »ausgepreist«

Alle Zeichen deuten darauf hin, dass das Versagen der »Organe« unserer Welternährung unvermeidlich ist: Boden, Wasser, Klima, Artenvielfalt sind heute schon gestresst und drohen in Zukunft zu kollabieren. Gleichzeitig aber steigt die Nachfrage nach dem, was auf den Äckern der Welt wächst, durch mehr Menschen, mehr Fleisch und mehr Bioenergie. Angebot und Nachfrage schaukeln die Preise in Höhen, die sich Milliarden von Menschen nicht mehr leisten können. Sie werden »ausgepreist«, sagt uns die Ökonomie, sie werden hungern sagt uns der Verstand. Und es wird Widerstand geben gegen diese fortschreitende Verelendung. Die Jugendlichen in den Slums der Städte, und das ist die Mehrheit in den Entwicklungsländern, werden diese globale Verelendung nicht hinnehmen. Die Ernährungssicherheit wird zur Frage der globalen Sicherheit, zum Ausgangspunkt von Aufständen und Flüchtlingsströmen.

Bereits heute erlebt Europa am Mittelmeer, was es heißt, wenn Menschen nichts mehr zu verlieren haben außer ihr Leben. Wenn Afrika der Kontinent ist, der am härtesten von der Ernährungskrise betroffen sein wird, dann ist das, was sich heute auf Lampedusa, der Flüchtlingsinsel im Mittelmeer, abspielt, nur ein fader Vorgeschmack auf das, was in den nächsten Jahrzehnten noch zu erwarten ist.

Landwirtschaft am Scheideweg

Der einzige Hoffnungsschimmer in diesen düsteren Aussichten kommt nicht aus der Politik, sondern aus der Wissenschaft. Es könnte ein Wegweiser aus der Krise sein, verfasst vom Weltagrarrat IAASTD. Dieser Rat hat die Expertise von 400 Wissenschaftlern zusammengetragen und die Chancen ausgelotet, ob und wie eine Welt mit neun Milliarden Menschen nachhaltig und umweltverträglich ernährt werden kann. »Agriculture at a Crossroads« heißt diese Zukunftsstudie.[1]

Sie wurde 2009 veröffentlicht und beschreibt, welchen Weg die Weltlandwirtschaft im 21. Jahrhundert einschlagen muss, um die Risiken von Klimawandel, Bodenschwund, Wasserknappheit, Artenverlust, Verstädterung und Bevölkerungswachstum zu meistern. Kopf dieser wissenschaftlichen Zukunftswerkstatt ist Professor Robert Watson, sein Amtssitz liegt einen Steinwurf weit vom britischen Parlament in Westminster im Londoner »Nobel House«.

Chief Scientific Advisor

Eine viktorianische Fassade. Eine wuchtige Kassettentür gibt den Weg frei in den Maschinenraum für Ernährungssicherheit. Im Leitungsstand sitzt Robert Watson, seine Mitarbeiter nennen ihn Bob. Bob Watson ist ein quirliger Wissenschaftler. Große Räder drehen ist seine Leidenschaft. Den Schrecken vor der Weltpolitik hat er verloren. Er ist kein politisches Greenhorn. Der bärtige Engländer gilt als strategischer Haudegen und kennt das internationale politische Parkett. Über Jahre war er wissenschaftlicher Berater des ehemaligen US-Präsidenten Bill Clinton, danach ging er als wissenschaftlicher Chefberater zur Weltbank und kümmerte sich dort um die Grundsatzfragen der Welternährung. Schließlich wurde er der Sprecher des Weltklimarates. Politische Entscheidungen ohne wissenschaftliches Fundament sind ihm ein Gräuel und eigentlich politisches Mittelalter. Das sollte vorbei sein, auch und gerade wenn es um die Ernährung der Welt geht. Heute ist Watson nicht nur der Sprecher des Weltagrarrates, sondern auch »Chief Scientific Advisor« der britischen Regierung.

Für ihn ist klar, dass die Krise der Welternährung jederzeit ausbrechen kann. Was sich in den Preissteigerungen 2008 gezeigt hat, ist für ihn nur ein Vorspiel für das, was noch kommen wird, wenn nichts Entscheidendes geschieht.

Was Watson am meisten beunruhigt, ist die weltpolitische Tatenlosigkeit. »Wenn wir so weitermachen wie bisher, dann werden wir die Menschheit bis zur Mitte des Jahrhunderts nicht mehr ernähren können«, das ist seine Überzeugung. Die Landwirtschaft, so wie sie heute betrieben wird, ist aus seiner Sicht nicht Teil einer Lösung, sondern Teil des Problems. »Ob es die Vernichtung von fruchtbarem Ackerland, die Wasserqualität, der Verlust der biologischen Vielfalt oder der Klimawandel ist, wir müssen uns klar darüber werden, dass Landwirtschaft im Zentrum dieser Probleme steht.«

Teil des Problems

Für Watson beginnt das Problem bereits bei den Voraussetzungen, die erfüllt sein müssen, um industrielle Landwirtschaft erfolgreich zu betreiben: die empfindlichen Hochleistungspflanzen und -tiere, die Abhängigkeit vom Wasser und dies in großen Mengen. Nur zur Erinnerung – ein Kilo Hochleistungsweizen benötigt etwa 1100 Liter Wasser, ein Kilo Reis sogar 2700 Liter, um heranzuwachsen. Dazu der hohe Einsatz an Stickstoffdünger, Pestiziden, Leistungsfutter und Medikamenten. Für all das ist viel Energie notwendig, genauer – Erdöl, und das geht bekanntlich seinem Ende entgegen. Und schließlich die Hunderttausende an Dollar oder Euro, die die Bauern für Maschinen und Gebäude in der modernen Landwirtschaft investieren müssen. Das alles sei in den Entwicklungsländern kaum oder gar nicht zu machen.

Die moderne Landwirtschaft der Industrieländer, so das erklärte Credo des Wissenschaftlers, ist keine Alternative im Kampf gegen die Krise. Und schon gar nicht unter dem Aspekt der Klimafolgen: Die Treibhausgase, die durch modernen Ackerbau und Viehzucht produziert werden, entsprechen dem, was weltweit von Autos, Lkws und Schiffen insgesamt ausgestoßen wird. Hinzu kommt die Abhängigkeit vom Rohöl. Ohne Traktorentreibstoff, Stickstoffdünger und Agrarchemikalien laufe gar nichts. Diese Abhängigkeit liefere die Landwirtschaft dem steigenden Ölpreis aus. Und wenn er über Biosprit spricht, diese angebliche Alternativen zum Öl, dann stehen dem Professor buchstäblich die Haare zu Berge. »Fatal« seien die Auswirkungen auf die Lebensmittelpreise. Und nicht zu vergessen die Folgen für die Arbeitsplätze: Die fallen einer technisierten Landwirtschaft nämlich reihenweise zum Opfer. Doch genau diese Arbeitsplätze werden schließlich gebraucht in den Entwicklungsländern – Arbeit auf dem Lande und in der Landwirtschaft, um Einkommen und später vielleicht Wohlstand zu erzielen.

In seinem Kursbuch »Agriculture at a Crossroads« fordert der Weltagrarrat deshalb eine Landwirtschaftspolitik, die sich an den Voraussetzungen der Entwicklungsländer orientiert, weil dort das Bevölkerungswachstum in Zukunft stattfinden wird und weil dort die meisten Teller zu füllen sein werden.

»Landwirtschaft von unten«

Im Klartext bedeutet dies eine Stärkung der Subsistenz-Landwirtschaft in den betroffenen Ländern. Wenn es gelänge, Kleinbauern dabei zu unterstützen, ihren eigenen Lebensunterhalt zu erwirtschaften, sei schon viel gewonnen. Denn nur eine funktionierende bäuerliche Landwirtschaft kann der bedrohlichen Landflucht und der damit einhergehenden Verslumung der Großstädte entgegenwirken. Heute ackern Kleinbauern meist auf den schlechteren Böden, haben kaum eine Verbindung zum nächsten Markt, kein Konto, kein Geld und auch keine Maschinen. Die Hacke ist oft ihr einziges Werkzeug, und die liegt häufig in der Hand der Frauen. Frauen bewältigen bis zur Hälfte der Landarbeit in den afrikanischen Staaten, erklärt Bob Watson. An sie muss sich eine Politik wenden, die mehr Menschen sattmachen will.

Auch ein Leistungsziel haben die Wissenschaftler in ihrer Streitschrift formuliert. Ziel soll es sein, dort, wo heute nur eine Tonne Getreide wächst, in Zukunft vier Tonnen wachsen zu lassen. Das sei machbar. Das Saatgut dafür liege in den Regalen der wissenschaftlichen Institute bereit. Ungenutzt!

Und noch etwas ist wichtig, besonders in Afrika: Die Verluste müssen eingedämmt werden, die auf dem Weg vom Acker zum Markt entstehen. 40 Prozent der Ernten in Afrika südlich der Sahara gehen auf dem Weg zwischen Acker und Kochtopf verloren, werden Opfer von Mäusen, Ratten, Insekten, Fäulnis und Pilzbefall.

Millenniumsdörfer

In vielen Fällen reichen schon einfache Mittel aus, um die Probleme zu beheben. So gibt es bereits heute Beispiele, die demonstrieren, wie effizient es sein kann, moderne wissenschaftliche Erkenntnisse sinnvoll mit lokalem traditionellem Wissen zu kombinieren. Private Hilfsorganisationen sind auf diesem Gebiet häufig wesentlich weiter als die offiziellen Helfer. So auch die deutsche Welthungerhilfe mit ihren »Millenniumsdörfern«, in denen sie versucht, ökologisch verödete Gebiete wieder fruchtbar zu machen und den Dorfgemeinschaften eine Zukunft zu eröffnen. Ein Paradebeispiel für sinnvolle Entwicklungshilfe ist das Dorf Manigri in Benin im westlichen Afrika.

Mit seinen runden, strohbedeckten Hütten erfüllt das Dorf auf den ersten Blick alle Erwartungen an das traditionelle Afrikaklischee. Aber die Idylle trügt, das Dorf hat Probleme. Der Boden, durch Brandrodung dem Urwald abgetrotzt, wurde in der Folge vom Regen weggeschwemmt. Jahr für Jahr schrumpften die Erträge. Die Rettung brachten die Berater einer örtlichen Entwicklungsorganisation: Sie empfahlen auf den ausgelaugten Böden den Anbau eines besonderen Baumes: *Leuceana Leucocephala*, die schattenreiche Tamarinde. Sie speichert den Stickstoff der Luft als Dünger in ihren Wurzeln und spendet mit ihrer Krone den Gewächsen in ihrer Nähe einen lichten Schatten. Seit dieser Baum auf den Feldern von Manigri wächst, hat sich der Boden wieder erholt. In der Folge hat sich die Maisernte innerhalb kurzer Zeit verdoppelt.

Doch die Rekultivierung der gestressten Böden durch »intelligente« Pflanzen ist nur eine der Möglichkeiten, die aus wirtschaftlicher Not führen kann. Eine andere besteht darin, zusätzliche Einkommensquellen zu erschließen. So entschied sich ein anderer Bauer im Dorf nach ausführlicher Beratung für die Bienenzucht. Heute zeigt er dem Besucher stolz seine zwanzig Bienenstöcke. Weil Honig in den Dörfern rar ist, macht er gute Geschäfte. 100 Liter Honig erntet er im Jahr. Das entspricht drei Monatseinkommen eines Bauern im Ort und reicht für fast alles Nötige, das seine beiden Frauen und seine acht Kinder brauchen.

Auch für die Frauen im Dorf hat sich die Welt verändert. Wenn am Freitag Markttag ist, sitzen sie an der Dorfstraße im Schatten kleiner Holzverschläge, gedeckt mit Palmwedeln, und bieten an, was sie in ihren Gärten geerntet haben. Ihr Angebot besteht aus Yamswurzeln, Bohnen, Kichererbsen, Mais, Kus-

kus, Hirse und Maniok. Ermöglicht hat das ein Kleinkredit, den sie von der örtlichen Entwicklungshilfeorganisation bekommen haben. Einige haben in Maniokpflanzen investiert, andere in eine Maschine, mit der sie aus Maniok eine Art Gries herstellen können. Wieder andere haben eine Ziegenzucht eröffnet oder sich eine Existenz als Händlerin auf dem Markt aufgebaut. Die wirtschaftliche Unterstützung von Frauen ist wesentlich effizienter als dies bei Männern der Fall ist, so die Erfahrung der Entwicklungshelfer vor Ort. Sie denken zuerst an die Familie und kaufen von ihrem Gewinn Gewürze zum Kochen, Schulhefte für die Kinder und Medizin. Die Männer dagegen geben ihr Geld am liebsten für Hirsebier aus.[2]

Sahra lebt

Ein weiteres Beispiel, das zeigt, wie mit geringen Mitteln eindrucksvolle Erfolge erzielt werden können, ist im Norden Syriens zu besichtigen.

Hier ist es lehrbuchhaft gelungen, Bauern unabhängig zu machen von den internationalen Saatkonzernen. Mithilfe der Wissenschaftler vom Internationalen Agrarforschungszentrum in Aleppo lernen sie ihre Pflanzen wieder selbst zu züchten. In diesem Fall geht es um Gerste. Die Wissenschaftler haben den Bauern verschiedene alte Landsorten zur Verfügung gestellt. Mit dem Beistand der Experten wählen die Bauern selbst diejenigen Sorten aus, die für ihre Gegend am besten geeignet sind. Eindeutiger Favorit ist in diesem Fall die alte Sorte Sahra. Sie ist die einzige, die mit 120 Milliliter Niederschlag, also fast nichts, zurechtgekommen ist. Sahra bringt zwar nicht so viel Ertrag wie andere Sorten, aber sie kommt mit sehr wenig Regen aus, und das hat Vorrang.

Beispiele, die Mut machen, die zeigen, wie ländliche Entwicklung aussehen kann. Eine Bewegung von unten, vor Ort entwickelt, nicht am grünen Tisch erfunden und diktiert. Maßnahmen, deren Erträge tatsächlich den betroffenen Menschen zugutekommen und nicht, wie so häufig, in den Taschen der Zwischenhändler verschwinden.

Allerdings – auch das ist Realität – benötigt dieses Konzept der »Entwicklung von unten« einen gesicherten politischen Rahmen, in dem das Recht auf Eigentum garantiert wird, auch für Frauen, und in dem Schulen errichtet werden können, die auch für Mädchen zugänglich sind. Es muss ein transparentes politisches System sein, das auf einer verlässlichen rechtlichen Grundlage steht, die Korruption verhindert und in dem der Frieden gesichert ist. Aber genau dieser Rahmen fehlt in vielen Staaten, besonders in Afrika südlich der Sahara.

Kein sicherer Boden

Grund dafür sind ungelöste Spannungen zwischen Stämmen und Staaten oder auch bereits schwelende Konflikte um Ressourcen wie Wasser oder Weideland, die immer wieder aufflammen. In Afrika trifft dies für mehr als die Hälfte der 52 Staaten zu. An den Aufbau einer funktionierenden Landwirtschaft ist dort vielfach gar nicht zu denken. Diese Konfliktregionen leuchten auf der Hungerkarte der FAO in tiefem Rot. Sie zeigt an, wo die Verhältnisse so zerrüttet sind, dass die Ernährung weiter Teile der Bevölkerung auf der Strecke bleibt (siehe *Grafik 14.1* im Farbteil in der Buchmitte).

Zusätzlich befeuert werden die Spannungen in diesen Konfliktregionen durch die internationalen Waffenschieber. Zwischen 1990 und 2005 flossen rund 211 Milliarden Euro in Afrikas Bürgerkriege und Konflikte. 211 Milliarden Euro, das entspricht in etwa dem, was im gleichen Zeitraum als Entwicklungshilfe nach Afrika geflossen ist.[3] Den aktuellen Stand der bewaffneten Auseinandersetzungen zeigt die UN-Weltkarte der

Kriege und kriegerischen Konflikte. Sie finden rund um den Globus statt und decken sich in weiten Teilen mit der Weltkarte des Hungers (siehe *Grafik 14.2* im Farbteil in der Buchmitte).

Zu den Kriegsgebieten kommen noch die, in denen korrupte Regierungen die Macht ausüben, und dies gegen die Bevölkerung. Schlimmstes Beispiel: Simbabwe. Dort hat es die Regierung geschafft, das Land innerhalb kürzester Zeit von der Kornkammer Afrikas in ein Armenhaus zu verwandeln. Oder Madagaskar, wo die herrschende Clique sich daranmacht, die Insel großflächig an ausländische Investoren zu verkaufen, oder Myanmar, das frühere Birma, wo das Militärregime nach der großen Flut im Jahr 2008 den internationalen Hilfsorganisationen den Zutritt verweigerte. In Ländern, in denen Korruption herrscht oder Kriege wüten, laufen auch die besten Hilfsbemühungen ins Leere. Hier liegt die Krux.

2008 wies der Welthungerindex die Lage in 34 Staaten als alarmierend aus. Mitschuld daran ist auch der Kurs der Weltbank, die ihr Entwicklungshilfebudget für die Landwirtschaft über sechzig Jahre hinweg fortlaufend zusammengestrichen hat.[4]

Ein interner Prüfbericht über die Aktivitäten der Weltbank in Afrika in den letzten zwanzig Jahren kommt zu einem vernichtenden Urteil. In den letzten zwanzig Jahren hat sich die Bank, außer bei der Forschungsförderung, um Afrikas Landwirtschaft nicht gekümmert. Erst jetzt zeichnet sich eine langsame Besserung ab.[5]

Politisch versagt

Doch ganz oben auf der Agenda steht die Welternährung immer noch nicht. Bob Watson hat dafür zwar eine Erklärung: »Wir stehen vor dem Problem, dass die politische Agenda zurzeit von Krisen überlastet ist. Alles fordert Tag für Tag politi-

sche Aufmerksamkeit und internationale Aktion. Die Welternährung gehört da nicht zu den dringlichsten Problemen.«
Aber rechtfertigen lässt es sich nicht.

Mit seinem Konzept der »Landwirtschaft von unten« ist Bob
Watson beim letzten Welternährungsgipfel in Rom nicht
durchgedrungen, und auch beim nächsten spricht nichts für
einen Durchbruch. Was fehlt ist der politische Wille, und zwar
auf mehreren Ebenen.

Zum einen in Sachen Krieg und Frieden. Hier beschränken
sich die Vereinten Nationen auf die Position des Zuschauers,
des Melders der Frontverläufe. Bislang sind sie allenfalls Chro-
nisten der Gräueltaten und der Eskalation. Frieden durchsetzen können sie nicht. Das ist ihr Fehler und ihr Versagen.

Hinzu kommt: Der UNO fehlt ein Konzept. Es gibt keinen
Masterplan, wie dem »Organversagen« der Welternährung bei-
zukommen ist. Und es gibt erst recht kein Geld. Die Mitgliedsstaaten verschließen ihre Kassen für die Krise der Welternährung, während sie Hunderte von Milliarden in marode Banken
und Konzerne pumpen. Hier zeigen sich die Regeln, nach denen Politik funktioniert: Sie löscht nur dort, wo es brennt. Das
gibt Fernsehbilder und Wählerstimmen. Eine Krise, die als
Schwelbrand auftritt, und eine Milliarde Menschen mit leeren
Schüsseln im fernen Asien und Afrika haben in dieser Hinsicht
nichts zu bieten.

Und schließlich das größte Hindernis im Kampf gegen die
Krise: Den Vereinten Nationen fehlt die Schlagkraft. Derzeit
gibt es weltweit keine Organisation, die das Recht auf Nahrung
durchsetzen und die Welternährung in den nächsten Jahren sicherer machen könnte.

Der Generalsekretär der Vereinten Nationen Ban Ki-moon hat
die Welternährung zwar zur Chefsache gemacht (siehe 13. Kapitel). Er will die zersplitterten Kompetenzen im Bereich der Welternährung, die zwischen Welternährungsorganisation (FAO),
Weltbank, Internationalem Agrarfonds (IFAD), Welternährungs-

programm (WFP), Weltgesundheitsorganisation (WHO), Welt-handelsorganisation WTO und anderen verteilt sind, zusammenfassen, und zwar unter dem Dach der »High-Level Taskforce on the Global Food Security Crisis«. Aber sehr erfolgversprechend scheint das nicht. Auch hier konkurrieren Ressortinteressen, ähnlich wie in der Bundesregierung, wo die Welternährung noch immer ein Zankapfel zwischen Entwicklungshilfe- und Landwirtschaftsministerium ist. Wenn es nicht einmal hier gelingt, die Kompetenzen zu bündeln, wie soll es dann auf den vielschichtigen Ebenen der Vereinten Nationen gelingen?

Netzwerk Zivilgesellschaft

Während die Welt vor der Krise ihrer Ernährung steht, erklärt sich die Weltpolitik als unfähig oder unzuständig, die Krise anzugehen. Sie hat weder einen tragfähigen politischen Plan noch eine aktionsfähige Organisation dafür. Bei so viel Gleichgültigkeit im Angesicht der Krise bleibt als Letztes die Zivilgesellschaft als Rettungsinsel, die Vielzahl der nationalen und internationalen privaten Organisationen, denen die Zukunft der Welternährung nicht gleichgültig ist. Sie fordern auf internationalen Konferenzen eine übergeordnete UN-Organisation für Welternährung, ein Forum für alle in der Entwicklungsarbeit engagierten Gruppen und Institutionen. Aber auch sie sind bisher mit ihrem Anliegen auf der Ebene der Vereinten Nationen gescheitert. Das heißt jedoch nicht, dass sie auf der internationalen Bühne keine Chance hätten, etwas zu bewegen.

Auf der Suche nach den Ursachen der Krise haben wir immer wieder Beispiele gefunden, die einen Ausweg markieren. Ob es die Projekte der *Urban Agriculture* in Kenia oder der Agroforstwirtschaft in Indien sind, die neuen Gärten auf Haiti, die Tradition der »Bauli« als Wasserreserven in Burkina Faso oder das

Dorf Manigri in Benin, das sich selbst wieder eine Zukunft geschaffen hat. Fast immer waren es private Organisationen, die den Anstoß gegeben haben.

Und es gibt die weltumspannende Kooperation der internationalen Agrarforschung, die Consultative Group on International Agricultural Research (CGIAR), die bereits Richtungweisendes entwickelt hat. Dazu zählt der Reis, der dem zukünftigen Klima gewachsen ist, oder die Wundererbse *Magic Pea*, die 40 Prozent größere Ernten bringt und ihren Dünger aus der Luft holt. Alles dies sind Ansätze für neue Wege in der Weltlandwirtschaft, Knotenpunkte für ein Netzwerk der Zivilgesellschaft, aus denen sich ein globales Netz entwickeln könnte, das der Tatenlosigkeit der Politik Beispielhaftes entgegensetzt.

Die Arbeit der Zivilgesellschaft als die Hefe im Teig einer zukünftigen Welternährungspolitik und als ein Dorn im Fleisch der Untätigen: Darin liegt Hoffnung. Allerdings kann diese Hoffnung kein Ersatz für politisches Handeln sein. Dass die Zivilgesellschaft alleine die sich anbahnende Krise abwenden könnte, wenn diese durch Klimawandel und Ölmangel verschärft wird, wäre zu viel erwartet.

Die Krise der Welternährung bleibt eine Frage der Politik und die zentrale Herausforderung für das 21. Jahrhundert. Die Krise der Welternährung ist aber auch eine Frage der Zeit, und die läuft gegen uns.

Quellenangaben

1. Kapitel

1 Global Hunger Index: »The Challenge of Hunger 2008«, S. 26
2 *Die Zeit* Nr. 17: »Nahrungskrise – noch hungern nur die Armen«, 17. April 2008
3 http://www.shanghartgallery.com/galleryarchive/archives/artist/name/huyang
4 »Chinas Rohstoffhunger: Auswirkungen auf Afrika und Lateinamerika«, Deutsche Bank Research, 30. Juni 2006

2. Kapitel

1 IPCC North America 2007, http://www.ipcc.ch/pdf/assessment-report/ar4/wg2/ar4-wg2-chapter14.pdf
2 IPCC Australia – New Zealand 2007, http://www.ipcc.ch/pdf/assessment-report/ar4/wg2/ar4-wg2-chapter11.pdf
3 Umweltbundesamt 2008: »Böden im Klimawandel – was tun?!«, 22./23. Januar 2008
4 *Geotimes*, August 2004
5 Potsdam-Institut für Klimafolgenforschung, Nr.106: »Perspektiven der Klimaänderung bis 2050 für den Weinbau in Deutschland«
6 WDR5, Leonardo 2006, Lutz Reidt: »Rügener Sonnenhang, der Weinbau wandert nordwärts«
7 IPCC 2007: »Impacts, Adaptation and Vulnerability, 20 Years of IPCC Working Group II Assessment«
8 *Der Tagesspiegel:* »Zypern sitzt auf dem Trockenen«, 31. März 2008
9 Deutschlandradio Kultur 2007: »Burkina Faso wartet auf Wasser«
10 IPCC Africa 2007, http://www.ipcc.ch/pdf/assessment-report/ar4/wg2/ar4-wg2-chapter9.pdf
11 *Süddeutsche Zeitung* Nr. 23, Wissen, 4/5. Oktober 2006
12 Serge Janicot: »Der Einfluss des Klimawandels auf den Monsun, https://www.alumni.tu-berlin.de/fileadmin/Redaktion/ABZ/PDF/TUI/62/janicot.pdf
13 IPCC Asia 2007, http://www.ipcc.ch/pdf/assessment-report/ar4/wg2/ar4-wg2-chapter10.pdf
14 Ebenda

15 *Süddeutsche Zeitung,* 12. September 2008, Wissen: »Der Kurs wird sich ändern – US-Klimapolitik«
16 Internationale Föderation der Rotkreuz- und Rothalbmondgesellschaften (IFRC), http://www.ifrc.org
17 IPCC Coastal Systems 2007, http://www.ipcc.ch/pdf/assessment-report/ar4/wg2/ar4-wg2-chapter6.pdf
18 WDR5, Leonardo 2008: »Wenn der Himalaja schmilzt«
19 WDR5, Leonardo 2007: »Klimawandel in der Nordsee«
20 *Wildlife Extra* 2008: »Dire Breeding Season for British and Icelandic Seabirds«
21 Friedrich Loeffler Institut 2008: »Information zur Blauzungenkrankheit«
22 IPCC 2007: »Perspectives on Climate Change and Sustainability«
23 FAO 2006: »Livestock – a Major Threat to Environment«
24 FAO 2006: »Livestock's Long Shadow. Environmental Issues and Options«
25 IPCC: »Synthesis Report«, Valencia, 17. November 2007

3. Kapitel

1 FAO: »Food and People, Dimensions of Need«, Rom 1995
2 »A Report of the Great Plains Area Drought Committee«, *Hopkins Papers,* Franklin D. Roosevelt Library, 27. August 1936, http://newdeal.feri.org/hopkins/hop27.htm
3 *Time Archive:* »Oklahoma 1970: The Dust Bowl of the '30s Revisited«, 26. Januar 1970
4 WBBGU (Hrsg.): »Welt im Wandel – die Gefährdung der Böden«, Jahresgutachten 1994
5 Ebenda
6 Europäische Umweltagentur: »Auf dem Boden der Tatsachen: Bodendegradation und nachhaltige Entwicklung in Europa«, Umweltthemen-Serie Nr. 16, 2002
7 H. Graßl: »Brisante Mischung – Böden und globaler Wandel«, in: Kümmerer/Schneider/Held (Hrsg.): *Bodenlos – Zum nachhaltigen Umgang mit Böden,* München, ökom 1997; und Europäische Kommission: »Thematische Strategie für den Bodenschutz – Zusammenfassung der Folgenabschätzung«, KOM 2006, 231
8 T. Fischer: *Prospects for Feeding the World and for Rural Landscapes,* Australian Centre for International Agricultural Research, Canberra 1991
9 http://www.foodmarketexchange.com/datacenter/product/seafood/shrimp/detail/dc_pi_sf_shrimp0301_01.htm
10 WDR5, Leonardo 2007: »Shrimpsfarming in Indien«

11 Gommes/du Guerny/Nachtergaele/Brinkman: »Potential Impacts of Sea-level Rise on Populations and Agriculture«, FAO 1998

12 WDR5, Leonardo 2008: »Megacity Kairo«

13 UNEO GEO 4, 2007, S.86

14 FAO 2008: »World Agriculture towards 2030«; und Europäische Umweltagentur: a.a.O.

15 WBBGU: a.a.O.

16 T. Fischer: a.a.O.

17 FAO 2008: »World Agriculture: Towards 2015/2030, an FAO Perspective, 4. Crop Production and Natural Resource Use«

18 *Grain:* »Seized: The 2008 Landgrab for Food and Financial Security«, Dezember 2008, http://www.grain.org/briefings/?id=212

4. Kapitel

1 UNEP: »Global Environment Outlook 2000«, www.unep.org/geo2000

2 Fred Pearc: »Quellen des Streits«, *Süddeutsche Zeitung,* 30. Juli 2008

3 Stephan Libiszewski: »Wasserkonflikte im Jordan-Becken«, in Jörg Barandat (Hrsg.): *Wasser – Konfrontation oder Kooperation,* Nomos Verlag 1997

4 UNESCO 2007: »Emergency Water Supply in Beijing for Coping with the Consecutive Drought«

5 Jörg Barandat: »Die Türkei in der Wasserfalle, das Südostanatolienprojekt«, in Jörg Barandat (Hrsg.): a.a.O.; und http://www.gapturkiye.gen.tr/english/index:html

6 *Zeitschrift für Entwicklung und Zusammenarbeit,* Heft 01/2005: »Falsche Politik als Ursache«

7 *Forum Gas Wasser Wärme,* Wien, 1/2007

8 UN World Water Assessment Program 2007

9 *Zeitschrift für Entwicklung und Zusammenarbeit:* a.a.O.

10 Petra Aldenrath: »Chinas Wüsten wachsen«, WDR5, Leonardo 2005

11 *The Guardian:* »Africa's Forgotten Crises«, 16. Februar 2006

12 Jörg Barandat: a.a.O.

13 Stephan Libiszewski: a.a.O.

14 UNESCO 2007: a.a.O.

15 John Anthony Allan: »Virtual Water – Economically Invisible and Politically Silent. A Way to Solve Strategic Water Problems«, *International Water and Irrigation,* Vol. 21, Nr. 4, 2001

16 Hoekstra, A.Y. (Hrsg.): »Virtual Water Trade«, Proceedings of the International Expert Meeting on Virtual Water Trade, Value of Water Research Series No. 12, UNESCO-IHE, 2003

17 *NZZ am Sonntag,* 21. März 2004, Nr. 12

18 Horlemann/Neuber: *Virtual Water Trade: A Realistic Concept for Resolving the Water Crisis?* Deutsches Institut für Entwicklungspolitik, Bonn 2007

19 Abigail Somma: »Squeezing the Most out of Scarce Water Resources«, IFPRI-Forum, Volume 1, 2009

20 http://www.gtz.de/de/weltweit/afrika/18916.htm

21 UNESCO: »Water a Shared Responsibility«, UN World Water Development Report 2006

22 Kevin Watkins: »Clean Water is Human Right«, *International Herald Tribune*, 11. November 2006

5. Kapitel

1 Verena Kainrath: »Traum vom besseren Leben in Europa«, *Der Standard*, 23. Januar 2008

2 http://www.afrika-auf-einen-blick.de/senegal/wirtschaft.php

3 http://www.dsw-online.de/info-service/weltbevoelkerungsuhr. php?navanchor=1010037

4 Deutsche Stiftung Weltbevölkerung (DSW), »Soziale und demographische Daten zur Weltbevölkerung«, 2008

5 Ebenda

6 Ebenda; und »Tötet Aids den Kontinent?«, in: Katja Böhler/Jürgen Hoeren (Hrsg.): *Afrika. Mythos und Zukunft,* Freiburg i. Br. 2003

7 Joint United Nations Program on HIV/AIDS (UNAIDS), 2005

8 »Tötet Aids den Kontinent?«, a. a. O.

9 The World Bank, World Development Report 1998/9, Tabelle 8

10 USDA, 12/2007

11 IFAD 2009: »Food Price Volatility – How to Help Smallholder Farmers Manage Risk and Uncertainty«; und FAO 2008: »Country Profiles and Mapping Information System«

12 Herwig Birg: »Historische Entwicklung der Weltbevölkerung«, *Informationen zur politischen Bildung,* Heft 282, 2004

6. Kapitel

1 *Welt-Online:* »Das Geschäft brummt«, 26. Februar 2009

2 Barth/Bilz/Brauner et al.: *Agrobiodiversität entwickeln! Handlungsstrategien für eine nachhaltige Tier- und Pflanzenzucht,* Kapitel 9: »Fallstudie Schwein«, Berlin 2004

3 Reed Stillwater: »Where's the beef? Rindfleisch kommt aus Chicago«, in William Cronon: *Nature's Metropolis. Chicago and the Great West,* New York/London 1991

4 WVL: »Lebensmittel sind ihren Preis wert«, 24. April 2009

5 Land Brandenburg: »Tierzuchtreport 2007«, http://www.mluv. brandenburg.de/cms/media.php/2320/tzr07_7.pdf

6 F. Ellendorff: »Interdisziplinäre Bewertung unterschiedlich intensiver Produktionssysteme von Masthähnchen unter Aspekten von Tierschutz, Produktqualität, Umwelt und Wirtschaftlichkeit«, Bundesforschungsanstalt für Landwirtschaft, 19. Juni 2002

7 *AVI-Forum:* »Züchtung und Leistungsmerkmale der Hybridtiere 1, Geschichte und Entwicklung der Nutzhühnerzucht«, Merkblätter Geflügelhaltung 4, Dezember 1999

8 http://www.youtube.com/watch?v=6amNCGWv9jw

9 The Australian Lot Feeders' Association: »Meat and Livestock Australia, Lot Feeders«, 2008

10 *Aktuell ASIA,* 10/2007; und Evangelischer Entwicklungsdienst: »Ländliche Entwicklungsprojekte in China«, 2003

11 FAO: »Lifestock's Long Shadow«, Rom 2006

12 Greenpeace: »Gift im Fisch?«, 12. September 2008

13 FAO 2006: »The State of World Fisheries and Aquaculture«

14 WDR5, Leonardo 2008: Jutta vom Hofe: »Wie Lachsfarmen den Wildlachs töten«

15 Jean-Jacques Sabaut: *Feeding Farmed Fisch,* Interprofessional Committee for Aquaculture Products (CIPA), 2002

16 http://www.econstats.com/weo/V101

17 FAO 2006: »International Meat Price Indices 2006«; und DBV 2007: »Situationsbericht«

18 http://www.fleischerhandwerk.de/upload/pdf/Fleischverzehr_2006.pdf

19 McMicheal/Powles/Butler/Uauy: »Food, Livestock Production, Energy, Climate Change and Health«, *The Lancet,* 2007

20 FAO Newsroom 2002: »World Agriculture 2030, Main Findings«

21 http://www.brot-fuer-die-welt.de/ernaehrung/downloads/huhn_final. pdf

22 FAO 2006: »Lifestock's Long Shadow«

23 Myers/Kent: *New Consumers: The Influence of Affluence on the Environment,* Oxford 2003

7. Kapitel

1 Corinna Arndt: »Wenn Kinder nicht die Zukunft sind«, *Die Zeit,* Nr. 15, 2008

2 Evangelischer Entwicklungsdienst (EED) 2007: »Keine Chicken schicken«

3 *Frankfurter Rundschau:* »Die eiskalte Invasion«, 1. Juni 2007

4 Evangelischer Entwicklungsdienst (EED) 2007: »Hühnerexporte: IWF und EU erpressen ghanaische Regierung«

5   UNFPA, State of World Population 2007: »Urbanization's Second
    Wave: A Difference of Scale«
6   Pia Fruth: »Megacity Mumbai, der größte Slum Asiens«, WDR5, Leo-
    nardo 2007
7   UNFPA, State of World Population 2007: »The Promise of Urban Growth«
8   Ebenda
9   UNFPA, State of World Population 2007:»Urbanization's Second
    Wave – a Difference of Scale«
10 Mike Davis: *Planet der Slums,* Verlag Assoziation A, 2007
11 Ebenda
12 *Frankfurter Allgemeine Sonntagszeitung:* »Überleben am Rande des Mo-
    lochs«, Nr. 23, 2002
13 UNFPA State of World Population 2007: »Planning for the Urban Poor
    in a Boom Town«
14 FAO 2007: »Profitability and Sustainability of Urban and Peri-urban
    Agriculture«
15 Terre des Hommes: »Daten und Fakten zum Thema Wasser«, 2009
16 UNFPA, State of World Population 2007: »Urbanization and Sustain-
    ability in the 21st Century«
17 *Süddeutsche Zeitung:* »Der Aufstand der Armen – explodierende Nah-
    rungspreise«, 10. April 2008

8. Kapitel

1   *Mississippi Agricultural News:* »Soybean Rust Found in Country, Missis-
    sippi Still Clear«, November 2004
2   http://www.stopsoybeanrust.com/mc_yield_mngmnt.asp
3   FAOSTAT 2006: FAO Yearbooks 1950–2000
4   http://www.agrarheute.com, 23. März 2009
5   FAO 1998: »Crop Diversity at Risk – The Case for Sustaining Crop Col-
    lections«, Dept. of Agricultural Sciences, Imperial College Wye, London
6   Ebenda; und FAO 1997: »The *State* of the World's Plant Genetic
    Resources for Food and Agriculture«
7   http://www.transgen.de/anbau/eu_international/531.doku.html (2008)
8   Ebenda
9   Ebenda
10 »Welternährung, Bio-Diversität und Gentechnik«, Positionspapier des
    Bundesamtes für Naturschutz, Bonn 12/2008
11 Pressemitteilung der Agro-Biotechnologie-Agentur ISAAA vom 13. Fe-
    bruar 2008
12 Calvin O. Qualset: »Safeguarding the Future of U.S. Agriculture«, Agri-
    culture Sustainability Institute, University of California, 2005

13 Ebenda

14 FAO 1998: »Crop Diversity at Risk«, a.a.O.

15 *Spiegel-Online:* »Saatguttresor in Permafrost«, 6. September 2008

16 Calvin O. Qualset: a.a.O.

9. Kapitel

1 Anita Idel: »Cultural Landscape for Agrobiodiversity«, in *Shaping Sustainable Systems,* IFOAM, Adelaide 2005; und Regine Barth et al.: »Entwicklung der Agrobiodiversität bei Pflanzen und Tieren«, in: IÖW/ Ökoinstitut/Schweisfurth-Stiftung/FU-Berlin: *Agrobiodiversität entwickeln!* Berlin 2004

2 FAO 2006: »Farm Animal Biodiversity«

3 Anita Idel: a.a.O.

4 Regine Barth: a.a.O.

5 *TUTI Mitteilungen* 1/2007: »Genetische Risiko-Komponente für BSE entdeckt«

6 »Report of the Task Force on Zoonoses Data Collection – on the Analysis of the Baseline Survey on the Prevalence of Salmonella in Slaughter Pigs in the EU 2006–2007«, EU 2007

7 BfR 2003: »Antibiotika-Resistenz in der Fleischproduktion. Dritter Zwischenbericht zur Erfassung von Resistenzen«

8 Angelika Gördes Giesen: »MRSA bei Schweinen«, WDR5, Leonardo 2008

9 GERMAP 2008: »Antibiotika-Resistenz und -Verbrauch«

10 Gerald Reiner: »Evaluierung und Nutzung der natürlichen Krankheitsresistenz beim Schwein – aktueller Stand und Möglichkeiten«, *Tierärztliche Praxis* 31, 2002

11 Regine Barth: a.a.O.

12 Albrecht Schweizer Stiftung: »Schweinegrippe: Ursachensuche«, April 2009

13 WHO: »Transcript of Virtual Press Conference with Gregory Hartl and Dr. Keiji Fukuda«, 2. Juni 2009; und Verband Biologie, Biowissenschaften und Biomedizin Deutschland: »Kleine Chronik der Schweinegrippe 2009«, 4. Mai 2009

14 FAO 2009: »Dramatic Changes in Global Meat Production Could Increase Risk of Diseases«, http://www.medicalnewstoday.com/ articles/82815.php

10. Kapitel

1 Amit Bhaduri: *India: Social Development Report,* New Delhi, Oxford University Press 2006

2 Peter Rosset: »Lessons from the Green Revolution«, in Lappé/Collins/ Rosset: *World Hunger – 12 Myths*, Grove Press/Earthscan 1998

3 Lester R. Brown: *Plan B 3.0: So retten wir die Welt*, Kai Homilius 2008

4 Peter Rosset: a. a. O.

5 USDA: »Food Security Assessment 2007«, Juli 2008

6 http://www.misereor.de/fileadmin/user_upload/pflege_projekte/ P22302.pdf

11. Kapitel

1 Ralf Sina: »Biospritboom in den USA«, WDR5, Leonardo, 30. Dezember 2009

2 GSI 2007: »Biofuels: At What Cost?«, Global Subsidies Initiative, Genf 2007

3 FAO OECD 2008: »Agricultural Outlook 2030«

4 FAO 2008: »The State of Food and Agriculture 2008 – Biofuels: Prospects, Risks and Opportunities«

5 World Bank: »A Note on Rising Food Prices«, Policy Research Working Paper, Juli 2008

6 WBBGU: »Zukunftsfähige Bioenergie und nachhaltige Landnutzung«, Gutachten, Oktober 2008

7 World Bank: a. a. O.

8 Ebenda

9 Bundesanstalt für Geowissenschaften und Rohstoffe (BGR): »Kurzstudie Reserven, Ressourcen und Verfügbarkeit von Energierohstoffen«, 2007

10 Pimentel/Patzek: »Cornell Ecologist's Study Finds that Producing Ethanol and Biodiesel from Corn and Other Crops is not Worth the Energy«, *Natural Resources Research*, Vol. 14:1, Juli 2005

11 Paul Crutzen: »Biosprit schädlicher als herkömmliches Benzin«, *Welt-Online*, 9. Oktober 2007

12 Michael Liebreich: »The Green Investing: Towards a Clean Energy Infrastructure«, Weltwirtschaftsforum 2009

13 http://www.misereor.de/themen/rohstoffe-energie/nachwachsende-energie-rohstoffe/zuckerrohr.html

14 WBBGU: a. a. O.

12. Kapitel

1 Florian Klebs: »Welt-Ernährungskonferenz – Agrar-Experten der Universität Hohenheim vermissen Trendwende«, *Informationsdienst Wissenschaft*, Universität Hohenheim, Juni 2008

2 BMELV 2008: »Konzept für eine zukunftsfähige Ressortforschung im

Geschäftsbereich des Bundesministeriums für Ernährung, Landwirtschaft und Verbraucherschutz«

3 Susanne Lettenbauer: »Weizen für die Wüste«, WDR5, Leonardo 2008
4 CGIAR: »Financial Report 2006«
5 Pardey/Beintema: »Slow Magic, Agricultural R&D after Mendel«,
   Washington 2001
6 Michael Schlag: »Klimaresistentes Getreide«, WDR5, Leonardo 2009
7 Beintema/Stads: »Measuring Agricultural Research Investments«,
   International Food Policy Research Institute, Oktober 2008
8 Bill Wenzel: »Family Farm Defenders: Federal Court Rules Against
   USDA and its Approval of RR Alfalfa«, NFFC, Winter 2009
9 Bayer CropScience: »Investitionen in die Zukunft«, 2008
10 Jutta Hoffritz: »Erntezeit«, *Zeit* Nr. 14, 26. März 2009
11 Weltbankbericht Agrarforschung 2008: »Innovating through Science
   and Technology«; und Beintema/Stads: a. a. O.
12 Youyong Shu et al.: »Genetic Diversity and Disease Control in Rice«,
   Nature 406, 17. August 2000
13 Joachim von Braun: »Overcoming the World Food and Agriculture
   Crisis through Policy Change and Science«, International Food Policy
   Research Institute, Washington 2009

13. Kapitel

1 *Frankfurter Allgemeine Sonntagszeitung* Nr. 39, 28. September 2008,
   S. 44
2 Peter O'Driscoll: »Part of the Problem: Trade, Transnational Corpora-
   tions, and Hunger Reprinted«, *Center Focus,* Nr. 166, März 2005
3 Amit Thorat: »Rising Market Control of Transnational Agribusiness«,
   International Development Economics Associates, Dezember 2003
4 »Elements of a Comprehensive Framework for Action«, Draft for in-
   formal distribution at the High Level Conference on Food Security,
   UN, Rom 2008

14. Kapitel

1 IAASTD: »Agriculture at a Crossroads«, 2009
2 Welthungerhilfe: »Millenniumsdorf Manigri in Benin: Die Entwick-
   lungsziele der UN mit Leben füllen«, 19. August 2008
3 http://www.oxfam.de/download/shootingdownthemdgs.pdf
4 IAASTD: a. a. O.
5 Weltbank: »Weltbank mahnt zu erneutem Fokus auf die Landwirtschaft im Entwicklungskontext«, 19. Oktober 2007

Liste der Grafiken und Tabellen

Die mit * gekennzeichneten Grafiken stehen im Farbteil in der Buchmitte; die Seitenangaben verweisen auf die Textstelle im Buch.

11. Kapitel

12. Kapitel

14. Kapitel

Abkürzungsverzeichnis

AGRA	»Allianz für eine Grüne Revolution in Afrika, Nairobi, Kenia
BAZ	Bundesanstalt für Züchtungsforschung an Kulturpflanzen, Quedlinburg
BfN	Bundesamt für Naturschutz, Bonn
BfR	Bundesinstitut für Risikobewertung, Berlin
BGR	Bundesanstalt für Geowissenschaften und Rohstoffe, Hannover
BMELV	Bundesministerium für Ernährung, Landwirtschaft und Verbraucherschutz, Bonn
BMZ	Bundesministerium für wirtschaftliche Zusammenarbeit und Entwicklung, Bonn
BpB	Bundeszentrale für politische Bildung, Bonn
CIMMYT	Internationales Mais- und Weizenzentrum, Texcoco, Mexiko
CGIAR	Consultative Group on International Agricultural Research, Washington, DC
CGN	Centre for Genetic Resources, Wageningen, Niederlande
CIPA	Interprofessional Committee for Aquaculture Products, Paris
DBV	Deutscher Bauernverband, Bonn
DEFRA	Department for Environment, Food and Rural Affairs, London
DIE	Deutsches Institut für Entwicklungspolitik, Bonn
DSW	Deutsche Stiftung Weltbevölkerung, Hannover
EEA	Europäische Umweltagentur, Kopenhagen
EED	Evangelischer Entwicklungsdienst, Bonn
EWG	Europäische Wirtschaftsgemeinschaft, Brüssel
EU	Europäische Union, Brüssel
FAL	Bundesforschungsanstalt für Landwirtschaft, Braunschweig

FAO	Food and Agriculture Organization of the United Nations, Rom (Ernährungs- und Landwirtschaftsorganisation der UN)
FLI	Friedrich Loeffler Institut, Greifswald
FSA	Food Standard Agency, London
GAP	Südostanatolien-Projekt (*Güneydoğu Anadolu Projesi*), Türkei
GEF	Global Environmental Facility, Washington, DC
GHI	Global Hunger Index
GLASOD	Global Assessment of Human-induced Soil Degradation
GPA	Global Plan of Action (Globaler Aktionsplan)
GTZ	Gesellschaft für Technische Zusammenarbeit, Bonn
GUS	Gemeinschaft Unabhängiger Staaten (ehem. Sowjetunion)
IAASTD	International Assessment of Agricultural Knowledge, Science and Technology for Development, Washington, DC (Weltagrarrat)
IARC	International Agricultural Research Centres, Aleppo, Syrien
IBPGR	International Board on Plant Genetic Resources, Rom
ICARDA	International Centre for Agricultural Research in the Dry Areas, Aleppo, Syrien
ICLARM	International Center for Living Aquatic Resources Management, Penang, Malaysia
ICRAF	International Council for Research in Agroforestry, Nairobi, Kenia
ICRISAT	International Crop Research Institute for the Semi-Arid Tropics, Andhra Pradesh, Indien
IFAD	International Fund for Agricultural Development, Rom
IFPRI	International Food Policy Research Institute, Washington, DC
IFRC	Internationale Föderation der Rotkreuz- und Rothalbmondgesellschaften, Genf
ILRI	International Institute for Livestock Research, Nairobi, Kenia
INIBAP	International Network for the Improvement of Banana and Plantain, Montpellier
IÖW	Institut für ökologische Wirtschaftsforschung, Berlin
IPCC	Intergovernmental Panel on Climate Change, Genf (Weltklimarat)
IRRI	Internationales Reisforschungsinstitut, Manila, Philippinen

ISAAA	International Service for the Acquisition of Agri-Biotech Applications, Manila, Philippinen
ISNAR	International Service for National Agricultural Research, Adis Abeba, Äthiopien
ITKPGR	4. Internationale Technische Konferenz der FAO über pflanzengenetische Resourcen, Leipzig
IUCN	International Union for the Conservation of Nature, Gland, Schweiz
IWRM	Integriertes Wasserressourcen-Management
LIFDC	Low-Income Food-Deficit Countries
MPI	Max-Planck-Institut für Chemie, Mainz
NFFC	National Family Farm Coalition, Washington, DC
NRCS	Natural Resources Conservation Service, Washington, DC
NRO	Nichtregierungsorganisation
OXFAM	Internationale unabhängige Hilfsorganisation gegen Armut, Boston, USA
PCB	Polychlorierte Biphenyle
PGRFA	Plant Genetic Resources for Food and Agriculture, Rom
PIK	Potsdam-Institut für Klimafolgenforschung, Potsdam
PRB	United Nations Population Reference Bureau, Washington, DC (UN-Bevölkerungsbüro)
RSPB	Britische Vogelschutzorganisation, Sandy, Bedfordshire, Großbritannien
TERI	Institut für Energie und Ressourcen, New Delhi, Indien
TRANSGEN	Internet-Plattform für Gentechnik, Aachen
UBA	Umweltbundesamt, Dessau
ÜBV	Übereinkommen über die biologische Vielfalt
UN	Vereinte Nationen, New York
UNCED	United Nations Conference on Environment and Development
UNCTAD	United Nations Conference on Trade and Development
UNDP	United Nations Development Program, Nairobi, Kenia (UN-Entwicklungsprogramm)
UNEO	United Nations Environment Organisation, Nairobi, Kenia (UN-Umweltorganisation)

UNEP	United Nations Environment Program, Nairobi, Kenia (UN-Umweltprogramm)
UNESCO	United Nations Educational, Scientific and Cultural Organization, Paris (UN-Organisation für Bildung, Wissenschaft und Kultur)
UNFPA	United Nations Population Fund, New York (UN-Bevölkerungsfonds)
UNHCR	United Nations High Commissioner for Refugees, Genf, Schweiz (UN-Flüchtlingskommissariat)
UNIDO	United Nations Organization for Industrial Development, Wien
UNRISD	United Nations Research Institute for Social Development, Genf
UPOV	International Convention for the Protection of New Varieties of Plants
USDA	US-Department for Agriculture, Washington, DC
USDA-ARS	National Center for Genetic Resources Preservation, Fort Collins, Colorado, USA
VIA CAMPESINA	Kleinbauernbewegung, Jakarta, Indonesien
WATERGAP	Water Global Assessment and Prognosis
WBBGU	Wissenschaftlicher Beirat der Bundesregierung für globale Umweltveränderungen, Berlin (Umweltbeirat)
WFP	World Food Programm, Rom (Welternährungsprogramm der Vereinten Nationen)
WHO	World Health Organization, Genf (Weltgesundheitsorganisation)
WWAP	World Water Assessment Program, Paris
WWF	World Wide Fund for Nature, Frankfurt

Register